현대사회복지개론(3판)

정무성 나임순 유용식 공저

SJ 신정

머리말

사회복지가 우리 사회 핵심 담론으로 등장하였다. 경제위기 극복과정에서 가속된 시장구조 개편과 경제·사회적 양극화로 국민의 불안이 고조되면서 복지에 대한 요구가 많아졌기 때문이다. 특히 경쟁과 효율을 강조하는 분위기 속에서 사회적 불안감이 더욱 커지면서 국민들의 복지에 대한 욕구가 분출되고 있는 것이다. 또한 과거에는 복지와 성장을 좌·우 이념의 틀에서 바라봤기 때문에 보수진영에서 복지를 주장하는 것이 부담스러웠지만, 이제는 그런 심리적 장벽이 깨지면서 정치권에서 여야를 막론하고 복지를 정책 목표로 제시하고 있다. 이에 따라 정부의 사회복지예산은 지속해서 증가하고 있고, 사회복지시설들은 다양한 형태로 확대되고 있으며, 사회복지인력을 배출하기 위한 교육기관도 우후죽순 늘어만 가고 있다. 그만큼 사회복지에 대한 수요가 많아지기도 했고, 사회복지에 대한 막연한 호감으로 사회복지는 확장일로에 있는 것이다.

우리 사회는 그동안 급속한 산업화와 도시화에 따른 후유증으로 유난히 소외계층이 많다. 핵가족화와 가족해체의 증가로 소외된 아동이나 노인, 여성 등이 급속히 늘어나고 있으며, 산업재해와 교통사고의 다발, 공해로 인한 장애인의 수도 증가하였다. 인구적인 측면에서 저출산 고령화로 인해 사회 근본이 흔들릴 정도로 위기의식을 느끼고 있다. 이러한 가운데 이주민들이 늘어나면서 다문화가정의 사회적 배제 문제도 큰 이슈로 등장하고 있다. 최근 고실업과 사회적 양극화 현상에 대한 우려의 목소리도 높아져 가고 있다. 특히 사회 전반적인 구조조정 과정에서 불평등 구조는 더욱 심화되고 있다. 경제위기의 고통이 저학력, 저기능, 저소득층에 집중되어 사회적 불평등과 그에 따른 취약계층의 상대적 박탈감이 고조되고 있는 것이다. 이러한 사회적 위기를 극복하는 유일한 길은 사회복지를 통한 통합적 치유를 이루는 것이다.

현대사회에서 국가의 복지개입을 통한 경제적 안전의 보장과 사회통합의 증진은 국민 개개인의 행복추구를 위한 필수적인 조건이다. 복지국가로부터 제공되는 각종 복지혜택이 시장경제와 이웃에 대한 의존성을 감소시킴으로써 국민 개개인의 생존능력을 증진시키고, 궁극적으로는 개개인의 행복을 향상하는데 기여하기 때문이다. 그러나 사회복지가 생각만큼 단순하지 않다. 새로운 사회문제와 사회적 위험의 지속적인 등장과 이를 해결하기 위한 사회복지 수행체계는 복잡하고 다원화되고 있다.

그래서 사회복지의 공급 개념도 사회복지서비스에서 사회서비스(social services), 휴먼서비스(human services) 등의 다양한 양태로 확대 재편되고 있다. 안타깝게도 사회복지교육이 이를 충분히 반영하지 못하고 있다.

이러한 문제의식을 느끼고 새로운 패러다임의 사회복지개론서를 써보려고 노력했다. 이 책을 쓰면서 고려했던 사항들은 첫째, 사회복지학에 처음 입문하는 사람들을 위해 쉽고 흥미롭게 저술하고자 한 것이었다. 둘째는 사회복지에 관한 새로운 이슈를 포괄하고자 하였다. 이 책을 통해 사회복지학 전반에 대한 윤곽을 그릴 수 있도록 노력하였다. 셋째는 사회복지실천에 초점을 두어 현장중심적인 개론서가 되도록 하였다. 특히 사회복지실천을 실천방법론과 분야론으로 구분하여 나름대로 사회복지의 영역을 체계적으로 학습할 수 있도록 한 것이다. 마지막으로 사회복지 분야론을 대상별 분야와 현장(settings)별 분야로 구분하여 체계화한 것도 특징이라고 할 수 있다.

본 책의 내용은 크게 4부 11장으로 구성되어 있다. 1부에서는 사회복지에 대한 개관으로서 사회복지의 개념, 동기와 역사, 사회보장, 사회복지정책 등을 다루었다. 2부에서는 사회복지방법론을 다루고 있는데 미국식으로 미시방법론과 거시방법론을 구분하여 제시하고자 하였으나, 우리나라에서는 거시방법론에 대한 개념이 달라 혼선을 빚을까 우려되어 중범위적 실천방법론으로 구분하였다. 미시적 실천방법론에서는 사회복지실천, 사회복지실천 현장, 인권과 사회복지실천 등을 다루었고, 중범위적 실천방법론에서는 지역사회복지, 사회복지행정을 다루었다. 사회복지실천현장에서 강조되고 있는 사례관리를 한 장으로 구분하여 심도 있게 다루었다. 3부 사회복지 분야론에서는 크게 대상별 분야와 현장별 분야로 구분하였다. 단순히 한 개의 장으로 처리하기에는 많은 분량이지만, 개론서에서 각 세부 영역을 한 장으로 상세하게 다루는 것이 무의미할 것 같아 크게 범주화하였다. 마지막으로 4부는 사회복지의 전망과 과제를 다루었다. 사회복지환경 변화를 고찰해보고, 최근 새롭게 부각되고 있는 문화복지, 사회적 기업 등을 최초로 다루었다. 전체적으로 15주의 대학과정 교재가 될 수 있도록 기술하였다. 3부는 분량이 많기 때문에 8장과 9장은 최소한 2주씩 다룰 것을 권장한다.

새로운 개정판이 나오기까지 여러모로 도움을 주신 분들께 감사드린다. 특히, 신정출판사 관계자 여러분들의 지속적인 지원과 배려를 통해 신속하면서도 알찬 책이 출판될 수 있었다. 나름대로 열심히 했으나 아직도 미흡한 부분이 상당히 있음을 고백하지 않을 수 없다. 앞으로 더 좋고 유용한 책이 되기 위해 계속적으로 수정·보완해 나갈 것이다.

2024년 1월

저자 일동

차례

PART

01

사회복지의 이해

CHAPTER

01 사회복지의 개념과 특성

1 사회복지의 개념

사회복지에 대한 이해를 위해서는 사회복지를 어떻게 인식하고 규정지을 것인가에 대한 개념 정립이 전제되어야 한다. 사회복지라는 용어는 현대 산업사회의 발전에 따라 파생된 사회문제와 관련하여 사용하게 되었으며, 사회복지의 개념에 대해서는 시대와 국가에 따라 다르게 정의되고 있다. 각 사회의 발전과정, 구성원의 철학과 이념, 경제·사회·문화의 상황에 따라 각기 다른 면모를 보이기 때문이다. 그리하여 사회복지라는 용어를 모든 사회에서 공통적으로 통용되는 단일한 개념으로 정의하기는 어렵다.

어의적으로 사회복지는 사회(social)와 복지(welfare)의 합성어이다. 영어의 'social'이라는 단어는 사람과 사람과의 관계성을 강조한다. 따라서 사회복지는 개인만이 아니라 개인과 개인의 관계성 속에서 모두가 함께 더불어 잘사는 사회를 추구하는 것이다. 한편 영어의 'welfare'는 'well'과 'fare'를 합친 단어인데, 'well'은 'satisfactorily(만족스럽게)', 'successfully(성공적으로)', 'properly(적절하게)' 등의 의미를 포함하며, 'fare'는 'state of things(상태)'를 의미한다. 따라서 'welfare'는 만족스러운 상태, 적절한 상태, 평안한 상태 등의 의미를 지닌다. '사회'라는 말을 붙이지 않고 '복지'라는 말만 사용한다면 개인의 만족스런 상태만을 추구할 수 있으나, '사회'라는 용어가 덧붙여져서 사회복지는 사람과 사람과의 관계 속에서 사회 구성원 모두가 평안하고 만족스러운 상태를 추구한다는 것을 의미한다.

사회복지의 한자 표기인 社會福祉는 社會와 福祉의 복합어이다. 社會의 어원은 고대 중국에서 25가구를 社(사)라 불렀고 이 社(사)들이 많이 모인 것을 社會라고 하였다. 福祉의 福을 구분해 보면 시(示)는 신에게 공물을 얹어 놓은 상을 옆에서 본 형태로 시(示)가 붙는 글자는 대개 신(神)과 관계되는 의미일 경우가 많다. 다음 福 자 중 나머지 부분의 전(田)은 곡물을 수확하는 밭을 의미한다. 구(口)는 고(高) 자의 약자로 곡물이 높이 쌓여 있는 모습을 상징하고 물질적인 풍요를 의미한다. 이것이 자연, 즉 신으로부터 받은 선물이기에 시(示)가 붙어 있는 것이다. 그리고 祉자는 신에게 마음의 안정을 기원하는 자세로 지(止)는 욕망의 추진을 멈추는 의미를 지니고 있다. 즉 마음을 비우는 것이 심리안정의 길이라는 것을 암시하고 있다. 따라서 福祉는 물질적 풍요와 심리적인 안정을 내포하고 있다. 이렇게 보면 사회복지의 어의적 의미는 공동체 사회에서 사회 내적인 관계를 기초로 구성원들의 전 생애에 걸쳐 건강하고 안락한 바람직한 삶을 추구하는 사회적 노력이라고 할 수 있다(김기태 외, 2014).

이와 같이 복지가 의미하는 평안하고 만족스런 상태는 결코 물질적인 조건이나 환경적인 상황에 의해서만 충족되는 것은 아니다. 신체적·사회적·심리적·정신적·영적 조건 등의 복잡한 요인들에 의해 통합적으로 이루어질 수 있다. 따라서 현대사회에서 사회복지는 부자와 가난한 자 모두를 포함하여 다양한 연령 대상의 사회적 기능을 향상시키기 위하여 사람들의 사회적·경제적·건강적 욕구뿐만 아니라 여가적 욕구를 충족시켜 주고자 노력하는 것을 의미한다(Zastrow, 2018).

대부분의 산업화된 사회에서 사회복지는 재정적인 측면에 있어서나 서비스를 받는 대상의 규모 측면에서 매우 중요한 사회제도로서의 위치를 차지하고 있다(Dobelstein, 2003). 우리나라의 「헌법」 제31조 제1항에는 "모든 국민은 인간다운 생활을 할 권리를 갖는다."고 명시하여 국민들의 사회복지권을 보장하고 있다. 사회복지라는 개념은 모든 국민의 인간다운 생활을 구현하기 위해 공공과 민간 영역에서 행해지는 소득보장, 보건, 주택, 교육, 인적자원 개발, 대인서비스, 교정, 재활, 사회변화 등 제반 사회적 프로그램을 총체적으로 일컫는 용어라고 이해할 수 있다.

Kahn(1973)은 '인간서비스(human services)'와 '사회복지'라는 용어가 혼용되어 쓰이기도 하지만 실제는 사회복지보다 포괄적인 개념으로 인간서비스를 더 많이 쓴다고 주장한다. 인간서비스에 포함되는 서비스로는 ① 개인서비스(personal services): 개별사회사업, 상담, 오락, 재활, 종교, 치료 등, ② 보호서비스(protection services): 소비자보호, 교정, 소방, 주택, 법집행, 공중보건 등, ③ 정보/자문 서비스(information/ advising services): 소비자정보, 교육, 재정상담, 응급전화, 도서관 등, ④ 유지서비스(maintenance services): 아동보호, 실직자 지원, 기관서비스, 공공복지 프로그램, 퇴직자 계획, 사회보장 프로그램 등 대인서비스가 있다.

우리나라에서는 사회복지라는 용어가 보편적으로 사용되지만, 미국에서는 사회사업(social work)이라는 용어가 더 많이 사용된다. 사회사업은 사회적 행복(well-being)의 구현을 위한 과학적이고 전문적인 지식과 기술로써 실천하는 전문직(profession)이라고 할 수 있다. 사회사업은 개인·집단·지역사회·특정 인구집단에 관심을 두고, 이들의 보호·치료 및 예방을 위한 활동을 포괄하는 개념이다. 주로 사회사업은 가족, 아동, 건강, 사회적응, 여가, 생활수준 및 사회관계성과 같은 영역에서 과학적 지식과 경험을 기초로 인간의 욕구를 해결하는데 원조하는 전문적인 활동이다.

Wilensky & Lebeaux(1965)는 현대 산업사회에서 사회복지활동의 기준 다섯 가지를 다음과 같이 제시하였다.

① 공식적 조직

현대 산업사회에서 사회복지활동은 공식적 조직을 통해 제공되는 것이 특징이다. 공식적 조직이란 사람들에게 지속적인 원조를 제공하는 정규적이고 체계적인 사회복지조직을 의미한다. 따라서 개인적인 차원에서 유대관계 때문에 도움을 주는 행위나 우발적으로 행해진 자선적 행위는 엄격한 의미에서 사회복지활동이라고 할 수 없다.

② 사회적 승인과 사회적 책임

사회복지활동이란 사회적으로 승인된 목적과 방법으로 수행되어야 하며, 공익성을 통해 사회적 책임을 지는 활동이어야 한다.

③ 이윤추구의 배제

영리를 목적으로 하는 활동과 사회복지활동을 구분하는 기준은 프로그램의 주된 목표가 시장경제체계 내에서 이윤을 추구하는 것이냐 하는 것이다. 시장기제를 통해 결정되는 가격을 기준으로 이용료를 받는 활동들은 사회복지활동에서 제외된다.

④ 인간의 욕구에 대한 통합적 관심

사회복지는 인간의 욕구를 부분적으로 보고 접근하는 것이 아니라 통합적으로 접근하는 활동이다. 따라서 사회복지서비스는 의식주 및 의료와 같은 인간의 신체적 욕구에만 관심을 갖는 것이 아니라 사회적·심리적·정신적·영적 욕구에 이르기까지 광범위한 욕구를 충족시키기 위해 다양한 형태로 제공된다.

⑤ 인간의 소비욕구에 대한 직접적 관심

사회복지활동은 개인의 삶에 직접적으로 영향을 미치는 소비욕구에 대한 관심에서 시작된다. 즉, 굶주린 사람에게는 양식을 제공하고, 집이 없는 사람에게는 거처를 제공함으로써 개인의 소비자로서의 욕구에 직접적으로 관심을 가져야 한다.

2 사회복지의 관점

사회복지에 대한 관점의 다양성으로 인해 단순히 대상이나 내용을 가지고 사회복지를 정의하는 데에 한계가 있다. 앞으로 계속 논의가 되겠지만 사회복지의 이념과 관점의 반영 등이 사회복지의 영역을 가늠하는 잣대가 될 수 있을 것이다. 우선, 사회복지의 관점은 전통적으로 사회복지의 기능과 대상 범주를 기준으로 분류할 수 있다.

1) 전통적 접근

(1) 기능적 분류: 잔여적 관점과 제도적 관점

사회복지의 역할과 기능과 관련하여 두 가지 대조적인 견해가 있다. 첫째는 잔여적 관점인데, 이는 사회복지 기능에 있어 비정상적·보완적·한정적·응급조치적인 성격을 강조하는 것이다. 둘째는 제도적 관점으로 정상성, 적절성, 포괄성, 예방성 등의 성격이 강조된다.

① 잔여적 관점(residual perspective)

사회복지의 잔여적 관점은 원활하지 못한 사회기능의 책임을 일차적으로 개인과 가족, 시장경제에 맡기며, 사회복지를 가족과 시장체제를 보완하는 조치 정도로 보는 관점이다. 즉, 가족이나 시장경제와 같은 정상적인 사회제도가 개인의 욕구를 적절하게 충족시키는 것이며, 그렇지 못할 경우에만 한정적으로 사회복지서비스가 개입해야 한다는 것이다. 나아가서 사회복지서비스는 응급상황 동안에만 단기적으로 제공되어야 하며, 개인과 가족의 자활능력이 회복되었을 때는 사회복지가 철회되어야 한다는 것이다(Wilensky & Lebeaux, 1965). 즉, 개인의 욕구를 충족시켜 주어야 하는 가정이 가장의 실직이나 병고로 제 기능을 하지 못하거나, 시장체계가 경기침체나 그 밖의 요인으로 인하여 제 기능을 하지 못할 때에 사회복지가 가정이나 시장체계를 대신하여 개입하게 되는 것이다. 그러므로 이 경우의 사회복지는 보충적, 일시적, 한정적, 응급조치적, 보완적 혹은 대체적인 성격을 지니게 된다.

이와 같이 잔여적인 개념에서는 빈곤, 범죄 등의 사회문제의 발생원인을 개인의 책임으로 돌리기 때문에 중세 구빈법의 자선사상과 관계가 깊다. 잔여적 관점의 사회복지 프로그램은 대상을 매우 엄격하게 제한하는 경향이 있으며, 수당이나 서비스를 받는 것에 대해 낙인을 찍는 스티그마(stigma)가 붙는다. 수당이나 서비스를 권리로 보기보다는 시혜로 간주하고 수급자는 특정 의무를 수행해야 한다고 주장한다. 수급자의 어려운 상황이 개인의 부적응, 역기능 등에 의해 기인한 것이기 때문에 개인의 부족함, 부적절한 행동, 범죄 행위 등에 대하여 비난을 받아야 한다는 것이다(Zastrow, 2018).

② 제도적 관점(institutional perspective)

사회복지의 제도적 개념은 사회복지가 현대 산업사회에서 사람들이 만족할 만한 수준과 삶과 건강을 누릴 수 있도록 하며, 각 개인의 자아성취를 돕기 위한 적절하고 타당한 기능을 수행하는 것으로 받아들여진다(Wilensky & Lebeaux, 1965). 이는 현대 산업사회에서 정상적인 제일선의 기능으로서 사회복지가 역할을 할 수 있다는 것을 전제로 한 개념이다. 개인의 어려운 상황은 환경(사회)에서 기인하는 것이기 때문에 사회는 개인이 제 기능을 할 수 있도록 사회제도를 개선하는 데 초점을 두어야 한다는 것이다.

이러한 제도적 개념에서는 수급자는 수당과 서비스를 받을 만한 권리가 있다고 간주하며, 원조를 받는 데에 스티그마가 붙지 않는다. 그 이유는 현대 산업사회에서는 핵가족화가 불가피하고 가족의 복지적·교육적 기능이 약화되기 때문에 아동의 양육, 청소년의 교육, 노인과 장애인의 보호 및 그들의 사회화 기능을 가족이 전적으로 책임질 수는 없다는 것이다. 또한 산업사회에서의 경제제도가 생산과 분배에 따른 제 기능을 온전히 수행할 수 없어 예상하지 못했던 실직, 상해, 빈곤을 경험할 가능성은 높아지게 된다. 이러한 상황 속에서 전체 국민과 가정의 경제적 안정을 도모하는 수단으로써 사회복지제도는 매우 중요한 기능을 수행할 수밖에 없다는 것이 제도적 개념이다.

제도적 관점의 사회복지 프로그램은 대상 범주가 개방된 것이 특징이다. 프로그램에의 참여기준을 소득이나 특정 문제로 한정하지 않고 지역주민 전체를 대상으로 하거나 특정 연령대의 모든 사람들을 대상으로 하는 경우가 많다. 프로그램의 특성도 사후 치료적인 것보다는 예방적이거나 지역사회 통합을 위한 포괄적인 내용들로 구성된다.

(2) 대상 범주적 분류: 선별주의와 보편주의

사회복지의 대상 범주를 중심으로 파악하는 기준으로 선별성과 보편성이 있다. 선별성이란 사회복지서비스가 특정 기준을 충족시키는 사회적 약자나 요보호대상자들에게 제한적으로 제공된다고 보는 개념이다. 보편성은 사회복지를 광의적으로 해석하여 사회 전체를 대상으로 서비스를 제공하는 개념이다. 이들을 전자는 선별주의, 후자는 보편주의라고 한다. 선별주의와 보편주의는 사회복지서비스 제공 기준에 관한 가치들로써 서비스를 제공받을 수 있는 사람들의 자격 및 범위와 밀접히 관련되어 있다.

① 선별주의(selectivism)

선별주의는 사회복지의 대상을 사회적 약자계층이나 요보호대상자들로 한정하여 보호하고 치료하는 소극적이고 제한적인 협의의 개념이다. 즉, 장애인, 노인, 아동, 기타 원조를 필요로 하는 요보호대상자들의 고통과 곤란을 경감시키고 사회적 상태를 개선하여 이들이 자립하여 사회적으로 정상적인 생활을 영위할 수 있도록 보호하는 소극적인 활동이다. 이것은 앞서 언급한 Willensky & Lebeaux의 두 가지 개념 중 잔여적 개념에 해당된다.

선별주의 관점에서 보면 사회(복지)문제란 특정 범주에 속한 사람들에게서 예측할 수 없게 발생하는 것이며, 사회규범에 비추어 볼 때 다분히 예외적이고 개인의 결함, 사고, 불행한 상황 속에서 발생하는 것이므로 이를 해결하기 위한 수단, 즉 사회복지 프로그램도 자연히 선별적이고 개별적인 접근방법에 의해야 한다는 것이다. 그러므로 선별주의에서는 소득이나 재산과 같은 것을 조사한 결과를 근거로 하여 사회복지 혜택을 특정한 개인이나 집단에게만 제공한다.

② 보편주의(universalism)

보편주의는 사회문제의 발생 원인을 사회체제의 불완전성과 불공평성에 두고, 이러한 문제의 발생은 그 예측이 가능하고 공공의 노력으로 예방 내지 문제해결이 가능하다고 보는 것이다. 그러므로 사회복지의 성격을 제도적 혹은 보편성 관점에서 규정하는 경우 기본적 권리로서 국민 전체가 사회복지의 대상이 된다.

보편주의 관점에서 사회복지란 사회 성원 전체의 복지와 삶의 질을 정부나 사회가 책임지는 체계라고 할 수 있다. 보건, 의료, 교육, 여가, 소득, 노동, 주택, 안전, 고용, 오락, 환경보존 등에 있어 사회적 약자계층뿐만 아니라 일반계층을 포함한 전 국민의 욕구를 충족하기 위한 공공정책의 개입이라고 할 수 있다. 이는 대상적인 측면에서 보편적이며 복지서비스 제공에 있어 적극적인 활동으로서 Wilensky & Lebeaux의 제도적 개념에 가깝다.

현대 복지국가의 사회복지 프로그램들은 최소 수준의 구빈시책을 탈피하여 국민의 행복하고 건강한 생활을 적극적으로 실현하는 보편적 사회복지 프로그램과 정책을 지향하고 있다. 과거에는 선별주의를 지지하는 경우가 많아 빈곤층을 포함한 취약층을 사회복지의 대상으로 삼는 경우가 많았다. 그러나 사회복지가 보편주의를 지지하는 방향으로 나아가기 때문에 현대사회에서 복지국가는 취약층의 욕구뿐만 아니라, 많은 기타 집단의 욕구도 충족시켜 주는 경향이 있다(노병일, 2017).

사회복지 프로그램에서 해결하고자 하는 문제의 성격이 대상자의 개인적인 문제에 국한된다고 생각하는 경우에는 선별주의 원리를 적용하는 것이 더 타당하겠지만, 문제의 직접적인 원인이 그 문제로 인하여 고통을 받고 있는 개인에게 있지 않은 경우에는 보편주의 원리가 적용되어야 한다. 예를 들어, 예기치 못한 상황 변화로 인한 경제적 생활 보장이 요구되는 경우, 또는 어떠한 문제의 영향으로부터 보호받아야 할 사람들이 확정되어 있지 않고 불특정 다수인들에 관한 공공의 노력이 필요한 경우에는 선별주의 관점보다 보편주의 관점을 적용하는 것이 타당할 것이다(송근원, 2004).

선별주의와 보편주의는 나름의 장단점을 가지고 있다. 그동안 선별주의와 보편주의는 각각 그 입장과 철학이 서로 크게 다르기 때문에 선별주의 지지자와 보편주의 지지자 사이에 지속적으로 논쟁이 있어왔다. 우리나라에서도 최근 무상보육과 유상보육, 학교의 무상급식과 유상급식에 관련된 뜨거운 논쟁에서 잘 볼 수 있다(노병일, 2017).

표 1-1 선별주의와 선별주의의 장단점

구분	선별주의	보편주의
주요 내용	• 사회복지 대상자를 사회적·경제적·신체적·교육적 기준에 따라 구분 • 자산조사를 통해 복지 수혜자 선별 • 사회복지서비스의 대상은 결손가정, 장애인, 무능력자, 노인, 빈민 등	• 시민권(citizenship) 사상의 영향 • 사회복지의 대상자는 전 국민 • 권리로서 사회복지서비스 제공 • 사회복지 수혜 자격과 기준 균등화
장점	• 도움이 필요한 사람에게 사회복지 서비스 집중 • 자원의 낭비 예방 • 저비용으로 정부의 낮은 복지 부담	• 최저소득을 보장함으로써 빈곤을 예방 • 수혜자에게 심리적·사회적 낙인 없음 • 행정 절차의 용이성 • 시혜의 균일성 • 모든 시민의 구매력을 일정 수준에서 유지함으로써 경제적 안정과 성장에 기여
단점	• 자산조사 과정의 복잡성과 고비용 • 일반시민과의 사회적 관계에서 낙인 • 복지 대상에서 제외된 수혜자의 불만	• 한정된 자원의 효과적인 사용에 한계 • 정부의 높은 복지비용 부담 • 자원의 낭비에 대한 우려

2) 통합적 접근: 개발적 관점(developmental perspective)

개발적 관점에서는 사회복지를 경제발전의 긍정적 동력으로 본다. Midgley

(1995)는 사회복지의 잔여적 관점 혹은 제도적 관점, 보수주의와 자유주의를 뛰어넘는 통합적 관점으로 개발적 관점을 제시하고 있다. 개발적 관점에서는 사회복지를 "경제개발의 역동적 과정과 연계하여 모든 사람들의 복리를 증진시키기 위한 계획된 사회변화(planned social change)의 과정"이라고 정의한다.

이러한 관점은 사회복지 프로그램의 개발과 확대를 지지한다는 점에서 자유주의자들의 견해와 다르지 않고, 일부 사회복지 프로그램의 개발이 경제에 긍정적인 영향을 준다는 점에서 보수주의자들에게도 설득력을 갖는다. 모두를 만족시키는 개발적 관점이 아직 개념적으로 명확하게 정립되어 있지는 않지만 그 뿌리는 제3세계 사회개발 프로그램의 성공에서 찾을 수 있다. 제3세계의 사회복지 프로그램들이 국가 전체 경제에 긍정적인 영향을 주었던 점을 주목할 필요가 있다(Midgley & Livermore, 1997).

개발적 관점의 특징은 경제개발에 긍정적으로 기여하는 사회적 개입을 지지하는 것이다. 즉, 경제제도와 사회제도의 조화를 강조한다. 이 관점에 따르면 경제적 발전은 사회적 발전의 원동력으로 간주한다. 또한 경제계획과 사회개발계획에 있어 정부의 적극적인 역할을 지지한다. 따라서 개발적 관점은 사회의 모든 성원들에게 이익을 주는 경제개발과 사회개발의 통합에 초점을 둔다(Zastrow, 2018).

따라서 개발적 관점은 다양한 사회복지 프로그램 확대의 정당성을 제공한다. 사회복지 프로그램을 통해 개인의 노동 잠재력을 높여 주면 사회 전체의 경제 발전에도 기여하게 된다. 예를 들어, 한 개인이 직장에서 양질의 보육서비스를 제공받고, 그 가족을 위한 적절한 건강보험이 제공되고, 직업훈련이 지속적으로 제공되어 노동능력이 향상되었다면 결국은 전체 사회의 경제에 기여하게 되는 것이다. 즉, 개인이 가족과 지역사회에 기여할 수 있는 능력을 강화시켜 주는 것은 궁극적으로 사회의 경제적 발전에도 기여하게 된다. 가족기능이 강화되고 지역사회가 발전하면 기업에도 도움이 되기 때문이다. 기능적 가족의 성원은 더 나은 노동자가 될 수 있고, 기업들은 범죄나 기타 사회문제의 발생률이 낮은 번영하는 지역사회에 위치할 수 있게 되어 경제와 사회복지가 상호 보완적인 역할을 하게 된다.

개발적인 관점은 후진국 사회복지 또는 신자유주의적 관점이다. 최근 이러한 개발적인 관점에서 우리나라의 사회복지 프로그램도 개인의 문제를 노동능력 강화와 함께 일자리 창출과 연계하여 해결하고자 하는 시도가 이루어지고 있다. 사회복지가 더 이상 사회적 비용의 측면에서만 인식되지 않고, 생산과 고용의 측면에서도 중요한 의미를 갖는다. 특히, 사회복지기관들이 사회적 기업을 통해 일자리 창출과 함께 양질의 서비스를 제공하는 목적을 동시에 실현하고 있는 것도 새로운 추세로 등장하고 있다.

3) 사회복지 관점의 변화와 국제화

사회복지는 자본주의의 발전과 깊이 결부되어 사회경제적인 기본적인 동인을 중심으로 정치적, 사상적, 문화적 요인 등 매우 다양한 요인들이 복합적으로 상호작용하면서 발전되어 왔다. 어느 시대에서나 사회복지에 관련된 이념이나 사상은 서로 대립되었고 그 대립하는 힘이 사회복지를 발전시키는 원동력이 되었다. 특히 현대적 의미의 사회복지는 큰 전쟁이나 경제적 붕괴로 인한 사회적 혼란과 문제들을 해결하고자 하는 노력의 일환으로 탄생되었다.

Romanyshyn(1971)은 국가의 발전단계에 따라 사회복지 프로그램은 ① 잔여적(residual)에서 제도적(institutional)으로, ② 자선(charity)에서 시민의 권리(citizen right)로, ③ 특수성(special)에서 보편성(universal)으로, ④ 최저(minimum)조건에서 적정(optimum)조건의 급여나 서비스로, ⑤ 개인의 변화(individual change)에서 사회개혁(social reform)으로, ⑥ 민간(voluntary)지원에서 공공(public)지원으로, ⑦ 빈민복지(welfare for the poor)에서 복지사회(welfare society) 구현으로 발전해 간다고 주장한다. 그러나 각 사회의 사회복지 프로그램 발전 양상은 그 시대의 사회구조, 정치적, 경제적, 사회적, 문화적, 종교와 이념적 요인 등 복합적인 요인들의 상호작용에 의해 이루어진다.

또한 Romanyshyn(1971)은 사회복지의 개념이 자선과 교정, 복지국가(사회보장 단계와 사회계획 단계), 복지사회, 국제사회복지의 단계를 거쳐 발전하고 있다고 본다. 자선과 교정단계에서는 경제적 빈곤 타파가 사회복지의 주관심이다. 복지국가에서 사회보장의 단계는 사회복지를 시민의 권리로 인정하고 최소한의 경제안정의 수준을 확보하려고 했던 단계이며, 사회계획 단계는 복잡한 도시산업사회에서 필수적인 상호 의존성과 모두를 위한 보다 높은 생활수준에 대한 열망을 조화시키는 사회질서를 창조할 지적 개입의 필요성을 인정하는 단계이다. 그러나 복지국가라는 목표가 수단으로 전도됨으로써 거대 복지국가의 형태로 인간 위에 군림할 가능성에 대한 반성으로, 복지를 사회의 목표로 삼아 인간이 관심의 초점이 되는 복지사회로의 이행을 촉구하게 된다.

나아가서 지구촌이나 지구가족으로 일컬어지는 국제화의 추세와 함께 국내문제가 전 인류의 관심과 무관하게 해결될 수 없다는 인식으로 국제사회복지의 단계를 맞이하게 된다. 이 단계에서는 사회문제가 어느 한 국가에 한정되지 않고 국경을 초월하여 존재하며, 가난한 나라와 부유한 나라 간의 불평등 문제가 국제적인 관심사가 된다. 따라서 국제적인 사회복지 프로그램들이 활성화되기 시작하며, 국제사회에서 한 나라의 위상을 결정하는 데도 지구촌을 위한 사회복지 프로그램에의 기여도가 중요한 변수가 된다. 최근 튀르키예나 지난 아이티와 네팔의 대지진이나 동남아의 쓰나미(지진해일) 피해국들에 대한 주요 국가들의 원조 외교 경쟁이 국제사회복지의 대표적인 사례이다.

3 사회복지의 학문적 성격

사회복지학이 다른 학문 분야와 구별되는 가장 중요한 특징은 인간과 사회에 대한 포괄적 이해, 평등에 기초한 인간사랑(박애)의 가치 그리고 인간과 사회를 변화시키는 기술이라고 할 수 있다. 사회복지학의 기반을 구성하고 있는 인접학문은 정치학, 경제학, 사회학, 심리학, 행정학, 인간학 등을 포함하고 있다. 따라서 사회복지학의 개념을 정의하고 가치체계를 규명하기 위해서는 인문·사회과학의 인접학문에 대한 학제적 이해를 필요로 한다.

1) 정치학과의 관계

정치학은 과학적인 분석방법을 통해 제반 정치현상을 체계적으로 연구하는 학문으로서 보다 협소하고 전통적인 의미에서 국가 및 국가의 기능을 담당하는 제도와 장치에 대한 연구를 가리키기도 한다. 정치학은 복지정책에 대한 정부의 역할, 행정조직, 전달체계 등의 개선 및 발전지식을 제공한다.

정치학은 특히 사회복지 영역 내 사회보장제도 발달에 결정적인 영향을 미쳤으며, 정치적 권력의 다원성을 전제로 하기에 어떤 정치구조가 개인들의 복지를 향상시키기 위해서 자신들이 갖고 있는 정치적 권리를 표출할 수 있게 하는가에 관심을 갖는다. 국가의 정치적 입안과정을 거쳐 실행되는 사회복지정책의 측면에서 정치학의 이론과 정책의 내용은 사회복지학에 많은 함의를 제시한다.

2) 경제학과의 관계

경제학은 재화나 서비스를 생산, 교환, 분배, 소비하는 인간의 행동을 연구하는 사회과학이다. 구체적으로 말해, 경제학은 적절한 생활수준의 유지와 소득의 분배, 생활수준의 측정과 결정, 조세와 복지서비스와의 관계, 임금과 시장체계 등 현재 경제체제의 특성, 아동의 노동이나 저임금과 같은 노동문제 등에 관한 지식을 사회복지학에 제공하였다.

경제학에서는 복지를 '일상생활의 욕구가 충족된 상태'라고 표현한다. 즉, 경제적 복지가 사회복지의 기초라고 생각하며 개인의 소득보장을 연구한다. 그러므로 사회복지학과 관련된 복지경제학은 바람직한 사회를 실현하거나 사회적 복지를 증진시키기 위한 목적으로 사회상태를 평가하고 판별한다는 점에서 관련성이 크다.

3) 사회학과의 관계

사회학은 사회과학의 한 분과로서, "개인의 사회적인 삶, 집단, 사회에 대해 연구하는 학문"으로 정의하고 있다. 사회학은 사회관계, 사회 계층, 사회적 상호작용, 문화, 일탈 등 주제 면에서 매우 광범위한 범위를 연구한다. 현대 산업사회에서 개인, 가족, 소집단, 직능단체 등의 상호관계와 제 작용은 사회복지 문제와 밀접한 관계를 맺고 있기 때문에 이들에 대한 사회학적 접근은 사회복지학에 매우 중요하다.

4) 심리학과의 관계

심리학은 인간과 동물의 마음과 행동을 연구하는 학문이다. 심리학자는 개인을 둘러싼 다양한 주변상황에 대한 반응으로 나타날 수 있는 여러 주변 원인을 규명하기 위하여 신경과학 연구에서부터 지능적인 행동을 가능하게 하는 심적 과정을 찾는 단계에까지 포괄적으로 발전하고 있다. 그중 사회심리학은 사회 환경, 집단 환경, 대인관계에서 나타나는 심리학 과정을 취급하는 분야이다. 사회심리학적 고찰은 경영관리, 산업관리, 경제관리 등에서 강조되었으며 점차 공공행정 및 관리 분야에서도 폭넓게 적용되어 가고 있다. 사회복지학이 인간을 대상으로 하는 실천중심적인 응용학문이기 때문에 인간의 사고와 행동, 더 나아가서는 감정을 보다 나은 단계로 변화시키는 데는 심리학의 이론과 그 지식기반은 매우 유용하게 관련을 맺고 있다(조추용 외, 2009).

5) 행정학과의 관계

행정학은 정부의 운영과 관리를 연구하는 사회과학의 한 분야이다. 오늘날 행정학은 행정현상을 실증적이고 체계적으로 연구하는 사회과학의 한 분야로 공공목적을 달성하기 위한 조직과 관리과정 혹은 인간행동체계에 초점을 두고 그 제반기능과 구조에 대해 접근하는 것을 목적으로 한다.

이러한 행정학의 접근은 사회복지행정에도 많은 영향을 미치고 있으며, 구체적으로 조직의 관리, 전달체계에 대한 이해 등에 다양한 함의를 제공할 수 있다. 나아가서 사회복지학에서 초점을 두고 있는 대상자 혹은 이용자에 대한 이해, 서비스 전달과정에서의 전달자나 수혜자의 행태 등은 행정학과의 학제 간 연구를 통해 더욱 깊이를 더할 수 있다.

6) 인간학과의 관계

인간 존재는 본질적으로 다원적이다. 따라서 인간학에서 인간에 대한 연구는 다양한 관점에서 제기된다. 첫째, 인간은 동물이므로 다른 동물과 비교해 봄으로써 인간의 특성을 살피려고 한다. 둘째, 인간을 인간 그 자체로서 연구하는 것이다. 이것은 인간을 밖으로부터 고찰해 보는 것과 안으로부터 성찰해 보는 것으로 나누어 볼 수 있다. 셋째, 인간과 신과의 관계를 통찰하는 것이다.

인간이 무엇이냐는 물음은 철학, 교육학, 의학, 정치학, 법학 등의 학문의 연구 영역과도 밀접한 관계가 있다. 이와 마찬가지로, 사회복지의 주체와 객체 모두가 인간이라는 사실 자체가 인간학은 사회복지의 영역과 연구주제를 공유하고 있는 밀접한 학문이라고 할 수 있다.

아래의 [그림 1-1]에서 보는 바와 같이 사회복지학은 다양한 학문적 배경을 기반으로 하고 있다. 따라서 사회복지학에 입문하는 사람들은 사회복지학에 대한 이해뿐만 아니라 정치학, 경제학, 사회학, 심리학, 행정학, 인간학, 문화인류학 등에 관한 기초지식을 습득하여야 한다. 나아가서 최근에는 학제 간 융합이 중요해지면서 생물학이나 정신의학적 지식까지도 요구된다. 사회복지학은 사회문제를 해결하기 위해 이러한 다학문적 지식을 기초로 하여 미시적 접근, 중시적(중범위적)접근, 거시적 접근을 통하여 해결하고자 노력한다.

지식의 기초	투입	개입 응용분야(실천)
심리학: 사람의 생각과 행동에 관한 과학적 연구		개입 응용분야(실천) 미시적 접근(개인/가족)
사회학: 사람 집단이 어떻게 발달하고, 상호작용하고, 행동하고 더 큰 사회에서 어떻게 기능하는지에 대한 조직적 연구		
정치학: 정치와 정부 구조와 기능에 대한 연구		중시적 접근(조직/지역사회)
경제학: 재화나 서비스의 소비와 분배와 생산에 관한 연구	사회사업 전문직	
생물학: 살아 있는 유기체와 그들의 육체적 기능들에 관한 연구		거시적 접근(제도/정책)
정신의학: 정신, 정서 그리고 행동장애를 치료하고 진단하는 의학의 한 분야		
문화인류학: 역사, 사회구조, 언어와 기술에 관한 인간의 문화를 다루는 인류학의 한 흐름		
사회사업: 개인, 가족, 집단, 기관과 지역사회를 잘살게 하기 위한 지식, 기술과 가치의 실용적 적용		

그림 1-1 사회복지의 학문적 배경

참고문헌

김기태, 박병현, 최송식 (2014). 사회복지의 이해. 서울: 박영사.

노병일 (2017). 현대 사회복지의 이해. 경기: 양서원.

미국사회복지사협회(NASW) 엮음 (1999). 사회복지실천이론의 토대. 이팔환 외 15인 옮김. 서울: 나눔의 집.

원석조 (2018). 사회복지개론. 경기: 양서원.

박석돈 외 (2015). 사회복지개론. 경기: 양서원.

송근원 (2004). 사회복지정책학. 서울: 학지사.

조추용 외 (2009). 사회복지개론. 서울: 창지사.

Zastrow, C. (2018). *Introduction to Social Work and Social Welfare*(12th ed.). Brooks/Cole-Thomson Learning, Inc, Belmont. CA.

Dobelstein, A. W. (2003). *Social Welfare: Policy and Analysis*(3rd ed.). Pacific Grove, CA: Brooks/Cole.

Kahn, A. (1973). Shaping the New Social Work. New York: Columbia University Press.

Midgley, J., & Livermore, M. (1997). The Developmental Perspective in Social Work: Educational Inplications for a New Century. *Journal of Social Work Education, 33*(3), 573-585.

Midgley, J. (1995). *Social Development: The Developmental Perspective in Social Welfare*. Thousand Oaks, CA: Sage.

National Association of Social Workers (1983). *Standards for Social Service Manpower*. New York: NASW.

Romanyshyn, J. M. (1971). Social Welfare: Charity to Justice. New York: Random House.

Wilensky, H. L., & Lebeaux, C. N. (1965). *Industrial Society and Social Welfare*. New York: Free Press.

CHAPTER

02 사회복지의 동기와 역사

1 사회복지의 동기

유사 이래로 질병과 빈곤, 사회적 약자와 소외 계층의 원조 등의 사회적 문제를 해결하기 위하여 복지 차원의 사적·공적 지원 활동들이 지속되어 왔다. 현재와 같은 사회복지체계로 사회복지가 발전하게 된 데에는 가장 오래된 상부상조의 동기로 시작해서 순수한 종교적 신념에 따른 종교적 동기, 인도주의적 동기, 반사회적 동기, 공리주의적 동기, 전문직업적 동기 등을 손꼽을 수 있다.

1) 상부상조의 동기

상부상조(mutual aid) 동기는 서로가 서로를 돕는다는 뜻으로 가장 오래되고 가장 보편적인 사회복지의 동기이다. '도움을 주는 자'와 '도움을 받는 자'의 입장이 서로 바뀔 수 있는 호혜성의 원리에 입각한 원조 방식이다(윤철수 외, 2018).

역사를 거슬러 올라가서 고대사회의 구제 방법을 고찰해 보면, 씨족이나 부족 등 종족 공동체를 중심으로 이루어진 상부상조를 기반으로 하고 있다. 흔히 자연재해나 전염병, 흉작이나 기근이 발생했을 때에나 혹은 다른 집단으로부터 그 공동체가 위험에 처할 경우 공동으로 대처하여 생활을 보호하였음은 물론이고, 개인적인 위기에 처할 경우에도 혈연과 지역공동체 안에서 상호부조와 자선활동들이 행하여졌다. 이후로 국가의 면모를 갖춘 고대국가에서는 절대적 권력을 가지고 있었던 왕이 자신의 백성들을 보호하고 병자와 빈곤층을 구제함으로써 민심을 얻고 치세를 하기 위하여 행해졌다고 볼 수 있다.

한편, 중세시대의 상인들은 영업보호와 상부상조를 위하여 길드를 조직하였다. 상인길드(merchant guilds)와 직인길드(craft guilds)를 중심으로 하여 회원들의 장례비와 유족의 생계지원, 자녀를 위한 결혼 지참금 지원, 환자 보호, 빈곤층을 대상으로 무료 숙식시설 제공, 지역사회를 위한 자선활동, 응급 구호 등의 사회복지 관련 기능을 수행하였다. 이에 필요한 자금은 갹출금의 형식으로 조합원의 회비로 충당하였고 유사시에 지급하였다. 이와 같은 방식은 근대적 사회보험방식이 출범하는데 큰 영향을 미쳤다. 상부상조의 동기는 산업사회로 발전함에 따라 사회가 점차 개인주의화되어 약화되었으나, 현대 복지국가에서 사회복지제도를 통해 다시 회복되었다.

2) 종교적 동기

인간은 종교적 속성을 가지고 있다. 대부분의 종교는 종교적인 교리와 신념에 따라서 도움이 필요한 타인, 특히 소외된 사람들에 대한 책임감과 선행을 큰 덕목으로 강조한다. 자선행위를 통해 자신이 지은 죄를 소멸할 수 있고 신으로부터 복을 받으며 천당에 갈 수 있다고 믿었다. 종교적 동기에 의한 자선행위는 기부자의 종교적 신앙과 주관적인 판단이 무엇보다 중요하게 작용하였다. 따라서 수혜자에 대한 고려가 배재된 단순한 시혜나 동정으로 문제를 해결하고자 하였고 구제의 결과나 그에게 미치는 영향은 비교적 중시하지 않는 경향이 있었다. 즉 사회적인 약자가 되거나 사회적으로 소외될 수밖에 없는 사회적 환경과 사회적 모순보다는 인간적인 동정이나 정서적 지원에 기초를 두었다.

대표적인 자선의 근원적 동기로서 기독교의 이웃사랑, 불교의 자비사상 등을 예로 들 수 있다. 이러한 종교적 이상을 실현하고자 하는 동기의 구현은 엘리자베스 구빈법 이전의 시대를 지배했을 뿐만 아니라 오늘날까지도 민간 사회복지의 중요한 부분을 담당해 왔으며 앞으로도 사회복지실천의 주요한 원동력이 될 것이다.

3) 반사회적 동기

인간은 본성적으로 자기 자신의 사리사욕과 본능적 욕구를 충족하려고 하는 자기중심적 존재이다. 따라서 인간은 타인의 복지비용을 통하여 자신의 기본적 욕구를 해결하고자 한다는 것이다. 이러한 관점은 사회의 불안과 체제의 모순을 빈민에게 돌리고 이들에 대한 인간차별과 학대로 이어졌다. 빈미들의 삶을 그 공동체에서 전혀 보장해주지 않고 빈민들의 존재를 그 사회에서 배제시켰다. 이와 같은 사례는 노동 가능한 빈민의 구걸을 처벌하고 그들의 구제를 금지하는 노동자조례를 비롯한 영국의 초기 구빈법의 출현과정에서 잘 나타나 있다. 예를 들면, 노동능력이 없는 빈민, 즉 노인이나 장애인, 병자와 같은 사람들에 대해서는 환경이 열악한 구빈원에서 집단생활을 시키고 노동능력이 있는 빈민들에게는 그들에 대한 사정과 형편의 고려 없이 일률적으로 취급하여 작업장에서 강제노역을 시키는 억압 일변도의 법률을 제정하였고, 빈민의 이동을 금지하는 강력한 억압적 조처인 정주법 등이 그것이다. 이처럼 빈곤층이나 사회적 보호가 필요한 대상자들을 통제하고 배척하기 위한 수단으로 구빈정책을 사용하였으나 빈민들에 대한 국가 개입을 실시했다는 측면에서 중요한 사회복지의 동기가 되었다.

오늘날에도 반사회적 동기는 대부분의 국가에서 공공복지의 중요한 동기로 작용하고 있다. 특히 신자유주의 이념의 확산에 따라 복지를 노동과 연계시켜 반사회적 동기를 통제하려는 시도가 대부분 국가 복지정책에서 강화되고 있다.

4) 인도주의적 동기

18세기 인도주의 사상의 영향으로 구제대상자에 대한 종래의 처벌적인 관점과 대상자를 고려하지 않는 무조건적이고 획일적인 시혜로서의 자선활동에서 벗어나게 된다. 이 시대에는 모든 인간은 인종·국적·종교의 여하를 불문하고 평등하다는 인도주의 사상을 근거로 하여 인류의 공존과 평화를 도모하고 사회적인 약자와 빈곤층을 원조함으로써 박애주의 이념을 실천하려는 동기를 가지고 사회복지활동이 전개되었다. 로망 롤랑의 평화 사상이나 슈바이처 박사의 아프리카 의료사업도 이에 해당된다.

인도주의적 자선활동은 사회문제를 초래하는 근원적인 사회악과 사회적 결함을 제거하려는 사회개혁운동이라기보다는 동정이나 감정적 요인이 동기가 되어 행해지는 구제활동인 경우가 많았다. 18세기 영국에서는 인도주의 사상을 근본으로 해서 죄인에 대한 잔혹한 형벌의 폐지나 산업혁명에 수반하는 노동조건의 개선, 연소자의 노동금지를 위한 운동 등이 행해졌다. 이와 같은 인도주의적 운동과 구제활동이 커다란 사회적 반향을 불러일으켜 그 당시의 자선사업가와 사회사업가들은 교정, 주택, 보건 분야의 개선을 위한 사회개혁운동과 사회정의의 실천에서도 많은 공헌을 하였다.

5) 공리주의적 동기

19세기 중반 영국에서 Jeremy Bentham, James Mill, John Stuart Mill 등을 중심으로 나타난 사상으로 가치 판단의 기준을 효용과 행복의 증진에 두어 '최대 다수의 최대 행복' 실현을 윤리적 행위의 목적으로 보았다. 공리주의는 다수결의 원리에 기초한 민주주의적 정치제도와 경제적 자유주의, 사유재산 보호의 틀 안에서 점진적인 분배의 평등을 강조하는 복지사상의 발달에 큰 영향을 끼쳤으며 특히 영국에서는 Webb 부부와 같은 페이비안 사회주의자들에게 사상적 근거를 제공하였다. 공리주의 사상에 근거하여 '최대 다수의 최대 행복'을 실현하는 방향으로의 사회복지를 추구한다. 사회복지의 궁극적 목적이 모든 국민과 사회가 동시에 만족하고 바람직한 사회를 실현하고자 한다는 측면에서 공리주의는 주요한 사회복지의 동기가 되고 있다.

6) 전문직업적 동기

전문직업에는 법률, 의학, 예술, 교육 등 다양한 분야가 있지만, 이 직업들은 결과적으로 고객 내지 대상자들의 욕구를 충족시켜 주기 위한 전문적인 서비스를 제공한다는 점에서 공통점이 있다. 일반적으로 직업은 일반직업과 전문직업으로 구분되는데, 전자는 금전적 이익추구가 중심이며 후자는 타인을 위한 서비스 제공을 위주로 한다. 전문직업적 동기는 법조계나 의료계에서 종사하는 전문직업인과 같이 사회복지 분야에 종사하는 사회복지사가 원조를 필요로 하는 사람들을 돕기 위하여 전문적 서비스를 제공하는 것을 의미한다.

오늘날 사회문제의 다양성과 심각성이 날로 증가되고 있는 현대사회에서 사회복지가 전문직업으로 등장하면서 인간을 돕는 일에 필요성과 선호도가 증대되고 있다. 사회복지전문직의 독특성은 인간 본질에 대한 서비스를 지향한다는 점에 있으며, 사회복지서비스 활동은 하나의 예술적 기술(artful skill)이라고 할 수 있다. 따라서 사회복지사는 전문직으로서 확고한 사회복지의 윤리와 가치, 철학, 인간과 사회 환경에 대한 지식과 전문적 실천기술을 가지고 사회복지서비스를 제공해야 한다.

2 사회복지의 역사

사회복지의 발달은 산업혁명에 따른 자본주의의 발전과 깊이 관련되어 있다. 산업사회 이전에는 주로 가족과 친척, 지역공동체, 종교조직들의 비공식적인 자선활동에 기반을 두었으나, 산업사회 이후에는 점차적으로 사회문제가 복잡하고 다양해지면서 이들 문제에 대한 해결이 국가와 사회복지조직들의 체계화된 공공복지를 통하여 이루어졌고 지금의 사회복지제도를 만들어냈다. 복지선진국들의 사회복지의 역사적 발달과정을 살펴봄으로써, 현대 사회복지의 맥락을 이해하고, 우리나라에 적합한 복지제도의 방향을 모색하고자 한다.

1) 영국 사회복지의 역사

산업혁명을 세계에서 최초로 경험한 자본주의의 최선진국이었던 영국은 사회경제적인 변화에 따른 빈곤에 대한 대응 방안으로써 가장 먼저 빈민법을 제정하였으며, 이차 대전 중인 1942년에 베버리지 보고서(Beveridge Report)를 근거로 사회보장제도를 수립하여 명실공의 복지국가로서의 선두적인 역할을 하여 왔다. 본 절에서는 사회복지제도의 발전에 가장 큰 영향을 미친 영국의 사회복지의 발달과정을 구빈법 이전 단계, 구빈법 단계, 민간사회사업활동 단계, 사회보장제도 단계, 복지국가의 위기와 신자유주의 단계 등으로 구분하여 사회복지 발달과정을 고찰하려고 한다.

(1) 구빈법 이전단계

1563년에 시작되어 1601년에 완성된 Elizabeth 구빈법으로 알려져 있는 일련의 입법을 기준으로 하여 이 법률 이전까지를 구빈법 이전 단계로 나눈다. 구빈법 이전 시기에는 빈곤문제에 관하여 국가가 전혀 노력도 없이 방임하고, 국가의 개입이 전혀 없었던 것은 아니었다. 이 시기에는 왕이나 영주, 지역의 부유한 자들이 빈민들에 대하여 시혜나 한시적인 보호, 원조를 제공하는 경우가 일반적이었다. 그러나 어떤 구제 행위가 일관성 있는 기준이 있었던 것도 아니었고, 국가의 책임이라는 명시적 혹은 묵시적인 인식하에 이루어진 것으로 규정할 수 없는 성격이었다(박광준, 2022).

구빈법 이전 시기인 중세는 로마제국의 붕괴로 시작된 5세기 후반부터 15세기 전반에 걸친 기간이다. 신분제도가 엄격했던 중세사회에서는 신분에 의해 가난한 것이 사회문제로 여겨지지 않았다. 중세 초기에는 장원제도에 따라 영주와 그 가신, 농노 등의 신분을 가지고 있었다. 중세봉건사회의 생산방식을 기반으로 하여 자신의 봉토 내에 거주하는 빈민의 보호를 위해서 귀족들이 행한 자선활동을 복지의 일환으로 간주할 수 있다.

11세기에서 14세기 초까지의 중세 중기는 기술적인 진보와 초기 형태의 시장경제가 형성되었다. 중세 후기는 14세기 중엽부터 구빈법이 제정되기 이전 16세기까지로 토지의 활용방식이 농업에서 양모 메뉴팩처로 전환되면서 봉토와 엄격한 신분제도를 기반으로 한 장원경제가 점차 붕괴되었다. 그 당시의 유럽 강대국은 식민지를 개척하였고 무역이 신장되고 화폐경제가 본격화되기 시작하였다. 임금노동의 등장과 함께 인클로저 운동이 확산되어 토지에서 이탈한 농민과 자유와 독립을 얻은 농노들이 이주하는 과정에서 부랑인들과 빈민들이 양산되었다. 14세기부터 15세기에 걸친 백년전쟁(1338~1453)과 장미전쟁(1455~1485)에 참전했던 병사들이 전쟁이 끝난 후 일자리를 찾기 위하여 도시에 몰리게 되었고 그중 많은 수가 빈민과 부랑인으로 전락하게 되었다. 그 당시에는 빈곤으로 이한 가족해체로 16세 이하의 청소년과 아동, 병사, 선원, 도제, 모직물 노동자는 부랑인으로 전락한 최대의 대상자들이었다.

중세 영국에서 공식적인 자선활동은 중세 교회의 교구를 중심으로 이루어졌으며 수도원은 다목적 사회사업 기능을 수행하였다. 과부, 빈곤아동 및 고아, 노인, 장애인, 빈곤층, 여행자들에게 대한 구제, 보호, 의료, 숙박 등을 지원하였으며 교회헌금의 1/3을 자선활동에 사용하는 것이 기독교 전통이었다. 중세 교회가 자선을 강조하는 것은 빈곤한 자에게 대한 자선행위를 천국으로 가는 구원의 방편으로 믿는 기독교 문화의 영향 때문이었다.

구빈법 이전의 시기에는 빈민들에게 빈곤의 상태를 개선시키는 노력보다는 빈곤으로부터 발생할 수 있는 사회불안에 대하여 강한 조치를 취했다 이 시기를 대표하는 두 가지가 노동자 칙령과 마녀사냥이다. 1348년에는 유럽 대륙을 덮친 흑사병으로 약 1/3에 해당하는 250만 명이 사망하여 노동인구가 감소하자 노동자들에게로 권력 이동이 일어나면서 노동자들의 실제 임금은 영국 역사상 가장 높은 수준으로 상승되었다. 1349년에는 노동자 칙령(The Statute of Labourers)을 제정하여 최고임금을 법으로 규정하고 과거 수준에 비해 높은 임금을 받을 수 없도록 임금을 통제하였다. 또한 빈민들의 이전의 자유와 걸식과 부랑을 금지하고 노동 가능한 빈민에 대한 자선을 금지했으며, 지주 상호 간의 농민쟁탈을 억제하기 위해 농민은 자신의 장원을 떠나지 못하도록 하였다.

빈민을 박해하고 공동체에서 배제하는 일을 하거나 조장하는 것의 대표적인 것이 빈곤층인 마녀박해였다. 마녀는 사회적 불일치를 없애기 위하여 권력자가 연출한 희생물의 상징이다. 양이 죄가 있어서 죽임을 당하는 것이 아닌 것과 마찬가지로 마녀 역시 희생자에 불과한 것이다. 국가는 빈민에 대한 마녀사냥을 조장함으로써 공동체적인 질서를 무너뜨리고 보다 개인주의적인 사회로 이행을 촉진하였던 것이다(박광준, 2022).

중세 시대에 빈민구제를 위한 초기 입법은 걸인과 부랑인을 단속하고자 하는 목적이 강했다(심상용 외, 2021). '피비린내 나는 악법'이라 불리는 1388년 빈민법(Poor Law Act)에서는 부랑인에게 문신을 새겨 빈민의 이탈을 방지하고 거주이전의 자유를 금지하였는데, 이를 발견했을 경우에는 누구든지 노예로 삼을 수 있게 하는 잔인한 빈민 통제법을 시행하였다. 구걸과 자선은 노동능력이 없는 사람들에게만 허용되었으며 이와 같이 노동 가능 빈민과 노동 불능 빈민을 구분하는 관행은 이후 엘리자베스 구빈법에 명문화되었다.

(2) 구빈법 단계

중세 후기에는 오랜 전쟁과 전염병, 자연재해 등으로 유럽 인구가 급격하게 감소되고 경제가 극도로 어려워지면서 빈민들이 속출하는 상황에 직면하게 되었고, 중세 봉건제도의 해체기의 빈곤문제를 해결하기 위한 대응책으로 16세기 영국에서는 구빈법(poor laws)이라는 이름으로 일련의 법령들이 제정되었다. 이 법령들은 당시 시대적 상황에 따라 내용을 바꾸어 가면서 1948년 국가부조법이 제정될 때까지 존속되었다. 그러나 구빈법은 빈민 구제책으로서의 의미뿐만 아니라 치안과 실업대책의 일환으로서의 의미도 포함되어 있었다.

① 엘리자베스 구빈법(The Poor Law of 1601)

영국의 국왕 헨리 8세가 왕비 캐서린과의 이혼문제로 인한 분규로 로마교회로부터의 교회의 독립을 선언하고 영국 국왕을 영국 교회의‘유일한 최고의 수장(首長)’으로 규정한 수장령(Acts of Supremacy, 1534)을 발표하며 교회와 수도원의 토지와 재산을 몰수하고 수도원을 해산시켜 수도원 중심의 구제사업도 중단되어 빈민문제가 악화되었다.

아버지 헨리 8세의 뒤를 이은 엘리자베스 1세는 그동안 교회가 수행하던 구빈사업을 국가의 책임으로 인정하고 국세로 빈민구제 사업을 하였고, 이때부터 국가의 구빈재정을 줄이기 위해 다양한 구빈정책들을 제정하기 시작하였다. 엘리자베스 여왕은 1572년 구빈법(An Act for the Punishment of Vagabonds and the Relief and Impotent)으로 구빈 재정을 충당하기 위해 역사상 최초로 구빈세(poor rate)를 부과하고 구빈감독관을 임명하였다. 1576년 구빈법에서는 빈민을 세 가지 유형으로 분류하였다. 노동가능 빈민은 작업장(workhouse)에서 노동을 강제하였으며, 노동 불가능 빈민은 구빈원(almshouse)에서 입소 보호하였고 구제불능의 나태한 빈민은 교정원에서 처벌받는 방식으로 대처하였다. 또한 1594년 심각한 기근으로 인해 부랑인들이 증가하고 여러 지역에서 소요가 발생하자 이를 수습하기 위해 1597년 구빈법(The Act for the Relief of the poor)을 마련하였으며 그동안 제정되고 실시되어 온 일련의 구빈 관련법들을 집대성하여 1601년 엘리자베스 구빈법을 공표하게 된다.

엘리자베스 구빈법의 주요한 특징은 다음과 같다.

첫째, 빈민구제사업이 국가의 책임으로 바뀜에 따라 교구행정에서 국가행정으로 구빈행정체계를 확립하였다.

둘째, 모든 교구에 덕망 있는 자로 무급의 구빈감독관을 배치하였다. 구빈사업의 재원은 교구 내에서 지방세를 제정하고 부동산이 있는 자에게 구빈세(poor rate)를 부과하여 확보하도록 하였다.

셋째, 빈민을 노동능력의 유무에 따라 세 범주로 나누고 다음과 같이 차별적으로 처우하였다는 점이다.

- 노동가능 빈민(able bodied poor)은 노역장(Workhouse)에 수용되어 강제 노동을 했고, 노동을 거절했을 때에는 감옥에 가두었으며 구걸이 금지되었다.
- 노동 불능 빈민(the impotent poor)에는 병약자, 노인, 장애인, 미친 사람 및 어린 자녀가 있는 여성 등이 포함되며 이들은 노동이 불가능하다고 판단하여 구빈원(almshouse)이라는 시설에 수용하여 보호하였다. 만약 이들을 보호할 거처가 있고 그것이 비용이 적게들 것으로 판단될 경우 음식, 의복, 연료 등의 현물이 원외구제(outdoor relief)의 형태로 제공되었다.
- 요부양 아동은 원칙적으로 친족(조부모까지) 부양책임을 강조하였으며, 부양책임자가 없는 경우 도제수습의 기회를 제공하거나 고아원에 수용·보호하여 공적인 보호체계를 정립하였다. 8세 이상의 아동들은 소년의 경우 24세까지 도제생활을 하였고, 소녀의 경우 21살 또는 결혼할 때까지 집안일을 돌보는 하녀로서 생활하였다.

② 정주법(The Settlement Acts of 1662)

모든 사람은 법적으로 교구에 소속된다고 하는 영국의 거주지제도는 기원이 오래된 원칙이었다. 교구에의 정주 자격은 출생, 결혼, 도제, 일정기간 거주, 일정기간 취업에 의해 인정되었다. 이주자라도 1년에 금화 10파운드의 지대를 낼 수 있거나 공탁하면 이주가 받아들여졌다. 이러한 상황에서 정주법(the Settlement Act of 1662)은 교구 내로 빈민의 유입을 거부하는 거주지 제한의 관행을 전국적인 제도로 확대한 법령이다. 지역 내 빈민은 지역에서 책임진다는 원칙으로 인해 빈민구호가 활발한 교구로 빈민들이 이주하는 폐단이 나타나기도 하였는데, 이 법은 1795년까지 지속되었다. 결과적으로 정주법은 빈민에게는 거주 이전의 자유를 통제하는 것이 되었고, 임금노동자를 필요로 하는 상공업 자본가들에게는 노동력 확보를 어렵게 하였으며, 일할 수 있는 노동자들에게는 실업의 원인이 되는 결과를 낳았다(박광준, 2022).

③ 작업장법(The Workhouse Test Act of 1696, 1722)

작업장은 노동능력이 있는 빈민을 수용하여 강제적으로 노동을 시키기 위해 설립된 시설로서 1576년 구빈법에서 빈민을 세 가지 유형으로 분류하여 일할 수 있는 빈민에게 노동을 강제하는 시설로서 작업장이라는 개념이 이미 시작되었다. 공동작업장이 설치된 것은 1696 작업장법(The Workhouse Test Act of 1696) 제정으로 인해 브리스톨(Bristol) 시에서 시작되었다. 브리스톨 작업장은 소녀들은 실을 만드는 방적에, 소년들은 천을 짜는 방직에 투입되었고, 노인들에게는 가벼운 일이 맡겨졌으며, 유아는 보호되고 교육을 받았다. 이러한 유형의 작업장은 빈민들에게 알맞은 일자리를 제공하는 목적의 작업장으로서 모델을 제공하였고, 1722년에 제안자의 이름을 따서 나치블법(Sir Edward Knatchbull's Act)으로 개정되어 체계적으로 전국에 작업장이 설치되었다. 이 두 작업장법(The Workhouse Test Act of 1696, 1722)은 빈민이 구제를 받으려면 작업장에 수용되어야 하며 작업장에 수용되기를 거부한 경우에는 구제받을 자격을 박탈하여 강제 노역장의 원내구조의 성격이 강화하였다. 또한 노동 가능한 빈민들에게 기술을 가르쳐 빈민들에게 수입을 줄 수 있는 기회를 마련하였다는 점에서 오늘날의 빈민 직업보도 프로그램의 효시라는 점에 이 법의 의의가 있다.

18세기 후반 이후에는 대부분의 교구에서 빈민이라면 노동능력의 유무, 남녀노소, 정신질환의 유무 등을 구분하지 않고 모든 부류의 빈민들을 수용하는 혼합작업장(general mixed workhouse)으로 변질되었다. 작업장 환경은 불결하고 열악하여 비참한 생활을 하였으며, 빈민들에 대한 처우는 매우 엄격하여 '빈민의 감옥', '지하 감옥' 등으로 불리며 비인간적인 요소의 상징이 되었다.

④ 길버트법(Gilbert Acts of 1782)

18세기 후반부터 본격화된 영국의 산업혁명은 농업사회로부터 산업사회로 변모시키는 과정에서 많은 임금노동자들이 빈민계층을 형성하며 계속적으로 증가하였다. 당시 영국에서는 노동자의 1/3이 노동을 하고 있음에도 불구하고 최저생계를 유지하지 못한 것으로 추정된다. 노동 가능한 빈민들을 철저하게 관리하기 위해 작업장에서 노동을 강제하며 원내구제(indoor relief)의 원칙을 고수하던 기존의 구빈제도로서는 이처럼 늘어가는 빈민에 효과적으로 대응할 수 없었기 때문에 새로운 구빈법이 영국 하원의원 Gilbert Thomas가 제안하여 제정되었는데 그의 이름을 따서 길버트법(Gilbert Acts)라고 한다. 이 법은 작업장의 빈민의 비참한 생활과 착취를 개선할 것을 목적으로 하였다. 그 내용은 노동 가능한 빈민을 작업장에 보내는 대신 자신의 집에 기거하면서 인근의 다른 직장을 얻을 때까지 작업장 밖에서도 노동할 수 있도록 하는 원외구호(outdoor relief)를 인정하는 것과 노동임금이 생활에 부족할 경우 그 부족한 액수를 구빈세에서 보조해 주는 것으로서 최초로 구빈법의 인도주의화를 추구한 법이다.

⑤ 스핌햄랜드법(The Speenhamland Act of 1795)

1790년대에 들어서면서 흉작이 계속되고 프랑스와의 전쟁, 그리고 프랑스

혁명 확산에 대한 두려움으로 인하여 다양한 구제책이 제안되었다. 이런 가운데 임금보조제도는 1795년의 스핀햄랜드법을 통해 본격화되었는데, 이 법은 저임금을 받고 있는 노동자들에게 표준임금의 미달 부분을 구빈세를 재원으로 하여 보조해 주는 일종의 최저생활보장제도이다. 최저생계비는 빵 가격과 부양가족의 수에 비례한 금액을 기준으로 하였는데, 노동자의 임금에서 일주일 생활유지를 위하여 필요한 비용의 부족분을 교구 구빈세에 의한 부조로 제공하였다.

스핀햄랜드 제도는 빈곤 노동자들에게 최저생활을 보장하려는 인도주의적 동기에서 시작되었고, 빈곤문제 해결과 사회를 안정시키는 데에 어느 정도 기여했음에도 불구하고 제도적으로 많은 모순을 가지고 있었다. 이 제도는 사회 전반적으로 생산성을 저하시키고 노동자들의 자립심을 약화시켰으며, 또한 구빈세의 격증을 초래하여 중산층의 부담을 가중시키고 사용자 측의 저임금을 정당화시키는 계기가 되었다. 이리하여 이 법은 지나치게 고비용이 드는 복지제도라는 비난과 함께 자본가 계층으로부터 근면한 자들의 희생 위에 게으른 노동자를 양산한다는 비판을 받게 되었다. 이로써 노동 가능 빈민에 대한 원외구제를 제한하고 작업장을 활용하여 노동을 시키는 것이 바람직하다는 주장이 설득력을 얻게 되어, 결과적으로 보다 엄격한 사회복지 통제의 구실을 제공하게 되었다. 스핀햄랜드법은 사회복지제도는 제도 그 내용 자체보다도 그것을 취지대로 운용하려는 의식 수준이 중요하다는 교훈을 보여 주는 좋은 사례이다.

⑥ 신구빈법(The Poor Law Reform of 1834)

19세기 초 영국의 사회복지제도는 높은 구빈세 부담으로 자본가들의 기존 제도에 대한 비판과 불만이 컸다. 또한 영국을 중심으로 대프랑스동맹을 결성하여 치른 나폴레옹전쟁으로 인하여 실업자의 증가와 식료품비의 폭락이 초래되었으며, 기아가 급증하고 빈민들의 수는 폭발적으로 늘어났다. 1832년 구빈법을 재검토하기 위해서 왕립 구빈법 위원회가 발족되었으며, 이 위원회의 조사를 토대로 1834년 신구빈법이 제정되어 구빈법 개혁이 이루어졌다.

왕립위원회는 당시의 Adam Smith, Malthus, Bentham 같은 자유방임주의 이론가들의 주장이 강하게 영향을 주었다. 고전 경제학을 바탕으로 한 자유방임주의 학자 Adam Smith는 정부는 외부 사회로부터의 침략과 폭력으로부터 국민들을 보호하는 일을 주로 하고, 시장은 '보이지 않는 손(invisible hand)'의 지배를 받는 것이 바람직하므로 개인의 자유와 자유무역을 최대한으로 보장하기 위해서는 시장에 소극적으로 개입해야 한다는 것이다. 한편 《인구론》의 저자 Malthus는 식량은 산술급수적으로 증가하는 데 반해 인구는 기하급수적으로 증가하므로 종국에 인류는 기아로 멸망을 맞게 될 것이라고 경고하였다. 따라서 빈민구제는 빈곤을 증가시키기 때문에 궁극적으로 빈민들에 대한 복지는 축소되거나 제한되어야 함을 강조하였다. 공리주의자 Bentham은 '최대 다수의 최대 행복'이라는 원칙에 따라 한 사회에서 쾌락의 총량이 증가를 선(善)으로 간주하였다. 따라서 사회적 소수, 즉 빈민들의 고통을 위하여 국가의 개입이 필요하지 않다는 것이다.

이러한 자유방임주의 철학사상의 영향을 받아 개정된 신구빈법은 자조(self-help)와 절약을 강조하였고, 구빈 비용을 최소화하는데 그 목적이 있었다. 이 법에 의하여 확립된 구빈원칙은 20세기 사회보장제도가 성립될 때까지 영국 공공부조의 기본원리가 되었는데, 다음과 같은 3대 원칙이 강조되었다.

- 전국적 통일의 원칙(the principle of national uniformity): 빈민의 유형이나 거주지에 관계없이 균일한 빈민 행정서비스를 받을 수 있도록 구빈행정을 전국적으로 통일한다.
- 열등처우의 원칙(the principle of less eligibility): 노동능력이 있는 구빈수혜자에 대한 보호수준이 자활해서 사는 최하위계층 노동자의 최저수준보다 열등해야 된다.
- 작업장 제도의 원칙(the principle of workhouse system): 노동능력이 있

는 빈민에 대한 원외구호를 폐지하고 이들에 대한 구빈을 작업장 내에서의 구빈으로 제한한다.

이 같은 원칙에 입각하여 시행된 신구빈법은 구빈 행정체제의 원칙을 만드는 계기가 되었으나, 결과적으로 빈민의 사회적 지위와 처우가 극도로 열악해졌다. 개정구빈법은 법에 의한 구제가 오히려 빈곤을 만든다는 빈곤관을 기초로 누구도 공적인 구제를 받고 싶지 않게 만드는 것을 목적으로 하였으며 반인권적이라는 비판을 받기도 하였다(장인협 외, 2013).

(3) 민간사회사업활동 단계

영국은 산업혁명을 최초로 경험한 선진국으로서 세계 시장을 독점하며 경제적인 번영을 이룩하였다. 그러나 19세기 후반에 영국은 자본가 계층과 노동자 계층이 생겼으며 이들의 소득 격차가 심각하게 양분되어 웨스트엔드의 사치와 이스트엔드의 빈곤으로 상징되었다.

자유방임주의와 공리주의 철학이 당시의 영국 사회를 지배하였으며, 기독교의 근로와 절약에 대한 가치는 빈곤관을 변화시켰다. Woodard에 의하면, 자유방임주의적 빈곤관에서는 빈곤은 도덕적인 문제라는 관점에서 인식한다. 빈민이 자립생활에 실패하고 공공의 구제를 받게 된 데에는 근면하고 절약하는 덕을 가진 존경받는 시민으로서의 자질을 가지고 있지 못했기 때문이며, 나태한 성격이나 무능력의 결과로 빈곤은 개인의 책임이라고 간주되었다.

① 자선조직협회(Charity Organization Society)

19세기 말 영국에서는 산업화에 따라 대량의 인구가 도시로 이주하면서 빈곤, 부랑인, 열악한 주거환경, 비위생, 범죄 등 다양한 문제를 초래하였으며, 박애정신에 기초한 사회단체, 민간자선단체, 종교단체 등이 활발하게 빈민구제 활동을 하였다. 이것은 자본주의 사회로 전환되는 과정에서 가장 이익을 본 계층인 신흥자본가 계급이 가장 손해를 본 계급인 도시빈민에 대하여 민간복지활동을 한 것이다. 그들은 빈민 구호활동에만 관심을 두었고, 자선단체들 사이에 지역이나 활동 내용에 있어서 정보교환이나 조정이 이루어지지 않아 자원의 낭비와 중복 제공 및 누락, 무분별한 자선 등의 문제점이 발생하게 되었다.

이러한 문제를 해결하고 민간자선기관과 단체 간의 협력, 조정, 정보교환의 필요성이 제기되었고 자선기관의 조직화를 목적으로 자선조직협회(Charity Organization Society)가 1869년에 결성되었다. COS의 조직은 중앙협의회(the council)와 그 산하에 다수의 지구위원회(District Committee)로 구성되었다. COS의 기원은 Thomas Chakmers 목사의 교구 주민들의 구제활동이라고 할 수 있다. 그 방법은 빈곤의 원인을 개인의 결함에 있다고 보고, 교회가 속한 교구의 빈곤 가정을 방문하여 인격과 게으름이나 음주와 같은 생활습관을 변화시키고 원조하는 것이었다.

자선조직협회는 구제의 가치가 있는 빈민(the deserving poor)과 구제의 가치가 없는 빈민(the undeserving poor)으로 대상의 선정 기준을 두었다. 구제의 가치가 있는 빈민이란 선량한 성격(good character), 의존적이지 않은(independent), 근검절약하는(thrift), 자활의지가 있는(self supporting), 존경받을 만한(respectable) 자로 그 지역의 목사나 고용주 등의 증언을 필요로 하였다. 이와는 반대로 구제의 가치가 없는 빈민이란 원조의 효과가 불가능할 것 같은 제멋대로의 행동(misconduct)의 증거가 있는 자로 규정되어 있다. 나쁜 품성(bad character), 의존적인(dependent), 근검절약하지 않는(unthrift), 음주벽(drunkenness) 등이 이에 속한다(박광준, 2022).

자선조직협회는 자원봉사자인 우애방문원(friendly visitors)을 통해 빈민의 생활 상태를 조사하기 위하여 가정방문과 면접을 실시하였으며, 구호신청자들에게 협회에 등록하도록 하여 구호의 중복을 방지하고자 하였다. 이러한 자선조직협회 활동은 사회복지 역사적 관점에서 중요한 의의를 갖는데, 그것은 이후 사회사업방법론인 개별사회사업과 지역사회복지의 발전에 효시가 되었다. 사회복지에 영향을 미친 또 다른 공헌 중에 하나는 사회사업 종사자의 훈련에 관한 것이다. '방문원에 대한 일반적 조언'이라는 우애방문원의 33개 항목의 행동지침을 제시하고 있는데, 케이스워크의 기원으로서 손색이 없을 정도의 내용들이 포함되어 있다. 우애방문원들은 단기간의 공식적인 교육과 훈련을 통해 사회사업 활동가로 됨으로써 현대적 의미의 전문 사회복지사의 전신이 되었다.

② 인보관운동(Settlement House Movement)

1870년대 대규모의 경제 불황이 영국을 휩쓸자 자선조직협회의 활동과 함께 도시빈민 지역을 위해 새로운 방식의 조직적인 민간 사회복지운동이 출현하였는데, 이것이 옥스퍼드 대학과 캠브리지 대학 학생들이 주축이 되어 시작된 인보관운동이다. 1884년 런던의 동부 빈민지역에 최초의 인보관인 토인비홀(Toynbee Hall)을 설립하였고, 인보관은 사회개량운동의 역할을 하였다.

당시의 자선조직협회와는 달리 중상층의 지식층 젊은이들로 구성된 이들은 빈민지역에서 주민들과 함께 거주하면서 도시빈민의 생활 실태를 자세히 파악하고, 빈민에게 교육과 집단활동을 통해 환경을 개선하고 자활능력 향상을 목적으로 하였다. 인보관운동은 현대적 의미에서 집단사회사업, 사회행동, 지역사회복지의 기원으로 평가된다.

인보관운동의 주요 기능은 ① 사회조사를 통해 다수의 통계자료를 법률제정에 활용하도록 했으며, ② 지역주민들에 대한 아동위생, 보건 교육, 소년소녀들에 대한 기술교육, 문맹퇴치 및 성인교육 등의 교육사업을 실시하고, ③ 체육관을 설치하여 옥외활동을 장려하고 오락 및 예술활동을 장려했으며, ④ 인보관을 통해 도서관 및 주민회관으로 활용하도록 하였다(김상균 외, 2011).

인보관운동과 동시에 이루어진 것은 빈곤에 대한 사회조사활동이었다. Charles Booth는 1886년 도시 노동자들의 빈곤문제에 관심을 가지고 런던의 이스트엔드 지역의 빈곤조사를 시작으로 해서 런던 전지역 400만 명 이상의 인구, 100만 세대에 이르는 모든 주민을 대상으로 직업, 생활 및 노동조건, 작업시간 및 임금 그리고 실업 상태 등 런던 시민생활 실태에 관해 조사하였다. 이전에도 빈곤에 대한 조사가 공적으로나 혹은 사적으로 이루어졌지만, 런던의 빈곤문제를 과학적으로 입증하려고 한 것은 부스가 최초였다. 이 조사를 통해 나타난 결과 런던인구의 1/3이 빈곤선 이하의 생활을 하고 있음을 발견하였고, 빈곤의 원인이 개인의 책임보다는 불충분한 임금, 부적절한 주택, 불결한 위생시설 등이라고 지적하였다.

Seebohm Rowntree는 자신이 사는 인구 7만의 요크 시에도 "런던과 같은 빈곤실상이 그대로인가" 하는 의문에서 1889년 요크 시의 모든 노동자 가구를 조사한 결과, 부스의 조사와 마찬가지로 28%나 되는 높은 빈곤율을 보였다. 그는 빈곤선 설정 방법에 큰 영향을 끼쳤는데, 한 가구의 소득이 단순한 육체적인 유지에 필요한 자원을 결핍한 생활 상태를 제1차적 빈곤(primary poverty), 이것보다는 소득이 높지만 과학적으로 타당한 생활수준에 미치지 못하여 역시 가족이 빈곤 중에 있는 상태를 제2차적 빈곤(secondary poverty)이라고 정의하였다. 이 두 조사결과들은 빈곤의 원인은 개인에게 있기보다는 저임금 등의 사회구조적 결함에 의해 발생하는 것이기 때문에 빈곤문제에 대한 범사회적인 대책이 필요함을 입증하였고, 합리적인 조사를 통한 사회복지의 과학화에 기여하였다.

빈곤에 대한 사회조사활동 이후, 자유방임주의적 빈곤관에 대하여 강력한 비판을 가하는 새로운 주장들이 부각되기 시작했다. 대표적으로 Jane Greenwood, Andrew Mearns, William Booth 등을 꼽을 수 있다. 이들은 국부의 신장에도 불구하고 주요한 사회악들은 해결되지 않고 남아 있으며 빈곤의 문제는 사회제도의 결함에 있기 때문에 국가적 조치에 의해서만이 효과적으로 대처할 수 있음을 강조하였다. 이러한 점에서 19세기의 후기는 영국의 사회복지 접근이 자유방임주의에서 국가 개입으로 옮겨가는 분수령이라고 볼 수 있다.

한편, 노동자 계급에서는 자유주의에 대한 환멸이 크게 대두되었고 기존의 노동운동방식에 대한 자기비판의 소리가 높아졌다. 1900년 페비안협회(Fabian Society)가 결성되었고, 여러 노동조합 대표들이 함께 모여 노동당(Labour Party)을 설립하였다. 1905년에서 1909년 사이의 왕립구빈법 위원회의 활동은 빈곤문제에 대한 국가의 새로운 대처방향을 제시하였다. 페비안주의자들은 정부의 가장 큰 과제는 평등, 자유, 우애, 민주주의 및 복지라는 관점에서 자유시장제도의 미비점을 수정하고 보완할 것을 주장하였다. 아울러 300년이나 경과된 구빈법은 폐지시키고 사회보험제도나 사회복지서비스체제 등의 새로운 제도의 구축 및 방법론의 개혁이 모색되었다.

(4) 사회보장제도 단계

복지국가 태동기에 나타난 가장 획기적인 제도적 변화는 사회보험제도의 수립이었다. 영국은 산업노동자의 안정적인 노동을 보호하고 지원하기 위하여 독일의 사회보험제도를 도입하였다. 1897년에 제정된 근로자보상법을 1906년에 모든 근로자에게 확대 적용되었고, 1906년에 빈곤아동에게 급식을 제공하는 아동급식교육법, 1908년에 70세 이상의 노인을 대상으로 무갹출 노령연금법, 1911년에는 의료보험과 실업보험을 내용으로 하는 국민보험법이 제정되었다.

영국에서는 제1차 대전 후부터 실업문제가 큰 사회문제로 되어 1921년에는 실업보험법이 제정되었다. 그러나 1930년대의 세계 대불황에 의하여 생긴 대량실업은 자본주의 사상 최대의 위기에 빠지게 된다. 불황을 극복하고 실업문제의 해결을 위해 Wilnston Churchill이나 Lloyd George 등 자유당 핵심관료들에 의하여 공공지출을 대폭으로 증가시키고 사회보장을 확충하는 사회개혁을 진행하였다. 처칠 정부는 제2차 세계대전 이후의 사회재건에 대응하기 위하여 1942년에 윌리엄 베버리지 경을 위원장으로 하여 '사회보험 및 관련 서비스에 관한 보고서'를 발간하였다. 사회보험제도의 도입을 통한 전국민에 대한 보장체계의 필요성과 그 가능성을 제시하였던 베버리지 보고서(Beveridge Report)는 사회복지제도의 틀을 제공해 주었다는데 큰 의미가 있다.

베버리지 보고서에는 국민생활의 불안요인이 되고 있는 다섯 가지의 사회악(궁핍, 질병, 무지, 불결, 나태) 가운데 경제적 빈곤에서 벗어나는 것을 보장하는 사회보장제도의 틀을 제시하였다. 핵심적인 것은 사회보험제도의 원리를 체계적으로 확대 적용하면 모든 국민의 궁핍 문제를 해결할 수 있다고 주장한 것이다(박광준, 2022).

베버리지 보고서에서 사회보험제도의 여섯 가지 기본 원칙은 ① 행정책임의 통합(unification of administrative responsibility), ② 적용범위의 포괄화(comprehensiveness of coverage), ③ 기여와 급여의 균일화(flat rate of contribution and flat rate of benefit), ④ 수급자의 기본적 욕구를 충족할 수 있는 급여의 적절성(adequacy of benefit), ⑤ 균일생계비 지원(flat rate of subsistence benefit), ⑥ 수혜대상의 분류(classification) 등이다. 베버리지 보고서를 근거로 1944년 사회보장청이 설치되고, 가족수당법(1945), 국민보험법(1946), 산업재해법(1946), 국민보건서비스법(1946), 국민부조법(1946), 아동법(1948) 등이 제정되었으며, 300년간의 오랜 역사의 구빈법이 폐지되고 1948년 사회보장법이 제정되어 '요람에서 무덤까지(from cradle to the grave)'의 포괄적인 사회보장체계를 확립하였다.

(5) 복지국가의 위기와 신자유주의 단계

2차 세계대전 이후 서구 유럽 대부분의 나라와 미국과 캐나다, 오스트레일리아, 일본 등의 선진국들은 그 사회에 맞는 사회복지제도를 마련하고 복지국가의 실현을 위한 노력을 경주하여 왔다. 자선이 아닌 권리로서의 복지, 시민의 보편적 권리로서의 복지를 확대하였다. 그러나 70년대 두 차례의 오일쇼크와 세계경제의 환경변화로 심각한 불황을 맞게 되었고, 1970년대 후반에는 소위 '복지국가 위기론'이 등장하였다. 국가마다 복지재정의 위기와 더불어 사회적 변화에 따른 복지욕구의 충족을 위한 복지정책을 모색하여야 하는 국면에 봉착하게 되었다. 아울러 케인즈적 국가의 개입이 시장의 작용과 효율성을 방해하고 부작용을 초래한다는 신자유주의의 비판과 기존의 베버리지적 복지정책 반대에 대한 새로운 과제를 해결해야 하는 시대가 도래되었다(Lowe, R., 1993).

영국은 1979년 신자유주의의 이념을 신봉하는 Thatcher 보수당 정부가 출현하면서 복지국가의 해체를 공약으로 제시하였다(윤철수 외, 2018). 베버리지 접근방법으로 전 국민의 복지를 국가의 책임으로 했던 보편주의 원칙을 포기하고 선별주의적 정책을 채택함으로써 제도적 접근에서 보충적 접근으로 사회보장을 축소하는 방향으로 전환하게 된다. Thacher는 요람에서 무덤까지의 복지국가를 포기한 소위 대처리즘은 작지만 강한 국가, 즉 자유경제와 강한 국가의 구축을 표방하며 복지에 대한 입장도 크게 전환하였다. 사회복지의 공공재정 지출을 통제하고, 사회보장과 복지서비스 전달구조를 변화시켰으며, 대인사회서비스 부문에서는 지역사회보호를 강조하였다. 또한 지방정부 사회서비스의 조직과 운영을 개혁하여 서비스 전달체계에서 공공 부분의 역할을 축소하고 민간 부문의 역할을 강조하는 조치를 취하였다(Riddell, Peter, 1987).

1997년 정권을 잡은 노동당의 Tonny Blair는 이전 보수당 정부로부터 물려받은 신자유주의 복지정책의 문제점을 해결하기 위해서 '제3의 길' 이라는 새로운 정책 노선을 제시하였다. 이 개념은 1983년 런던대학 총장인 Anthony Giddons에 의해 발표된 《제3의 길 The third way》 이라는 저서에서 등장하였다. 제3의 길이란 고복지-고부담-저효율로 요약되는 사회민주주의적 복지국가 노선(제1의 길)과 고효율-저부담-불평등으로 정의되는 신자유주의적 시장경제노선(제2의 길)을 지양한 새로운 정책 노선으로서 시민들의 사회경제생활을 보장하는 동시에 시장의 활력을 높이자는 신노동당의 차별화 전략이다(심상용 외, 2021).

이 복지제도의 성격은 '일을 하기 위한 복지(welfare to work)'로서 '의존적인 복지'로부터 '자립형 복지'로 전환하여 복지재정을 줄이고 이를 보건·교육 분야에 투자함으로써 고용 증대를 통한 자립과 개선된 공공서비스라는 두 가지 성과를 영위하고자 하는 복지를 목표로 적극적 복지(active welfare)를 지향하고 있다. 또 한 복지의 주체를 기존의 중앙정부 중심의 복지공급을 지양하고 지방정부, 비영리 부문(제3부문), 기업 등도 그 주체로 삼는 복지다원주의(welfare pluralism)로 주창하였다. 이와 더불어 전산 서비스를 통한 변혁적 서비스전달체계, 서비스 조직 간의 협력과 서비스 전달의 효율성을 추구하였고 특히 시설복지에서 재가복지서비스로의 전환을 강조하였다(Giddens, 2008).

1997년 이후 13년 동안 집권한 Tonny Blair의 복지정책은 '제3의 길'과 '사회 투자'로 새로운 복지국가의 지평을 열고자 지속되었으나, 영국은 2007~2008년 경제 위기 이후 급격한 변화를 시행한다. 2008년 12월 복지 개혁안을 발표하고 2010년부터 강한 긴축정책과 공공 부문 축소 전략을 지속적으로 추진하였다. 이 개혁안은 권리와 책임 간에 균형을 맞추는 근로연계 복지정책이 강화한 것으로, 실업수당을 받기 위해서는 수급자가 다시 일을 해야 하며 편부모에 대한 실업수당 지급을 폐지한다는 내용을 골자로 하고 있다. 2010년 5월에 출범한 보수당 데이비드 캐머런 영국 총리는 복지에 대하여 과도하게 의존하는 영국경제의 취약점을 개선하기 위하여 2011년부터 7년간이나 지속적으로 복지예산을 삭감하고, 복지체계 개선과 세제 혁신 등의 강도 높은 개혁정책을 추진하였다(BBC News, http://www.bbc.co.uk).

영국은 2020년 1월 31일 브렉시트를 단행하였다. 영국은 1973년 유럽공동체 회원국으로 가입한 이후, 줄곧 유럽통합에 대해 회의론적인 시각을 가지고 있다가 계층과 지역 간에 불평등과 분열을 더 이상 묵과할 수 없다는 데에 확고하게 사회적 공감대를 이루며 브렉시트(Brexit)가 국민투표로 결정되었다. 브렉시트는 기존 영국의 모든 경제사회정책에 막대한 영향을 미치면서 중앙정부의 개입이 커지며 다시금 중앙집권적 거버넌스 전환의 계기가 되었다(전봉경, 2022). 오랜 시간 소득 및 지역 불균형, 수도권 집중 현상(런던 및 주변 잉글랜드 남동지역) 등으로 인해 사회 구성원 간에 내재한 갈등이 표출되어 사회분열로 이어지는 것을 막기 위해 경제적 측면뿐 아니라 사회, 복지, 삶의 질 전반에 걸쳐 정책적 노력을 기울이고 있다. 특히, 이민자의 유입과 노동시장 변화 등으로 인해 영국 소외지역 내 아동 빈곤율이 급격히 증가하고 있는데, 이는 장기적으로 사회에 미치는 악영향이 크다는 점을 주시하고 쇠락한 산업의 종사자와 불안정 근로자의 빈곤문제 그리고 지역발전정책을 중점적으로 확대하고 있다. 영국의 포스트 브렉시트 복지정책 방향은 상대적으로 소외된 지역주민들이 사회적으로 소외되지 않고 공정한 기회가 균등하게 부여될 수 있도록 정책

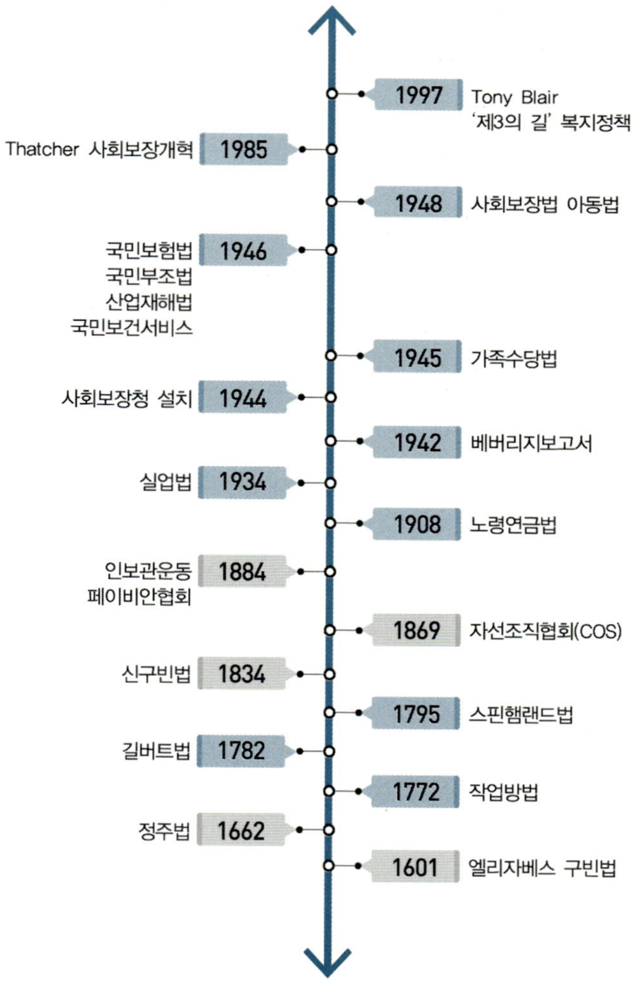

그림 2-1 영국의 사회복지 역사

을 시행하고 있다. 그러나 영국이 브렉시트한지 만 3년이 지나도록 소득과 생산성에 대한 불평등과 지역 균형 발전이 도리어 후퇴한 것으로 나타났다.

2) 미국 사회복지의 역사

19세기 말까지 미국은 중앙집권적인 국가를 형성하지 못했다. 다양한 배경을 가지고 유입된 이민자들은 국민적 일체감이 결여되었기 때문에 국가형성이 충분하지 못한 결과를 초래하여 미국 사회복지의 치명적인 걸림돌로 작용하였다. 미국은 영국으로부터 독립하기 이전까지 영국의 정치와 경제제도를 그대로 적용하였다. 구빈정책도 마찬가지로 영국의 엘리자베스 구빈법의 전통을 계승하였고, 19세기 이후에는 산업화로 인한 급격한 사회문제에 대처하기 위해 전문적인 사회사업을 발전시켰다. 미국은 국가개입의 빈민구제는 소극적이었던 반면, 민간차원의 박애사업이 매우 활발하다는 점이 특징이다(심상용 외, 2021).

본 장에서는 미국의 사회복지 발달과정을 초기 구빈정책과 사회사업활동, 대공황과 사회보장법, 1960년대 위대한 사회와 사회복지의 발전, 복지국가의 위기와 대응으로 구분하여 미국의 사회복지 역사를 고찰하고자 한다.

(1) 초기 구빈정책과 민간사회사업활동

미국은 영국의 중상주의 정책에 의해서 1620년 뉴잉글랜드를 시작으로 열세 개 주가 식민지를 지배를 받았다. 식민지시대 미국은 대공황 전까지 영국의 빈민법에 기초한 복지프로그램이 운영되었다. 초기 미국인들은 청교도주의와 자유주의 사상을 기본으로 하여 프로테스탄트 윤리에 따라 근면과 절약을 미덕으로 생각하여 나태, 무능력자 그리고 부랑자를 경멸하였다. 이 시기의 구빈활동은 이러한 빈곤관에 입각하여 개인의 복지문제를 정부가 책임지지 않고 당연히 최소한으로 행해졌다. 구호대상도 흑인은 제외되었고, 고아, 과부, 병자,

장애인 등 본질적으로 노동능력이 없는 자와 일시적으로 구제를 필요로 하는 자에게만 제한되었다. 노동이 가능한 대상은 노인이나 여성, 아동들까지도 엄격하게 강요된 노동에 종사하게 하였으며 부랑자나 나태한 자는 구타하거나 추방 혹은 감옥에 넣는 등 억압하였다.

1776년 미국이 영국 식민지로부터 독립 후 중심적인 사상은 평등과 자유방임주의 사상이었다. 평등사상으로 인해 누구나 열심히 노력만 하면 잘 살 수 있다고 생각했으며 따라서 빈곤은 최선을 다하지 않고 나태하기 때문이라는 사상이 이어지고 있었다. 18세기에는 종교의 자유나 경제적인 이유로 이민자들이 급격하게 증가하였는데 이들 대부분은 청교도들과 영국의 몰락한 자영농민들이었다. 또한 흑인노예의 수입이 증가하여 미국사회는 계급적 분화가 이루어지는데, 지배계층(정치적 지배층, 대상인, 대지주), 자영사업자와 계약노동자(영국에서 온 교구민과 죄수들), 그리고 흑인노예로 이루어졌다.

19세기 미국은 산업화가 활발하게 진행되고 인구가 도시로 집중되면서 도시빈곤문제와 노동조합의 결성 및 최저임금의 요구 등 근본적인 자본주의의 문제점에 직면했다. 1824년 뉴욕 주에서는 빈민을 구제하기 위한 대책을 명시한 예이츠 보고서를 기초로 구빈법이 제정되었고, 이후에 많은 주에서 구빈원과 작업장 및 보호소를 설립하였다. 1861년에 시작된 남북전쟁 이후 북부의 상공업이 크게 발달하면서 수많은 남부의 노동자와 흑인노예들이 빈민으로 전락하게 되자 영국으로부터 구빈제도를 도입하였고 자선기관들이 증가하였다.

이와 같은 사회적 상황 속에서 생물학이론이었던 진화론(Darwinism)이 스펜서와 같은 사회과학자들에 의해 사회적 진화론(social Darwinism)으로 등장하였다. 사회진화론은 민간 차원의 제한적인 자선만이 사회적응을 도와주며 공적으로 정부에서 제공하는 제도적인 자선은 이와는 반대의 결과를 가져온다고 비난하였다. 이러한 사회적 진화주의에 입각한 자유방임주의 사상은 자선조직협회 활동과 인보사업이 등장하는 계기를 마련해 주었다.

1877년 버팔로 시에서는 민간 자선기관들의 상호조정과 연계를 위하여 미국 최초의 자선조직협회(Charity Organization Society)가 설립되었다. 한편 영국의 인보관운동은 미국에도 영향을 주어 런던의 토인비 홀을 견학하고 고무된 Jane Adams는 1889년 시카고에 헐하우스(Hull House)를 설립하였다. 미국의 인보관은 영국의 인보관과 다른 점이 있었다. 영국은 엘리트 대학생과 지식인, 그리고 남성들이 주축이 되어 사회보장을 위한 사회개혁과정에 관심을 둔 반면, 미국은 여성들(주로 성직자의 딸이나 부유층 여성)이 주축이 되어 보편적인 사회보장보다는 여성과 아동들의 노동문제에 더 관심을 두었다. 헐하우스는 점차 노동조합운동, 아동복지운동, 평화운동과 연계하여 활동하였는데 사회사업뿐만 아니라 미국의 사회개량 운동과 근대화에 큰 공헌을 하였다는데 사회적 의의가 크다.

19세기 말, 각 주마다 자선국이 설치되었고, 공공 또는 민간의 사회복지시설 및 기관이 증가함에 따라 유급 사회사업가가 급속하게 증가하였으며, 전문교육기관도 등장하기 시작하였다. 1903년에 시카고 시민박애학교(현재 시카고 대학교), 1904년에 뉴욕 박애학교(현재 콜럼비아 대학교)가 설립되었다. 1918년 미국의료사회사업가협회, 전 미국사회사업가협회, 1926년에 전 미국정신의학사회사업가협회 등이 전문적 단체로 창립됨으로써 미국의 전문사회사업이 정착되었다. 특히 초기 사회사업은 시각장애인, 청각장애인, 농아인, 정신질환자, 아동 및 청소년을 위한 시설과 제도가 발전하였다. Mary Richmond는 1917년도에 《사회진단 Social Diagnosis》을 출간하였는데, 이는 사회사업의 이론과 방법론을 제시한 최초의 교과서가 되었다(Zastrow, 2018).

(2) 대공황과 사회보장법

1930년 이전의 미국 사회복지는 주로 교회나 민간조직에 의해 제공되었고 일부 지방정부와 연방정부 차원의 복지제도는 미흡하였다. 그러나 제1차 세계대전 이후 승전에 따른 지속적인 경제성장과 동반하여 빈부 격차의 심화, 아동과 여성의 열악한 노동조건의 심화, 실업자의 증가, 도시슬럼지역 발생 등 심각한 사회문제가 대두되었고 특히 경제 대공황으로 인하여 엄청난 실직자와 빈민들이 문제를 해결할 수 없게 되었다.

1929년에 시작된 경제 대공황은 10월 주식시장이 붕괴되고 실업률이 약 1,200만 명에서 1,500만 명으로 20%에 달하였고, 많은 기업들과 은행도 도산하였다. 경제 불황과 대량실업의 사회문제 해결을 위해 연방정부의 새로운 역할과 공공복지정책의 커다란 전환을 가져왔다. 그전까지 미국에서는 자유방임주의와 개인주의 이념으로 모든 사람들은 자신의 운명에 책임을 져야 한다는 생각이 지배하였으나 이러한 신화가 깨지게 되었다. 대공황으로 인해 개인의 통제를 넘어서는 사회적 상황이 빈곤과 박탈의 원인이 될 수 있음을 인식하는 계기가 된 것이다.

1933년 Roosevelt 대통령이 취임했을 당시, 일부 주에서는 인구의 40% 정도나 공적 구제를 받고 있었고 정치적으로는 사회주의 혹은 공산주의 혁명의 가능성에 대한 우려도 높았다. Roosevelt는 구제 ·부흥 ·개혁 등을 목적으로 한 뉴딜(New Deal) 정책을 통해 실업자를 위한 지출과 공공사업을 시행하는 사회복지정책의 대전환을 이루었다. 1933년 연방긴급구호법을 제정하였고 1935년 8월 14일 사회보장법(Social Security Act)이 제정·공포되었다. 이는 현대 미국 공공 사회복지체계의 기초가 되었다. 그러나 사회보장법만으로 복지가 향상된 것이 아니었다. 뉴딜정책의 일환으로 1933년 테네시강(江) 유역 개발공사 설립, 전국산업부흥법 등을 제정하여 경제적 재건을 위해 노력하였고, 이와 더불어 전국노동관계법(1938) 등을 통해 생활유지가 가능한 임금 도입하고 노동조합을 결성하여 노동환경 개선이 함께 이루어져 대공황의 위기를 벗어날 수 있었다(김수정, 2019).

미국의 사회보장프로그램은 사회보험, 공공부조, 공공보건 및 사회복지서비스 등의 세 개 범주로 구성되어 있다. ① 사회보험은 실직, 퇴직, 사망에 대한 보장으로서 실업수당과 국민연금프로그램(OASDH: Old Age, Survivors, Disability, and Health Insurance)으로 구성되어 있다. ② 공공부조는 자산조사를 통해 수당을 지급하는 잔여적 프로그램으로 요보호시각장애인부조, 장애부조, 노령부조, 요보호아동가족부조(AFDC: Aid to Families with Dependent Children) 등으로 구성되어 있다. 미국에서 복지(welfare)라고 하면 주로 이들 공공부조 프로그램만을 의미하며, 고비용의 사회복지 프로그램이라는 이유로 사회적으로 많은 비난의 대상이 되었다. ③ 공공보건 및 복지서비스는 금전적인 혜택을 제공하기보다는 입양, 위탁보호서비스, 장애아동서비스, 아동복지서비스, 한부모가정서비스, 직업재활 및 공중보건서비스 등에 대한 연방정부 등 보조금 지급과 대인서비스를 제공하는 것이다(Zastrow, 2018).

이어 1943년 직업재활법과 1944년의 공중보건서비스법이 제정되었고, 1946년에는 사회보장의 단일행정기구로서 사회보장청이 설립되었다. 한편 1952년에 사회사업교육위원회(CSWE)가 정식으로 설립되고 사회사업교육과 기술이 보다 전문화되었으며 1955년에는 전국사회복지사협회(NASW)가 결성되기에 이르렀다.

(3) 1960년대 위대한 사회(Great Society)와 사회복지의 발전

제2차 세계대전 종전 후부터 1960년대까지 세계경제의 호황 속에서 미국은 지속적인 경제성장과 함께 실업률 5% 이하의 낮은 수준을 유지하며 안정된 '풍요로운 사회'를 이룩하였다. 그러나 미국이 서방세계의 군사적 맹주로서의 역할을 한 것과 세금에 대해 저항하는 납세의식은 1935년 사회보장제도의 성립 이후 지속적으로 사회보장의 확충을 방해하는 요소가 되었다. 1962년 Harrington은 저서 《또 다른 미국 The Other America》에서 '풍요 속의 빈곤' 현상에 대한 사회적 비판을 제기하였다. 즉, 미국은 두 개의 미국으로 구성되어 있는데 하나는 풍요로운 사람들이 사는 미국이고, 다른 하나는 적절한 교육, 주택, 고용 및 의료보호를 받지 못해 굴욕감과 박탈감으로 고통을 받고 있는 사람들이 사는 미국이라고 주장하였다. 또한 흑인인권운동, 반전운동, 복지권 운동, 학생운동 등 사회개혁에 대한 요구도 급증하면서 빈곤문제를 다루기 시작했다.

1960년 취임한 민주당 Kennedy 대통령은 실업문제와 흑인인권운동에 관심을 가지고 개혁정책을 추구하기 시작하였다. Kennedy 대통령이 암살되자 1963년에 케네디의 뒤를 이은 Lyndon Johnson 대통령은 사회복지에 대한 연방정부의 책임성을 강조하며 '위대한 사회(Great Society)' 창출을 위해 빈곤퇴치운동을 전개하면서 각종 사회개혁 입법과 정책조치를 취하였다. '위대한 사회' 계획의 일환으로 '빈곤과의 전쟁'을 선포하고 빈곤의 원인을 제거하는 대규모의 빈곤정책을 시도하였다. 이 프로그램은 3~5세의 저소득층 아동에게 초등학교 입학 준비를 시키는 프로그램 Head Start와 흑인 빈곤학생들을 대학진학의 기회를 제공하는 Upward Bound, 중퇴 청소년을 대상으로 하는 직업교육 프로그램 Job Corps, 여성들에게 직업훈련을 주선하고 탁아소 운영을 담당했던 직업유인 프로그램 WIN 등이 포함되었다. 그러나 빈곤의 원인이 주로 빈곤문화(Culture of Poverty)에 있다는 관점에서 수립된 정책은 흑인에 대한 고용차별 등의 현실적 장벽을 넘지 못하고 별다른 가시적인 성과 없이 사실상 실패로 끝났다.

1964년에는 흑인들의 투표권을 인정하고 인종차별을 금지하는 시민권법이 통과되었으며 식품권 프로그램(Food Stamp Program)이 제정되었다. 1965년에는 사회보장법에 65세 이상의 고령자와 장애인 등 연금수급자들을 대상으로 하는 공적 의료보험(Medicare)과 저소득층을 위한 의료부조 프로그램인 의료보호(Medicaid) 제도의 규정을 포함시켰다. 그리고 Nixon 행정부에서 1974년 보충적 소득보장제도(SSI: Supplementary Security Income for the Aged, Blind and Disabled)를 도입하여 과거에 주정부가 운영하던 공적부조 프로그램을 연방정부가 운영하도록 전환하였다.

(4) 복지국가의 위기와 대응

1973년과 1976년 두 차례의 오일쇼크로 인해, 1970년대 후반부터 경제 불황, 높은 실업률, 사회보장의 적자재정 확대로 연방정부 재정적자 문제를 해결하기 위한 개혁조치가 필요하게 되었다. 정부의 공공프로그램이 미국 사회의 빈곤문제를 해결할 수 있다는 신념에서 사회복지 프로그램을 확장했던 1960년대의 진보주의와는 대조적으로 1970년대와 1980년대에는 복지국가위기론이 대두되면서 신보수주의 성향의 보수적인 접근방법으로 대치되었다.

1980년 당선된 Ronald Reagan 대통령은 '힘에 의한 위대한 미국'의 재건을 표방하며, 대처리즘과 마찬가지로 경제적 불황에 직면해 있던 자본주의의 구조적 위기에 대하여 신자유주의적으로 대응한다. 80년대의 Reagan 행정부는 복지제도의 내용과 양적 측면에서 모두 축소되는 경향을 보였다(윤철수 외, 2018). 연방복지 기능을 주 정부로 옮기는 신연방주의를 주창하고, 레이거노믹스(Reaganomics)라 일컫는 일련의 보수주의적 경제정책을 내세워 연방정부의 지출삭감과 사회복지지출의 억제정책을 추진한다.

1983년에는 사회보장법을 개정하여 급여증가의 억제, 사회보장세의 인상, 퇴직연령의 연장 등의 조치를 취하였으며, 사회복지지출을 줄이고 사회복지의 책임을 민간에게 이양하기 위해 사회복지체계의 민영화를 추진하였다. 그러나 레이거노믹스는 인플레이션을 감소시키고, 미국경제에 일시적인 호황을 가져왔지만, 실업과 빈곤층 인구가 증가하고, 노동자 계층이 소외당하고, 실질임금이 감소하여 빈부의 격차가 심해졌으며, 노숙자가 증가하고, 한부모가족도 늘어나 사회문제가 심각해지는 결과를 초래하였다.

1992년 민주당의 Clinton이 집권하면서 보편주의에 입각한 사회복지 프로그램을 기대하게 되었고, 과거의 보충적 보수주의 정책으로부터 탈피하여 제도적 개혁주의적 관점을 가지고 정책을 추진하기 시작하였다. 특히 의료보장개혁위원회를 설립하고 전 국민을 위한 보편적 건강보험 프로그램을 제안하였으나 당시 미국의 상원과 하원이 모두 보수성향이 높은 공화당이 다수석을 확보한 여소야대 의회에서 거부되었고, 사회복지는 계속적으로 축소되었다. 그 결과 의회는 1996년에 개인의 책임을 강조하고 노동을 강요하는 복지개혁법안

(PRWOA: Personal Responsibility and Work Opportunity Reconciliation Act)를 제정했다. 이 법안의 요지는, 기존의 연방 복지급여 지원금과 요부양아동가족부조(AFDC)와 교육·직업훈련 프로그램(JOBS)을 폐지하는 대신에 빈곤가족일시부조 프로그램(TANF: Temporary Assistance to Needy Families)의 포괄보조금을 지급하고, 지원 주체를 연방정부에서 주정부로 이양하는 것이었다. 그동안 고비용 사회복지 프로그램이라는 이유로 사회복지개혁의 표적이 되어온 AFDC를 대신하는 TANF에서는 빈곤가족이라도 일생에 걸쳐 최대 60개월 동안만 수급이 가능하게 되었고 시민권자가 아닌 경우 보충소득보장(SSI), 식품교환권(Food Stamp), 그리고 의료보호(Medicaid)의 혜택을 받지 못하게 되었다.

한편 2000년에 공화당의 George Walker Bush가 대통령으로 당선된 이후 미국의 사회복지정책은 대체로 이전의 틀을 유지하고 있으나 2001년 9·11 사태와 2003년 3월 대이라크 전쟁 발발 이후 국가안보와 전쟁에 드는 비용으로 국가 재정 부담이 증가되었고 경제적 불황이 심화되어 사회복지재정의 확충에 어려움이 있었다. 2009년 1월 출범한 Barack Hussein Obama 정부는 명분 없는 전쟁이라고 반대해 온 이라크전쟁에서 철군할 것과 전국민건강보험 혜택을 비롯하여 대학 교육비 절감, 중산층과 서민을 위한 세제 개편 등 사회복지정책을 적극적으로 추진할 것 등을 제시하며 사회복지의 새로운 시대를 열었다.

2010년 제정된 Obama 의료개혁 법안의 정식 명칭은 「환자보호 및 부담적정보험법(PPACA: Patient Protection and Affordable Care Act)」이다. 이 법안의 기본 방향은 다섯 가지로 요약할 수 있다. 첫째, 전 국민 의료보장(for all Americans)의 실현, 둘째, 국민의료비의 상승 억제, 셋째, 건강보험 시장에 연방정부가 운영하는 경쟁형 공적건강보험 신규 출시를 통한 경쟁 활성화·선택의 확대, 넷째, 민간보험 선도, 다섯째, 추가적인 정부 재정의 지출없는 의료개혁 추진(budget neutral)이 그것이다. 즉, 기존 민간건강보험 중심 의료시스템의 인정과 존중을 조건으로 미국 내 3,200만 명 저소득층 무보험자를 건강보험에 가입시키고 중산층에 보조금을 지급해 의료비 부담을 낮추고자 하는 정책이다.

2017년 출범한 공화당 Donald Trump 대통령의 복지 공약은 자립을 강조하는 기조 속에 오바마 케어로 대표되는 복지정책을 트럼프 케어로 대체한다는 것이다. 트럼프 케어의 정식 명칭은 건강 보험 개혁법안(American Health Care Act of 2017)이다. 트럼프 케어는 오바마 케어의 핵심은 건강보험 의무가입조항을 삭제하고 저소득층에 대한 보조금을 폐지하는 대신에 연령에 따른 세액공제를 도입하는 것이다. 이를 통해 저소득층 의료보험인 메디케이드의 적용

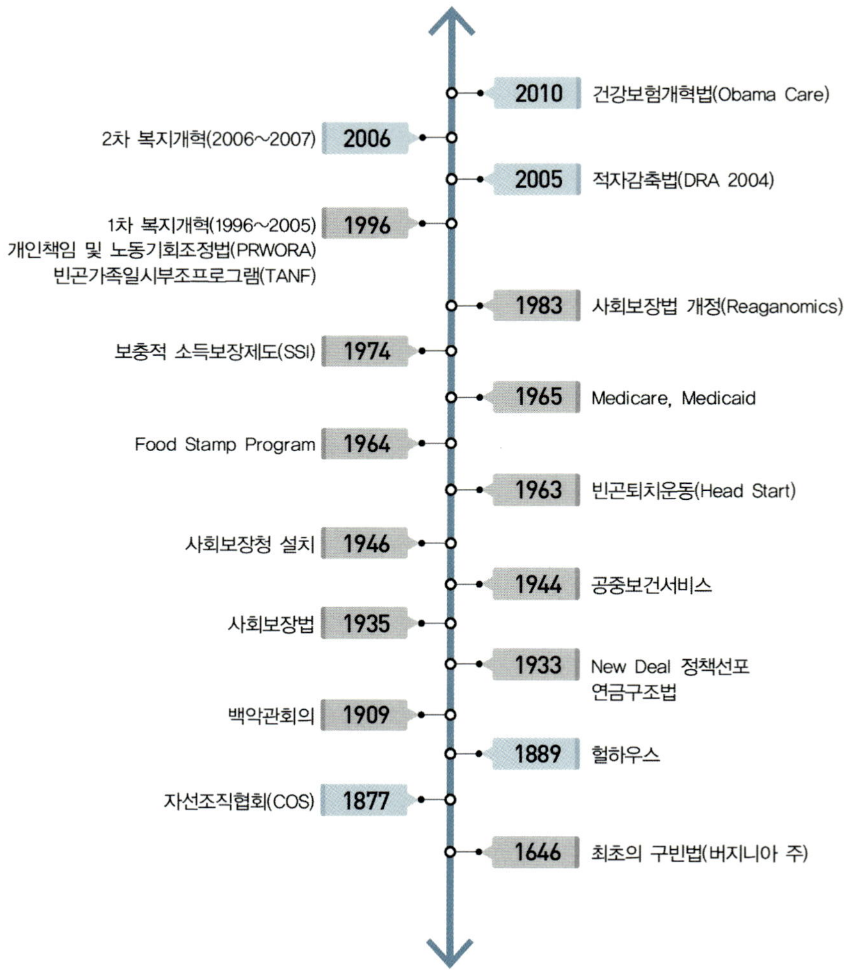

그림 2-2 미국의 사회복지 역사

폭을 줄여 필요한 사람만 건강보험에 가입하도록 유도함으로써 가구와 중소기업의 보험료 절감을 꾀하고 있다. 그러나 이 법안은 2017년 최종적으로 미국 상원의회에서 좌초되었다.

2021년 출범한 바이든 행정부는 77세의 미국의 역대 최고령 대통령으로 취임하였다. 바이든 행정부는 코로나19 통제, 경제안정, 기후변화, 인종평등, 보건향상, 이민제도 개혁, 글로벌 지위 회복을 7대 국정과제로 제시했다. 미국은 초유의 코로나19 팬데믹이라는 사회경제적 위기를 겪으며 연방정부의 과감한 재정지출과 전격적인 복지정책의 확대를 도모하고 있다. 바이든 행정부는 '미국가족계획법(AFP Act)'라 명명된 아동지원 정책 법안을 추진하고 있다(Kim, Tae Kuen, 2021). 특히 미국가족계획법(AFP Act)의 주요 골자중 하나인 아동세액공제(CTC: Child Tax Credit) 확대정책은 보편적 아동수당 정책으로서 아동의 빈곤을 획기적으로 감소시킬 것으로 예상된다.

3) 한국 사회복지의 역사

우리나라 역사를 고찰해 보면 삼국시대부터 여러 가지 정책들로 빈민을 구제했다는 문헌 기록을 찾아볼 수 있으며, 본 장에서는 우리나라 사회복지의 역사를 먼저 시대별로 삼국시대와 고려시대, 조선시대, 식민지 시대를 포함하여 근대 이전의 구빈단계로 분류하고, 해방 이후부터 1970년대까지를 사회복지제도의 도입단계, 1980년대부터 1990년대까지를 사회복지제도의 발전단계, 2000년부터 현재까지를 사회복지제도의 확대단계로 규정하여 살피고자 한다.

(1) 근대 이전의 구빈 단계

① 삼국시대

우리나라 사회복지의 역사적 기원은 사유재산제도가 확립된 고대의 자선적 구제사업에서 시작되었다. 삼국시대부터 민생구휼 행정이 역사기록에 뚜렷하게 나타났으며, 이 시대에는 씨족 또는 혈연적 관계에 의하여 씨족 간의 상호부조가 공고히 행해졌다. 국가의 구빈대책은 전통적으로 흉년, 천재지변, 전쟁, 질병, 빈민과 불구자 등에게 식량을 주는 구휼제도가 실시되었다. 삼국시대에는 환과고독으로 대상자를 분류하여 식량을 제공해 주었고 특히 고구려의 고국천왕(AD 194)은 진대법을 제정하여 3월부터 시작되는 춘궁기에 곡물을 대여하고 추수기인 10월에 거둬들이는 진대법을 제정하고 시행하였다.

표 2-1 삼국시대의 구제제도

관곡의 지급	정부가 각종 재해로 빈곤해진 백성에게 관곡 배급제도
사궁구휼	환과고독(鰥寡孤獨: 홀아비, 과부, 고아, 무자녀 노인)의 무의무탁한 빈민에게 의류, 곡물, 관재 등을 지급하는 제도
조세의 감면	재해로 심한 피해를 입은 주민들에게 조세 감면제도
대곡자모구면(貸穀子母俱免)	흉년 시에 대여한 관곡에 대하여 원본 및 이자 감면제도
진대법	춘궁기에 곡식을 대여하고 추수기에 납입하는 제도

② 고려시대

고려시대에는 빈민의 구제를 국가적인 사업으로 인식하고 구제사업을 담당하는 전문기관을 두었다. 고려시대의 구빈기관으로 가장 역사가 오래된 것은 창제로 흑창, 의창, 상평창, 유비창 등을 설치하였다. 흑창은 태조(919년)에 설치한 진대기관으로 흉년이 들었을 때에 국가가 비축한 양곡을 무상으로 백성에게 배급하였고, 의창은 흑창을 성종5년(986년)에 의창으로 개칭한 것으로 각 주와 군에 두어 평상시 곡물을 비축하여 흉년, 전쟁, 질병 등 비상시를 대비하였다. 상평창은 성종 12년(993년) 빈민에게 곡식을 대여하고 추수기에 갚도록 하는 구제제도로 물가조절기능도 하였다. 유비창은 재난으로 인한 빈민구제와 물가조절 등 의창과 상평창의 복합적 기능을 수행하였다.

고려시대의 구제제도는 춘궁기와 자연재해 등으로 인하여 백성이 궁핍하게 되는 것을 예방하려는 비황, 창제도, 자연재해 등으로 어려움을 겪는 백성을 구하는 구황제도와 조세를 감면하는 견감제도, 가족의 보호를 받지 못해서 어려움에 처한 사궁을 비롯한 무의무탁한 사람들을 돕는 구휼제도, 전염병이나 빈민을 치료하는 구료제도 등이 있었다. 현대적 개념에서 치료와 수용을 겸한 시설로 빈곤한 환자를 구호하고 치료하는 동서대비원과 빈민을 치료하고 약품을 지급하는 구료기관인 혜민국, 광종 14년 제위보 등을 설치하였다.

표 2-2 고려시대의 5대 구제제도

은면지제	개국, 즉위, 경사, 전쟁 직후에 왕이 백성에게 조세탕감이나 각종 은전을 베푸는 제도
재면지제	천재지변, 전쟁, 질병 등으로 인한 이재민에게 조세, 부역, 형벌 등을 감면해 주는 견감제도
환과고독진대	빈곤한 홀아비, 과부, 고아, 무자녀 노인을 우선 보호대상자로 지정한 구휼제도
수한질여진대	이재민에게 곡식, 소금, 간장, 의류 등의 물품과 의료 및 주택 등 제공
납속보관제	빈민 규휼을 위한 재원조달의 방편으로 일정한 관직을 제공하고 그 대가로 금전을 상납받는 제도

③ 조선시대

조선시대에는 유교사상을 기초로 왕이 백성의 불행에 책임지고 선정을 베푸는 왕도정치의 이념이 지배하여 왕인사상을 근본으로 한 구제정책을 실시하였다. 구빈제도에는 비황제도와 구황제도, 구료제도로 나눌 수 있다. 민간에서의 구제사업으로는 두레, 품앗이, 향약, 계 등의 상부상조활동이 있다.

표 2-3 조선시대의 구제제도

구제제도	내용	
비황제도	의창	재난대비 곡물비축제도, 무상구제
	상평창	빈민에 곡물대여, 상환의무
	사창	100가구를 1사로 하여 시민의 공동 저축 촌락단위의 민간조직으로 연대책임으로 자치적 운영

구황제도	사궁의 보호	사궁(홀아비, 과부, 고아, 독거노인)보호목적
	방곡	관곡의 염가매출로 곡물의 유통 원활
	고조	혼례나 장례를 치르지 못하는 자에게 비용조달
	견감	흉년·재해 시 지세·호세·부역 등을 감면, 대부곡물의 환곡 면제·감면
	원납	부유한 민간인으로 하여금 구제를 위한 곡물 납부
	향약	민간자치적인 상부상조의 활동 전개
	계	조합적 성격의 협동조직
구료제도	혜민서	일반인 대상의 의료기관
	동서대비원	빈민 질병자의 구호 요양
	자혜의원	현대 의료 시작, 전염병 예방, 종두예방 규정 제정

④ 식민지 시대

이 시기의 한국에 대한 일제의 사회복지정책은 식민지정책의 일부로서 일본에 충성하도록 정치적 목적에서 이루어진 시혜 또는 자선의 의미로 조선총독부의 주도하에 실시되었다. 일본에서는 1929년 구호법이 공적부조로서 제정되었고, 군사적 목적 수행을 위하여 한국인에게 징병과 노무징용을 강요하게 되자 1944년 본토에서 실시해 오던 구호법을 한국에 확대 시행하였다(심상용 외, 2021). 그러나 시행 시기가 제2차 세계대전 말엽인 점으로 볼 때, 구호보다는 전시 동원을 위한 대상의 분류와 자산조사를 통한 전쟁물자의 동원에 그 목적이 있었다.

조선구호령은 1961년 생활보호법이 제정되기까지 우리나라 공적 부조의 기본법으로서의 위치에 있었으며, 생활보호법 제정의 기본지침이 되었다는 점에서 역사적 의의를 부여할 수 있다. 이후 1999년 국민기초생활보장법이 제정됨에 따라 새로운 공공부조의 기본 틀을 갖추게 되면서 구법시대는 막이 내렸다(서동명, 2022).

(2) 사회복지제도의 도입단계: 해방 이후 1970년대까지

1945년 해방 이후 3년간의 미군정이 실시되고 1948년 8월 15일에 대한미국

정부가 수립되었다. 미군정하의 사회복지입법은 빈곤과 사회혼란에 대처하기 위한 구호적·응급적인 대책으로서의 성격을 가진다. 미군정은 1946년 후생국보 제3호, 후생국보 3A호, 후생국보 3C호 등의 구호 관련 법제와 아동노동법규 등을 제정하였다.

그러나 2년도 채 되지 않아 1950년 한국전쟁이 발발하여 1953년 휴전되었으나 우리나라는 엄청난 사회·경제적 손실과 인명피해가 발생하였고, 정치상황이 불안정한 탓에 사회적 혼란이 극심하였다. 미국을 중심으로 한 외국의 원조로 폐허가 된 경제를 회복시키는 한편 외원기관으로부터 유입된 원조물자를 효과적으로 배분하여 민생문제를 해결하는 것이 중요한 과제였다. 그리하여 각종 구호시설들을 지도·감독할 필요성에 의해 1952년 '후생시설운영요령'을 제정하여 준칙으로 삼았다. 또한 1953년 근로기준법을 제정하였고, 국가 미래의 주역인 어린이들의 건전한 육성을 위해 1956년 어린이 헌장을 제정하였다.

이 시기의 사회복지는 외국의 원조단체와 선교단체들이 전쟁고아와 과부, 부상자 및 장애자, 전쟁 이재민들을 대상으로 긴급구호사업과 시설보호사업 위주로 시행되었다. 당시의 영향으로 향후 한국의 사회복지를 시설복지와 공공부조에 한정시키는 경향으로 이끌었다(박석돈, 2015).

1961년 군사혁명으로 집권한 제3공화국 이후 1960년대부터 1970년대에는 경제성장을 국가의 최고 과제로 삼고 급속한 발전을 이루었다. 이에 따라 점차적으로 외원단체가 철수하면서 사회복지사업의 자주화를 촉진하는 계기가 되었다. 1960년대에는 생활보호법에 의한 공적 부조와 사회보험이 시작되었으며 1970년대에는 혁명정부의 민심수습 차원에서 많은 제도를 제정하였다. 사회복지사업법 제정(1970), 국민복지연금법(1973), 사립학교교원연금법(1973)의 제정과 의료보험법이 개정(1976) 되었다.

이 시기에 주목해야 할 한 가지는 1970년 10월부터 전개된 새마을운동이다. 이 운동은 근면, 자조, 협동을 기본 정신으로 한 새마을 가꾸기 운동으로 주민들의 소득증대와 정신 계발을 강조하였고 그 성공적인 결과는 우리나라 지역사회복지 역사상 커다란 변화를 가져왔다. 그러나 이 운동은 민간의 자주적인 협동노력이 아니라 관주도의 운동이어서 지역사회복지 차원에서 한계점이 있다.

이 시기에는 군사독재정부의 정치적 정체성 확립을 위하여 국가권력과 관련이 있는 특수집단의 혜택에 관한 사회복지법제를 중심으로 제정되었다. 국가의 안정을 도모하기 위하여 공무원과 군인, 교원 등을 위한 사회보험이 정착되었고 한국의 사회복지체제의 기초가 마련되었다는 점에서 그 의의가 있다.

(3) 사회복지제도의 발전단계: 1980년대부터 1990년대까지

1980년 12·12 쿠데타로 전두환 대통령이 집권한 제5공화국은 사회복지의 필요성을 인식하고 관련 법을 제정 또는 개정하게 된다. 이 시기에는 사회복지서비스 분야의 입법화가 이루어져 1981년에는 심신장애자복지법과 노인복지법, 아동복지법, 1982년 유아교육진흥법이 제정되었고 1983년 사회복지사업법이 개정되면서 사회복지서비스 분야의 틀을 갖추기 시작하였다. 새로운 제도적 변화의 하나는 1987년부터 생활보호행정을 전담할 사회복지전문요원을 동사무소에 배치한 것이다.

1988년 출범한 노태우 정권은 복지국가의 건설을 국정목표로 제시하였다. 1986년 최저 임금제도를 도입하고, 1988년 전 국민 의료보험제도와 국민연금제도를 실시함으로써 요보호대상자가 아닌 전 국민을 대상으로 한 사회복지제도를 확립하였다. 또한 1991년 영유아보육법을 제정하여 여성들의 사회참여를 유도하기 위해 보육시설을 확충하였다.

1992년 김영삼 문민정부에서는 1992년 고령자고용촉진법, 1995년 사회보장기본법, 정신보건법, 고용보험법 등의 사회복지법안들을 제정하였다. 뒤를 이은 김대중 정부는 1990년대에는 세계적으로 확산된 신자유주의의 영향을 강하게 받아 사회복지에 대한 국가의 개입 축소와 더불어 시장기능을 확대하였고 특히 노동정책과 복지정책을 수행하여 정부의 개입을 최소화하고 노동력의 상품화를 강조하는 근로복지(workfare)의 성격을 유지하였다. workfare는 일

(work)과 복지(welfare)의 합성어로 김대중 정부의 출범과 더불어 민주주의와 시장경제, 생산적 복지가 국정지표로 채택되면서 적극적으로 도입됐다. 근로능력의 유무로 복지의 수혜대상자를 판단하여 근로능력이 있는 자는 실제소득 유무와 상관없이 복지급여를 받을 수 없는 근로복지의 정신이 강조되는 것도 특징이다. 이와 더불어 탈시설화의 관점에서 재가복지의 중요성을 중시하여 재가복지봉사센터를 설치하여 사회적으로 인간의 가치를 존중하면서 복지예산을 효율적으로 활용하기 위한 생산적 복지를 지향하였다.

1997년 금융위기는 정부와 시민단체들의 사회복지서비스에 관한 관심이 증가되었고 전문적인 프로그램의 개발에 큰 계기가 되었다. 이 시기의 사회복지제도는 건강보험과 국민연금, 고용보험 등의 대상이 전 국민으로 확대되어 전국민 사회보험시대를 구축하였으며, 민영화 및 지방화의 확대, 생산적 복지를 추구했다는 점에서 커다란 의미를 부여할 수 있다.

(4) 사회복지제도의 확대단계: 2000년대부터 현재까지

'생산적 복지'를 주창한 김대중 정부의 국민기초생활보장제도는 한국의 사회복지 역사상 공적부조 부문에 커다란 전환점이 되었다. 이것은 과거의 생활보호제도를 대신하여 2000년에 시행되었는데, 기초생활보장이라는 사회복지의 기본 내용과 자립·자조·자활을 기본 이념으로 하여 지원에 의한 개인 및 국가의 생산성을 높인다는 의미가 결합된 것이다.

2003년 노무현 정부는 '참여복지'를 제시하고, 기본 방향을 '삶의 질 향상과 균형적 복지'로 두었다. 참여복지는 보편성과 정책결정과정의 민간 참여, 민간 파트너십(국가중심+민간보완), 총체적 삶의 질 향상 등을 축구하였다. 지역사회복지체계를 구축하기 위하여 각 지자체에 지역사회복지협의체를 설치하여 민·관 협력을 통해 지역사회복지를 강화하였다.

핵가족화와 여성의 사회참여 확대 그리고 이혼율 증가 등이 커다란 사회문제로 대두되는 가운데 가정해체의 급속한 증가로 인해 발생되는 사회문제를 해결하기 위한 대응책으로 건강가정기본법(2004)이 제정되었고 모·부자복지법이 한부모가족지원법(2007)으로 개정되었다. 또한 급속한 노령화에 대비하여년에 기초노령연금법(2007)과 노인장기요양보험법(2007)을 제정하고 전문적인 서비스의 제공을 위하여 요양보호사 자격제도를 신설하였다.

2007년 출범한 이명박 정부의 복지정책 기조는 능동적 복지이다. 능동적 복지란 복지급여의 수혜자를 양산하기보다는 경제부문의 능동성을 해치지 않는 선에서 소외계층을 국가가 철저하게 보호하고, 일할 수 있는 사람들의 근로능력을 제고하여 복지욕구를 해결하는 복지정책이다. 우리사회에 증가하는 다문화가정에 대한 지원을 강화하기 위하여 다문화가족지원법(2008)을 제정하였고 노숙인과 부랑인들의 인간다운 삶을 보장하고 자립을 지원하기 위하여 노숙인 등의 복지와 자립지원에 관한 법률(2011)을 제정하였다.

2013년 박근혜 정부는 '국민 행복 맞춤형 고용복지'를 제시하며, 고용을 통해 일자리 창출 및 자립과 자활을 강조하는 사회복지정책으로 출발하였다. 생애주기별 맞춤형 복지정책의 일환으로 박근혜 정부에서는 65세 이상 노인의 소득보장, 5세 이하의 영유아 보육 그리고 중증 환자에 대한 지원을 확대하였다.

특히 기초노령연금제도와 국민기초생활보장제도의 개정은 커다란 사회적 이슈를 불러일으켰다. 2008년 1월부터 시행해 온 기초노령연금제도를 기초연금으로 개칭하고 대폭 내용을 개정해 2014년 7월부터 시행하였다. 전체 노인 중 소득 하위 70%의 노인에게 매달 20만원의 일정금액(과거의 2배 수준)의 연금을 지급하는 제도로 미래세대의 부담을 줄이겠다는 취지에서 국민연금과 연계하였다.

또한 2000년부터 공적부조의 핵심 제도이며 빈곤층을 위한 최후의 사회안전망 역할을 해 온 국민기초생활보장법을 개정하여 2015년 7월부터 시행하였다. 이 개편은 부양의무자 기준 완화와 함께 최저생계비 대신 '중위소득'이라는 상대 빈곤선을 도입하여 수혜 대상자 확대하고 개별 복지욕구를 고려해 '맞춤형 급여체계' 구축에 목표를 두었다.

한국사회의 근본적인 변화를 바라는 촛불혁명으로 2017년 등장한 문재인 정부는 세계 저출산·고령화, 노동시장의 불안정, 빈부격차의 심화와 양극화 현상, 가족구조의 변화, 다문화사회로의 전환 등 산재한 많은 사회문제를 해결해야 했으나 별다른 성과 없이 막을 내렸다. 여기에 코로나19 팬더믹은 취약한 사회안전망의 허점을 드러냈고 우리 사회의 불평등·양극화를 더욱 악화시켰다. 코로나19 팬더믹으로 인한 공중보건과 심각한 사회적 안 속에 2022년 윤석열 정부가 수립되었다. 윤석열 정부는 '지속가능한 복지국가'를 만들기 위해 '시장화·경쟁·선별' 의 세 가지 키워드를 주창하였다. 이는 복지정책의 시장화를 통해 경쟁을 유도하고, 현금은 약자를 '선별'해 지원한다는 뜻이다. 현금 복지는 취약계층에 집중을 하고 사회보장제도를 '사회서비스' 개념으로 '시장화·산업화하여 전국민에게 확대하겠다'고 강조한다.

현시점에서 우리나라의 가장 심각한 문제는 무엇보다도 초저출산과 초고령화 현상이다. 우리나라는 2022년 기준 출산율은 0.78명으로 세계에서 가장 낮은 수준이며, 출산율의 하락폭과 그 속도가 심해 '초저출산의 늪'에 빠져있다. 여기에 2023년 3월 기준 65세 이상 노인인구 수는 약 940만여 명으로 총 인구수 대비 18.19%를 차지하고 있으며(통계청, 2023), 고령화 속도도 세계 1위로 가장 빠르게 진행되고 있다. 이대로라면 2045~2050년에는 연평균 인구 감소율이 1.05%로 전세계 1위가 될 것으로 예상되며, 우리나라의 국가 지속가능성에 대한 우려까지 제기되고 있다. 우리 사회의 변화에 따르는 새로운 복지수요에 대처할 수 있는 사회복지정책을 마련하고 이를 통해 우리 사회 전체 구성원들과 정부가 힘을 합하여 공동체적 노력을 경주한다면 우리나라 미래에 의미 있는 성과가 올 것이라고 전망한다.

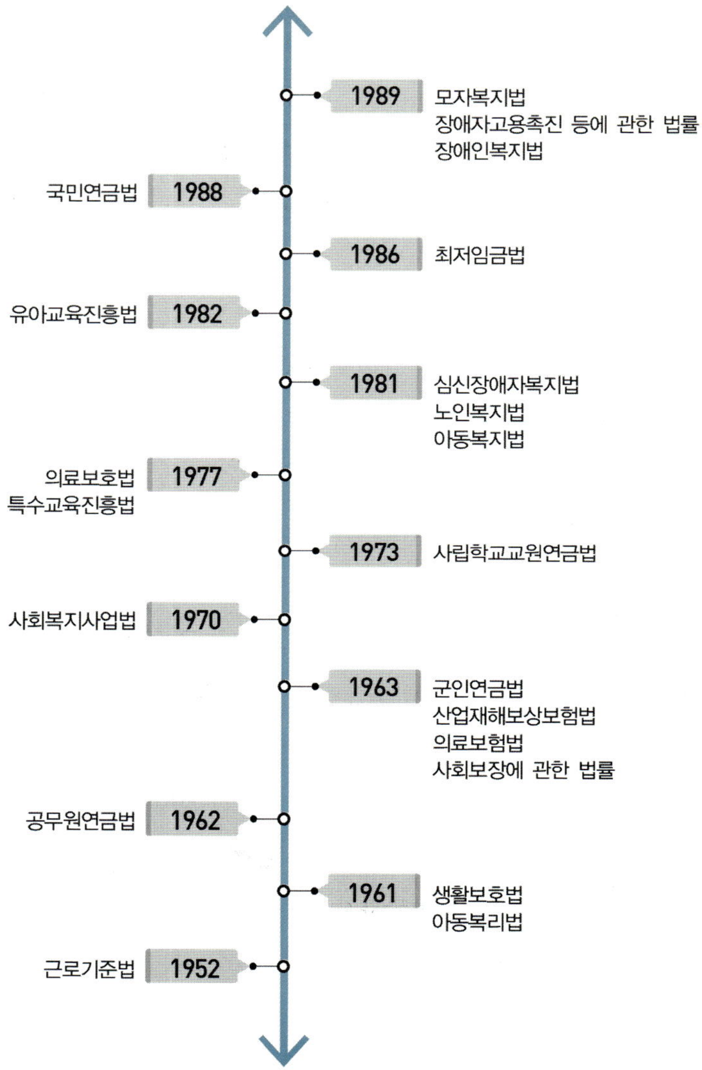

그림 2-3 한국의 사회복지 역사(1950년~1980년대)

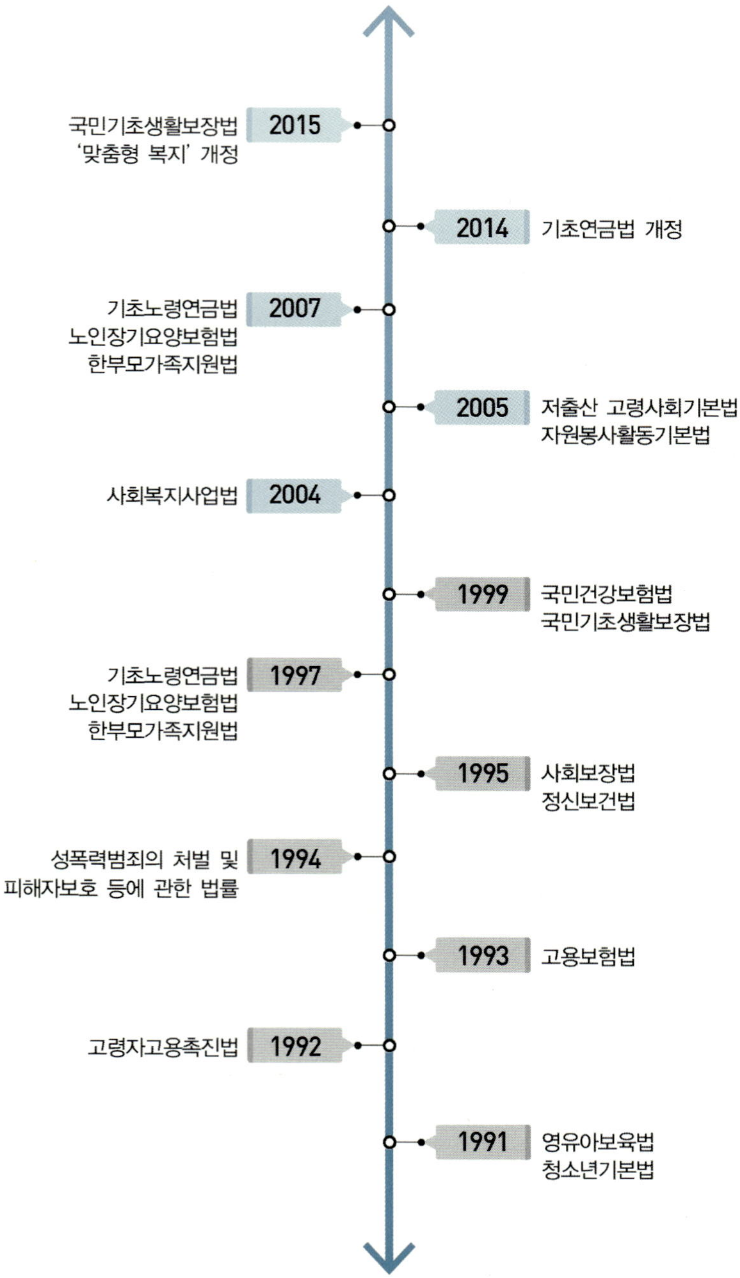

그림 2-4 한국의 사회복지 역사(1990년대~2010년대)

참고문헌

김상균 외 (2011). 사회복지개론. 경기: 나남출판사.

김수정 (2019). 사회복지법제와 실천. 서울: 학지사

조흥식 외 (2015). 사회복지개론. 경기: 나남출판사.

박광준 (2022). 사회복지의 사상과 역사. 경기: 양서원.

박석돈 외 (2015). 사회복지개론. 경기: 양서원.

심상용, 심석순, 임종호 (2021). 사회복지역사. 서울: 학지사.

윤철수, 노혁, 도종수, 김정진, 김미숙, 석말숙, 김혜경, 박창남, 성준모 (2018). 사회복지학개론. 서울: 학지사.

장인협, 이혜경, 오정수 (2013). 사회복지학. 서울: 서울대출판부.

서동명 (2022). 사회복지법제와 실천. 서울: 신정.

전봉경 (2022). 영국의 지역 격차, 브렉시트(Brexit), 지역발전정책 동향 및 시사점. 국토연구원. WP 21-26.

통계청(2023). 장래인구추계.

Ambrosino, R., Heffernan, J., Shuttlesworth, G., & Ambrosino, R., (2002). *Social Work and Social Welfare, An Introduction* (4th Ed.). Brooks/Cole-Thomson Learning, Inc,

Belmont C. A., & Berkowitz, E. D., (1991). America'a Welfare State: From Roosevelt to Reagan, Boltimore: Johns Hopkins University Press.

Demott, J. (1994). Welfare Reform could work. *Nations Business, 82*(18)/ 18-23.

Dolgoff, R., & Feldstein (2008). 제3의 길. 한상진, 박찬욱 역. 서울: 생각의 나무.

Kathleen, J. (1991). The Making of Social Policy in Britain 1830-1990, The Artlone Press.

Kim, Tae Kuen(2021). 미국 정부의 확장적 사회정책: 아동수당 확대를 중심으로, Social Policy Expansion of U.S. Government: Child Tax Credit. 국제사회보장리뷰 2021, 여름호, 17: 59-66.

Lowe, R. (1993). The Welfare State in Britain since 1945, Macmillan.

Maurice, B. (1968). The Coming of the Welfare State. B. T. Batsford Ltd. Charles, Booth, 1889, Life and Labour of the People in London, 17 Vols.

Peter, R. (1987). The Thatcher Government, Basil Blackwell.

Phyllis, D. (2000). *A New History of Social Welfare*. Allyn & Bacon.

Pope, R., Pratt, A., & Hoyle, B. ed. (1986). Social Welfare in Britain 1885-1985, Croom Helm. T Riddell. Woodard, C. (1962). Reality and Social Reform: The Transition

from Laissez-faire to the Welfare State, *Yale Law Journal, 72*(2).
Schweinitz, K. (2001). 영국사회복지발달사. 남찬섭 역. 서울: 인간과 복지.
Wright, A. (1983). British Socialism: Socialist Thought from the 1880s to 1960s, Longman. www.bbc.co.uk
Zastrow, C. (2018). *Introduction to Social Work and Social Welfare* (12th Ed.). Brooks/Cole-Thomson Learning, Inc, Belmont. CA.

CHAPTER 03

사회보장

1 사회보장의 개념

1) 사회보장의 정의

사회보장(social security)이라는 용어는 1929년 세계공황을 극복하기 위한 개량주의의 일환으로서 1935년에 제정된 미국의 사회보장법에서 비롯되었다. 우리나라는 1960년 제4차 개정헌법에서 처음으로 "국가의 사회보장에 관한 노력"을 규정하였고, 1963년 11월 법률 제1437호로 전문 7개조의 "사회보장에 관한 법률"을 제정하였다. 그후 1980년 10월 개정된 헌법에서 "사회보장이라는 용어를 최초로 사용하였다(유용식 외, 2016).

한국에서의 사회보장이라는 개념은 사회보장기본법 제3조 제1호에 의하면 "사회보장이란 질병·장애·노령·실업·사망 등 각종 사회적 위험으로부터 모든 국민을 보호하고 빈곤을 해소하며 국민생활의 질을 향상시키기 위하여 제공되는 사회보험·공공부조·사회복지서비스 및 관련 복지제도를 말한다"라고 규정하고 있다.

'사회보험'이라 함은 국민에게 발생하는 사회적 위험을 보험방식에 의하여 대처함으로써 국민건강과 소득을 보장하는 제도를 말한다.

'공공부조'란 국가 및 지방자치단체의 책임 하에 생활유지 능력이 없거나 생활이 어려운 국민의 최저생활을 보장하고 자립을 지원하는 제도를 말한다.

'사회복지서비스'라 함은 국가·지방자치단체 및 민간부문의 도움을 필요로 하는 모든 국민에게 상담·재활·직업 소개 및 지도·사회복지시설 이용 등을 제공하여 정상적인 사회생활이 가능하도록 지원하는 제도를 말한다.

'관련 복지제도'라 함은 보건·주거·교육·고용 등의 분야에서 인간다운 생활이 보장될 수 있도록 지원하는 각종 복지제도를 말한다.

표 3-1 사회보장제도의 구성 비교

구분	사회보험	공공부조	사회복지서비스
주체	국가	국가 및 지방자치단체	사회복지법인
대상	모든 국민	빈민	요보호자
재원	근로자의 기여금 및 사용자의 부담금 (자영자의 기여금)	조세	국가보조금 공동모금 등
종류	국민연금·의료보험 산재보험·고용보험 등	생계보호·의료보로· 자활보호교육보호· 해산보호·장제보호	아동·영유아·노인· 장애인·모자·윤락여성· 재가복지 등
성격	보편주의	선별주의	보편주의+선별주의 (상호보완)

출처: 유용식 외(2016). 사회복지학개론. p.156.

2) 사회보장의 목적

사회보장의 목적은 일반적으로 기본생활의 보장, 소득의 재분배 그리고 사회적 연대감의 증대 등으로 볼 수 있다.

(1) 기본생활보장

사회보장제도는 자본주의사회 발전의 부산물인 다양한 사회적 위협으로부터 초래되는 여러 가지 경제적 불안을 해결하면서 국민들의 기본적 생활을 보장하는 것을 중요한 목적으로 한다. 국가의 존재 이유 중 하나가 국민의 생존권을 보장하는데 있는 만큼, 국가의 이러한 의무를 수행하는 사회제도가 바로 사회보장제도인 것이다. 국민들의 기본적 생활을 보장하는 것은 국민들의 기본적 욕구(basic needs)를 보장하는 것을 의미한다.

(2) 소득재분배

정부의 재정지출 중 고소득층에서 저소득층으로의 수직적 소득재분배 효과가 가장 두드러진 것이 사회보장 지출이다. 사회보험의 경우 그 재정을 기본적으로 가입자의 기여금에 의존하지만, 그와 더불어 정부의 재정부담으로 운영되기 때문에 소득재분배의 기능을 가진다. 사회보험에서는 고소득층에서 저소득층으로의 수직적 재분배도 이루어지만 보험료를 분담하는 동일계층 간의 수평적 재분배도 이루어진다. 사회보험에 비해 공공부조와 사회복지서비스제도는 소득재분배 목적에 더 부합되는 사회보장제도라고 할 수 있다.

(3) 사회적 연대감 증대

사회적 연대감은 사람들이 사회에 속하여 서로 연결되어 있음을 느끼는 마음이다. 즉, 사회적 존재로서 인간의 속성과 관련된 가치로 두 사람 이상이 무슨 일을 하거나 함께 책임지는 것을 의미한다. 사회보장 목적 중 하나는 소득상실의 위험에 노출된 사람들에게 사회적 책임성을 가지고 사회적 연대감을 보여주는 제도적 장치를 의미한다는 것이다.

3) 사회보장의 기능

(1) 사회보장의 순기능과 역기능

사회보장은 사람들의 생존과 관계되는 기초적 욕구를 충족하여 생존권을 보장함에 있어 중요한 역할을 수행한다. 특히 복지국가에서의 사회보장급여는 국민경제에 커다란 비중을 차지하고 있어 정치, 경제 등에도 중요한 영향을 주고 있다.

반면에 사회보장이 너무 확대되면 사회보장비용 확보를 위한 재원이 필요하게 되어 세금부담이 늘어나 근로의욕을 감소시킬 수 있으며, 개인의 저축을 감소시키고 투자자원이 줄어들어 낮은 생산성을 보이거나 경제의 안정적인 성장에 저해를 가져온다는 역기능이 주장되기도 한다. 따라서 사회·경제적 환경과 조화를 이루는 사회보장의 확대 발전이 요구된다.

(2) 국민의 생존권과 최저생활 보장 기능

사회보장의 가장 기본적인 기능은 국민들의 생존권을 보장하는 것이다. 생존권은 기본적 인권이며, 인간이기 때문에 무조건적이고 동등하게 보장받아야 할 권리이다.

또한, 국민의 최저생활을 보장해 줌으로써 개인 및 가족, 사회의 안정을 가져온다. 사회보장기본법 제2조의 기본이념에 "사회보장은 모든 국민이 인간다운 생활을 할 수 있도록 최저생활을 보장하고 국민 개개인이 생활의 수준을 향상시킬 수 있도록 제도와 여건을 조성하여, 그 시행에 있어 형평과 효율의 조화를 기함으로써 복지사회를 실현하는 것을 기본이념으로 한다"고 되어 있다.

(3) 국민생활과 경제의 안정 기능

사회보장은 경제 불황에 따른 사회보장급여를 확대하여 실업 등에 의한 소득의 감소를 완화시키고 소비수요의 저하를 완화시키며, 경기가 좋을 때는 실업수당이나 생계비용 지출을 감소시켜 경기변동의 안정화에 기여한다. 또한 사회보장은 소득의 재분배를 통해서 유효수요를 증가시켜 불황을 극복하게 하는 기능을 하기도 한다.

(4) 소득의 재분배 기능

사회보장제도의 중요한 기능 중 하나는 소득재분배이며, 사회보장을 경제정책 등과 차별화하는 기준이 된다. 사회보장은 국가개입의 한 형태로 발전되어 왔으며, 저소득층에 대한 사회보장급부를 통하여, 사회적 위험을 예방 또는 분산하기 위한 소득재분배를 추구한다고 볼 수 있다.

소득재분배의 형태는 기간과 세대를 중심으로 세대 내 재분배와 세대 간 재분배 형태가 있을 수 있다. 그리고 동일 세대 내에서 소득과 위험발생 여부별로 수직적 재분배와 수평적 재분배로 구분된다.

① 수직적 재분배란 고소득자로부터 저소득자로의 소득재분배를 의미한다. 고소득층에 대한 누진과세 등을 통해 징수된 세금을 국민연금이나 기초생활보장 비용에 지출하게 된다면 고소득자로부터 저소득자에게 소득이 재분배되었다고 할 수 있다.

② 수평적 재분배란 동일한 소득계층 내에서 일하고 있는 사람으로부터 일할 수 없게 된 사람에게로, 취업자로부터 실업자에게로, 사고를 당하지 않은 사람으로부터 사고를 당한 사람에게로 소득이 재분배되는 형태이다.

③ 세대 간 재분배란 근로세대와 노령세대, 현세대와 미래세대 간의 소득을 재분배하는 형태로서 공적연금제도가 대표적이다. 재정 조달방식이 축적된 기금에 의해 지급되는 적립방식이 아닌, 현재 일하고 있는 세대의 기여금으로 운영되는 부과방식으로 운영될 경우 세대 간 재분배 효과가 크게 나타난다(모지환 외, 2003 재구성).

(5) 사회통합 기능

사회보장은 사회적 위험에 노출된 수많은 사람들에게 기본적인 생활을 보장하여 사회통합 또는 사회적 연대를 강화시켜 준다. 사회적 위험에 대한 보장이 제도적으로 마련되어 있지 않을 경우 실업이나 빈곤의 심화, 생활의 불안정 등으로 사회분열을 일으킬 것이며, 사회질서를 유지하는 것이 어려워질 것이다. 따라서 사회보장제도는 사회연대성과 사회통합기능을 증진시켜 정치적 안정을 도모하는 기능을 하게 된다.

2 사회보험

사회보험(social insurance)은 사회적 위험이 발생했을 때 현물 또는 현금급부 가운데 중심을 이루고 있는 제도이다. 국민에게 발생하는 사회적 위험을 보험 방식에 의하여 대처함으로써 국민건강과 소득을 보장하는 제도를 말한다. 사회보험은 생활 곤란을 초래하는 여러 가지 사고에 대해서 일정한 급부를 행함으로써 피보험자의 생활안정을 도모하는 강제성 보험제도로, 산업재해보상보험, 국민건강보험, 고용보험, 국민연금 등 네 종류로 대별된다.

사회보험은 강제 적용으로 사회적 위험으로부터 국민들을 보호하기 위한 의무적 제도다. 사전에 규정된 욕구에 따라 급여가 지급되기 때문에 예방적 성격을 가지고 있다. 자산조사는 없으며, 급여 수급권자가 수급에 필요한 제반 조건을 충족하였을 경우에 권리로서 이루어지고, 수급권은 수급자와 보험자(정부 또는 공적기관) 간의 계약에 의한다. 자신이 낸 보험료에 비례하여 급여를 받는 개인의 형평성보다는 모든 가입자에게 최저생계를 유지하도록 급여를 제공하는 사회적 연대 및 통합을 중시한다.

사회보험은 보험이기 때문에 민간보험과 유사한 점이 많고, 또 소득보장책이란 점에서 공공부조와 동일한 목적을 갖는다. 그러나 사회보험은 민간보험은 물론 공공부조와 본질적으로 다른 특징을 지니고 있다.

사회보험의 특징을 구체적으로 살펴보면 다음과 같다.

① 강제적 프로그램

사회적 위험(사망, 고령, 장애, 질병 등)으로부터 사람들을 보호하기 위한 의무적인 제도이다.

② 최저소득보장제도

사회적 위험에 대비하기 위한 최저소득보장제도(a minimum floor of incomeprotection against the social risks)이다.

③ 사회적 충분성

개인적 형평성보다는 사회적 충분성을 중시한다. 사회적 충분성(adequacy)이란 모든 가입자들에게 최저생계수준 이상을 유지토록 급여를 제공하는 것을 말하고, 개인적 형평성(equity)이란 자신이 낸 보험료에 비례하여 급여를 받는 것을 말한다. 사회보험은 사회적 충분성을 보장하기 위해 저소득층, 대가족, 고령층 등이 더 유리하도록 배려한다.

④ 급여수준과 소득수준의 연관성 무

급여수준과 소득수준은 직접적인 연관이 없다. 개인적인 생활수준이나 자신이 낸 보험료 액수보다는 현재의 욕구에 따라 급여가 결정된다. 그러나 소득비례연금 등에서 보듯이 급여와 소득이 비례하는 경우도 있다.

⑤ 급여는 권리

급여는 권리이며, 자산조사가 없다. 사회보험 수급권은 수급자와 보험자(정부 또는 공적 기구) 간의 계약에 의해 규정된 권리(contractual right)이고, 수급자가 수급에 필요한 제반 요건을 다 충족시켰기 때문에 수급하는 것이며(earned right), 사회보장 관련법에 의해 보장된 권리(statutory right)이다. 사회보험 수급권은 수혜자의 존엄성을 보장해 주는 동시에 사회보험에 대한 시민들의 지지도 이끌어 낸다.

⑥ 사전에 규정된 욕구에 의거 급여 제공

사전에 규정된 욕구(presumed need)에 따라 급여가 제공된다. 예컨대, 연금은 모든 노인에게 자동적으로 지급되는 게 아니라 관련 규정에 의거 65세 정년퇴직자에게만 지급된다.

⑦ 수익자재정책임원칙

사회보험 재정은 그 수혜자인 피용자와 자영업자 그리고 피용자를 고용하는 고용주가 책임진다. 이를 수익자재정책임원칙(self-supporting contributoryprinciple)이라 한다.

⑧ 급여는 법으로 규정

사회보험의 급여는 법으로 규정하여 지급한다.

⑨ 정부의 주도

사회보험은 정부가 주도하지만 정부의 피용자인 공무원만을 위해서가 아니라 정부 개입이 필요한 사회문제의 해결을 위해 운용된다.

⑩ 재정의 완전 적립 불필요

재정의 완전 적립(full funding)이 불필요하다. 민간보험은 완전 적립을 반드시 요구하지만, 사회보험은 그렇지 않다. 민간보험과 같은 적립 프로그램에서는 축적된 자산(기금)의 가치가 가입자의 제반 권리(수급 권리)를 충족시킬 정도로 충분해야 한다. 민간보험이 완전 적립을 강조하는 가장 큰 이유는 민간보험이 언제든지 종료될 수 있기 때문이다. 하지만 사회보험은 그럴 필요가 없다. 사회보험 기금은 경우에 따라서 수지 불균형이 일어날 수도 있다.

현재 우리나라에서 시행되고 있는 4대 사회보험을 살펴보면 다음과 같다.

1) 산업재해보상보험

산재보험은 공업화가 진전되면서 급격히 증가하는 산업재해 근로자를 보호하기 위하여 1964년에 도입된 우리나라 최초의 사회보험제도이다. 초기의 산업재해는 건설현장과 위험한 기계 기구를 설치, 사용하는 사업장에서 주로 발생하였으나 산업사회의 현대화, 고도화, 정보화 등으로 재해 발생 원인도 신종 직업병과 과로, 스트레스 등에 기인한 재해가 급격히 증가하고 있다. 산업재해로부터 근로자를 보호하기 위해서는 산업재해 자체를 예방하는 것이 가장 바람직한 것이나 이미 발생한 산업재해로 인하여 부상 또는 사망한 경우에 그 피해근로자나 가족을 보호 내지 보상해 주기 위한 산재보험이 중요한 의미를 지닌다 할 것이다(서강훈, 2013).

산재보험은 산재근로자와 그 가족의 생활을 보장하기 위하여 국가가 책임을 지는 의무보험으로 원래 사용자의 근로기준법상 재해보상책임을 보장하기 위하여 국가가 사업주로부터 소정의 보험료를 징수하여, 산업재해로 부상 또는 사망한 근로자와 그 가족에게 보험급여를 지급하며, 이때 지급하는 보험급여는 평균임금 산정 및 증감, 휴업급여 및 상병보상연금, 장해 및 간병급여, 유족급여 및 장례비 등이 있다(근로복지공단, 2023).

2) 국민건강보험

질병이나 부상으로 인해 발생한 고액의 진료비로 가계에 과도한 부담이 되는 것을 방지하기 위하여, 국민들이 평소에 보험료를 내고 보험자인 국민건강보험공단이 이를 관리·운영하다가 필요시 보험급여를 제공함으로써 국민 상호간 위험을 분담하고 필요한 의료서비스를 받을 수 있도록 하는 사회보험제도이다.

적용대상은 직장가입자와 지역가입자로 구분하는데, 직장가입자는 사업장의 근로자 및 사용자와 공무원 및 교직원, 그리고 그 피부양자로 구성되고 지역가입자는 직장가입자를 제외한 자를 대상으로 한다. 건강보험 대상자 중 피부양자는 직장가입자에 의하여 주로 생계를 유지하는 자로서 보수 또는 소득이 없는 자를 의미하며, 직장가입자의 배우자, 직계존속(배우자의 직계존속 포함), 직계비속(배우자의 직계비속 포함) 및 그 배우자, 형제·자매를 포함한다.

보험급여는 가입자 및 피부양자의 질병과 부상에 대한 예방, 진단, 치료, 재활, 출산, 사망 및 건강증진에 대하여 법령이 정하는 바에 따라 현물 또는 현금의 형태로 제공하는 서비스를 말한다. 보험급여의 종류에는 현물급여(요양급여, 건강검진)와 현금급여(요양비, 장애인보장구, 본인부담액 상한제, 임신·출산 진료비)가 있다(국민건강보험공단, 2023).

3) 고용보험

고용보험법 제1조에 의하면 "고용보험은 고용보험의 시행을 통하여 실업예방·고용촉진 및 근로자의 직업능력 개발 및 향상을 도모하고 국가의 직업지도·직업소개 기능을 강화하며 실업근로자에게 생활에 필요한 급여를 실시함으로써, 근로자의 생활안정과 구직활동을 촉진하고 경제·사회발전에 이바지함을 목적으로 한다"라고 규정하고 있다. 즉 실업을 보험의 원리에 의해 노동자가 실직으로 소득을 상실하였을 때 생활의 안정을 위해 일정기간 동안 일정 수준의 급여를 지급하는 사회보험제도이다.

고용보험은 근로자를 사용하는 모든 사업장은 의무적으로 가입하여야 한다. 고용보험에는 고용안정사업, 직업능력개발사업, 실업급여, 모성보호, 자영업자 고용보험, 일자리 안정자금 등이 있다. 고용안정사업은 고용창출장려금(취업이 어려운 취약계층을 고용하거나 근무형태를 변경하여 고용기회를 확대한 사업주를 지원하는 장려금), 고용안정장려금(기존 근로자의 고용안정과 일자리 질 향상을 도모하기 위한 장려금), 고용유지지원금(근로자를 감원하지 않고 고용유지조치를 실시하고 고용을 유지하는 경우 지원), 장년고용안정지원금(고령자와 장년 미취업자의 고용촉진 및 안정을 도모하기 위해 지원), 지역고용촉진지원금(지역 노동시장간 형평성 제고와 균형 있는 발전을 위해 지원) 등이 있다. 직업능력개발사업은 구직자 및 근로자와 기업(사업주)들의 다양한 요구와 필요에 맞는 직업능력개발 훈련지원을 위한 다양한 사업이 있다. 실업급여에는 구직급여, 취업촉진수당(조기채취업 수당, 직업능력개발수당, 광역구직 활동비, 이주비), 연장급여(훈련연장 급여, 개발연장 급여, 특별연장 급여), 상병급여 등이 있다(고용보험, 2023).

4) 국민연금

국민연금은 "나" 혼자서 대비하기 어려운 생활의 위험을 모든 국민이 사회적으로 연대하여 공동으로 대처하는 "우리"를 위한 제도로서, 소득이 있을 때 일정액의 보험료를 납부하도록 하고, 일정한 사유(노령, 장애, 사망)로 소득이 줄어들거나 없어졌을 때 연금을 지급하여 최소한의 소득을 보장하는 사회보험제도이다.

국민연금은 1973년 말에 「국민복지연금법」이 제정되어 1974년부터 실시될 예정이었으나, 당시의 경제적 위기와 정치·사회적 여건의 미비로 시행이 유보되었다가, 1956년 말에 「국민복지연금법」이 폐지되고, 「국민연금법」으로 입법화되면서 1988년부터 제도가 시행되었다.

급여의 종류는 매월 지급되는 연금급여로는 노령연금, 장애연금, 유족연금이 있다. 노령연금은 노후 소득보장을 위한 급여로 국민연금의 기초가 되는 급여이다. 장애연금은 장애로 인한 소득감소에 대비한 급여이며, 유족연금은 가입자의 사망으로 인한 유족의 생계보호를 위한 급여이다. 일시금 급여로는 반환일시금과 사망일시금이 있다. 반환일시금은 연금을 받지 못하거나 더 이상 가입할 수 없는 경우 청산적 성격으로 지급하는 급여이고, 사망일시금은 유족연금 및 반환일시금을 받지 못할 경우 장제부조적·보상적 성격으로 지급하는 급여이다(국민연금공단, 2023).

표 3-2 국민연금의 형태별 급여자격 요건

형태	수급요건
노령연금	• 노령연금은 국민연금의 기초가 되는 급여로 국민연금 가입자가 나이가 들어 소득활동에 종사하지 못할 경우 생활안정과 복지증진을 위하여 지급되는 급여로써 가입기간이 10년 이상 되어야 함. 가입기간, 연령, 소득활동 유무에 따라 노령연금, 조기노령연금이 있음
장애연금	• 가입 중에 발생한 질병 또는 부상으로 신체적 또는 정신상 장애가 남아있는 자(장애정도 1~4급에 따라 일정한 급여 지급)

유족연금	• 노령연금 수급권자가 사망한 경우 • 장애등급 2급 이상인 장애연금 수급권자가 사망한 경우 • 가입기간이 10년 이상인 가입자 도는 가입자였던 자가 사망한 경우 • 연금보험료를 낸 기간이 가입대상 기간의 1/3 이상인 가입자 또는 가입자였던 자가 사망한 경우 • 사망일 5년 전부터 사망일까지의 기간 중 연금보험료를 낸 기간이 3년 이상인 가입자 도는 가입자 였던 자가 사망한 경우
반환 일시금	• 가입기간 10년 미만인 자가 60세가 된 경우(단, 특례노령연금수급원자는 해당되지 않음) • 가입자 또는 가입자였던 자가 사망하였으나 유족연금에 해당되지 않는 경우 • 국적을 상실하거나 국외에 이주한 경우
사망 일시금	• 가입자 또는 가입자였던 사람이 사람하였으나 유족연금 또는 반환일시금을 지급받을 수 있는 유족 범위에 해당하는 자가 없는 경우

출처: 국민연금공단(2023). 2023년 알기 쉬운 국민연금.

3 공공부조

1) 공공부조의 개념

공공부조의 개념이 국가별로 다르고 학자별로 통일되어 있지 않으나, 국가가 빈곤문제를 해결하기 위한 시책으로, 우리나라에서는 사회보장기본법 제3조에서 공공부조를 “국가 및 지방자치단체의 책임 하에 생활유지능력이 없거나 생활이 어려운 국민의 최저생활을 보장하고 자립을 지원하는 제도”라고 규정하고 있다(유용식 외, 2016). 개개의 생활 빈곤자들을 대상으로 자산조사를 실시해 공적인 부담으로 보조적으로 급부하는 것이다. 우리나라는 1998년 8월에 국민기초생활보장법이 입법되어 2000년부터 시행되고 있다. 공공부조제도는 국민의 최저생활을 보장하는 데 기본목표를 두고 있으며, 생활의 불안과 위험을 해소하려는 사회보험과 함께 사회보장제도의 주요한 구성요소가 된다. 우리나라의 공공부조제도에는 국민기초생활보장제도와 의료급여제도, 긴급지원사업, 국가보훈사업, 재해구호사업 등이 있으나, 본 장에서는 공공부조의 가장 핵심인 국민기초생활보장제도만 간단히 살펴보고자 한다.

2) 공공부조의 특징

공공부조는 일반적으로 다음과 같은 특징을 갖고 있다(김기원, 2000).

① 공공부조는 헌법에 보장된 인간다운 생활을 할 권리를 구체화하는 공적인 원조 프로그램이다.

② 공공부조는 법적으로는 모든 국민이 보호의 대상이지만, 실제로는 자산조사와 생활실태조사를 거쳐 일정한 빈곤선 이하의 생활이 어려운 사람이 대상이다.

③ 공공부조는 사회를 통제하는 기능을 갖고 있다. 사회적 불안기에 공공부조의 수혜대상자를 증가시키고 급여수준을 상향 조정함으로써 불만계층의 욕구를 해소시켜 사회적 불안을 통제하는 사회통제 기능을 수행한다.

④ 공공부조는 빈곤의 결과로 발생하는 고통을 완화시키는 특징을 갖고 있다.

⑤ 공공부조는 보충적인 제도이다. 수혜대상자가 자신의 자산과 근로능력을 최대한 활용하고, 부양의무자의 부양을 우선적으로 받도록 하고, 다른 법의 보호를 받은 후에도 생활 곤란을 겪는 경우에 비로소 행해지는 보충적인 제도이다.

⑥ 공공부조는 사회적 형평을 도모하는 특징을 갖고 있다. 같은 처지에 있는 공공부조 대상자들을 모두 똑같이 대우해 주는 수평적 형평을 기하고 있고, 서로 다른 처지에 있는 공공부조 대상자들을 서로 다르게 대우해 주는 수직적 형평을 기하고 있다.

⑦ 공공부조는 원조 프로그램이다. 국가나 지방자치단체가 표적집단에 도움을 주려는 원조 프로그램이다.

3) 공공부조의 원리 및 원칙

공공주조의 기본원리를 살펴보면 다음과 같다(박종삼 외, 2012).

① 국가책임의 원리이다. 이는 공공부조를 통하여 생활이 어려운 국민의 생존권을 실현하는 것을 국가의 책임으로 하는 원리이다.

② 생존권 보장의 원리이다. 이는 모든 국민은 누구나 생활이 어려운 때에는 국가에 대하여 보호를 청구할 권리가 있고 국가는 국민의 이러한 요구를 들어줄 의무가 있다는 원리이다.

③ 최저생활보장의 원리이다. 이는 공공부조의 보호수준은 건강하고 문화적인 생활수준을 유지할 수 있는 최저한도의 생활이 보장되어야 한다는 원리이다.

④ 무차별 평등의 원리이다. 이는 급부내용에 있어서 수급자의 인종, 성별, 종교 및 사회적 신분에 차별 없이 평등하게 보호를 받을 권리가 있음을 말한다.

⑤ 보충성의 원리이다. 이는 수급자가 가지고 있고 이용할 수 있는 자산·능력 및 그 밖의 모든 것을 최대한 활용하고 그렇게 하고도 최저생활을 유지할 수 없을 때 최종적으로 그 부족분을 보충하여 준다는 원리이다.

⑥ 자립조장의 원리이다. 이는 수급자의 잠재능력을 개발 육성하여 자력으로 사회생활에 적응하게 하는 원리이다.

한편 이상의 원리를 기초로 하여 공공부조 원칙이 파생되는데 이를 살펴보면 다음과 같다.

① 선 신청보호 및 후 직권보호의 원칙이다. 이는 국가에 대해 먼저 신청하여 보호를 개시하는 것을 원칙으로 하며 그러나 수급권자가 신청수속을 모르거나 독거노인의 경우에는 직권보호를 보충적으로 적용한다는 원칙이다.

② 급여기준과 정도의 원칙이다. 이는 대상자의 연령, 세대구성, 소득관계 및 자산조사를 통하여 최저한도의 생활 부족분을 보충해 주는 정도의 것이어야 하며 이를 초과하여서는 안 된다는 원칙이다.

③ 필요즉응의 원칙이다. 이는 수급자의 연령, 성별, 건강상태, 기타 생활여건 등을 고려하여 개인 또는 세대에 실제로 필요한 급여를 즉시 행하여야 한다는 원칙이다.

④ 세대 단위의 원칙이다. 이는 세대를 단위로 하여 그 보호의 필요-여부 및 정도를 정하는 것을 원칙으로 하며 특별한 경우에는 개인을 단위로 하여 서비스가 제공되는 것도 배제하지 않는다.

⑤ 현금부조의 원칙이다. 이는 수급자의 낙인감과 오명을 최소화하는 금전급여를 우선적인 원칙으로 하고 예외적으로 현물급여를 행할 수 있다는 원칙이다(남기민, 2015).

⑥ 거택보호의 원칙이다. 이는 보호의 방법에 있어 공공부조는 수급자가 거주하는 가정에서 제공되는 것을 원칙으로 한다(박종삼 외, 2012).

4) 국민기초생활보장제도

우리나라의 대표적인 공공부조제도는 국민기초생활보장제도이다. 국민기초생활보장제도는 국민의 최저생활을 보장해주는 사회보장제도로 스스로 생활유지 능력이 없는 사람들에게 국가나 지방자치단체가 생활에 필요한 급여를 지급하여 이들의 최저생활을 보장하고 자활을 조성하는 것을 목적으로 한다. 이 제도는 생활보호법을 폐지하고 국민기초생활보장법이 정부의 '생산적 복지' 이념과 시민단체, 정당, 정부 등 전 국민적 합의를 바탕으로 1999. 9. 7 제정, 1년여의 준비를 거쳐 2000년 10월 1일부터 시행되었다.

국민기초생활보장제도는 지난 40년간의 시혜적 단순보호차원의 생활보호제도로부터 저소득층에 대한 국가책임을 강화하는 종합적 빈곤대책으로 전환되었으며, 수급권자의 권리성을 부각하고 빈곤에 대한 사회적 책임을 강조함과 아울러 보호를 필요로 하는 절대 빈곤층의 기초생활을 국가가 보장하되, 종합적 자립자활서비스를 제공하는 적극적 의미를 갖고 있다(보건복지부, 2023).

구체적으로 국민기초생활보장제도는 기존의 생활보호제도와는 많은 차이가 있다. 그 차이점을 살펴보면 다음과 같다.

표 3-3 생활보호제도와 국민기초생활보장제도의 비교

생활보호제도	비교기준	국민기초생활보장제도
• 시혜성 보호	법적 성격	• 국가 의무와 시민의 권리
• 시혜성 용어 – 피보호자, 보호기관, 보호대상자	법률 용어	• 권리성 용어 – 수급자, 수급권자, 보장기관
• 인구학적 기준에 의한 대상자 구분(범주적 공공부조) – 거택보호자: 18세 미만 아동, 65세 이상 – 자활보호자: 인구학적으로 경제활동 가능자	대상자 구분	• 대상자 구분 폐지(일반적 공공부조) • 취업여부 · 연령 불문, 보호가 필요한 자 • 연령기준 외에 신체적 · 정신적 능력과 부양, 간병, 양육 등 가구여건 감안 가능
• 부양의무자 소득재산 • 소득과 재산기준의 이원적 기준	대상자 선정기준	• 부양의무자 소득인정액 • 소득인정액이 최저생계비 이하인 모든 국민(소득인정액 단일 기준) • 소득인정액: 소득+재산의 소득환산액 • 중위소득 기준 및 상대빈곤선 도입(2015년 시행)
• 생계보호(거택보호자만) • 의료보호 · 교육보호 · 해산보호 · 장제보호	급여종류 및 내용	• 생계급여 확대(모든 대상자에게 지급하되 근로능력자는 자활관련사업에 참여조건부로 지급) • 주거급여 · 긴급급여 신설 • 맞춤형 급여체계로 개편(2015년 시행)
(신설)	급여방법	• 근로능력자 가구별 자활지원계획 수립을 통한 자활지원

출처: 유공순 외(2007). 사회복지개론 재구성.

(1) 국민기초생활보장제도의 주요 내용

국민기초생활보장제도는 국민의 정부에서 내건 생산적 복지에 기초하고 있으며, 생산적 복지의 근간은 근로연계복지를 추구하는 것이다. 이러한 생산적 복지정책은 우리나라의 사회복지제도 내용이나 수준이 아직 빈약하고 전달체계가 취약하여, 실질적인 보호의 효과성이 선진국에 비해 낮은 현실을 인정하면서도, 복지비용의 축소와 운영의 효율성 제고라는 세계적인 복지개혁의 추세에 발맞춰 복지제도의 확충에 따른 부작용, 소위 "도덕적 해이" 문제를 최소화 하면서도 국민의 기초생활을 보장하자는 의도를 가지고 있다.

국민기초생활보장제도의 주요 내용을 살펴보면 다음과 같다.

첫째, 국가의 보호를 필요로 하는 최저생계비 이하의 저소득층에 대한 기초생활보장을 위하여, 수급권자 범위의 확대 및 선정기준을 합리화하였다. 근로능력 여부·연령 등에 관계없이 국가의 보호를 필요로 하는 최저생계비 이하의 모든 가구에 대하여 생계비를 지급하고자 하였다. 2003년부터는 수급권자 선정기준을 소득과 재산의 이원적 기준에서, 소득인정액으로 통일하여 사각지대를 해소하고자 하였고, 2015년 7월 1일부터는 맞춤형 급여체계로 개편하여 부양의무자 기준을 완화하고 상대적 빈곤 관점 반영으로 중위소득을 비교 기준으로 정하고 급여별 다층화를 통해 소득향상에 따른 실질적 생활보장이 이루어지도록 하였다.

부양의무자 기준 완화에 따라 교육급여는 부양의무자 기준을 완전히 없애어서 어려운 가정에 있는 자녀가 잘 사는 할아버지, 할머니 등이 있다는 이유로 정부의 지원을 적게 또는 아예 받지 못하는 상황은 발생하지 않도록 하였다. 2018년 10월에 주거급여도 부양의무자 기준이 폐지되었으며, 급여 종류에 따라 단계적으로 부양의무자가 폐지될 것이다.

둘째, 자활지원서비스의 체계적 지원을 통한 빈곤의 장기화를 방지하고 있다. 근로능력자에 대해서는 근로유인장치를 두어 근로의욕 감퇴를 방지하고, 생계급여를 위한 가구소득 산정 시 근로활동으로 발생하는 소득의 일부를 공제하는 방안 등 근로유인장치를 두고 있다. 자활공동체사업, 직업훈련, 구직활동 등에 참여를 조건으로 생계비를 지급하는 조건부수급자를 구분하여, 조건부수급자가 보호기관의 지도와 지시, 즉 각종 근로프로그램에 참여하라는 지도와 지시에 응하지 않을 경우 생계급여를 중지하는 장치를 두고 있다. 이러한 조건부수급자와 일반수급자를 분리하기 위하여 수급자의 근로능력, 가구여건, 자활욕구 등을 고려한 가구별 자활지원계획을 수립하여 체계적인 자활지원제도를 운영하고 있다.

(2) 국민기초생활보장제도의 급여

① 급여의 기본 원칙

국민기초생활보장제도는 생활이 어려운 국민들이 건강하고 문화적인 생활을 유지하기 위하여 각종 급여를 지급하는데 최저생활보장원칙, 보충급여의 원칙, 자립지원의 원칙, 개별성의 원칙, 가족부양우선의 원칙, 타급여우선의 원칙, 보편성의 원칙 등이 있다.

- 최저생활보장의 원칙: 생활이 어려운 사람에게 생계·주거·의료·교육·자활 등 필요한 급여를 행하여 이들의 최저생활을 보장한다.
- 보충급여의 원칙: 급여수준을 생계·주거·의료·교육 급여액과 수급자의 소득인정액을 포함한 총금액이 최저생계비 이상이 되도록 지원한다.
- 자립지원의 원칙: 근로능력이 있는 생계급여 수급자가 근로활동에 종사하지 않는 경우에는 자활사업에 참여할 것을 조건으로 급여를 지급한다. 근로능력이 있는 생계급여 수급자가 조건부와 유예사유에 해당되지 않는 경우에는 수급자 가구별로 자활지원계획을 수립하고 자활사업에 참여하도록 조건을 부과하고, 조건불이행자에게는 수급자 본인의 생계급여 일부 또는 전부를 지급하지 아니한다.
- 개별성의 원칙: 급여수준을 정함에 있어서 수급권자의 개별적 특수 상황을 최대한 반영한다. 이를 위해 수급권자 및 부양의무자의 소득·재산, 수급권자의 근로능력·취업상태·자활욕구 등 자활지원계획수립에 필요한 사항, 기타 수급권자의 건강상태·가구특성 등 생활실태에 관한 사항 등을 조사하여 반영한다.
- 가족부양 우선의 원칙: 급여신청자가 부양의무자로부터 부양될 수 있는 경우에는 기초생활보장 급여에 우선하여 부양의무자의 보호가 먼저 행해져야 한다. 수급자에게 부양능력을 가진 부양의무자가 있음이 확인된 경우에는 부양 의무자로부터 보장비용을 징수할 수 있다.
- 타 급여 우선의 원칙: 급여신청자가 다른 법령에 의하여 보호를 받을 수 있는

경우에는 기초생활보장급여에 우선하여 다른 법령에 의한 보호가 먼저 행해져야 한다.

- 보편성의 원칙: 국민기초생활보장법에 규정된 요건을 충족시키는 국민에 대하여는 성별·직업·연령·교육수준·소득원 기타의 이유로 수급권을 박탈하지 아니한다(보건복지부, 2023).

② 급여종류 및 내용

국민기초생활보장의 급여는 제도 초기에는 기본적으로 연령에 관계없이 개인이나 가족이 스스로 최저생계를 유지할 수 없는 국민은 수급할 수 있도록 하였다. 2015년에는 맞춤형 급여체계로 개편하여 급여의 수준은 건강하고 문화적인 최저생활을 유지할 수 있는 정도가 되도록 하고, 급여의 기준은 수급자의 연령, 가구 규모, 거주 지역, 기타 생활여건 등을 고려하여 급여 종류별로 결정하도록 하고 있다.

기초생활수급자의 가구여건에 맞는 지원을 위하여 생계급여, 의료급여, 주거급여, 교육급여, 자활급여 등 급여별로 선정기준을 다르게 하는 것입니다. 기존에는 가구의 소득이 최저생계비 이하인 경우에만 생계, 의료, 주거, 교육급여 등 모든 급여를 지원하였고, 가구 소득이나 부양의무 기준을 초과하면 모든 지원이 중단되었다. 그러나 맞춤형 급여 개편을 통해 소득이 증가하여 기준을 초과하더라도 수급자의 상황에 맞춰 필요한 급여는 계속 지원할 수 있도록 하였다.

이처럼, 맞춤형 급여체계는 기존 '최저생계비' 대신 '중위소득'이라는 개념을 도입해 급여별로 선정기준 등을 달리 정한다. 중위소득은 모든 가구를 소득별 순서대로 줄을 세웠을 때 중간에 위치한 가구를 말한다. 보건복지부는 급여의 기준 등에 활용하기 위해 중앙생활보장위원회의 심의·의결을 거쳐 기준 매년 중위소득을 고시한다.

표 3-4 맞춤형 급여체계 내용

급여종류	선정기준	최저보장수준	담당부처
생계급여	기준 중위소득 30% 이하	중위소득 30%	보건복지부
의료급여	기준 중위소득 40% 이하	필수의료서비스의 낮은 본인부담률	보건복지부
주거급여	기준 중위소득 47% 이하	지역별 기준임대료	국토부
교육급여	기준 중위소득 50%	수업료, 교과서대 등	교육부

출처: 보건복지부(2023). 2023 사회보장급여 공통업무 안내. p. 12.

급여종류는 생계급여, 의료급여, 주거급여, 교육급여, 해산급여, 장제급여 등이 있다. 급여종류에 따른 내용은 〈표 3-5〉과 같다.

표 3-5 국민기초생활보장 급여종류 및 내용

급여종류	내 용	
생계급여	수급자에게 의복, 음식물 및 연료비와 그밖에 일상생활에 기본적으로 필요한 금품을 지급하여 그 생계를 유지하게 하는 급여	가구별 생계급여 선정기준액에서 소득인정액을 뺀 금액을 현금으로 지원
의료급여	수급자에게 건강한 생활을 유지하는 데 필요한 각종 검사 및 치료 등을 지급하는 급여	「의료급여법」에 의한 본인부담 지원
자활급여	소득, 재산, 부양의무자 등의 조건에는 부합하나 근로능력이 있어 스스로 생계유지를 해야 하는 사람 중 일반 노동시장에서 일자리를 찾을 수 없거나 능력이 시장과 경쟁할 수 없는 경우 지역자활센터의 자활사업에 참가하여 일하는 조건으로 수급을 받을 수 있다. 일을 하는 조건을 부여하기에 조건부 수급자라고도 한다.	자활사업에 참가, 자활사업 참여 급여 및 생계급여와의 차액 지원
교육급여	수급자에게 입학금, 수업료, 학용품비, 그 밖의 수급품을 지급하는 것으로 하되, 학교의 종류·범위 등에 관하여 필요한 사항은 대통령령으로 정함	고등학생 수업료·입학금 교과서대 전액(단, 초중고생은 부교재비 초: 415천 원, 중: 589천 원, 고: 654천 원)
해산급여	수급자에게 조산(助産), 분만 전과 분만 후에 필요한 조치와 보호 등의 급여를 실시하는 것	출생 영아 1인당 700천 원 (쌍둥이는 1,400천 원)
주거급여	수급자에게 주거 안정에 필요한 임차료, 유지·수선비, 그밖에 대통령령으로 정하는 수급품을 지급하는 급여	임차가구는 실제 전월세 비용(월임차료+보증금 환산액), 자가가구는 주택의 노후도에 따른 종합적 수리 지원

장제 급여	「국민기초생활보장법」 제7조 제1항 제1호부터 제3호까지의 급여 중 하나 이상의 급여를 받는 수급자가 사망한 경우 사체의 검안(檢案)·운반·화장 또는 매장, 그 밖의 장제 조치를 하는 급여	수급자 사망 시 800천 원

출처: 보건복지부(2023). 2023 사회보장급여 공통업무 안내.

참고문헌

고용보험 (2023). 2023년 고용보험 안내.

고용노동부 (2023). 산업재해보상보험법, 시행령, 시행규칙.

국민건강보험공단 (2023). 2023년 사업장 업무편람.

국민연금공단 (2023). 2023년 알기 쉬운 국민연금.

근로복지공단 (2023). 2023년 산업재해보상보험 안내.

김기원 (2000). 공공부조론. 서울: 학지사.

김희성, 이재법 (2023). 2023년 국민기초생활보장제도. 복지공동체.

남기민 (2015). 사회복지정책론. 서울: 학지사.

모지환, 박상하, 안진, 엄기욱, 오근식, 이용교, 이형하, 장현, 조원탁 (2003). 사회보장론. 서울: 학지사.

박종삼 외 (2012). 사회복지학개론. 서울: 학지사.

보건복지부 (2023). 2023 사회보장급여 공통업무 안내.

보건복지부 (2023). 2023 국민기초생활보장 사업안내.

서강훈 (2013). 사회복지 용어사전. 서울: 이담북스.

유공순, 김영석, 박찬길, 안종태, 류웅모, 유용식, 이화정, 신정이 (2007). 사회복지개론. 경기: 양서원.

유용식, 박차상, 강세현, 김옥희, 전영록, 남진열, 이현주 (2005). 사회복지개론. 경기: 학현사.

유용식, 김준환, 김영석, 안종태, 류웅모, 이화정 (2016). 사회복지개론. 경기: 양서원.

CHAPTER

04 사회복지정책

1 사회복지정책의 개념

1) 사회복지정책의 정의

사회복지정책은 '사회복지'와 '정책'의 합성어이다. 따라서 사회복지정책의 개념을 이해하기 위해서는 먼저 정책의 개념을 이해하는 것이 필요하다.

Kahn은 정책이란 목표의 결정, 대안의 검토, 전략의 수립과 같은 합리적인 과정을 거친 '일정한 계획'이라고 했다. 또한 Gilbert와 Specht는 정책이란 공사의 기관에 있어서 행동의 방향이나 계획의 바탕을 이루는 제반 결정과 선택이라고 하였으며(현외성, 2016), Titmuss는 정책이란 정해진 목적을 향한 행동을 결정하는 원리에 관련된 것으로서, 이는 목적과 함께 수단과 연관된 행동을 의미한다고 하였다. 이는 변화하는 상황, 체계, 실천 및 행동을 내포하고 있다고 하였다(신섭중, 2000).

결국 정책이란 어떠한 목표에로 향한 일련의 행동지침으로서, 무엇을 향하고 있으며, 왜 그렇게 해야 하는가, 그리고 누가, 어떤 원리와 선택기준으로 행동하는가 하는 복잡한 질문이 함께 포함된 개념이다.

따라서 전술한 정책의 개념을 연결하여 사회복지정책의 정의를 내려 보면,

사회복지에 관한 정책이며, 이는 사회복지에 관한 일련의 집단적 행동지침이라고 정의할 수 있겠다.

그러나 이상과 같은 사회복지정책의 일반적 개념은 너무 추상적이기 때문에 보다 구체적인 개념이 필요한데 사회복지정책의 구체적 내용을 이루고 있는 정책의 영역을 제시함으로써 사회복지정책의 개념이 구체화될 수 있다(유공순 외, 2007).

2) 사회복지정책의 영역

인간이 살아나가는 데 필요한 기본적 욕구 가운데 제일 먼저 해결해야 할 욕구는 육체적 생존의 욕구이다. 따라서 의식주 등은 육체적 생존에 가장 필요한 영역이다. 그러나 인간의 생활이 물질적인 욕구의 충족으로만 해결되는 것이 아니다. 인간에게는 비물질적인 욕구가 더 중요할 수 있다. 이를 위해 교육, 환경, 권력, 사랑, 자아실현 등이 필요하다.

사회복지정책의 영역을 Townsend는 소득보장, 건강, 교육, 주택 그리고 대인적 사회서비스 등 다섯 가지로 나누고 있으며, DiNitto는 소득보장, 영양, 건강, 사회복지서비스 등 네 가지 영역으로 나누고 있으며, Titmuss는 사회복지정책의 개념을 포괄적으로 해석하여 조세정책을 사회복지정책의 영역에 넣기도 하며, Kahn과 Hill은 노동시장정책(고용정책)을 사회복지정책의 영역에 넣기도 한다(남일재 외, 2007 재인용).

이상의 논의를 정의하면 사회복지정책은 협의로는 소득보장, 의료보장, 주거보장, 사회복지서비스 등 네 가지 영역으로, 광의로는 소득보장, 의료보장, 주거보장, 교육보장, 사회복지서비스, 조세, 노동 등 일곱 가지 영역으로 구성되어 있다고 볼 수 있다.

일반적으로 사회복지정책의 영역은 사회보장으로 간주하는데 우리나라의 사회보장체계가 사회보험, 공공부조, 사회복지서비스로 되어 있는데 이에 대한 구체적 설명은 앞장에서 다루었다.

3) 사회복지정책의 특성

(1) 인간지향적인 정책

사회복지정책은 어떤 사람이든 누구나 인간으로서의 존엄성을 지켜 나가면서 인간으로서 대우받을 수 있는 생활을 보장하는 데 그 목적이 있다. 따라서 사회복지정책은 어떠한 문제로 인하여 인간의 존엄성을 훼손당하거나 위협받을 가능성이 있는 사람들을 대상으로 한다(송근원, 2004).

(2) 소득재분배 정책

이는 사회복지정책과 경제정책을 비교하면 보다 명확히 알 수 있다. 경제정책은 재화의 생산을 통한 소득의 증대가 그 목표이지만, 사회복지정책은 경제성장의 결과로서 나타나는 부의 증대를 배분하는 것이 목표이다. 그래서 경제정책에서는 시장원리에 의하여 쌍방적 이전(bilateral transfer)을 전제로 한 교환관계가 성립하지만, 사회복지의 정책에는 '자진 자'로부터 '가지지 못한 자'로의 소득의 일방적 이전을 주요 내용으로 한다.

(3) 시장논리보다는 정치논리에 좌우하는 정책

사회복지정책은 사회의 자원을 배분하기 위해 국가에 의해서 행해지는 일련의 행위이다. 이러한 일련의 행위는 사회가 어떤 형태를 취할 것이냐에 관한 사상에 기초한다. 사회복지정책에 의해 배분되어지는 자원은 시민들이 소유할 자격이 있다고 주장하는 공공재(public good)이다. 이는 자원을 갖게 되는 것은 시장논리(market status)에 의해서라기보다는 정치논리(political status)에 달려 있다는 것이다(박병현, 2019).

(4) 변화하는 정책

사회복지정책은 외부적으로 사회변동에 따라 발생하는 사회문제의 내용에 대응하여 사회복지정책의 내용이 달라지기도 하는 한편 한 개인의 경우 삶의 주기에 따라 개인적 욕구가 다를 수 있는데, 특히 자신이 스스로 인간다운 생활을 영위할 수 없는 사회적 약자에 대응하여 사회복지정책 내용이 변화하기 때문이다.

(5) 가치 개입적 정책

사회복지정책은 특정한 사회의 경제적·사회적 기반에 따라 달라진다. 그래서 사회복지정책은 사회와 시대의 소산물이다. 물론 사회복지정책은 합리성과 효율성, 효과성을 중시하고 여기에 따라 좌우되기도 한다. 그러나 사회복지정책은 다른 정책에 비하여 상대적으로 가치와 이념에 강한 연관성을 지니고 있다.

(6) 희소성의 원칙이 지배하는 정책

사회복지정책이 해결해야 하는 충족되지 않은 욕구는 언제나 충족시킬 수 있는 사회적 자원보다 많다. 물론 이 경우의 자원은 한정된 국가예산을 포함한 사회적 자원 전체를 말한다. 특히 국가에서 해결하려고 사용하는 예산은 언제나 욕구 충족에 미치지 못한다. 그러나 사회복지정책은 사회 내의 한정된 자원으로써 충족되지 않고 존재하는 욕구를 해결하기 위한 정책이라는 의미이다(현외성, 2016).

2 사회복지정책의 이론

1) 사회양심이론

사회양심이론(social conscience theory)은 사회복지정책의 발달이란 타인의 고통을 해소하려는 개인의 이타적 양심이 사회적·국가적 정책으로 발전한 것이다. 사회양심이론에서는 사회적 양심(인간의 이타심)이 성장하고 국민들의 열악한 사회, 경제적 상태에 대한 지식이 알려지면 이를 개선하기 위해 사회정책이 발달하며, 이 발달은 마치 보다 높은 단계로 진화해 가는 생물체처럼 보다 좋은 사회정책으로 변해 가는 진화적 성격을 갖고 있으며, 사회정책의 의도와 결과는 항상 복수수혜자에게 이익을 주는 순기능을 갖고 있다는 것이다(Sullivan, 1987).

사회양심이론의 한계점으로는 첫째, 시혜성을 너무 강조한 나머지 사회복지의 다른 측면들에 대한 이해와 설명을 거의 제공하지 못하고 있다. 둘째는 사회문제의 발생이 곧 바로 사회정책의 수립 내지는 기존 사회정책의 개선으로 이어지지 못하고 있다. 셋째, 사회정책이 인간 양심의 발로라면 인간이 존재하는 어느 사회나 비슷한 수준의 사회복지가 발달해야 한다. 그러나 현실적으로 국가마다 복지 수준이 엄청나게 차이가 나며, 또 사회복지가 발달하지 않은 국가를 사회적 양심이 부족한 국가라고 말하기는 힘들다. 넷째, 사회정책의 의도와 결과가 항상 수혜자에게 이익을 가져다주지는 않는다(표갑수, 2010).

2) 합리이론

합리이론(rationality theory)에서는 어떤 형태의 사회이든 산업화되는 과정에서는 필연적으로 각종 사회문제가 파생되는데, 인간이 고안해 낸 합리적 문제해결책이 사회복지제도라는 것이다. 따라서 이 이론은 자본주의 사회의 속성인 생산양식, 노동력 재생산, 자본축적, 계급관계 등을 무시하면서 자본주의 사회든 사회주의 사회든 산업화만 되면 사회복지가 필요하게 된다는 점에서 산업화 이론이라고도 한다. 또한 사회문제에 대처하기 위한 사회복지정책은 비슷한 형태로 수렴된다고 하여 수렴이론이라고도 한다.

합리이론의 한계점으로는 첫째, 사회문제의 대책으로 합리만이 유일한 원동력으로 간주됨으로써 마치 문제의 인식과 해결에 관한 사회적 합의가 존재하는 것처럼 오해를 불러일으킬 수 있다는 점이다. 둘째, 어떻게 해서 사회문제가 특정 시점과 특정 상황에서 비로소 사회문제가 되는가에 관한 설명이 부족하다. 셋째, 사회복지제도가 사회적 또는 경제적 변화에 수반되는 문제의 해결책뿐 아니라, 사회변동의 능동적 변수가 될 수 있다는 사실이 간과되고 있다는 점이다(김상균 외, 2013).

3) 시민권이론

시민권이론(citizenship theory)은 시민으로 행동, 사상, 신앙, 자유, 재산, 정치에 참여할 수 있는 권리로서 사회복지정책이 발달하였다고 본다. 즉, 시민권을 완전한 사회 구성원으로서 인정되는 지위의 향유라고 보고 있는데, 일종의 기본적 평등을 의미하는 것이다.

시민권이론이 사회복지정책에 기여한 점은 사회복지 급여를 시민의 기본적 권리의 하나로서 현대사회에서 인정할 수 있는 기반을 제공하였다는 점과 사회적 서비스는 현대사회에서 시민적 연대성을 창조할 수 있다는 가능성을 제시한 점이다.

시민권이론의 한계점으로는 첫째, 사회복지정책의 범위를 국가복지에 한정시켜 사회복지정책의 발달을 설명하여, 사회복지정책의 다양한 형태를 제외하였다는 사실이다. 둘째, 영국 사회의 역사적 발전에 분석틀이 맞추어져 있어서, 제3세계나 사회주의 사회복지정책에 적용 가능성이 줄어든다(현외성, 2016).

4) 음모이론

음모이론(conspiracy theory)은 사회양심이론과는 정반대의 입장을 주장하는 이론으로서, 사회의 기득권을 가진 사람들이 자신의 이해관계를 유지하기 위하여, 겉으로는 그럴듯한 명분으로써 사회복지서비스를 제공하는 것을 말한다.

음모이론의 한계점으로는 첫째, 음모이론은 정책결정권자의 의도를 너무 중시한 나머지 정치 현실, 정책과정의 현실을 충분하게 반영하지 못한다는 것이다. 둘째, 음모이론에서 이야기하듯이, 사회 안정에 위협되지 않으면서 사회복지정책의 혜택을 받고 있는 사회적 약자들, 이를테면 아동, 장애인, 한부모 가정 등과 같은 집단을 대상으로 한 사회복지정책은 음모이론으로써 어떻게 설명할 것인가? 이들은 과연 집단압력을 행사할 수 있는 대상들인가? 음모이론으로서는 이러한 정책의 목적을 설명하지 못한다는 한계를 가진다. 셋째, 음모가 도사리고 있음은 사실이지만 그렇게 자주 있는 것도 아니고 또 반드시 음모가 성공하는 것도 아니다(김상균 외, 2013).

5) 전파이론

전파이론(diffusion theory)은 확산이론이라고도 하며, 사회복지정책의 발달이 국가간의 의사소통이나 영향력, 그리고 교류에 의해 이루어진다고 보고 있다. 즉 좋은·잘된 사회복지정책과 프로그램의 아이디어와 경험이 한 나라에서 다른 나라로 전파·확산된다는 이론이다.

전파이론은 위계적(수직적)인 전파와 공간적인 전파의 두 가지 유형으로 나눌 수 있다. 위계적 전파는 선진국에서 후진국으로 전파되는 경우를 말하며, 공간적인 전파는 잘된 특정 국가로부터 우선 인접 주변국을 중심으로 점차적으로 전파되는 경우를 말한다.

전파이론의 한계점은 국제적인 환경변수가 구체적인 사회정책으로 전환되는 구체적이고 역동적인 과정을 설명하지 못한다는 것이다. 단순히 특정 국가와 인접하고 있다는 지리적 위치나 피 식민지적 지배와 경험 자체는 중요한 요인이기는 하지만 왜, 어떻게 그러한 지식과 인지된 아이디어가 정책 혹은 입법화라는 모습으로 실현되는가에 대한 구체적인 설명이 부족하다(현외성, 2016).

3 사회복지정책의 형성과정

사회복지정책은 매우 복잡하고 다양한 과정을 거쳐서 이루어지며, 몇 단계의 연속적인 과정을 거쳐서 형성된다. 이러한 사회복지정책 형성과정은 새로운 정책을 만들거나 아니면 기존의 정책을 개선하는 데에도 적용될 수 있다. 따라서 사회복지학을 연구하는 학자나, 정책연구와 정책 수립에 관련된 사회복지실천가나 사회복지현장에서 클라이언트들에게 사회복지서비스를 제공하는 사회복지사들도 사회복지정책 형성과정을 잘 이해하고 여기에 관여할 필요성이 있다.

일반적으로 사회복지정책은 사회문제를 해결하기 위하여 채택되는 방안으로 학자에 따라 사회복지정책 형성과정의 다양한 모델이 제시되고 있는데 이를 보면 〈표 4-1〉과 같다.

위와 같이 학자들마다 사회복지정책 형성과정의 단계를 다르게 분류하고 있지만 내용을 자세히 보면 공통적인 부분이 있다. 공통적인 부분을 정리해서 여기에서는 사회복지정책의 과정을 ① 정책의제의 형성, ② 정책대안의 형성, ③ 정책결정, ④ 정책집행, ⑤ 정책평가의 5단계로 구분하여 살펴보고자 한다.

표 4-1 사회복지정책 형성과정 모델

Kahn 모델	DiNitto 모델	Gilbert, Spect, Terrell 모델	Anderson 모델	Jansson
1. 기획입안자 2. 탐구 3. 기획사업의 규정 4. 정책형성 5. 프로그래밍 6. 평가와 피드백	1. 정책문제의 확인 2. 정책대안의 형성 3. 정책의 정당화 4. 정책의 집행 5. 정책의 평가	1. 문제 확인 2. 문제 분석 3. 공중 홍보 4. 정책목표개발 5. 공중지지 형성 6. 프로그램설계 7. 정책집행 8. 평가과 사정	1. 정책과정 2. 정책의제 3. 정책의 공식화 4. 정책채택 5. 정책집행 6. 정책평가	1. 정책이슈 제시 2. 정책이슈 처리 3. 정책결정 4. 정책집행 및 사정

출처: 김상균 외(2013) 재인용.

1) 사회복지 정책의제의 형성

사회복지문제는 사회복지정책을 형성하게끔 하는 가장 중요한 동인이자 사회복지정책의 주요인이다. 사회복지문제는 인간으로서의 기본적인 생활을 누리지 못하여 고통 받고 있는 사람들이 그러한 상황이나 조건을 해결해야 할 문제로 인식할 때 비로소 성립한다. 이때 이러한 사회복지문제의 해결을 정부에 대하여 요청하는 구체적인 행동을 정치학적인 의미에서 요구(demand)라 한다. 정치체제에 어떤 사회복지문제의 해결에 관한 요구가 성공적으로 투입되면 비로소 관심을 받으면서 그 해결방법들이 논의된다. 이때 정치적 논점으로 부각된 문제나 요구를 이슈(issue)라 부른다(송근원·김태성, 1995).

사회복지문제 가운데 어떤 것은 이슈화되지만 어떤 문제는 이슈화되지 못한다. 많은 사회복지문제는 이슈화되지 못하는 경우가 많다. 그 주된 이유는 사회복지문제는 주로 정치적으로 경제적으로 가지지 못한 사람들의 문제이며, 그들은 자기들의 문제들을 이슈화시킬 돈, 지식, 조직, 사회적 지위 등을 가지고 있지 못하기 때문이다.

사회복지정책 문제가 이슈화되기 위해서는 첫째, 공공의 관심을 끌어야 하고, 둘째, 공공정책상의 논점으로 제시되어야 한다. 그렇게 되기 위해서는 클라이언트, 사회복지전문가, 언론, 정치인들의 노력이 필요하다고 하겠다. 특히 사회복지사는 클라이언트와 접촉하는 전문가이기 때문에 클라이언트의 문제에 대해서도 잘 알고 있고 그 문제의 사회적 해결의 필요성에 관해서도 잘 알고 있으며 그러한 문제의 해결을 지향하는 의지도 강해야 한다. 따라서 사회복지사는 사회문제의 이슈 제기자로서 가장 중요한 역할을 담당해야 하는 사람이다(남기민, 2015).

즉 사회복지사는 클라이언트들을 대신하여 사회문제를 이슈화하고 그들의 대변자 역할을 담당하거나 언론의 홍보 및 자원 동원자의 역할을 하기도 한다. 또한 정부에 사회문제를 해결하도록 압력을 행사하기도 하고 클라이언트와 지역주민, 일반 국민, 정부와의 관계 속에서 조정자의 역할을 담당하기도 한다.

즉, 사회문제를 이슈화시켜 정부가 정책 의제화 할 수 있도록 하기 위한 역할을 사회복지사들이 하여야 한다.

2) 사회복지정책 대안의 형성

문제나 요구가 일단 정책의제로 성립되면 정치가들에 의하여 그 해결이 논의되고 여러 가지 해결방안 가운데 하나를 선택하게 되는데 이때의 해결방안들은 정책대안이다. 정책대안의 형성과정이란 정책 문제가 무엇인지를 파악하고 문제를 둘러싼 상황을 파악하여 정책목표를 세우고, 그 목표를 달성할 수 있는 정책수단으로서의 정책대안을 개발하며 어떠한 정책대안이 가장 바람직한 것인가를 분석하는 과정을 말한다. 이러한 정책 결정을 통해 정부는 문제해결을 위하여 여러 개의 대안 중에서 하나를 선택하게 된다. 정책대안의 형성과정은 문제의 해결방안에 관한 모색과정이자 정책결정자를 위하여 정보를 제공하는 과정이다. 또한 문제를 해결하는 가장 효과적인 정책대안들을 개발하여 비교·검토하는 과정이므로 비교적 비정치적인 성격을 띠며 합리적·기술적 성격을 띤다(표갑수, 2010).

사회복지정책 대안을 형성하기 위해서는 ① 문제와 상황의 파악, ② 정책목표의 설정, ③ 대안의 탐색 및 개발, ④ 대안의 비교분석이 필요하다. 첫째, 문제의 상황을 정확하게 파악하기 위해서는 사회복지 분야에서 그 문제를 다루는 전문가나 학자들과의 상담을 필요로 하는 경우도 있고, 이러한 문제와 관련된 문헌조사가 필요할 경우도 있다. 또는 클라이언트와 주변관계자들을 대상으로 현지조사가 필요한 경우도 있다.

둘째, 정책목표를 설정할 때는 구체화하는 것이 필요하며, 상위목표는 하위목표와 연결되도록 하며 하위목표들은 양적으로 측정 가능하도록 설정하는 것이 좋다.

셋째, 대안을 탐색 및 개발하기 위해서는 사회문제와 관련된 과거의 정책이나 현존 정책을 검토하거나, 외국의 정책사례를 보거나, 사회복지학 이외의 관련 학문을 통해 지식이나 이론을 추론하는 방법들이 있다.

넷째, 대안을 비교분석할 때 다양한 이유로 인하여 제시된 모든 정책대안을 분석하기는 매우 어렵다. 따라서 본격적인 분석 이전에 예비분석을 통하여 본격적으로 검토할 대안을 찾아내는 추리는 작업이 필요하다. 이렇게 추려진 대안들을 가지고 장·단점, 비용, 효과 등을 자세히 분석하는데, 이때 사용하는 방법이 정책분석기법들이다.

3) 사회복지정책의 결정

정책결정이란 권위를 가진 정책결정자가 문제 해결을 위한 여러 대안들 가운데 하나를 선택하는 과정을 말한다(송근원, 2004). 정책결정과정에서 결정의 대상이 어떤 하나의 정책문제를 해결하기 위한 대안들이든 이미 결정된 정책사업들의 우선순위를 확정짓기 위한 여러 가지 정책들이든 간에 이들에 대한 우선순위를 정하는 것이 가장 중요한 것이다. 다시 말해서, 정책결정과정은 바로 우선순위를 결정하는 것이라 해도 과언이 아니다.

정책결정과정의 특성으로, ① 아무나 하는 것이 아니라 권한을 가진 정책결정자가 하는 행위라는 점, ② 행위의 결과 잠정적 해결방안이 채택된다는 점, ③ 정책결정 행위는 사회 공익적 관점에서 이루어져야 한다는 점, ④ 문제를 보다 거시적 관점에서 볼 필요가 있다는 것이다. 또한 정책결정과정은 ① 문제의 인지와 목표 설정, ② 정보의 수집 및 분석, ③ 대안의 탐색 및 평가, ④ 최선의 정책대안의 선택 등으로 이루어진다.

4) 사회복지정책의 집행

정책집행이란 의도된 정책목표를 달성하기 위하여 결정된 사항들을 실행하는 활동을 의미한다. 사회복지정책의 집행은 정책집행자인 관료들과 클라이언트들의 직접적인 상호작용을 통하여 정책목표를 구체화시켜 나가는 과정이다.

이 단계에서의 주요 과업은 프로그램을 조직하고, 정책을 보다 구체화하고, 서비스나 급여를 클라이언트들에게 전달하는 것인데 이 과정에서 해결하려는 복지문제와 관련된 이해집단들도 관여하게 된다(표갑수, 2010).

Wolman은 정책 프로그램의 성과를 설명하거나 이해할 수 있는 포괄적인 분석틀을 제시하였는데 여기에서 정책집행이 성과를 거두기 위한 요인으로 다음과 같은 다섯 가지를 제시하고 있다(송근원·김태성, 1995 재인용).

첫째, 자원의 적절성이다. 여기서 자원이란 물적 자원 및 인적 자원을 모두 포함한다. 둘째, 관리 및 통제구조이다. 정책집행기관은 정책 프로그램을 효과적으로 관리하거나 통제할 수 있는 구조를 갖추어야 한다. 셋째, 관료제적 규칙 및 규제이다. 이는 정책목표에 맞추어 집행활동을 하는 경우에 꼭 필요한 것이지만 너무 여기에다 의존하다 보면 동조과잉, 형식주의, 수단과 목표가 바뀌는 등 병리적 형태가 나타나기도 한다. 넷째, 정치적 효과성이다. 집행기관이 가지고 있는 정치적 자원이나 기술은 정책 프로그램의 성공에 필수적이다. 다섯째, 환류 및 평가이다. 정책 프로그램의 집행결과를 되돌아보고, 평가해보는 장치는 정책집행의 성공에 영향을 미치는 주요 요인이다.

5) 사회복지정책의 평가

정책평가란 국가의 프로그램이 그 목적을 충족함에 있어서 전반적인 효과의 사정 또는 보편적인 목적의 충족에 있어 둘 혹은 그 이상의 프로그램에 대한 상대적인 효과의 사정인 것이다. 즉, 정책평가란 정책 활동에 관한 평가로서 정책 실행 결과에 대한 정보를 수집하고 분석하며 해석함으로써 그 가치를 판단하는 것이다. 요컨대, 평가란 특별한 개입(평가)이 비용과 급여 그리고 목표달성이란 의미에 있어 갖는 성공의 의의와 정도를 결정하는 체계적인 과정인 것이다(유용식, 2016).

이러한 정책평가는 좁게는 정책집행 결과에 대한 평가, 즉 정책이 원래 의도한 문제와 해결에 얼마나 영향을 미쳤는가를 평가할 수도 있고, 넓게는 정책형성과정 전반(정책의제, 정책형성과정, 정책집행과정, 정책결과, 정책의 영향 등)에 대해 평가할 수도 있다. 이처럼 평가는 행정활동의 하나하나와 밀접하게 관련되어 있어 사회복지정책의 형성과정에 있어서의 마지막 단계로 간주될 수도 있고 첫 번째 단계도 될 수 있는 것이다.

4 사회복지정책의 분석틀

Gilbert와 Terrell(1988)은 사회복지정책을 분석하는 틀로서 ① 누구에게 급여가 제공되어야 하는가?(대상체계), ② 무엇을 주어야 할 것인가?(급여체계), ③ 급여가 어떻게 전달되어야 하는가?(전달체계), ④ 어떻게 재원을 마련할 것인가?(재원체계)의 4가지를 제시하고 있다.

Gilbert와 Specht는 사회복지정책의 분석틀로서 ① 사회적 할당, ② 사회적 급여의 유형, ③ 전달의 전략, ④ 재원조달의 방법의 4가지를 제시하고 있다(Gilbert and Specht, 1986; 김상균 외, 2013). 여기에서는 Gilbert와 Terrell이 제시한 분석틀을 살펴보고자 한다.

1) 대상체계

대상체계는 누구에게 급여를 제공할 것인가? 바꾸어 말하면 누가 급여를 받을 만한 자격이 있는가 하는 것이다. 즉 사회복지 급여의 클라이언트를 결정하는 체계이다. 여기에 적용되는 원칙으로는 보편주의와 선별주의가 대표적이다. 선별주의란 급여가 개인의 욕구에 기초하여 주어져야 한다는 원리이고, 보편주의란 개별적인 자산조사 없이 모든 사회 구성원들에게 사회적 권리로서 급여가 주어져야 한다는 원리이다. 다시 말하면, 사회복지 급여의 대상을 사회 구성원 전체로 볼 것이냐 아니면 사회적인 특수계층, 특히 빈곤한 사회 구성원으로 볼 것이냐를 결정하는 것이다.

클라이언트의 수급자격 조건으로는 개인적 속성, 인구사회학적 특성, 기여 정도, 근로능력 여부, 자산이나 소득조사 등이 있다.

2) 급여체계

급여체계는 클라이언트들에게 무엇을 줄 것인가 하는 것이다. 급여 형태에 대한 문제는 대단히 복잡하며 의견이 대립적이다. 예전이나 지금이나 현금과 현물이 가장 많이 활용되고 있으며, 그 외에 기회, 서비스, 증서, 권력 등과 같은 급여 형태가 활용되고 있다. 이와 같은 다양한 급여 형태를 결정하기 위해서는 클라이언트의 욕구나 특성, 가치 및 이론 등이 전제되어야 한다. 급여의 형태는 다음과 같다.

① 현금(cash): 급여를 현금으로 지급하는 것으로, 교환가치가 좋으며, 가장 폭넓은 기회를 제공한다. 예로 공공부조, 아동수당, 사회보험 등이 있다.
② 현물(goods): 현금 대신 재화나 서비스 등으로 지급하는 것으로, 식품, 의복, 주택, 음식, 의료 등이 있다.
③ 기회(opportunities): 작업동기 부여, 의도한 목표를 달성하기 위한 인센티브를 제공하는 것으로, 국가유공자에 대한 인센티브, 장애인·노인 의무고용제 등이 있다.
④ 서비스(services): 클라이언트들의 이익을 위해서 교육, 상담, 치료, 훈련 등 물질적(경제적)인 것이나, 비물질적(비경제적)인 것을 포함하고 있다.
⑤ 증서(credits): 특정 재화나 서비스의 소비를 권장 혹은 억제하고자 하는 경우나 클라이언트들을 통제하려고 할 때 사용하는 것으로, 상품권, 식품권, 교육증서 등이 있다.
⑥ 권력(power): 영향력의 재분배에 관한 것으로, 정책결정과정이나 의사결정 사항에 참여하거나, 기관·단체의 회원이나 임원으로 참여하여 활동하는 것이다.

3) 전달체계

전달체계는 어떻게 급여를 전달할 것인가 하는 것이다. 급여나 서비스를 효율적으로 전달하기 위해서 어떤 조직체계를 어떤 방법으로 클라이언트에게 전달하느냐를 결정하는 것은 매우 중요하다. 전달체계의 형태로는 중앙정부에서 급여 자격, 급여 형태, 재원 등에 관한 모든 결정을 하여 전 국민들을 대상으로 접근하는 경우가 있고, 지방정부가 주체가 되어 제공되기도 하고, 때로는 중앙정부와 지방정부 혹은 정부와 민간부문 사이에 다양한 형태의 혼합체계 그리고 민간부문이 주체가 되어 제공되기도 한다.

공공부문은 모든 국민을 대상으로 공공재를 전달할 때 유용하고 사회적 적절성과 서비스의 통합성을 성취할 수 있다는 장점이 있다. 반면, 가격과 질의 저하, 관료주의적 경직성, 접근의 어려움 등이 단점으로 지적된다. 민간부문은 선택의 자유, 창의성, 접근의 용이성, 융통성이라는 장점이 있는 반면, 서비스의 통합성과 지속성, 안정성이 취약한 단점이 있다.

전달체계의 수립과 평가에 중요한 기반이 되는 것으로 통합성, 지속성, 접근성, 책임성, 전문성, 효과성, 효율성 등이 있다.

4) 재원체계

재원체계는 어떻게 재원을 마련할 것인가 하는 것이다. 사회복지정책의 재원이 될 수 있는 것으로는 크게 공공부문의 재원과 민간부문의 재원으로 나눌 수 있다. 공공부문 재원에는 조세로 구성되는 정부의 일반예산, 목적세 형태의 사회보장성 조세, 그리고 조세비용이 있고, 민간부문의 재원으로는 사용자 부담, 자발적 기여, 기업의 기여, 비공식 부문의 재원 등이 있다.

(1) 공공부문 재원

사회복지가 발달하면 할수록 사회복지정책에 사용되는 재원 가운데 정부의 공공부문 예산이 차지하는 비중이 커진다. 조세는 국가에서 정부의 비용으로 사용하기 위해 국민들로부터 강제적으로 징수하는 화폐이다. 조세는 일반조세와 특수목적으로 징수한 특수세, 직접세와 간접세, 누진세와 역진세, 소득세와 소비세 및 재산세 등으로 구분할 수 있다.

그리고 사회보장과 같은 어떤 특정한 목적을 위해 거두는 조세수입이 있다. 즉 국민연금, 산재보험, 고용보험, 국민건강보험의 네 가지 사회보험을 위한 보험료를 사용자나 피고용자들에게 강제로 부과하여 일종의 세금의 기능을 한다.

그 외에 사회복지정책에 사용할 수 있는 공공부문의 재원 가운데 이른바 조세비용이 있다. 이 조세비용은 조세를 거둬들여 직접적인 사회복지급여로 하지 않는 대신 사람들이 내야 할 조세를 감면시켜 사회복지의 목표를 이룰 수 있는 방법이다. 예를 들면, 세금을 거두어 아동이 있는 가족에게 아동수당을 주는 대신, 아동이 있는 가족이 부담하는 조세에서 그만큼 면제시켜 주는 것이다. 이것을 조세비용으로 부르는 이유는 정부의 입장에서 보면 조세비용만큼 세수가 감소되기 때문에 그만큼 정부지출이 줄어들기 때문이다. 즉, 조세비용도 정부지출에 쓰일 잠재적 예산이다(송근원·김태성, 1995).

(2) 민간부문 재원

민간부문 재원에는 사용자 부담, 자발적 기여, 기업복지, 비공식 부문 재원이 있다. 사용자 부담은 서비스를 이용하는 클라이언트 본인이 일정한 금액을 부담하면서 서비스나 프로그램에 참여하는 것이고, 자발적 기여는 개인, 재단, 기업 등에서 자발적으로 내는 후원금·기부금, 회비, 유산 등이 있다. 기업복지는 기업 내 직원과 그 가족을 대상으로 사용하는 재원(자녀 학비, 유급휴가, 상여금, 주택 지원 등)과 사회 전체 시민을 대상으로 사용하는 재원이 있다.

비공식부문 재원은 가족, 친척, 이웃 등이 소득이전이나 비경제적인 서비스를 제공하는 것을 말한다. 제도적인 사회복지가 정착되지 않은 국가일수록 이러한 비공식부문의 재원이 커질 수밖에 없다(유공순 외, 2007).

참고문헌

김상균, 최일섭, 최성재, 조홍식, 김혜란, 이봉주, 구인회, 강상경, 안상훈 (2013). **사회복지개론**. 경기: 나남출판.

남기민 (2015). **사회복지정책론**. 서울: 학지사.

남일재, 박형준, 손정일, 신현석, 양정하, 오종희, 오주, 유용식, 이상직, 이선영, 이양훈, 조윤득, 최용 (2007). **사회복지개론**. 서울: 현학사.

박병현 (2019). **사회복지정책론 이론과 분석**. 경기: 정민사.

송근원 (2004). **사회복지정책학**. 서울: 학지사.

신섭중 (2000). **한국사회복지정책론**. 서울: 대학출판사.

유공순, 김영석, 박찬길, 안종태, 류응모, 유용식, 이화정, 신정이 (2007). **사회복지개론**. 경기: 양서원

유용식, 박차상, 강세현, 김옥희, 전영록, 남진열, 이현주 (2005). **사회복지개론**. 경기: 학현사.

유용식, 김준환, 김영석, 안종태, 류응모, 이화정 (2016). **사회복지개론**. 경기: 양서원.

표갑수 (2010). **사회복지개론**. 경기: 나남출판.

Gilbert, N., & Spect, H. (1986). *Dimensions of Social Welfare Policy*. New Jersey: Prentice-Hall.

Gilbert, N., Spect, H., & Terrell, P. (1993). *Dimensions of Social Welfare Policy*. Englewood Cliffs, New Jersey: Prentice-Hall.

Sullivan, M. (1987). *Sociology and Social Welfare*. Allen and Unwin.

PART

02

사회복지 실천방법

CHAPTER

05 사회복지 미시적 실천방법

1 사회복지실천

사회복지실천은 사회복지학에서 하나의 방법 또는 접근노력으로서 사회복지를 보다 기술적이고 미시적인 측면에서 규정하거나 사회복지의 전문적인 실천기술을 강조하고자 할 때 주로 사용되어 왔다. 이는 사회복지실천이 사회복지의 전체적인 구도에 대한 이해가 선행되어야 그 개념이 더욱 명확하게 이해되어 질 수 있다는 것을 의미한다. 본 장에서는 사회복지실천의 개념과 관점, 그리고 사회복지실천의 핵심적인 부분인 관계, 면접, 과정에 대한 부분을 살펴보고자 한다.

1) 사회복지실천의 개념

사회복지실천은 전통적으로 개별사회사업, 집단사회사업, 지역사회조직과 같은 3대 방법이 사용되었다. 그러나 오늘날은 인간의 다양한 욕구와 사회문제가 발생함으로써 하나의 특정한 사회사업방법론으로는 효과적으로 대응하기 어려움으로 3대 방법이 아닌 일반적(general) 또는 통합적(integrated)인 관점의 사회복지실천으로 변화하고 있다(유용식 외, 2016).

미국 사회복지사협회(National Association of Social Workers: NASW)에서는 사회복지실천은 '개인, 집단, 또는 지역사회가 사회기능(social functioning)을 향상시킬 수 있는 자신들의 능력을 회복하거나 증진시키고, 자신들의 목표 달성을 위한 사회조건을 창조하도록 돕는 전문적인 활동'(NASW, 1973)이라고 정의하고 있다.

Dolgoff 등은 사회복지실천은 '인간복지(human well-being)의 향상, 빈곤과 억압이 경감, 그리고 최상의 삶의 질(quality of life)의 향상을 위해 업무를 수행하는 전문직'이라고 규정하고 있다(Dolgoff et al., 1997).

사회복지실천은 인간이 지닌 사회적 문제와 사회적 기능 수행상의 어려움을 개별적, 집단적, 조직적, 지역 사회적으로 도움을 제공하여 사회문제를 해결하기 위한 사회사업의 통합방법 중 하나라고 할 수 있다. 따라서 사회복지실천 노력의 핵심은 사회적 기능 수행상의 문제를 중심으로 사회복지사와 클라이언트가 함께 활동하는 것이다(김융일 외, 2000).

이상의 학자들의 정의를 종합해 보면, 사회복지실천이란 정부의 제도 안에서 개인, 집단, 지역사회를 대상으로 이들의 욕구와 문제를 해결하기 위해 행하는 전문적인 활동이라고 정의할 수 있다.

2) 사회복지실천의 관점

(1) 사회복지 실천의 지식기반: 환경 속의 인간

사회복지실천에서 가장 기본적인 대상은 인간이며, 인간의 행복한 삶을 위해서는 본성에 대한 이해가 필수적이다. 이는 사회복지실천의 가장 기본적인 학문의 기반은 인간에 대한 이해에서 출발하는데, 그 주변을 싸고 있는 환경에 대한 이해는 분리된 실체로서가 아니라 환경과 함께 통합된 총체로서 이해되어야 한다. 따라서 인간을 볼 때에는 '환경 속의 인간(person in environment)'이라는 관점으로 이해되어야 한다.

'환경 속의 인간'의 개념은 개인·환경 간의 상호작용 증진의 책임을 개인·환경 모두에게 두는 것을 의미한다. 사회복지적 문제의 원인을 개인 또는 환경 중 어느 한쪽의 결함으로 보기보다는 개인적 요소와 환경적 요소가 서로 어우러져서 나타난 결과로 본다.

'환경 속의 인간'이란 관점은 인간과 환경 사이에 일어나는 상호작용에 초점을 두고, 서로 간의 상호교환을 통하여 어떤 일이 진행되고 있는가에 초점을 둔다. 이 관점은 사회복지 전문직을 조직화하고, 고유의 특성을 규정할 수 있게 해주며, 전문직의 가치와 원조과정 및 실천기술의 발전 그리고 전문직의 목적을 성취하는 데 적합한 방법을 구체화할 수 있는 길을 열어 준다고 볼 수 있다(백은령 외, 2008).

(2) 사회복지실천의 통합적 접근

① 통합적 접근의 등장배경

통합적 접근은 사회복지실천을 개인과 환경, 임상적 실천과 사회행동, 미시체계와 거시체계와 같이 이분법적으로 구분하여 별개로 다루어 온 것에 대한 문제인식에 기반하여 이들 간의 상호관련성을 인식하는 데서 출발하였다. 또한 개별사회사업, 집단사회사업, 지역사회조직과 같이 개인이나 집단, 가족, 지역사회 각각에 제한되는 접근방법보다 여러 유형이나 규모의 체계와 관계맺을 수 있는 접근방법의 필요와 모든 사회복지실천에 공통적으로 적용될 수 있는 통합적 접근의 필요에서 등장하게 되었다(김혜영 외, 2010 재인용).

통합적 접근의 등장배경은 전통적 방법의 한계에서 비롯되었다. Briar는 전통적 접근방법은 한계점으로 다음 네 가지를 들었다.

첫째, 전통적인 방법은 주로 제한된 특정 문제 중심의 개입을 하고 있어 최근의 복잡한 문제 상황에 적절히 개입하기 어려운 상황이 발생하고, 따라서 전통적 방법은 이러한 외부적 환경에 의한 자체적인 한계점에 도달해 있다는 것이다.

둘째, 전통적 접근은 지나친 분화와 전문화로 서비스의 파편화 현상을 초래함으로써 다양한 문제와 욕구를 가지고 있는 클라이언트가 여러 기관이나 사회복지사를 찾아다녀야 하는 부담감을 야기한다는 것이다.

셋째, 전문화 중심의 교육훈련은 사회복지사의 분야별 직장이동에 도움을 주지 못한다고 지적한다.

넷째, 공통기반을 전제하지 않는 분화와 전문화는 각각 별개의 사고와 언어 및 과정을 보여줌으로써 사회복지전문직의 정체성 확립에 장애가 된다(김융일 외, 2000).

이와 같이 분화되어 있던 사회복지실천방법을 통합하려는 시도가 이루어졌으며, 1970년대에 체계이론이 사회복지실천의 주요 이론으로 활용되면서 '환경 속의 인간(person in environment)' 개념이 확장되었고, 이 개념에 근거한 통합적 접근모델들로 Pincus와 Minhan의 '4체계 모델', Goldstein의 '단일화 모델', Compton과 Galaway의 '문제해결과정모델', Germain과 Gitterman의 '생활모델' 등이 등장하면서 통합적 접근방법이 발전하였다.

② 통합적 접근의 개념과 특징

통합적 접근방법은 모든 사회복지사들이 개인, 집단, 지역사회에 대처해 나가고자 할 때, 활용할 수 있는 공통된 하나의 원리나 개념을 제공할 수 있는 방법의 통합화를 말한다. 미국에서 사회사업실천의 통합화는 사회복지사의 역할이 개별사업가, 집단사업가, 의료사회사업가 등으로 세분화됨에 따라서, 다양한 서비스를 받아야 할 클라이언트가 여러 종류의 사회복지사를 찾아가야 하는 불편을 해소하기 위해서 논의되기 시작했다. 즉, 다양한 사회사업실천에서 공통적 요소는 사회복지사가 클라이언트와 함께 '문제해결'을 추구하는 '과정'이란 점에 착안하게 되었다.

이 같은 통합적 접근방법은 인간과 환경의 상호작용에 초점을 두면서 클라이언트의 잠재성을 인정하고 개발하며, 미래지향적이고, 광범위한 지식을 활용할 수 있게 해주었다(조흥식 외, 2013). 즉 통합적 접근방법이란 사회복지사가 클라이언트에게 도움을 주기 위한, 또는 사회문제를 해결하기 위한 개입방법의 통합적 사용을 말한다.

통합적 접근방법의 특징은 다음과 같다(김융일 외, 2000).

첫째, 통합적 방법은 사회복지실천에 본질적인 개념, 활동, 기술, 과업 등에 공통적인 기반이 있음을 전제한다.

둘째, 통합적 방법의 가치는 클라이언트의 잠재성을 인정하며, 이들 잠재성이 개발될 수 있다고 보고, 미래지향적인 접근을 강조한다.

셋째, 사회복지의 지식은 과거의 심리 내적인 정신역동적 측면으로부터 상황 속의 인간을 이해하고자 하는 일반체계이론까지 확대된 개념을 사용한다.

넷째, 과거 사회복지의 개입은 주로 인간에게 초점을 두거나 환경에 초점을 두는 2궤도 접근으로 이루어져 왔으나, 통합적 방법은 이 양면적 상호작용에 초점을 둠으로써 인간과 환경의 공유영역, 즉 사회적 기능 수행 영역에 사회복지사가 개입해야 함을 강조한다.

다섯째, 클라이언트의 존엄성을 인정하고, 클라이언트의 참여와 자기결정 및 개별화를 극대화할 것을 강조하며 사회복지실천과정의 계속적인 평가를 주장한다.

③ 체계이론 및 생태체계이론

통합적 접근방법을 발전시키는 데 기여한 이론은 체계이론과 생태체계이론이다. 체계이론은 모든 유기적 조직체는 체계, 즉 상부체계와 이의 부분들인 하부체계로 구성되어 있다는 생물학적 이론이다. 물질적 또는 정신적 에너지가 교환되는 경계를 가진 체계는 투입, 전환, 결과, 그리고 환류라는 일련의 과정으로 이루어진다. 사회복지사는 체계이론을 활용하여 개인, 집단, 가족, 지역사회 등을 이해하고 그 문제를 해결하고자 하였다.

대표적인 체계이론으로는 Pincus와 Minahan의 변화매개체계, 클라이언트체계, 표적체계, 행동체계 등 4가지 기본체계로 규정하였다. 사회복지사·사회복지사가 소속된 조직들로 구성된 변화매개체계, 원조를 구하는 사람·집단·가족·지역사회로 변화매개체계와 함께 일하는 사람들을 클라이언트체계, 변화매개체계가 목적을 달성하기 위해 변화시키고자 하는 사람을 표적체계, 변화매개체계가 목적을 달성하기 위해 일하는 사람을 행동체계라고 하였다(백은령 외, 2008).

생태체계이론은 인간의 성장과 발달이란 인간과 환경 간의 교류 결과 생겨난 산물로 인식하는 관점에서 출발하기 때문에 사회복지사들에게 환경 속에 인간이라는 관점을 강화시켜주고 명확화시켜 준다. 즉, 개인을 하나의 체계로서 사회환경을 또 다른 하나의 체계에서 생태학적으로 인간과 사회환경 간의 적응과 상호작용을 바라봄으로써 사회체계적 관점과 생태학적 관점을 통합한 것으로 인간과 환경의 공유영역에서 일어나는 상호관계를 강조함으로써 환경 속의 인간(person-in-environment)을 강조한다. 생태학적 관점에서는 문제를 환경적 차원의 유무와 관련된 것으로 보기 때문에 문제행동은 물리적·사회적 환경과 클라이언트간의 상호작용의 산물이기에 변화가능 한 것으로 간주한다(권오균 외, 2009).

3) 사회복지실천의 관계

관계(relationship)는 사회복지사와 클라이언트 중 어느 쪽의 일방적인 노력에 의해서 이루어지는 것이 아니라, 서로에 대한 신뢰와 믿음을 바탕으로 이루어내는 서로 간의 파트너십에 의해서 유지되는 것이다. 따라서 사회복지실천의 관계에 있어서 어떤 부분이 잘못되어 관계가 안 좋아질 경우 이런 모든 측면들을 검토해야만 한다. 효과적으로 사회복지를 실천하기 위해서는 항상 자기 자신을 이러한 관계형성의 중심에 두고 관계 그 자체의 성질을 자각하고 깨닫고 있어야 한다(권오균 외, 2009). 여기에서는 전문적 관계형성에 대한 이해를 돕고자 전문적 관계의 기본 요소, 관계의 기본 원칙에 대해서 살펴보고자 한다.

(1) 전문적 관계의 기본요소

학자들 마다 원조과정에서 사회복지사들이 전문적 관계를 형성하기 위해 갖추어야 할 요소들이 약간의 차이는 있으나 기본적으로 주장하는 공통적 기반이 되는 요소들이 있다. 전문적 관계의 기본요소를 살펴보면 다음과 같다(Compton & Galaway, 1994).

① 타인에 대한 관심

클라이언트에게 일어난 일에 대해 진실 된 관심을 가지며, 이들의 감정과 교류할 수 있어야 함을 의미한다. 사회복지사는 목적의식을 가지고 클라이언트와의 관계를 유지해 나가는 민감성과 책임성이 있어야 한다. 책임감, 배려, 존중, 타인에 대한 이해는 필수적인 요소이다.

② 헌신과 의무

헌신(commitment)과 의무(obligation)는 돕는 과정에서의 책임감을 의미하는 것으로 일관성을 포함하는 개념이다. 전문적 관계에서 관계의 목적을 달성하기 위해서는 사회복지사뿐만 아니라 클라이언트도 관계에 대한 헌신과 의무를 가져야 한다.

③ 수용

수용(acceptance)이란 클라이언트를 자신의 감정과 사고에 대한 권리를 가진 독특한 개인으로서 배려하고 클라이언트에 대한 진실된 관심과 인식, 경청하는 태도, 그들의 행동에 대한 주의집중, 돕고자하는 열망의 전달, 클라이언트에 대한 진실된 염려를 의미한다(Northen, 1995).

④ 감정이입

감정이입(empathy)은 수용과 매우 밀접한 관계가 있다. 감정이입은 타인이 경험한 것을 이해하기 위하여 타인의 감정과 생각에 자신을 투사시키는 능력이다. 감정이입은 지적인 것이 아니라 직관적인 것이다. 감정이입의 가장 뚜렷한 특징은 동료들에게서 갖는 감정과는 다른 것이며 동정심이나 통찰과는 다른 개념이다. 그것은 사회복지사가 클라이언트의 상황에 동정을 하면서도 그 짐의 무게에 눌리지 않도록 하면서 그들의 정서적 상태를 경험하도록 놓아두는 것을 말한다.

⑤ 권위와 권한

권위(authority)는 클라이언트와 기관에 의해 사회복지사에게 위임된 권한(power)으로 정의된다. 사회복지사는 일정한 지식과 일정한 경험을 보유함으로써, 또한 일정한 지위에 있음으로써, 영향력을 미칠 수 있는 권한을 가진다.

⑥ 진실성

진실성(genuineness, authenticity)은 솔직성과 관련된 개념으로 정직성, 믿음직함, 가장되지 않은 것, 신뢰감 그리고 진실함과 같은 뜻을 함축하고 있다(Northen, 1995). 진실된 태도는 신뢰감 발달에 필수적이다. 신뢰는 클라이언트가 자신의 문제를 돕는 사회복지사의 정직성과 성실성을 시험하여 성공적인 경험을 함으로써 발달된다.

(2) 관계의 기본 원칙

사회복지사가 클라이언트와 좋은 관계를 발전시키는 것이야말로 실천 노력에서 필수적인 요소라고 할 수 있다(Johnson, 1995). 즉 사회복지실천의 관계는 사회복지사와 클라이언트 간의 감정이나 태도의 역동적인 상호작용을 말하며, 궁극적인 목적은 클라이언트가 자신과 사회환경 간에 보다 효율적인 적응을 하도록 도와주는 데 있다. 이것을 바탕으로 사회복지사가 지켜야 할 7대 원칙을 Biestek은 다음과 같이 제시하고 있다(유용식 외, 2016).

① 개별화

개별화(individualization)란 클라이언트는 다른 클라이언트와는 다르기 때문에 그가 원하는 원조도 다를 것이다. 클라이언트 개개인의 독특한 자질을 알고 이해하는 일이며, 보다 나은 적응을 할 수 있도록 개개인을 도와줌에 있어서 클라이언트가 처해 있는 상황에 따라 상이한 원리나 방법을 활용하는 것이다. 개별화는, 인간은 개별적인 존재이며 한 사람의 불특정한 인간으로서가 아니라 다른 사람들과 똑같지 않은 그 나름대로의 차이를 지닌 특정한 인간으로서 처우되어야 한다는 것을 중요한 원칙으로 하고 있다.

② 의도적인 감정표현

의도적인 감정표현(purposeful expression of feelings)은 자기감정 특히 부정적 감정을 자유로이 표현하려는 클라이언트의 욕구에 대한 인식에서 출발한다. 클라이언트로 하여금 압력과 긴장으로부터 해방되고, 그리하여 클라이언트가 자기의 문제를 보다 명백하게, 보다 객관적으로 잘 인식할 수 있도록 원조한다는 인식에서 출발한다. 사회복지사는 의도적으로 경청하여야 하며, 그의 감정표현을 낙담시키거나 비난하지 말아야 하고, 정서적 지지를 통하여 클라이언트가 감정을 표시할 수 있도록 의도적으로 기회를 마련해 주어야 한다.

③ 통제된 정서적 관여

통제된 정서적 관여(controlled emotional involvement)는 클라이언트와의 면접은 주로 정서적인 면에 관계되고 있기 때문에 사회복지사는 클라이언트에게 자기감정을 말로써 표명하도록 권고하고 있다. 사회복지사는 이들 감정에 호응하기 위해 정서적으로 관여하게 되는데, 이 관여는 통제되어지는 것으로서 케이스의 총체적 목적에 따라, 클라이언트 욕구의 변화에 따라, 또는 사회복지사의 전진적·진단적 사고에 따라서 그 방향이 설정되어야 한다는 것이다. 그러기 위해서는 사회복지사는 자기훈련을 통해 자신의 욕구와 감정을 자각하고 이를 관리함으로써 클라이언트의 감정을 왜곡되게 이해하지 않도록 주의해야 한다.

④ 수용

수용(acceptance)은 사회복지사가 클라이언트의 강점과 약점, 바람직한 성격과 그렇지 못한 성격, 긍정적인 감정과 부정적인 감정, 건설적이거나 파괴적인 태도 및 행동 등을 그대로 이해하고 다루어 나가는 하나의 행동 원칙이다. 이때 클라이언트의 존엄성과 그 인격의 가치에 대한 관념을 계속 유지해 나가야 한다.

그러나 '수용'한다는 것이 클라이언트의 일탈적인 태도나 행동을 '시인'한다는 것을 의미하는 것은 아니며, 그들의 부도덕하고 반사회적인 행동을 받아들인다는 의미는 더더욱 아니다. 수용의 대상은 '선한 것'(the good)이 아니라 있는 그대로의 '참된 것'(the real)이다. 즉, 사회복지사는 윤리와 법, 전문적 가치 등에 의거하여 바람직한 것과 수용할 수 있는 것에 대한 기준을 가지고 있는 것이 당연하며, 사회복지사의 역할은 클라이언트를 바람직하고 수용할 수 있는 상황으로 발전할 수 있도록 돕는 것이다.

⑤ 비심판적 태도

비심판적 태도(non-judgement attitude)는 클라이언트의 문제나 욕구 발생의 원인에 대해서 클라이언트 자신이 책임이 있는가 없는가, 있다면 어느 정도인가 등을 지나치게 단정적으로 표현하거나 심판해서는 안 된다는 것이다. 왜냐하면 도움을 구하러 오는 클라이언트들은 대부분 심판을 받지나 않을까 하는 두려움을 가지고 오는 경우가 많기 때문에 비판에 대해 극도로 민감하기 때문이다. 비판을 받을 위협을 느끼지 않을 때 클라이언트는 사회복지사에게 신뢰감과 자존심을 갖고 자기 자신을 있는 그대로 표현할 수 있으며, 진정한 자신의 욕구와 문제를 자유로이 토의할 수 있다. 그러나 클라이언트의 태도, 행동, 가치기준 등에 대한 올바른 평가적 판단은 있어야 한다. 이것은 클라이언트를 비판하기 위해서가 아니라 클라이언트를 이해하기 위해서이다.

⑥ 자기결정

자기결정(self-determination)은 클라이언트는 스스로 선택하고 결정을 내릴 수 있는 자유로운 권리와 욕구를 갖고 있다는 점을 인식하는 것을 말한다. 사회복지사의 임무는 클라이언트로 하여금 현명한 결정을 할 수 있도록 필요한 제반 자원을 발견·활용할 수 있도록 도와주는 것이다. 그러나 클라이언트의 자기결정권은 클라이언트의 능력, 법률 및 도덕의 한계 또는 사회복지기관의 활동범위 등에 따라 제한을 받을 수 있다.

⑦ 비밀보장

비밀보장(confidentiality)은 클라이언트의 기본적 요구이므로 사회복지사는 이에 응할 책임이 있다. 이것이 지켜지지 않는다면 사회복지실천의 인간관계는 성립될 수 없다. 그러나 이러한 클라이언트의 권리는 절대적인 것만은 아니다. 때로 클라이언트의 비밀은 그 기관 내에서나 다른 기관 전문 직원에게 밝혀야 할 경우가 있는데, 이때에는 모든 직원에게 비밀보장의 의무가 동등하게 부여된다.

표 5-1 관계에서의 7대 원칙

클라이언트의 욕구	관계의 원칙
1. 개인으로 처우 받고 싶은 욕구	1. 개별화
2. 감정을 표명하고 싶은 욕구	2. 의도적 감정표현
3. 문제에 대해 공감적 반응을 얻고 싶은 욕구	3. 통제된 정서적 관여
4. 가치적인 인간으로서 인정받고 싶은 욕구	4. 수용
5. 심판받지 않으려는 욕구	5. 비심판적인 태도
6. 자신이 선택과 결정을 내리고 싶은 욕구	6. 자기결정
7. 자신에 관한 비밀을 지켜주기를 바라는 욕구	7. 비밀보장

출처: 남기민(2011). 사회복지학개론.

4) 사회복지실천의 면접

다양한 분야에서 면접이 활용되고 있으며 사회복지실천현장에서도 가장 기본적인 수단이 바로 면접이다. 사회복지사들은 다른 어떤 활동보다 주요한 의사소통 수단인 면접을 사용하여 사람들에게 도움을 주게 된다. 즉, 면접을 통하여 정보를 얻고 클라이언트의 문제가 무엇인지 파악하여 문제 상황에 처한 사람과 그 상황을 이해하고 개입하여 원조를 제공하는 것이다. 여기에서는 면접의 의의, 면접의 준비, 면접의 종류와 방법, 면접의 요소, 면접의 과정 등을 살펴보고자 한다.

(1) 면접의 의의

사회복지실천에서 면접은 매우 중요한 기법의 하나이다. 면접(interview)이란 '상호 간'(inter)과 '바라봄'(view) 합성어로 '서로 대등한 입장에서 바라봄'이라는 의미를 지니고 있다.

면접(interview)이란 사람과 사람 간에 언어나 동작을 매개로 하여 이야기를 주고받는 행동으로서 여기에는 반드시 커뮤니케이션이 일어난다(장인협, 2013). 즉, 면접이란? 면접자와 클라이언트간의 일대일 관계에서 서로 대등하게 대면하여 의사소통을 도모하는 것을 말한다.

따라서 사회복지사의 과제는 클라이언트와의 커뮤니케이션을 개발하고 유지시키는 것이다. 사회복지사는 언어적·비언어적 커뮤니케이션의 경로를 통해 자기 자신, 자기의 감정 또는 생각 등을 표현하게 된다. 커뮤니케이션은 면접의 성패를 좌우하기 때문에 사회복지사는 커뮤니케이션을 효과적으로 할 수 있는 기술을 개발해야 하며, 커뮤니케이션의 장애요인에 대해 민감해야 한다.

면접의 목적은 ① 자료수집, ② 치료관계의 확립과 유지, ③ 클라이언트에게 정보제공, ④ 원조과정에서 장애를 파악하고 제거하는 것, ⑤ 목표달성을 향한 활동을 파악하고 이행하는 것, ⑥ 원조과정을 촉진하는 것 등의 6가지로 제시하고 있다(김기태 외, 2014).

(2) 면접의 준비

면접을 준비하는 과정에서 사회복지사는 다음과 같은 절차를 따른다.

① 원조를 요구하는 클라이언트의 반응에 대해서 생각해야 한다.
② 요구한 정보가 클라이언트의 상황에서 안전한 것인가를 살펴보아야 한다.
③ 필요한 정보를 얻을 수 있도록 면접에 초점을 두도록 한다.
④ 클라이언트의 급한 문제에 초점을 둘 수 있도록 어느 정도의 융통성을 가져야 한다.
⑤ 클라이언트가 언어적 및 비언어적 의사소통을 관찰할 수 있어야 한다.
⑥ 일반적 혹은 구체적 질문을 받을 경우에 장점에 따라서 결정을 해야 한다.
⑦ 기록(녹음, 비디오 녹화)을 해야 할 경우에는 클라이언트에게 허락을 득해야 한다.
⑧ 면접내용, 결과를 요약하고 자신의 피드백에 클라이언트를 참여 하도록 한다.
⑨ 면접이 계속될 경우에는 항상 다음 단계의 계획을 세우는 과정에 클라이언트를 참여하도록 한다.

(3) 면접의 종류와 방법

사회복지면접의 종류를 Zastrow(1995)는 정보수집면접, 진단을 위한 면접, 클라이언트의 변화를 위한 치료적 면접으로 나누고 있다.

① 정보수집 면접: 일반적으로 사회조사라고 하기도 한다. 클라이언트의 개인적·사회적 문제와 관련된 정보와 발달상의 정보 등 기본적이고 기초적인 정보를 수집한다.
② 진단을 위한 사정면접: 클라이언트의 서비스계획을 결정하기 위한 면접이다. 이 면접에서는 클라이언트의 현재 문제 상황, 그 문제해결을 위한 목표, 목표달성을 위한 개입방법의 결정 등이 사정면접을 통해 확인된다.

③ 치료적 면접: 클라이언트의 변화를 돕고, 클라이언트가 속해 있는 환경을 변화시키는 것을 말한다. 우선 클라이언트의 변화를 위한 치료적 면접은 주로 클라이언트의 자신감, 자기효율성 강화, 기술훈련, 문제해결능력 등을 목적으로 한다.

또한, 면접의 방법은 면접자와 클라이언트 간의 부드럽고 자연스러운 상호간 교류를 의미한다. 특히 면접의 방법은 많은 실제적 경험을 통해서 습득되어진다. 따라서 면접자는 면접의 여러 가지 민감한 문제들에 접근하기 위해서 이론적인 지식과 경험적인 기술을 충분히 활용해야 한다. 이와 관련하여 면접의 방법은 관찰, 경청, 질문, 대화, 응답, 통솔, 해석 등 다양한 방법이 있다.

(4) 면접의 요소

면접에서의 요소를 크게 내적인 요소와 외적인 요소로 나눌 수 있다. 내적인 요소에는 신뢰관계를 들 수 있고, 외적인 요소에는 장소, 시간 등이 있다. 이를 정리하면 다음과 같다(유용식 외, 2005).

① 내적인 요소

면접의 내적인 요소는 신뢰관계의 형성이다. 신뢰관계는 '라포'(rapport)라고 하며 이는 클라이언트와 사회복지사간의 상호이해와 관계를 수립하는 친근감, 신뢰감, 안정감, 조화, 공감, 화합 등의 정서적 유대를 의미하는 것이다. 신뢰관계는 사회복지실천현장에서 클라이언트의 존엄성, 자기결정 등을 실천할 수 있는 기초를 이루며, 실천의 성패를 결정하는 중요한 요인이 된다. 따라서 면접의 초기과정에서 신뢰관계가 잘 형성되어야 클라이언트가 자신의 감정을 개방적으로 드러내고 본인의 문제들을 잘 표현하게 된다.

신뢰관계를 높이기 위해서는 사회복지사의 케이스 개입에 대한 동기와 태도가 순수하고 명료하며 클라이언트의 욕구에 맞추어야 한다. 따라서 사회복지사는 클라이언트들의 문화와 가치관이 다르다는 것을 이해하고 비판과 편견

없이 수용하고 존중해야 한다.

② 외적인 요소

면접의 외적인 요소로는 장소, 시간 등이 있다. 먼저 면접의 장소는 반드시 상담실(면접실)에서만 하는 것이 아니라, 사회복지기관 및 시설, 가정, 클라이언트의 직장이나 학교, 빵집, 찻집, 공원 등 다양하기 때문에 클라이언트의 특성이나 원하는 장소를 선정하여 편하게 면접을 할 수 있게 하는 것이 필요하다. 즉, 면접장소는 소란을 방지하고 조용한 분위기와 자유로운 공간을 제공해 줄 수 있는 곳이 적합하다. 특히 실내 면접장소는 공간 넓이, 조명, 색채, 책상이나 의자의 배치, 기타 내부장치 등이 배려되어야 한다(박용순, 2017).

면접시간은 클라이언트와 면접할 날짜, 시간 등을 사전에 약속하는 것을 말한다. 즉 상호 간의 약속은 면접시간을 유효하게 사용할 수 있다. 면접시간을 사회복지사와 클라이언트가 서로 주어진 시간에 자신들의 목적하는 바를 이룰 수 있고, 보다 적극적인 공동참여와 노력을 집중시킬 수 있다. 대개 면접시간은 목적에 따라 달라지지만 보통 한 클라이언트에 대해 1주일에 1회로 하며, 40~50분 정도가 적절하다. 물론 클라이언트의 주의집중력, 의사소통능력 등에 따라 조정할 수 있지만 1시간이 넘어가면 지루해지고 집중력이 떨어져 효과가 낮아질 수 있기 때문이다.

5) 사회복지실천의 과정

사회복지실천 과정은 사회복지사가 클라이언트와 클라이언트를 둘러싼 다양한 환경 내의 체계들을 변화시키기 위해 그의 전문적 가치와 지식에 기초하여 개입하는 과정이다(양옥경 외, 2002). 여기에서는 크게 세 단계로 구분하여 초기 단계, 중간 단계, 종결 단계로 나누어 살펴보고자 한다.

(1) 초기 단계

이 단계에는 접수, 자료 수집, 사정, 목표 설정, 계약 등이 포함된다.

① 접수

접수(intake)란 문제를 가진 사람이 사회복지기관을 찾아왔을 때 사회복지사가 그의 문제와 욕구를 확인하여 그것이 기관의 정책과 서비스에 부합되는지 여부를 판단하는 과정이다. 접수를 통해 그 기관에서 적합한 서비스를 줄 수 있다고 판단될 때, 사회복지사를 찾아온 사람은 클라이언트가 되어 그 다음 실천과정인 자료 수집, 사정의 단계를 거쳐 적절한 서비스를 받게 된다(양옥경 외, 2002).

접수 시에 사회복지사가 주의할 것은 클라이언트를 유형화해서는 안 되며, 모든 클라이언트들을 개별화하며 그들이 가질 수 있는 양가감정과 두려움을 이해하고 클라이언트가 편안한 마음을 가질 수 있도록 관심을 보여주어야 한다. 접수 시의 과제로는 문제 확인, 관계형성, 의뢰가 있다.

② 자료 수집

자료 수집(data collect)은 클라이언트의 문제를 이해, 분석, 해결하는 데 필요한 자료를 모으는 것을 말한다. 이렇게 수집된 자료를 바탕으로 사정을 하게 되므로 자료 수집이 사정에 선행되어 이루어져야 할 것으로 보이지만 실제 자료 수집과 사정은 거의 동시에 반복적으로 이루어진다.

자료 수집은 클라이언트의 이야기, 클라이언트가 작성한 양식, 클라이언트 외의 가족·이웃·친구 등을 통한 정보, 심리검사, 클라이언트의 비언어적 행동, 중요한 사람과의 상호작용 및 가정방문, 직접 클라이언트와 상호작용하면서 느끼는 사회복지사의 감정 등을 통해서 자료를 수집한다.

③ 사정

사정(assessment)은 클라이언트의 문제와 원인이 무엇인지, 그리고 문제를 완화·해소하기 위하여 무엇이 변화될 수 있는지를 탐사하는 사회복지실천과정의 핵심적 단계이다. 따라서 사정은 클라이언트의 욕구나 문제해결을 위한 자원을 조사하여 사회복지사의 개입계획을 세우기 위한 토대를 제공하는 것이다. 즉, 사정은 클라이언트의 욕구를 파악한 후 이 욕구에 따라 사회복지사가 실천 가능한 프로그램을 결정하게 된다.

클라이언트들의 문제는 클라이언트 개인이나 가족 및 집단만이 포함되는 것이 아니라 사람들이 생활하는 보다 큰 지역사회나 각종 체계들을 포함한다. 따라서 사정은 개입의 전 과정에 걸쳐 행해지며, 사정의 내용으로 크게 욕구 및 문제의 발견, 정보의 발견, 문제 형성 등이 있다.

④ 목표 설정

목표 설정(goal selection)은 클라이언트의 능력을 고려하여 현실적이고 실현 가능한 구체적인 것으로 책정되어야 한다. 즉 목표를 설정할 때는 앞의 사정과정에 나타난 욕구나 문제를 근거로 설정하여야 한다.

사회복지실천과정에서 목표 설정이 중요한 이유는 사회복지사와 클라이언트에게 개입 가정의 방향을 명확히 제시해 주어 방황 없이 진행할 수 있도록 도와주고 개입이 끝난 후 그 결과를 효과적으로 평가할 수 있게 해주기 때문이다 (양옥경 외, 2002).

목표를 설정할 때의 지침으로 목표는 반드시 클라이언트가 바라는 것, 측정 가능한 것, 달성 가능한 것, 사회복지사의 지식과 기술에 상응하는 것, 긍정적인 것, 기관의 기능과 일치해야 한다.

⑤ 계약

계약(contract)은 목표를 달성하기 위한 구체적인 계획에 대해 사회복지사와 클라이언트가 서로 동의하는 것을 말한다. 계약은 일반적으로 구두로 하는 경우와 서면으로 하는 경우가 있는데, 서면으로 하는 것이 오해의 소지를 줄일 수 있다. 계약내용 속에는 문제의 정의, 목표, 활동내용, 사회복지사와 클라이언트 각각의 역할, 개입기법, 시간적 조건(횟수, 시간) 등이 계약에 포함된다.

(2) 중간 단계

중간 단계는 사회복지사와 클라이언트가 상호 합의하여 결정한 목표를 달성하기 위한 실천 단계이다. 즉 사회복지사의 원조활동이란 바로 개입활동을 의미하는 것으로 이 중간 단계가 바로 사회복지실천 과정의 핵심적인 단계이다. 이 단계에서는 심리치료, 옹호, 조정, 중재, 사회계획, 지역조직, 자원의 발굴 및 개발 등 기타 다양한 활동들을 포함하고 있다. 여기에서는 직접적 개입과 간접적 개입으로 나누어 살펴보고자 한다(남기민, 2004).

① 직접적 개입

사회복지사는 클라이언트에게 지지나 이해를 제공해 주는 것만으로는 목적달성이 어렵기 때문에 변화를 위한 문제해결 기술, 행동수정 기술 등 직접적인 기술을 사용한다. 직접적인 개입활동은 다음과 같다.

가. 정보 제공 및 의뢰

클라이언트가 문제해결에 필요한 정보를 갖고 있지 못할 때 사회복지사의 개입은 정보를 제공하는 것이며, 클라이언트의 욕구가 사회복지사가 고용된 기관에서 제공되는 서비스로는 충족될 수 없을 때, 혹은 보다 적절한 서비스가 다른 기관에 의해 제공될 때 사회복지사는 의뢰를 행한다.

나. 가용자원을 활용할 수 있게 하는 개입

클라이언트 중에는 욕구 충족의 걸림돌이 자원의 결핍에서 오는 경우가 많다. 때로는 이러한 자원들을 얻을 수 있음에도 클라이언트들은 그러한 자원을 알지 못하고 또 어떻게 사용하는지도 모르는 경우가 있다. 따라서 클라이언트가 가용한 자원들을 활용할 수 있도록 돕기 위해서 사회복지사는 지역사회복지 서비스 전달체계, 의뢰과정 등에 관한 지식과 기술을 획득하여야 한다.

다. 역량강화 접근

역량강화란 클라이언트로 하여금 자기 자신도 유능한 개인이며 지역사회체계와 협상하는 데 필요한 기술을 가질 수 있으며 나아가 건전한 사회적 기능의 수행에 필요한 자원을 받을 가치가 있는 존재라는 사실을 믿을 수 있도록 동기를 불어넣고, 교육시키고, 자존심을 고양시키는 것이다.

② 간접적 개입

사회복지실천은 사회복지사가 클라이언트에 대한 직접적인 활동에 관여할 뿐만 아니라 개인 및 가족을 대신하여 다른 개인, 집단, 조직, 지역사회 등에 간접적으로 개입하기도 한다. 간접적인 개입활동은 다음과 같다.

가. 영향력 있는 사람들을 관련시키는 활동

이는 지역사회나 조직 내에서 권력과 권위를 갖고 있는 사람들을 관여시키는 것이다. 사회복지사는 영향력 있는 사람들을 조직과 지역사회의 변화에 영향을 행사하는 수단으로 활용하고 그들과 함께 일하는 방법에 능해야 한다.

나. 서비스 조정활동

조정활동은 둘 이상의 서비스 제공자들과 공동으로 일하는 것이다. 조정이 효과적으로 진행되기 위해서는 바람직한 목적을 위해 함께 일하려는 정신이 있어야 한다. 사회복지사들이 다른 전문가와 공동으로 일하려 할 때 조정활동에 들어가기에 앞서 다른 전문직의 관점을 이해하는 것이 중요하다.

다. 프로그램 계획 및 자원개발

사회복지사는 새로운 자원을 개발 또는 동원하기 위해 프로그램을 계획할 필요가 있다. 프로그램의 계획은 기존의 사회복지기관의 구조 내에서 일어나기도 하지만 지역사회 기반에서 나오기도 한다. 따라서 가능한 프로그램 계획과정 초기부터 관여하는 것이 필요하다.

라. 옹호

옹호(advocacy)는 기존 제도로부터 클라이언트가 불이익을 받을 때 그 집단을 위해 정보를 수집하고 요구사항을 분명히 하여 제도에 도전하도록 지도력을 발휘하는 역할이다. 옹호는 특정 제도를 비난하거나 비판하는 것이 아니라 정책의 개선, 변화시키려는 것이다(양옥경 외, 2002). 따라서 정치과정에 영향력을 행사하거나 또는 사람들을 조직하여 사회행동을 일으키는 것이다.

(3) 종결 단계

종결 단계는 사회복지실천 과정의 최종 단계이다. 종결작업은 클라이언트의 사회적 기능을 강화시키는 동시에 사회복지사와 클라이언트가 개입의 전 과정을 통해 같이 발전시켜 온 성과를 이해시키는 과정이기도 하다.

종결의 시기는 ① 클라이언트의 문제가 해결되었을 때, ② 문제해결에 대한 클라이언트와 사회복지사의 의견이 일치했을 때, ③ 클라이언트가 자립적으로 문제해결이 가능할 때, ④ 클라이언트가 일방적으로 종결할 때, ⑤ 계약한 기간이 되었을 때, ⑥ 사회복지사가 이동이나 퇴사할 경우 등이 있다.

사회복지사는 클라이언트가 종결을 준비할 수 있도록 개입의 후반에서부터 종결 준비를 해야 한다. 클라이언트는 안정적이고 우호적인 관계가 끝난다는 데에 기쁨과 서운함, 두려움, 불안 등 다양한 감정을 경험하게 된다. 사회복지사는 이러한 클라이언트의 정서적 반응을 이해해야 하며 잘 감지하여 적절한 케어를 해 주어야 한다(남일재 외, 2007).

종결이 원만하게 이루어지지 않으면 지금까지 성취되었던 좋은 결과들이 상실되거나 감소될 수 있으며, 장차 좋지 않은 결과를 가져올 수도 있다. 그러나 성공적인 종결은 클라이언트들에게 보다 나은 적응과 성장의 기회가 될 수도 있기 때문에 사회복지사는 원조를 시작할 때부터 종결을 염두에 두고 전체적인 원조과정을 구성해야 한다.

또한 종결에는 개입활동 전반에 걸친 평가(evaluation)가 병행된다. 평가는 개입의 전 과정에서 지속적으로 시행되지만 특히 종결 단계에서는 더욱 중요하다. 따라서 평가는 사회복지실천의 효과성·효율성·책임성을 심사하는 과정이기 때문에 사회복지실천과정에서 없어서는 안 될 중요한 과정이다(유공순 외, 2007).

6) 사회복지실천의 모델

(1) 정신분석(역동) 모델

정신분석 모델(psychoanalysis model)은 의식과 무의식의 구성요소로서 사고(thought), 소원(wish), 행위(acts)와 같은 현재의 정신활동과 과거의 경험 사이에 원인적 관계가 있다는 이론적 기초 위에 형성되었다(Howard, 1980). Sigmund Freud는 정신분석이론의 창시자이다. 행위는 단지 우연히 발생한다기보다는 인간의 사고과정으로부터 일어난다는 원리인 정신적 결정론(psychic determinism)과, 어떤 생각과 정신행위는 우리의 지식으로 알 수 없게 숨겨져 있다는 개념인 무의식(the unconscious)에 대한 강조가 정신분석 모델의 핵심이다. 또한 클라이언트와 치료자의 신뢰를 중시하였으나 기본적으로 병리적관점과 치료자 중심의 모델이며, 대표적인 개입기법으로는 자유연상, 전이의 해석, 훈습 등이 있다(길귀숙 외, 2021).

(2) 심리사회적 모델

심리사회적 모델(psycho-social model)은 사회복지실천에 영향을 미친 정신역동 이론, 자아심리학, 인류학, 사회화 이론, 기타 클라이언트 문제와 관련한 사회구조의 역할을 강조한 사회과학 등의 영향을 받으며 발전하였다.

이 모델에서는 인간의 문제를 심리적(혹은 정서적)이고 사회적인 문제로 이해하면서 '상황 속의 인간'(person-in-situation)을 강조한다. 또한 클라이언트와 사회복지사의 관계를 중요하게 여기고, 관계를 형성하기 위해 클라이언트를 수용하고 개별화를 강조한다. 즉, 심리사회적 모델에서는 클라이언트가 자신의 행동과 감정에 대해 이해하고 통찰함으로써 자신의 문제를 해결하기 위한 능력을 고취하도록 원조하는 것을 강조한다(길귀숙 외, 2021).

(3) 인지·행동 모델

인지·행동 모델(cognition-behavior model)은 감정이나 행동을 사고의 산물로 보는 인지이론에다 과제 내주기, 강화, 보상, 반복, 행동기술의 교육 및 습득 원조 등의 행동주의와 사회학습이론을 통합 적용한 것이다.

이 모델의 기본 전제는 대부분 사회적, 행동적 역기능이 자기 자신, 타인 그리고 삶의 상황들에 대해 갖고 있는 잘못된 생각, 즉 인지체계에서 비롯된다는 것이다. 인지체계란 자아개념뿐만 아니라 인간의 내면에 저장된 인식의 틀, 지식, 기대, 희망, 의견 등으로 구성되어 있다(엄명용 외, 2016).

클라이언트 스스로가 자기의 가치체계 안에서 가장 합리적이고 건설적인 대체적 사고를 찾아나가는 과정에서 클라이언트는 자신감과 자아존중감을 갖게 된다는 것이 이 모델의 장점이다.

(4) 과제중심 모델

과제중심 모델(task-centered model)은 1970년대 초 시카고 대학에 있는 Reid와 Epstein에 의하여 발달하였다. 이 모델은 클라이언트에 의한 활동 단계들을 강조하는 개입구조의 활동을 통해 클라이언트의 사회적 기능을 향상시키는 데 초점을 두었으며, 계획적이고 의도적인 과정을 통해 클라이언트의 문제를 구체적인 과제로 해결해 나가려는 것이다.

이 모델의 특징은 ① 시간 제한적인 단기치료라는 것, ② 구체적인 문제에 개입의 초점을 둔다는 것, ③ 클라이언트의 문제해결활동은 과제를 중심으로 수행된다는 것, ④ 이론보다는 조사에 근거한 경험적 자료를 중심으로 진행된다는 것이다.

(5) 위기개입 모델

위기개입 모델(crisis intervention model)은 1960년대 이후 단기적 사회복지 실천의 치료에 관심을 두고 위기 상태에 있는 개인이나 가족들을 도와주는 것이다. 이 모델은 클라이언트로 하여금 문제를 인식하고 그 영향을 인정하며, 유사한 예견된 경험을 위하여 새롭거나 보다 효과적인 행동을 학습함으로써 긍정적인 성장과 변화를 인도하는 것이다.

문제해결 모델이 일상적인 상황에서 클라이언트의 문제해결 능력과 기능을 회복시키려는 것이지만, 위기개입 모델은 평소의 문제해결방법으로는 해결하기 어려운 위기적 상황에서 일시적으로 깨어진 클라이언트의 균형 상태를 적시에 개입하여 단기간 치료하는 것이다(양옥경 외, 2002).

(6) 권한부여 모델

권한부여 모델(empowerment model)은 1970년대 중반 Chestang, Solomon, Pinderhughes 등의 학자에 의해서 개발되었는데, 이 모델은 클라이언트를 문제중심으로 보는 것이 아니라 강점 중심으로 봄으로써 클라이언트의 잠재역량(potential competence) 및 자원을 인정하고 클라이언트 내외에 회복력이 있음을 전제하여 클라이언트가 삶을 결정할 수 있도록 권한 혹은 힘을 부여하고자 하는 것이다. 따라서 이 모델에서 클라이언트와 사회복지사는 협력적인 파트너십을 가진 파트너로서 문제해결과정에 함께 참여하게 된다(남기민, 2004).

2 사회복지실천 현장

1) 사회복지실천현장의 개념

사회복지실천 현장의 역할과 특성은 궁극적으로 그 나라의 사회, 경제, 정치의 전체적인 발달의 유형에 의해 형성된다. 경제 사회적 수준에 따라 사회적 역할들에 대한 범위와 수가 증가함으로써 새롭고 다양한 사회조직들이 증가하게 된다. 즉, 경제 발달은 전문가집단인 중간계급을 성장시킴으로써 비영리조직의 성장에 영향을 미치게 되는 것이다. 또한 정치적으로 중앙집권화가 심할수록 비영리 부문의 여지가 줄어들고 반대로 중앙집권화 정도가 덜 할수록 비영리조직들에 대해 보다 큰 기회들이 열려 있게 된다. 비영리 부문에 속하는 사회복지실천 현장도 이러한 정치적 집중성의 영향을 받게 되며, 정부의 정책도 사회복지실천 현장의 성장에 기여하거나 제약하는 방향으로 영향을 미친다.

대부분의 산업화된 사회에서 사회복지는 재정적인 측면에 있어서나 서비스를 받는 대상의 규모 측면에서 매우 중요한 사회제도로서의 위치를 차지하고 있다(Dobelstein, 2003). 우리나라에서도 사회복지활동은 대부분 법적 테두리 안에서 이루어지고 있다. 즉, 사회복지현장은 사회복지사업법에서 규정한 사회복지서비스가 행해지고 있는 영역이라고 할 수 있다.

사회복지사업법(2009) 제2조에 의하면 “사회복지사업”이라 함은 다음 각목의 법률에 의한 보호·선도 또는 복지에 관한 사업과 사회복지상담·부랑인 및 노숙인 보호·직업보도·무료 숙박·지역사회복지·의료복지·재가복지·사회복지관 운영·정신질환자 및 한센인의 사회복귀에 관한 사업 등 각종 복지사업과 이와 관련된 자원봉사활동 및 복지시설의 운영 또는 지원을 목적으로 하는 사업을 말한다.

이러한 맥락에서 사회복지현장은 공공 부문의 제도화된 프로그램뿐만 아니라 민간 부문의 전문 사회복지시설 및 상부상조를 위한 제반 활동들로 구성된다. 우리나라처럼 공공부문 사회안전망의 기본 틀은 존재하나 그 내용에 있어서는 미흡한 점이 많고, 가족수당이나 출산수당 등도 제대로 갖추지 못하여 공공 사회안전망이 보장하는 위험의 범위가 한정된 사회에서는 민간부문의 역할이 소외계층을 위한 사회안전망에 매우 중요한 부분이 된다. 특히 시민사회의 등장과 함께 중요성이 더해가고 있는 민간부문의 자발적 사회복지활동들도 사회복지사업의 한 형태로 중요한 의미를 갖는다.

따라서 사회복지실천 현장은 공공 사회복지실천 현장과 민간 사회복지실천 현장으로 크게 양분하는 것이 바람직할 것으로 여겨진다. 공공 사회복지실천 현장에는 각종 사회보험 프로그램과 공공부조 프로그램 등이 모두 포함된다. 반면에 민간 사회복지실천 현장에는 시민단체, 종교계, 사회복지기관 및 시설을 통해 이루어지는 다양한 사회복지활동들이 포함된다고 하겠다. 또한 민간 사회복지실천 현장에는 순수 자원봉사적인 활동과 공공과 민간이 파트너십을 통해 행해지는 활동 등을 포함한다.

한편 사회복지실천 현장이라고 하면 사회복지실천 현장 중에서 전문 사회복지인력들에 의해 제공되는 복지서비스가 발생하는 현장을 의미한다고 할 수 있다. 이러한 관점에 의하면, 사회복지실천 현장은 사회복지전담공무원에 의해 복지서비스가 제공되는 공공부조, 사회복지인력들이 보호와 프로그램을 제공하는 민간 사회복지기관 및 시설, 사회복지인력들이 직·간접으로 개입하는 자조집단과 자원봉사활동 등을 포함한다고 할 수 있다.

현대 복지국가에서 국민의 복지를 담보하는 일차적 책임은 국가에 있다. 사회보험 프로그램뿐만 아니라 사회복지전담공무원들의 개입을 통해 국민기초생활 수급자에게 제공되는 각종 공공부조 서비스들이 이 영역에 속한다. 이러한 공공부문에서의 사회복지 실천현장은 주로 공공부조의 영역으로 이루어진다.

그러나 정부의 복지시책만으로는 현대사회의 복잡한 사회구조와 새로운 환경 속에서 파생되는 모든 문제를 해결할 수 없는 것이 우리의 현실이다. 특히 소외계층의 상대적 박탈감과 같은 정서적 문제와 그들의 가족관계 문제는 이미 심각한 수준에 이르렀는데 이는 전문성과 유연성이 뛰어난 민간 사회복지체계를 통해 서비스를 전달하는 것이 더 효과적일 수 있다. 실제로 공공복지가 발달한 나라에서도 많은 사회복지활동이 민간 사회복지기관이나 시설을 통해 이루어지며, 가족이나 공동체의 비공식적인 원조망도 여전히 중요한 역할을 한다.

특히 민간 사회복지의 효과성은 대인서비스의 중심을 이루는 사회복지서비스 분야에서 매우 높이 평가되고 있는데, 최근에는 지역사회를 매개로 하는 접근들이 강조되고 있다. 따라서 최근 다양하고 많은 민간조직들에 의한 서비스가 모색되고 있으나, 복잡하고 다양한 욕구에 대응하는 지역사회 중심의 통합적 접근은 기본적으로 사회복지기관과 같은 전문 인력과 시설 및 예산을 갖춘 조직체계가 중심이 될 때 가능한 것이다(정무성, 2004).

사회복지시설은 아동, 장애인, 노인, 국민기초생활보장 수급자 등 인간다운 삶을 누리며 사회생활을 하는 데 있어서 여러 가지 문제를 가지고 있는 사람들을 대상으로 그들의 복지증진을 도우며 사회복지를 실천하고자 하는 이념과 목적을 실현하는 장이다. 여기서 사회복지시설은 외형적인 건물, 설비, 기자재 등만을 의미하는 것이 아니라 직원 및 자원봉사자, 지역사회 주민 혹은 각종 단체 등에 의해서 사회복지연계활동으로 제공되는 다양한 서비스와 지역사회 주민에게 제공되는 사회복지 교육, 상담, 각종 사회복지 관련 서비스까지 포함되어 있다고 할 수 있다.

사회복지시설은 다양한 모습으로 존재하지만, 기본적으로 욕구를 가진 사람들의 삶의 질을 유지·향상시킴으로써 이용자의 행복과 보다 나은 삶을 보장하기 위해 전문적인 서비스를 제공하도록 사회적으로 위임받은 곳이라고 할 수 있다. 사회복지시설은 다양한 클라이언트와 직접 접촉을 하며 활동을 하는 사회복지제도의 최일선(front line)에 위치한 기구인 것이다. 또한 사회복지시설은 사회성을 가지고 있어서 그 존재의 정당성은 사회로부터 부여받을 수 있다. 나아가서 전문가들의 전문적 역량과 기술이 서비스의 효과성을 좌우할 수 있다. 따라서 사회복지시설은 ① 클라이언트 중심적이어야 하고, ② 조직구조가 탄력성이 있어야 하며, ③ 전문적인 조직이 되어야 한다(박태영, 2000).

2) 사회복지실천현장의 분류

본 장에서는 사회복지실천현장의 분류를 아동 및 청소년복지 분야, 노인복지 분야, 장애인복지 분야, 여성 및 가족복지 분야, 정신보건 및 의료복지 분야, 노숙인복지 분야 등으로 분류하고자 한다(조미숙 외, 2021).

(1) 아동 및 청소년복지 분야

아동 및 청소년복지는 모든 아동 및 청소년이 가족과 사회의 일원으로서 육체적·정신적으로 건강하게 성장, 발달할 수 있도록 보호 및 지원하기 위한 분야이다. 아동복지법 및 청소년활동진흥법에 나타난 아동 및 청소년복지시설의 종류는 다음과 같다.

표 5-2 아동 및 청소년복지시설의 종류

종 류	시 설	설 치 목 적
아동 복지 시설	아동양육시설	보호를 필요로 하는 아동을 입소시켜 보호, 양육하는 것을 목적으로 하는 시설
	아동일시 보호시설	보호를 필요로 하는 아동을 일시 보호하고 아동에 대한 향후의 양육대책수립 및 보호조치를 행하는 것을 목적으로 하는 시설
	아동보호 치료시설	불량행위를 하거나 불량행위를 할 우려가 있는 아동으로서 보호자가 없거나 친권자나 후견인이 입소를 신청한 아동 또는 가정법원, 지방법원소년부지원에서 보호위탁된 아동을 입소시켜 그들을 선도하여 건전한 사회인으로 육성하는 것을 목적으로 하는 시설
	아동직업훈련 시설	아동복지시설에 입소되어 있는 만 15세 이상의 아동과 생활이 어려운 가정의 아동에 대하여 자활에 필요한 지식과 기능을 습득시키는 것을 목적으로 하는 시설
	공동생활가정	보호대상아동에게 가정과 같은 주거여건과 보호, 양육, 자립지원 서비스를 제공하는 것을 목적으로 하는 시설
	자립지원시설	아동복지시설에서 퇴소한 자에게 취업준비 기간 또는 취업 후 일정 기간 보호함으로써 자립을 지원하는 것을 목적으로 하는 시설
	아동상담소	아동과 그 가족의 문제에 관한 상담, 치료, 예방 및 연구 등을 목적으로 하는 시설
	아동전용시설	어린이공원, 어린이놀이터, 아동회관, 체육, 연극, 영화, 과학실험전시시설, 아동휴게숙박시설, 야영장 등 아동에게 건전한 놀이·오락 기타 각종 편의를 제공하여 심신의 건강유지와 복지증진에 필요한 서비스를 제공하는 것을 목적으로 하는 시설
	지역아동센터	지역사회 아동의 보호·교육, 건전한 놀이와 오락의 제공, 보호자와 지역사회의 연계 등 아동의 건전육성을 위하여 종합적인 아동복지서비스를 제공하는 시설
	아동보호 전문기관	학대받은 아동의 치료, 아동학대의 재발 방지 등 사례관리 및 아동학대예방을 담당하는 시설
	다함께 돌봄센터	초등학교의 정규교육 이외의 시간 동안 아동의 안전한 보호, 안전하고 균형 있는 급식 및 간식의 제공 등 방과 후 돌봄서비스를 제공

청소년 복지시설	청소년쉼터	가정 밖 청소년에 대하여 가정·학교·사회로 복귀하여 생활할 수 있도록 일정 기간 보호하면서 상담·주거·학업·자립 등을 지원하는 시설
	청소년 자립지원관	일정 기간 청소년쉼터 또는 청소년회복지원시설의 지원을 받았는데도 가정·학교·사회로 복귀하여 생활할 수 없는 청소년에게 자립하여 생활할 수 있는 능력과 여건을 갖추도록 지원하는 시설
	청소년 치료재활센터	학습·정서·행동상의 장애를 가진 청소년을 대상으로 정상적인 성장과 생활을 할 수 있도록 해당 청소년에게 적합한 치료·교육 및 재활을 종합적으로 지원하는 거주형 시설
	청소년 회복지원시설	「소년법」 제32조제1항제1호에 따른 감호 위탁 처분을 받은 청소년에 대하여 보호자를 대신하여 그 청소년을 보호할 수 있는 자가 상담·주거·학업·자립 등 서비스를 제공하는 시설

출처: 아동복지법(2023. 7. 18. 일부개정), 청소년복지 지원법(2022. 12. 27. 일부개정).

(2) 노인복지 분야

노인복지법에 의하면 노인복지시설은 기능에 따라 주거복지시설, 의료복지시설, 여가복지시설, 재가노인복지시설 등으로 나눌 수 있다. 이들 노인복지시설은 건강하고 안정된 노후생활을 위하여 각종 노인복지서비스를 제공한다.

표 5-3 노인복지시설의 종류

종 류	시 설	설 치 목 적
노인주거 복지시설	양로시설	노인을 입소시켜 급식과 그밖에 일상생활에 필요한 편의를 제공
	노인공동 생활가정	노인들에게 가정과 같은 주거여건과 급식, 그밖에 일상생활에 필요한 편의를 제공
	노인복지주택	노인에게 주거시설을 분양 또는 임대하여 주거의 편의·생활지도·상담 및 안전관리 등 일상생활에 필요한 편의를 제공
노인의료 복지시설	노인요양시설	치매·중풍 등 노인성 질환 등으로 심신에 상당한 장애가 발생하여 도움을 필요로 하는 노인을 입소시켜 급식·요양과 그 밖에 일상생활에 필요한 편의를 제공
	노인요양공동 생활가정	치매·중풍 등 노인성 질환 등으로 심신에 상당한 장애가 발생하여 도움을 필요로 하는 노인에게 가정과 같은 주거여건과 급식·요양, 그 밖에 일상생활에 필요한 편의를 제공

노인여가 복지시설	노인복지관	노인의 교양·취미생활 및 사회참여활동 등에 대한 각층 정보와 서비스를 제공하고, 건강증진 및 질병 예방과 소득보장·재가복지, 그 밖에 노인의 복지증진에 필요한 서비스를 제공
	경로당	지역노인들이 자율적으로 친목도모·취미활동·공동작업장 운영 및 각종 정보교환과 기타 여가활동을 할 수 있도록 하는 장소를 제공
	노인교실	노인들에 대하여 사회활동 참여욕구를 충족시키기 위하여 건전한 취미생활·노인 건강유지·소득보장, 기타 일상생활과 관련한 학습 프로그램을 제공
재가노인 복지시설	방문요양 서비스	가정에서 일상생활을 영위하고 있는 노인으로서 신체적·정신적 장애로 어려움을 겪고 있는 노인에게 필요한 각종 편의를 제공하여 지역사회 안에서 건강하고 안정된 노후를 영위하도록 하는 서비스
	주·야간보호 서비스	부득이한 사유로 가족의 보호를 받을 수 없는 심신이 허약한 노인과 장애노인을 주간 또는 야간 동안 보호시설에 입소시켜 필요한 각종 편의를 제공하여 이들의 생활안전과 심신기능의 유지·향상을 도모하고, 그 가족의 신체적·정신적 부담을 덜어주기 위한 서비스
	단기보호 서비스	부득이한 사유로 가족의 보호를 받을 수 없어 일시적으로 보호가 필요한 심신이 허약한 노인과 장애노인을 보호시설에 단기간 입소시켜 보호함으로써 노인 및 노인가정의 복지증진을 도모하기 위한 서비스
	방문간호 서비스	간호사 등이 의사, 한의사 또는 치과의사의 지시서에 따라 재가노인의 가정 등을 방문하여 간호, 진료의 보조, 요양에 관한 상담 또는 구강위생 등을 제공하는 서비스
	방문목욕 서비스	목욕 장비를 갖추고 재가노인을 방문하여 목욕을 제공하는 서비스
	복지용구지원 서비스	노인장기요양보험법 시행규칙」 제19조 제1항에 따른 복지용구를 제공하거나 대여하는 서비스
	재가노인지원 서비스	재가노인에게 노인생활 및 신상에 관한 상담을 제공하고, 재가노인 및 가족등 보호자를 교육하며, 각종 편의를 제공하여 지역사회 안에서 건전하고 안정된 노후생활을 영위하도록 하는 서비스
노인보호 전문기관	노인보호 전문기관	시·도지사가 노인보호전문기관을 지정·운영, 노인학대 신고, 상담, 보호, 예방 및 홍보, 24시간 신고·상담용 긴급전화(1389) 운영
노인 일자리 지원기관	노인일자리 지원기관	지역사회 등에서 노인일자리의 개발·지원, 창업·육성 및 노인에 의한 재화의 생산·판매 등을 직접 담당하는 노인일자리전담기관 운영
학대피해 노인전용 쉼터	학대피해노인 전용쉼터	노인학대로 피해를 입은 노인을 일정기간 보호하고 심신치유 프로그램 제공

출처: 노인복지법(2023. 6. 13. 일부개정).

(3) 장애인복지 분야

장애인을 위한 복지는 타인의 도움이 없이는 자립이 어려운 장애인들을 위해 일상생활의 보호와 함께 필요한 원조 서비스를 제공하는 생활시설 위주로 이루어져 왔다. 그러나 최근에는 재가복지시설이나 취업과 재활을 위한 시설, 공동주거시설인 그룹홈(group home) 등 다양한 복지시설이 늘어나고 있다. 결과적으로 장애인의 인간다운 삶과 권리보장을 위해 장애인의 의료, 교육, 직업재활, 생활환경 개선 등을 제공하여 장애인의 생활안정에 기여하는 등의 서비스를 제공하는 시설을 말한다.

표 5-4 장애인복지시설의 종류

종 류	시 설	설 치 목 적
장애인 거주시설	장애유형별 거주시설	장애유형이 같거나 유사한 장애를 가진 사람들을 이용하게 하여 그들의 장애유형에 적합한 주거지원·일상생활지원·지역사회생활지원 등의 서비스를 제공하는 시설
	중증장애인 거주시설설	장애의 정도가 심하여 항상 도움이 필요한 장애인에게 주거지원·일상생활지원·지역사회생활지원·요양서비스를 제공하는 시설
	장애영유아 거주시설	6세 미만의 장애영유아를 보호하고 재활에 필요한 주거지원·일상생활지원·지역사회생활지원·요양서비스를 제공하는 시설
	장애인 단기 거주시설	보호자의 일시적 부재 등으로 도움이 필요한 장애인에게 단기간 주거서비스, 일상생활지원서비스, 지역사회생활서비스를 제공하는 시설
	장애인 공동생활가정	장애인들이 스스로 사회에 적응하기 위하여 전문인력의 지도를 받으며 공동으로 생활하는 지역사회 내의 소규모 주거시설
장애인 지역사회 재활시설	장애인복지관	장애인에 대한 각종 상담 및 사회심리 재활시설·교육·직업·의료재활 등 장애인의 지역사회생활에 필요한 종합적인 재활서비스를 제공하고 장애에 대한 사회적 인식개선사업을 수행하는 시설
	장애인 주간보호시설	장애인을 주간에 일시 보호하여 장애인에게 필요한 재활서비스를 제공하는 시설
	장애인 체육시설	장애인의 체력증진 또는 신체기능 회복활동을 지원하고 이와 관련된 편의를 제공하는 시설
	장애인 수련시설	장애인의 문화·취미·오락활동 등을 통한 심신수련을 조장·지원하고 이와 관련된 편의를 제공하는 시설
	장애인생활 이동지원센터	이동에 상당한 제약이 있는 장애인에게 차량 운행을 통한 직장 출퇴근 및 외출 보조나 그 밖의 이동서비스를 제공하는 시설

	한국수어 통역센터	의사소통에 지장이 있는 청각·언어장애인에게 한국수어 통역 및 상담서비스를 제공하는 시설
	점자도서관	시각장애인에게 점자간행물 및 녹음서를 열람하게 하는 시설
	전자도서 및 녹음서 출판시설	시각장애인을 위한 점자간행물 및 녹음서를 출판하는 시설
	장애인 재활치료시설	장애아동을 포함한 장애인에게 언어·미술·음악 등 재활치료에 필요한 치료, 상담, 훈련 등의 서비스를 제공하고 서비스를 이용한 자로부터 비용을 수납하여 운영하는 시설
장애인 직업재활 시설	장애인 보호작업장	직업능력이 낮은 장애인에게 직업적응능력 및 직무기능 향상훈련 등 직업재활훈련 프로그램을 제공하고, 보호가 가능한 조건에서 근로의 기회를 제공하며, 이에 상응하는 노동의 대가로 임금을 지급하며, 장애인 근로사업장이나 그 밖의 경쟁적인 고용시장으로 옮겨갈 수 있도록 돕는 역할을 하는 시설
	장애인 근로사업장	직업능력은 있으나 이동 및 접근성이나 사회적 제약 등으로 취업이 어려운 장애인에게 근로의 기회를 제공하고, 최저임금 이상의 임금을 지급하며, 경쟁적인 고용시장으로 옮겨갈 수 있도록 돕는 역할을 하는 시설
	장애인직업 적응훈련시설	작업능력이 극히 낮은 장애인에게 작업활동, 일상생활훈련 등을 제공하여 기초작업능력을 습득시키고, 작업평가 및 사회적응훈련 등을 실시하여 장애인 보호작업장 또는 장애인근로사업장이나 그 밖의 경쟁적인 고용시장으로 옮겨갈 수 있도록 돕는 역할을 하는 시설
장애인의료 재활시설	장애인을 입원 또는 통원하게 하여 상담, 진단·판정, 치료 등 의료재활서비스를 제공하는 시설	
장애인 쉼터	장애인학대로 인하여 인권침해 등의 피해를 입은 장애인의 임시 보호 및 사회복귀 지원을 위한 시설	
피해장애 아동 쉼터	장애인학대로 인하여 인권침해 등의 피해를 입은 장애아동의 임시보호를 위한 시설	
장애인생산품 판매시설	장애인 생산품의 판매활동 및 유통을 대행하고, 장애인 생산품이나 서비스·용역에 관한 상담, 홍보, 판로 개척 및 정보제공 등 마케팅을 지원하는 시설	

출처: 장애인복지법(2023. 4. 11. 일부개정).

(4) 여성 및 가족복지 분야

여성과 가족복지는 한부모가족복지시설이 주를 이루고 있다. 한부모가족복지시설은 서비스 질을 높여 한부모가 안정된 주거환경에서 자녀를 양육할 수 있도록 사회·경제적 자립을 지원하고자 하는 목적으로 설립된 시설로 모자가족복지시설, 부자가족복지시설, 미혼모가족복지시설, 일시지원복지시설, 한부모가족복지상담소 등이 있으며, 각 시설의 종류는 〈표 5-5〉와 같다.

표 5-5 한부모가족복지시설의 종류

종 류	시 설	설 치 목 적
모자가족 복지시설	기본생활지원	생활이 어려운 모자가족을 일시적으로 또는 일정 기간 보호하여 생계를 지원하고 퇴소(退所) 후 자립기반을 조성하도록 지원하는 것을 목적으로 하는 시설
	공동생활지원	독립적인 가정생활이 어려운 모자가족이 일정 기간 공동으로 가정을 이루어 생활하면서 자립을 준비할 수 있도록 지원하는 것을 목적으로 하는 시설
	자립생활지원	자립이 어려운 모자가족에게 일정 기간 주택 편의만을 제공하는 것을 목적으로 하는 시설
부자가족 복지시설	기본생활지원	생활이 어려운 부자가족을 일시적으로 또는 일정 기간 보호하여 생계를 지원하고 퇴소(退所) 후 자립기반을 조성하도록 지원하는 것을 목적으로 하는 시설
	공동생활지원	독립적인 가정생활이 어려운 부자가족이 일정 기간 공동으로 가정을 이루어 생활하면서 자립을 준비할 수 있도록 지원하는 것을 목적으로 하는 시설
	자립생활지원	자립이 어려운 부자가족에게 일정 기간 주택 편의만을 제공하는 것을 목적으로 하는 시설
미혼모 가족복지시설	기본생활지원	미혼여성의 임신·출산 시 안전 분만 및 심신의 건강 회복과 출산 후 아동의 양육지원을 위하여 일정 기간 보호하는 것을 목적으로 하는 시설
	공동생활지원	출산 후의 미혼모와 해당 아동으로 구성된 미혼모자가족이 일정 기간 공동으로 가정을 이루어 아동을 양육하고 보호할 수 있도록 지원하는 것을 목적으로 하는 시설
일시지원 복지시설	배우자(사실혼 관계에 있는 자를 포함한다)가 있으나 배우자의 물리적·정신적 학대로 아동의 건전한 양육이나 모의 건강에 지장을 초래할 우려가 있을 경우 일시적으로 또는 일정 기간 그 모와 아동 또는 모를 보호함을 목적으로 하는 시설	
한부모가족 복지상담소	한부모가족에 대한 조사, 지도, 시설 입소(入所) 등에 관한 상담업무를 수행할 것을 목적으로 하는 시설	

출처: 한부모가족복지법(2023. 4. 11. 일부개정).

(5) 정신건강 및 의료복지 분야

1995년 정신보건법이 제정됨에 따라 정신과 병원 및 지역사회에서 정신보건에 관한 서비스를 제공할 전문인력의 수요가 증가하게 되었다. 이에 따라 정신질환의 예방과 정신질환자의 의료 및 사회복귀 등의 업무를 수행할 전문인력

양성을 위해, 1997년 정신보건전문요원의 하나로 정신보건사회복지사 자격을 제정하게 되었다. 2016년에 개정한 정신건강복지법에서는 정신보건전문요원과 정신보건사회복지사라는 명칭이 각각 정신건강전문요원, 정신건강사회복지사로 변경되었다.

정신건강사회복지사란 정신보건전문요원 가운데 사회복지사를 말한다. 정신건강사회복지사들은 기본적으로 사회복지사 1급 자격을 소지하고, 정신건강법에서 요구하는 수련을 거쳐 자격증을 취득한 사람을 말한다. 정신건강사회복지사 1급 응시 자격은 교육법에 의한 대학원에서 사회복지학 또는 사회사업학을 전공한 석사학위 이상 소지자로서, 보건복지부장관이 지정한 수련기관에서 3년 이상 수련을 마치거나, 2급 정신건강사회복지사 자격 취득 후 정신건강시설, 보건소 또는 국가나 지방자치단체로부터 정신건강증진사업 등을 위탁받은 기관이나 단체에서 5년 이상 정신보건 분야의 임상 실무 경험이 있는 자이다. 정신건강사회복지사 2급 응시 자격은 사회복지사업법에 의한 사회복지사 1급 자격 소지자로서 수련기관에서 1년 이상 수련한 자이다.

정신건강사회복지사들은 정신의료기관, 정신재활시설, 정신요양시설 등에서 정신적 장애를 가지고 있는 클라이언트와 그 가족들 그리고 정신건강의 예방적 차원에서 욕구를 가지고 있는 사람들을 대상으로 사회복지서비스를 제공하고, 클라이언트의 성격이나 정서, 부적응 문제를 다루며, 사회적응과 사회복귀를 위한 서비스를 제공한다. 정신건강사회복지사는 정신장애인에 대한 개인력 조사 및 사회조사를 하며, 사회사업 지도 및 방문 지도를 수행한다. 또한 정신재활시설을 운영하며, 정신장애인을 위한 생활훈련 및 직업훈련, 정신장애인과 그 가족에 대한 교육, 지도 및 상담 업무를 수행한다. 정신건강증진시설의 종류는 〈표 5-6〉과 같다.

한편, 의료 분야에서 일하는 의료사회복지사도 있다. 의료사회복지사는 환자나 그 가족들이 질병으로 인해 생길 수 있는 심리적·사회적·경제적 문제 등으로 인해 어려움을 겪을 경우, 환자 개별상담, 가족상담, 경제적 지원, 지역사회자원 연결, 기타 정보제공 등을 통해 환자나 가족이 그 문제를 잘 대처하고 원만히 해결할 수 있도록 원조한다. 의료사회복지사는 주로 병원에 입원한 환자에게 사회적 서비스를 제공하는데, 보건의료기관에서 사회복지사가 일하는 법적인 근거는 의료법 시행령에 '종합병원에는 사회복지사업법의 규정에 의한 사회복지사 자격을 가진 자 중에서 환자의 갱생, 재활과 사회복귀를 위한 상담 및 지도 업무를 담당하는 요원을 1인 이상 둔다'고 규정한 데서 비롯되었다.

의료사회복지사는 의료시설에서 환자와 그 가족의 제반 문제에 관심을 갖고 의료진과의 협력하에 치료 과정에 개입함으로써 의료서비스가 보다 효과적으로 제공되도록 돕는 역할을 한다.

표 5-6 정신건강증진시설의 종류

시 설	설 치 목 적
정신의료기관	의료법에 의한 의료기관 중 주로 정신질환자의 진료를 행할 목적으로 설치된 정신병원, 의료기관 중 의원 및 병원급 의료기관에 설치된 정신건강의학과
정신요양시설	정신질환자를 입소시켜 요양서비스를 제공하는 시설
정신재활시설	정신질환자 또는 정신건강상 문제가 있는 사람 중 기질성 정신장애, 알코올 또는 약물중독에 따른 정신장애, 조현병 또는 망상장애, 기분장애, 정서장애, 불안장애 또는 강박장애, 그 밖에 이에 준하는 장애를 가진 사람(이하 "정신질환자 등"이라 함)의 사회적응을 위한 각종 훈련과 생활지도를 하는 시설. 정신재활시설은 생활시설, 재활훈련시설(주간 재활시설, 공동 생활가정, 지역 사회전환시설, 직업재활시설, 아동·청소년정신건강지원시설), 중독자재활시설, 생산품판매시설, 종합시설 등이 있음

출처: 정신건강복지법(2023. 6. 13. 일부개정).

(6) 노숙인복지 분야

부랑인 발생 예방 및 부랑인들이 심신장애를 극복하여 정상적인 사회생활로 복귀할 수 있도록 신체적 · 심리적 재활기능을 담당하고, 실직 노숙인들에게 숙식서비스를 제공하여 생활안정을 도모하며, 입소자들의 생활지도와 취업의 기회를 제공한다. 노숙인복지 관련 시설은 〈표 5-7〉과 같다.

표 5-7 노숙인복지시설의 종류

시 설	설 치 목 적
노숙인일시보호시설	노숙인 등에게 일시보호 및 복지서비스 연계 등을 제공하는 시설
노숙인자활시설	노숙인 등의 자립을 지원하기 위하여 전문적인 직업상담·훈련 등의 복지서비스를 제공하는 시설
노숙인재활시설	신체 및 정신장애 등으로 자립이 어려운 노숙인 등에게 치료 및 재활서비스를 제공하는 시설
노숙인요양시설	건강상의 문제 등으로 단기간 내 가정 및 사회복귀가 어려운 노숙인 등에게 요양서비스를 제공하는 시설
노숙인급식시설	노숙인 등에게 필요한 급식서비스를 제공하기 위한 시설
노숙인진료시설	노숙인 등에게 필요한 의료서비스를 제공하기 위한 시설
쪽방상담소	쪽방 밀집지역에서 쪽방거주자에 대한 상담·취업지원·생계지원, 그 밖의 행정지원 서비스를 제공하는 시설

출처: 노숙인 등의 복지 및 자립지원에 관한 법률(2020. 12. 29. 일부개정).

3 인권과 사회복지실천

현대사회를 흔히 '인권의 시대'라고 할 수 있을 만큼 인권의 일상화가 폭넓게 진행되고 있다(국가인권위원회, 2011). 특히, 인권은 1987년 민주화 이후로 시민사회가 성장하면서 사회문제를 해결하는 데에 있어서 중요한 준칙이 되었다. 이에 따라 정부차원에서는 2001년 국가인권위원회를 설립하였고, 국가 인권정책 기본계획(National Action Plan: NAP)을 2007년부터 추진하고 있다(박진옥, 2014).

휴먼서비스를 제공하고 있는 사회복지 영역에서 인권에 대한 논의는 매우 중요하다. 사회복지적 측면에서 인권 논의는 사회문제로 인한 어려움이 있는 개인이 인간으로서의 존엄성을 유지하고 삶의 질을 증진시키는 사회복지의 실현에 반드시 필요할 것이며, 사회나 집단의 억압으로부터 자유를 얻고 인간의 존엄성을 유지하는 주체로서의 개인을 강조하면서 발전해야 할 것이다. 또한 보편적인 인권의 논의와 사회복지기관의 서비스 대상자의 인권에 대한 논의는 다르지 않다. 이는 인권이라는 것은 사회복지기관뿐만 아니라 사회적 어려움을 겪고 있는 소수자에 대한 일반적인 인식과 관련이 있는 것이며, 이러한 보편적인 인권의식과 함께 아동, 청소년, 장애인, 노인 등 욕구를 갖고 있는 대상자들이 받는 차별과 편견을 극복하는 인권 논의가 함께 이루어져야 할 것이다(이관식, 2014). 본 절에서는 인권의 개념과 인권과 사회복지실천에 관해 살펴보고자 한다.

1) 인권의 개념

(1) 인권의 정의

인권이란 모든 사람이 태어날 때부터 부여받은 평등하고 양도할 수 없는 권리이다. 즉, 인권은 단지 인간이기 때문에 갖는 권리만은 아니며, 도덕적으로 정당하고 인간에게 근본적인 이익을 보호하기 위해 특히, 정치권력의 남용에 저항하기 위해 고안된 특별한 중요성을 지닌 권리로 규정하고 있다(세계인권선언, 1948).

인권이란 '인간의 권리'를 의미한다. 하지만 인권의 개념은 학자마다 다양하게 이해하고 있을 뿐만 아니라 한 사회의 사회·문화적 맥락에 따라 달라지기도 한다. 인권의 개념은 1948년 12월 10일 UN세계인권위원회 총회에서 결의하여 선포된 세계인권선언에서 압축적으로 다음과 같이 설명하고 있다. 세계인권선언 제1조에서는 '모든 인간은 태어날 때부터 자유롭고 존엄과 권리에 있어서 평등하다', 제2조에서는 '모든 인간은 인종, 피부색, 성, 언어, 종교, 정치 또는 그 밖의 견해, 민족 또는 사회적 출신, 재산 또는 다른 지위 등과 같은 그 어떤 종류의 구별도 없이 세계인권선언에 제시된 모든 권리와 자유를 누릴 자격이 있다'라고 규정하고 있다.

인권은 여타의 권리에 비해 그 비중이 훨씬 더 크고 우월성을 갖고 있기 때문에 매우 심각한 이유가 아니고서는 침해할 수 없으며, 일상적 정치 정책보다 우월한 것 이상일 것이다. 하지만 이러한 인권이 여타의 모든 고려 대상보다 우위에 있다고 주장한다면 그것도 결코 옳지 않다. 그렇기 때문에 '민주사회의 도덕, 공공질서 및 일반적 복리에 대한 정당한 필요'에 부응하기 위해 인권에 제한을 두고 있는 것이다(세계인권선언, 1948, 이관식, 2014 재인용).

인권에 대한 또 다른 정의는 인류의 합의한 기록을 보면 '모든 인류는 타고난 존엄성과 평등하고 남에게 넘겨줄 수 없는 권리를 가지고 있으며, 권리를 인정하는 것이야말로 세계의 자유·정의·평화의 기본이 되는 것이다. 또한 모든 인류가 최고로 바라는 것은 인간이 언론의 양심과 자유를 누리고 공포와 결핍으로부터 자유로울 수 있는 세상을 만드는 것이라고 하였다(고명석, 2016).

이상에서 살펴본 바와 같이 인권이란 사람으로서의 생명을 지니면서부터 가지게 되는 당연한 권리로, 인간이 인간다울 수 있는 고유권을 말하며, 인간이라는 이유만으로 갖는 평등하고 양도할 수 없는 권리를 의미하고 있다.

(2) 인권의 특성

인권의 개념은 역동적이며, 끊임없이 새롭게 변화하지만 세계인권선언을 비롯한 국제인권규범에서는 인권의 주요한 특성으로 보편성, 근본성, 불가분성(Indivisibility), 상호의존성, 우선성을 밝히고 있다. 특히, 1993년 비엔나 세계인권 회의에서는 '비엔나 선언 및 행동계획'으로 "모든 인권은 보편성, 불가분성, 상호 의존성과 상호 관련성을 갖는다"라고 천명하기도 했다(박진옥, 2014).

이러한 인권에 대해 학자와 선행연구를 토대로 인권이 지니는 몇 가지 중요한 특성을 종합하면 다음과 같다(국가인권위원회, 2004; 김미옥 외, 2006; 고명석, 2016; 권중돈, 2012). 첫째, 인권은 인간이 인간답게 살 권리이다. 인권은 모든 사람이 가지는 기본적 권리로 생존을 위한 최소한이 아닌 인간으로서의 존엄한 삶을 영위하기 위해 요구되는 기본적 권리이다. 인권의 실현은 자신의 완전한 인간성을 구현하는 데 필수적인 것으로 인간의 권리(rights of man)가 아닌 인간답게 살 권리(human rights)를 의미한다.

둘째, 인권은 인간이 갖는 보편적 권리(universal rights)이다. 인권은 국적, 종교, 성, 나이, 사회적 신분 등과 관계없이 모든 사람에게 적용되는 일반적이고 보편적인 것으로 인간으로서 지니는 권리의 최고 가치이며 보편적인 도덕적 권리라 할 수 있다. 이러한 보편성은 누구나 똑같이 대우받아야 한다는 것은 아니며 개인과 집단 사이에 존재하는 모든 다양성과 차이를 인정하고 자신에게 적합한 권리를 누릴 수 있음을 의미하는 것이다.

셋째, 인권은 사회적 약자를 위한 권리이다. 사회적 약자는 인간으로서 당연히 누려야 할 권리를 침해받거나 박탈당하는 등 기본적 권리를 영위하지 못하는 경우가 많이 발생한다. 따라서 사회적 강자에 의해 침해받고 유린당하기 쉬운 사회적 약자계층이 인간으로서의 존엄한 삶을 영위할 수 있도록 반드시 확보되어야 하는 중요한 권리이다.

넷째, 인권은 책임을 동반한 권리이다. 인권은 모두가 누려야 할 권리라는 점에서 타인과의 관계, 즉 사회적 관계를 전제로 하기에 한 개인이 인권을 누린다는 것은 다른 사람의 인권도 존중할 책임을 가진다는 것으로 결국 인권은 사회 구성원의 책임을 강조한다는 의미이다.

다섯째, 인권은 불가분(indivisibility)의 권리이며 다른 권리와 충돌하지 않는 권리이다. 인권은 선별적으로 어떤 권리를 부인하거나 특정 영역의 인권을 더 중요하게 여기거나 소홀하게 취급하지 않고 모든 영역의 권리를 중요하게 인정해야 하며 인권은 다른 권리와도 충돌하지 않는 특성을 지닌다.

여섯째, 인권은 실정법상의 권리 이상의 도덕적인 권리이다. 인권은 제도적 권리나 실정법적 권리에 우선하는 도덕적 특성이 갖는 구속력을 지니고 있어 법에서 보장하지 않더라도 인간의 존엄성을 보장하는 데에는 제도나 법을 초월하는 권리로서의 의미가 있다. 이러한 실정법에 대하여 갖는 인권의 우선성은 인권의 기준에 맞는 사회제도와 법 제도는 정당화되는 반면에 정당성이 없을 때는 인권은 제도적 제한과 권력을 통제하는 임무를 수행하고 인권에 반하는 것을 개혁할 수 있는 근거와 명분을 지니게 된다.

일곱째, 인권은 다양한 권리를 포괄하며 모든 권리에 우선하는 최상위의 권리이다. 인권은 인간이 누리는 실정법에 따른 법적 권리, 정치·사회적 제도와 규칙에 근거한 제도적 권리, 도덕적 권리 등 다양한 권리를 포괄하며 이러한 권리에 인권의 기본정신이 반영되고 실행되도록 하는 최상위의 권리이다.

(3) 인권의 유형

인권을 어떻게 분류할 것인가의 문제는 연구자마다 조금씩 차이는 있으나 3세대 인권론으로 정리할 수 있다(김형식·여지영, 2001; 김미옥 외, 2006; 국가인권위원회 2008; 고명석, 2016; 권중돈 2012). 이러한 3세대 인권론에 의하면, 인권은 제1세대 인권인 자유권 혹은 시민·정치적 권리에서, 제2세대 인권인 사회권 혹은 경제·사회·문화적 권리로 발전되어, 최근에는 제3세대 인권인 집단적 권리 혹은 연대의 권리로 발전되어 왔음을 알 수 있다.

Karel Vasak은 인권의 흐름을 3가지 권리 단계, 즉 3세대 인권론으로 분류하고 있다. 제1세대 인권은 자유권으로 시민·정치적 권리를 의미하며 신체의 자유와 사상의 자유, 그리고 참정권이 해당한다. 제2세대 인권은 사회권으로 경제·사회·문화적 권리를 의미하며 노동권과 교육권, 그리고 사회보장과 의·식·주 등의 생존과 평등권이 해당된다. 제3세대 인권은 연대권 또는 집단권으로 자결권과 발전권, 그리고 환경권과 평화권 등으로 국제정치와 경제, 문화적 변화의 과정 속에서 지속해서 제기되고 논쟁을 통해 확립되고 있다(국가인권위원회 2008).

Jim Ife 등도 역사적 발전단계를 기준으로 하여 인권의 발전과정을 3세대 인권론으로 분류하고 있다(김미옥 외, 2006; 고명석, 2016; 권중돈 2012; 김형식·여지영, 2001; Ife, 2000). 제1세대 인권은 자유권으로 시민적·정치적 자유권이 해당하며 개인주의에 기반을 두고 기본적 자유와 정치적 기본권에 관심을 가진다. 자유권으로 사생활 보장과 거주·이전의 자유, 언론과 출판의 자유, 종교와 집회·결사의 자유, 사회활동에의 자유로운 참여 등과, 인간으로서 존엄하게 대우받을 권리, 차별을 받지 않을 권리, 선거·피선거권과 공무담임권, 국민투표권 등의 정치적 기본권이 여기에 해당한다.

제2세대 인권은 사회권으로 경제적·사회적·문화적 권리가 해당하며 인간으로서의 잠재성이 실현될 수 있도록 사회적 급여와 서비스 등을 받을 권리로 적극적 권리를 의미한다. 의료서비스와 사회보장 등의 복지권, 일할 권리와 적정 임금을 받을 권리 등의 노동권, 교육을 받을 권리와 여가에 대한 권리 등의 사회권, 자유로운 문화생활의 참여에 대한 문화권 등이 여기에 해당한다.

제3세대 인권은 집단적 권리 또는 연대적 권리로 환경적 권리와 평화권 등이 해당하며 지역사회 중심의 공동체적인 삶을 강조하기도 한다. 경제개발과 성장에 대한 권리, 경제성장의 혜택과 사회적 조화를 통한 안정적이고 공동체적 사회에서 살 권리, 건강한 환경과 깨끗하고 오염되지 않은 공기·물·식량에 대한 권리 등이 여기에 해당한다.

우리나라의 경우 사회복지 주거시설이나 실천현장의 인권현황은 보호권과 발달권 단계의 수준으로, 제2세대 인권론의 단계에 접어들었다고 보며 경제·사회·문화적 권리의 사회권을 사회복지정책과 실천현장의 중요한 과업으로 주장하고 있다(이명묵, 2011).

이러한 분류에 의하여 인권의 유형은 평등권, 자유권, 생존권, 사회권, 참정권의 다섯 가지 유형으로 분류할 수 있는데 이에 대해 살펴보면 다음과 같다(김흥수, 2014).

① 평등권

평등권은 인권의 기본권 중 가장 기본이 되며 불가침적 천부인권으로 불평등한 대우를 받지 않고 상향적 평등과 역할을 적극적으로 요구할 수 있는 권리로 천부적 자유와 존엄, 생명권, 신체의 자유와 안전 등 인간의 존엄성과 행복추구에 대한 권리라 할 수 있다. 이러한 평등권은 독립된 기본적 인권으로서의 성격을 지니며 다른 기본권들의 보장과 실현에도 기본적으로 적용되는 권리이다.

또한, 일반적 기본권으로서 성, 종교, 사회적 신분 등에 의해서 차별받지 않으며 행동의 자유권과 인격의 자유발언권 등 행복 추구권으로서의 성격을 지닌다. 사회복지 주거시설의 이용자에 있어서도 나이, 성별, 장애, 생활하는 곳에 따라서도 차별 없이 한 사람의 개인으로서 동등하게 존중받으며 행복한 삶을 영위할 권리를 의미한다 하겠다.

② 자유권

자유권은 사람은 누구나 스스로 결정하고, 스스로 행동하며, 스스로 선택할 수 있는 자유가 있음을 의미하는 기본권이다. 헌법에서는 국가 권력에서 자유로울 수 있는 국민의 권리를 의미하며, 이러한 기본적인 자유권으로는 입·퇴소의 자유, 외부와의 소통의 자유, 의사표현 및 정보의 자유, 자기 결정권, 사생활 보호권, 종교의 자유 등이 해당한다.

③ 생존권

생존권은 인간으로서 기본적인 생명을 유지하는 데 있어서 필수 불가결한 권리를 보장하는 기본권이다. 이러한 생존권에는 의·식·주 생활의 권리, 주거안전의 권리, 의료 및 건강의 권리, 신체 및 정서적 안정의 권리 등이 해당한다.

④ 사회권

사회권은 사회 구성원의 한 사람으로서 건강한 사회생활을 보장하고 사회 구성원으로서의 역할과 삶을 영위할 수 있는 완전한 사회통합을 보장하는 권리를 의미한다. 이러한 사회권에는 가족권, 사회보장권, 교육권, 노동권, 경제권 등이 해당한다.

⑤ 참정권

참정권은 정치적 표현의 자유와 선거권·피선거권자로 정치에 자유롭게 참여할 수 있는 권리를 의미하며 정치권이라고도 한다. 이러한 참정권에는 자유로운 정치적 의사표현의 보장과 피선거권자로 참여할 수 있는 권리인 정치적 표현의 자유권과 투표와 관련된 정보의 제공과 비밀투표의 원칙에 따라 자유로운 투표의 참여를 보장하는 투표권이 해당한다.

2) 인권과 사회복지실천

근래에 들면서 사회복지실천현장에서도 인권의 중요성과 가치를 받아들이면서 이를 폭넓게 활용하고 있다. 이러한 결과로 사회복지관 등 사회복지시설에서는 인권을 기관의 미션으로 채택하는 사례가 늘고 있으며, 또한 기관 이용자들을 서비스 대상에서 인권의 주제로 인정하기 위해 자기결정권이나 개인 사생활권 보장과 같은 다양한 방안을 마련하고 있다(김미옥 외, 2011).

인권과 사회복지의 연결성을 해석하는 방식으로 사회복지적 인권과 인권적 사회복지로 구분하기도 한다(배화옥 외, 2015). 사회복지적 인권이란 사회복지 영역에 기반을 둔 인권의 실행 또는 결과를 의미하는 것으로서, 인권 개념을 사회복지 영역으로 국한하기 어렵다는 개념적 한계가 있다. 한편, 인권적 사회복지는 인권의 기본가치에 충실하여 사회복지 분야의 문제점과 해결책을 찾고자 하는 개념으로서 사회복지의 접근방식과 지향점을 제시하는 데 있어서 중요한 의미를 갖는다. 즉, 인권관점(human rights based perspective) 또는 인권기반의 사회복지란 사회복지실천의 본질적 사명과 가치적 요소를 조망하는 데 있어서 인권관점이 중요한 축으로 자리를 잡는 것이다. 이는 실제적으로 우리 사회의 다양한 소외계층에 대한 문제점과 해결책을 찾는 과정에서 인권적 가치는 그 학문적·실천적 합목적성을 제시하는 것을 의미한다. 따라서 본 절에서는 인권적 사회복지 측면에서 접근하고자 한다.

(1) 인권적 사회복지실천의 원칙

사회복지가 지향하는 궁극적인 목적이자 사회복지의 출발점이 바로 인간의 존엄성이며, 사회복지가 개입하는 다양한 문제 역시 빈곤·차별·가족·질병·노동·교육·자유·학대·폭력 등 인권의 문제와 다르지 않다. 각 협회나 단체에서 인권적 사회복지실천의 원칙에 대해 언급한 내용을 살펴보면 다음과 같다.

① 국제사회사업가협회(IFSW)의 인권 훈련 매뉴얼

국제사회사업가협회(IFSW)는 인권이 사회복지의 핵심이며 이를 실현하기 위해서 사회복지전문가와 사회복지대학에서 활용될 수 있는 '인권 훈련 매뉴얼(human rights training manual)'을 제작하였다(1992년 초판 제작, 1994년 2판 제작). 이 매뉴얼에는 인권과 사회복지에 대하여 다음과 같이 설명하고 있다(IFSW Manual, 2002).

첫째, 사회복지는 인도주의와 민주적 이상에서 탄생한 것이다. 따라서 사회복지실천은 그 시작에서부터 인간욕구의 충족과 인간의 잠재력 및 자원을 개발하는 것에 초점을 두어 왔다.

둘째, 사회복지는 변화에 관한 것이다. 개인과 가족 및 집단생활, 정책과 서비스, 법률과 사회 태도에 있어서 어떠한 변화를 도모하는 것이다.

셋째, 사회복지는 단순히 개인을 직접적으로 돕는 일만은 아니다. 사회복지는 아동과 청소년을 포함한 모든 시민들의 삶의 질을 향상하는 것을 목적으로 하면서 집단과 지역사회를 위한 서비스와 활동들에도 개입한다.

넷째, 사회복지사는 다양한 지리적·정치적·사회경제적·문화적·정신적 문제를 가지고 있는 수많은 문화와 맥락 속에서 일한다.

이러한 맥락에서 인권의 원칙이 사회복지의 개념 자체에 이미 내재되어 있다고 본다. 인권은 사회복지의 이론과 가치·윤리 그리고 실천과 분리될 수 없으며, 인간의 욕구에 반응하는 인권은 반드시 옹호되고 촉진되어야 한다. 이를 통하여 인권은 사회복지실천 활동의 정당성을 구현하고 동기를 강화할 수 있다(이혜원 역, 2005). 뿐만 아니라 사회복지실천의 기본원칙으로 알려져 있는 클라이언트의 자기결정권, 수용, 비심판적 태도, 비밀보장 등의 내용에서는 인권의 원칙들이 내재되어 있음을 알 수 있다.

② 국제사회사업가협회(IFSW)의 사회복지실천에서의 인권실현 원칙

국제사회사업가협회(IFSW)의 'International Policy on Human Rights'에서는 사회복지실천에 있어 인권실현의 서비스 제공을 위해 준비해야 할 원칙을 다음과 같이 제시하고 있다(고명석, 2016).

첫째, 모든 사람들은 교육의 가치를 가지고 있으며, 그것은 그 사람을 위한 도덕적 배려로 정당화된다.

둘째, 모든 개개인은 자아실현(self-fulfillment)의 권리를 가지고 있으며, 다른 사람의 동등한 권리를 침해하지 않는 범위에서 최대화되어야 한다. 또한 모든 개개인은 사회의 안녕에 기여할 의무를 가지고 있다.

셋째, 어떠한 형태의 사회이던지 모든 사회는 그 구성원에게 최대의 이익을 제공하기 위한 기능을 해야 한다.

넷째, 사회복지사는 사회정의의 원칙에 대한 소신을 가져야 한다.

다섯째, 사회복지사는 개인과 집단 및 지역사회와 사회에 대해 그들이 발전할 수 있고 개인 및 사회적 갈등을 해결하기 위한 객관적이고 훈련된 지식과 기술에 헌신할 책임을 지니고 있다.

여섯째, 사회복지사는 성, 연령, 장애, 인종, 사회계층, 종교, 언어, 정치적 신념, 성적 취향에 기초한 어떠한 차별 없이 가장 최선의 가능한 지원을 제공하여야 한다.

위와 같은 관점에서 사회복지는 인권 전문직이라고 할 수 있다. 이에 국제사회사업가협회와 사회복지 교육과 사회복지실천 분야에 종사하고 있는 사회복지실천가들이 인권을 증진하고 보호하며, 기본적인 사회욕구를 충족시키는 일에 확실하고도 충분하게 관여하는 것이 당면과제임을 인식하고 있다. 인권에 대한 지식의 습득은 사회복지 전문직이 원조 전문직으로서의 역할을 잘 이해할 수 있도록 하며, 사회복지전문가들이 인권에 관하여 더 많이 알고 더 깊이 이해할 수 있도록 사회복지서비스를 필요로 하는 사람들의 복지를 위한 전문적인 활동과 개입이 더욱 증진될 수 있음을 확신하고 있다.

결국 인권의 보장은 사회복지실천과정을 통해서 이루어질 수 있는 것이며, 사회복지실천과정에서 인권의 원칙 및 인권에 대한 감수성과 실천기술들이 접목될 때 인권이 보다 잘 실천될 수 있을 것이다(Ife, 2000; 고명석, 2016 재인용).

③ 국제사회복지교육협의회와 국제사회복지사연맹의 윤리원칙선언문

국제사회복지교육협의회(IASSW)와 국제사회복지사연맹(IFSW)에서 사회복지 교육 및 훈련을 위한 국제기준을 제시하면서 사회복지실천의 정의에 '인권이 사회정의의 원칙과 함께 사회복지의 근본'이라고 명시한 것은 이와 같은 맥락이다. 전 세계 사회복지사를 대상으로 이들 단체가 공표한 윤리원칙선언문(statement of ethical principles)에서는 국제적으로 인정받은 선언과 협약들에 근거하여 인권과 인간의 존엄성(human rights and human dignity)과 사회정의(social justice)를 제시하고 있다.

첫째, 인권과 인간의 존엄성 원칙은 사회복지가 모든 사람들의 타고난 가치와 존엄성을 존중하고 이에 따르는 권리에 기반을 두고 있음을 명시하고 있다. 인권과 인간 존엄성 원칙에 포함되는 세부내용으로는 자기결정권 존중, 참여권 증진, 각 개인에 대한 전인적 대우, 강점 인식 및 개발 등이 있다.

둘째, 사회정의의 원칙은 개인의 인권이 집합적으로 보장될 수 있는 구조로서 이 역시 인권 관련 선언과 협약에 제시된 내용과 깊은 관련성을 갖는다. 사회정의의 원칙에 포함되는 세부내용으로는 차별에 대한 도전, 다양성에 대한 인식, 자원의 공평한 분배, 부당한 정책 및 실무, 연대하기 등이 있다(국가인권위원회, 2017).

④ 우리나라 사회복지사 윤리강령

우리나라 사회복지사 윤리강령에도 사회복지 전문직은 가치기반의 전문직이며 인권존중의 철학이 바탕이 되고 있음을 알 수 있다. 윤리강령 전문에는 '사회복지사는 인본주의·평등주의의 사상에 기초하여, 모든 인간의 존엄성과 가치를 존중하고 천부의 자유권과 생존권의 보장 활동에 헌신한다. 특히 사회적·경제적 약자들의 편에 서서 사회정의와 평등, 자유와 민주주의 가치를 실현하는 데 앞장선다'고 되어 있다. 이어지는 사회복지사의 기본적 윤리기준에 '사회복지사는 클라이언트의 종교·인종·성·연령·국적·결혼상태·성 취향·경제적 지위·정치적 신념·정신 및 신체적 장애·기타 개인적 선호, 특징, 조건, 지

위를 이유로 차별대우를 하지 않는다'와 클라이언트에 대한 윤리기준에 '사회복지사는 클라이언트의 권익옹호를 최우선의 가치로 삼고 행동한다', '사회복지사는 클라이언트에 대하여 인간으로서의 존엄성을 존중해야 하며, 전문적 기술과 능력을 최대한 발휘한다', '사회복지사는 클라이언트가 자기결정권을 최대한 행사하도록 도와야 하며, 저들의 이익을 최대한 대변해야 한다'와 같이 인권존중 및 권리옹호 관련 조항들이 포함되어 있다.

(2) 인권과 사회복지실천과의 관계

사회복지실천은 복지권의 실현이며 사회복지학의 사명 역시 복지권이 갖는 인권적 속성을 밝혀내고 이를 구체화하는 방법론을 탐구하고 제시하는 것이라 할 수 있다(윤찬영, 2005). 사회복지와 인권은 가치나 윤리 철학이 유사하거나 일치하는데 인권 개념의 핵심은 '한 인간의 완전한 인간성을 실현할 권리'(김형식·여지영, 2001)이며, 앞에서도 언급하였듯 시 우리나라의 사회복지 윤리강령 전문에 인간의 존엄성과 가치 존중, 자유권과 생존권 보장, 사회정의와 평등, 자유와 민주주의 가치 실현 등의 내용이 포함되어 있다.

이처럼 인권과 사회복지는 마치 동전의 양면처럼 매우 긴밀하게 연계되고 있으며 또한 연계될 수밖에 없다. 특히 '사회복지직은 인권 전문직'으로 불릴 만큼 사회복지현장 활동의 대부분은 인권실천과 밀접한 연관성을 지니고 있다(국가인권위원회, 2013).

이렇게 볼 수 있는 이유는 첫째, 개념·원칙과 가치의 측면에서 사회복지와 인권의 연관성을 확인할 수 있기 때문이다. 세계 인권선언 제1조는 "모든 사람은 태어날 때부터 자유롭고, 존엄성과 권리에 있어서 평등하다"라고 선언하고 있다. 사회복지사 윤리강령 전문 역시 "사회복지사는 인본주의·평등주의 사상에 기초하여, 모든 인간의 존엄성과 가치를 존중하고 천부의 자유권과 생존권의 보장 활동에 헌신한다"라고 되어 있다. 즉, 사회복지와 인권의 궁극적인 목적이 인간 존엄성 존중이라는 가치에 기반을 두고 있다. 그렇기 때문에 이 기본 가치에 입각해서 사회복지와 인권은 밀접한 연관성을 가지고 있다(양옥경, 2007).

둘째, 사회복지실천의 성격이 인권활동과 같다고 할 수 있기 때문이다. 사회복지실천과 인권을 강조한 Ife(2001)의 경우 사회복지사들의 사회복지실천이 곧 인권활동이라고 보았다. 그 이유는 사회복지사들의 개별상담, 대화기법, 옹호나 지지, 정책개발, 지역개발 등과 관련하여 행해지는 일련의 활동들이 인권과 관련된 업무라는 것이다. 다시 말해 사회복지사들이 구체적으로 인권활동이라는 용어를 사용하지 않았지만 이들에게 인권은 추상적인 개념이나 가치가 아니며, 사회복지실천현장에서 제도 및 정책의 마련과 서비스 제공이라는 실천의 행동으로 인권활동을 하고 있다는 것이다. 또한 인권에서 말하는 자유권·평등권·사회권·연대권과 생존권·보호권·발달권·참여권은 사회복지의 대상이면서 목표이고, 주요 시민혁명에서 인권을 언급하면서 주장했던 주요 가치인 자유·행복·생명·박애·평등은 곧 사회복지의 이념이기도 하다.

셋째, 경제적·사회적·문화적 권리인 사회권은 사회복지의 주요 대상인 복지 영역, 즉 복지권과 그 대상이 동일하다. 사회복지실천 영역은 공공과 민간에 의한 직접적 서비스 제공 과정이 인권보장의 한 과정으로 교육권·주택권·건강권·직업권·사회보장권 등을 보장하는 활동이다. 윤찬영(2005)에 따르면 사회복지실천은 복지권의 실현이며, 사회복지제도는 복지권을 현실적으로 구체화하는 것이라고 보았다. 사회복지사의 실천 또한 복지권의 주체인 대상자와 시민을 옹호하거나 또는 대변하는 것이 주요한 역할이며, 사회복지의 사명 또한 복지권이 지니고 있는 인권적 속성을 밝히고 이를 구체화하는 방법론을 탐구·제시하는 것으로 보았다(박진옥, 2014).

이처럼 사회복지사는 여러 형태의 인권을 실행, 옹호, 또는 보장할 수 있는 입장이기 때문에 다른 어느 전문분야보다도 중요한 인권기반의 전문직이다. 그럼에도 불구하고 시설의 인권침해와 운영상의 비리가 빈번히 발생하는 것은 사회복지 분야 종사자들이 사회적으로 소외된 사람들의 인권을 보호하거나 최소한 옹호자 역할을 적절히 수행하지 못한 결과이다.

이러한 이유로 사회복지사들이 인권을 전문적으로 이해하는 것이 필요하며 이를 위해 인권교육이 필요하다. 사회복지와 인권문제에 대하여 구체적인 이해와 학습이 이루어지지 못하면 사회복지실천현장에서 발생하는 인권침해 사례에 적절하게 대처할 수 없을 뿐만 아니라 결과적으로 인간존중이라는 궁극적인 사회복지의 목표를 달성할 수 없게 된다(국가인권위원회, 2017). 따라서 대학에서 예비 사회복지사들을 위한 인권교육과 사회복지실천현장에서의 인권교육 등이 필요하며, 사회복지학과에 인권 관련 교과목 개설을 통한 체계적인 인권교육이 이루어져야 할 것이다.

참고문헌

고명석 (2016). 인권과 사회복지. 서울: 대왕사.

국가인권위원회 (2004). 교사를 위한 학교 인권교육의 이해.

____________ (2008). 정신장애분야 인권교육 교재.

____________ (2011). 인권의 해설.

____________ (2013). 사회복지분야 대학교 인권과목 개설을 위한 기초연구.

____________ (2017). 사회복지 분야 인권교육 개선방안 연구.

권중돈 (2012). 인권과 노인복지실천. 서울: 학지사.

권오균, 김근아, 김지현, 김충식, 김희성, 나용선, 남상임, 박종선, 박진희, 방진희, 양시영, 이경자, 이민숙, 이은영, 이은희, 이효춘, 정인기, 최정섭 (2009). 사회복지개론. 경기: 공동체.

길귀숙, 강희숙, 김상곤, 오영훈, 유용식, 임승희, 천덕희, 현영렬 (2021). 사회복지실천기술론. 경기: 양서원.

김기태, 박병현, 최송식 (2014). 사회복지의 이해. 서울: 박영사.

김미옥, 김경희 (2011). 인권관점에 기초한 사회복지실천 경험에 과한 질적 사례 연구. 한국사회복지학, 63(1), 29-55.

김미옥, 정진경, 김희성, 최영식, 윤덕찬 (2006). 장애인생활시설 인권교육 교재 및 프로그램 개발. 국가인권위원회.

김융일, 조홍식, 김연옥 (2000). 사회복지실천론. 경기: 나남출판.

김홍수 (2014). 사회복지시설 종사자의 인권의식이 학대행위에 미치는 영향, 대구한의대학교 대학원 박사학위논문.

김혜영, 석말숙, 최정숙, 김성경 (2010). 사회복지실천론. 경기: 공동체.

남기민 (2011). 사회복지학개론. 경기: 양서원.

남일재, 박형준, 손정일, 신현석, 양정하, 오종희, 오주, 유용식, 이상직, 이선영, 이양훈, 조윤득, 최용 (2007). 사회복지개론. 경기: 현학사.

박진옥 (2014). 사회복지전공 대학생의 인권감수성과 인권의식에 관한 연구. 중앙대학교 사회개발대학원 석사학위논문.

박용순 (2017). 사회복지개론. 서울: 학지사.

박태영 (2000). 사회복지시설론. 경기: 양서원.

배화옥, 심창학, 김미옥, 양영자 (2015). 인권과 사회복지. 파주: 나남출판.

백은령, 김선아, 양숙미, 엄미선, 윤철수 (2008). 사회복지실천론. 경기: 대왕사.

엄명용, 김성천, 오혜경, 윤혜미 (2016). 사회복지실천의 이해. 서울: 학지사.

양옥경 (2007). 사회복지 실천현장에서 인권관점의 중요성. 인권과 사회복지실천 콜로키움 자료집 27-43.

여성가족부 (2023). 2023년 한부모가족지원사업 안내.

양옥경, 김정진, 서미경, 김미옥, 김소희 (2002). 사회복지실천론. 경기: 나남출판.

유공순, 김영석, 박찬길, 안종태, 류응모, 유용식, 이화정, 신정이 (2007). 사회복지개론. 경기: 양서원

유용식, 박차상, 강세현, 김옥희, 전영록, 남진열, 이현주 (2005). 사회복지개론. 경기: 학현사.

유용식, 김준환, 김영석, 안종태, 류응모, 이화정 (2016). 사회복지개론. 경기: 양서원.

윤찬영 (2005). 기본적 인권으로서 복지권의 이해. 월간 복지동향, 79, 4-7.

이관식 (2014). 사회복지서비스 제공자의 인권의식에 관한 연구. 남부대학교대학원 박사학위논문.

이명묵 (2011). 사회복지실천과 인권: 사회복지사에 대한 도전. 사회복지와 인권발전소.

이민숙, 이은영, 이은회, 이효춘, 정인기, 최정섭 (2009). 사회복지개론. 경기: 공동체.

이혜원 역 (2005). 인권과 사회복지실천. 서울: 학지사.

조미숙, 유용식, 윤춘모, 현영렬 (2021). 사회복지실천론. 서울: 동문사.

조흥식, 권기창, 이태수, 박경수, 이용표 (2013). 사회복지개론. 서울: 창지사.

장인협, 이혜경, 오정수 (2013). 사회복지학. 서울: 서울대학교출판문화원.

정무성 (2004). 사회복지실천현장. 2004 춘계 한국사회복지학회 자료집.

Compton, B. R., & Galaway, B. (1994). *Social work processes*(6th ed.) Pacific Grove, CA: Brooks/Cole Publishing Company.

Dobelstein, A. W. (2003). *Social Welfare: Policy and Analysis*(3rd ed.). Pacific Grove, CA: Brooks/Cole.

Dolgoff, R., Feildstein, D., & Skolnik, L. (1997). *Understand Social Welfare*. NY: Longman.

Howard, H. S. (1980). The Psychotheraty Handbook. edited by Richie Herink, The New American Library. Inc., pp. 508-509.

Ife, J. (2001). 인권과 사회복지실천. 김형식, 여지영 옮김. 서울: 인간과 복지.

Johnson, L. C. (1995). *Social Work Practice: A Generalist Approach*(5th ed.). Boston: Allyn and Bacon.

NASW (1973). Social Casework: Generic and Specific (A Report of the Miliford Conference of 1929), reprinted in National Association of Social Workers Classics Series, Washington, D.C.: NASW.

Northen, H. (1995). *Clinical social work: Knowledge and skills* (2nd ed). New York:

Columbia University Press.
Zastrow, C. (1995). *The Practice of Social Work*(5th ed.). Pacific Grove: Books/Cole Publishing.

CHAPTER

06 사회복지 중범위적 실천방법

1 지역사회복지

1) 지역사회복지의 개념

지역사회라는 용어 표현은 'community'의 어원에서 살펴볼 수 있다. 'community'는 라틴어의 'communis'에서 유래된 것으로, 이는 '친목, 인간관계나 정서적 지역사회'를 의미하고 있다. 그러나 중세 라틴시대에서 'commune'는 '동료나 성곽 내에 거주하는 사람들의 총체'를 의미하는 용어로 구체적으로 사용되기 시작했다(NASW, 1999). 'community'라는 단어는 'commune', 즉 '친하게 교제 한다'는 어미에 ~ity를 붙여, 공동체 및 공동사회라는 뜻으로 명사화된 것이다.

이러한 'community'는 다양한 의미와 문맥 속에서 쓰이고 있는데, 우리나라에서는 지역사회, 공동체, 공동사회 등으로 사용하고 있다. 이는 각 단어들의 뉘앙스가 다르고 강조하는 측면이 다른 것에 기인한다. 현재 우리나라의 사회복지에서는 'community'를 지역사회라는 용어로 사용하고 있다.

지역사회(community)란 공통의 정서와 관심을 가지고 비슷한 문화를 공유하며 지리적으로 근접한 거리에서 생활하고 있는 집단이다. 즉, 지역사회는 지역

주민을 구성원으로 하여 동일한 법과 제도권 내에서 감정과 정서로 뭉쳐져 상호작용하는 사람들의 집단으로서 공통의 욕구와 관심들이 존재하게 된다(서상철, 2006).

지역사회복지는 어느 한 전문분야에 한정되는 것이 아니라 지역사회주민의 복지를 증진시키기 위한 매우 광범위한 개념으로 전문적인 분야 또는 비전문적인 분야, 공식적인 분야 또는 비공식적인 분야 등이 지역사회차원에서 지역사회 문제를 해결하기 위해 지역사회 내·외의 자원을 동원하여 문제를 예방하고 해결하고자 하는 총체적인 노력이라 할 수 있다. 조금 더 구체적으로 살펴보면 다음과 같다.

김영모(2002)는 지역사회조직을 지역사회 성원의 공통된 욕구를 해결하기 위하여 그 지역사회가 지니고 있는 인적·물적, 내적·외적 자원을 동원하여 조성하여 주는 과정으로 보고 있다. 최일섭·류진석(2003)은 지역사회복지란 전문 혹은 비전문 인력이 지역사회 수준에 개입하여 지역사회에 존재하는 각종 제도에 영향을 주고, 지역사회의 문제를 예방하고 해결하고자 하는 일체의 사회적 노력이라고 정의하고 있다.

강철희·정무성(2013)은 지역사회복지를 지역사회에의 조직적이고 체계적인 개입을 통해 주민들의 삶의 질을 향상시키기 위한 사회복지적 지식과 기술을 활용하는 전문 실천방법으로 정의하고 있다. 이는 지역사회는 변화될 수 있으며 변화를 통해 주민들의 삶의 질이 향상될 수 있다는 신념에 근거한다. 그러나 변화는 자동적으로 쉽게 주어지는 것은 아니며 전문가의 개입에 의한 체계적인 계획과 노력에 의해 달성될 수 있는 가정에서 출발한다.

이상의 지역사회복지에 대한 여러 정의들을 통해 알 수 있는 것은 지역사회주민 개인의 문제를 개인 차원뿐만 아니라 지역사회 차원에서 동시에 대처한다는 것과 전문가와 주민이 공동으로 참여한다는 것, 지역사회의 다양한 자원을 활용한다는 것 등이다. 따라서 지역사회복지는 일정한 지역사회 내에서 주민의 생활문제를 사회복지사와 주민이 함께 공식적·비공식적 자원을 활용·개발하여 해결하거나 예방하는 다양한 노력들이라고 정의할 수 있다.

2) 지역사회복지의 실천모델

지역 주민들의 삶의 질 향상이라는 중요한 과제를 안고 있는 지역사회복지의 실천에 있어서 그 동안 제시된 실천모델을 현장에서 활용하는 것은 사회문제를 적절하게 해결·예방하는 효과를 가져 올 수 있기 때문에 매우 중요하다.

지역사회복지실천의 모델을 검토하는 것은 각 모델 간의 유용성과 문제점들을 파악할 수 있으며, 그 유용성을 보다 잘 활용하여 발전시키고 각 모델의 실천지침이나 기법을 보다 정교하게 하여 지역사회복지실천을 보다 다양하고 풍성하게 하는 데 그 의의가 있다. 또한 지역사회복지에서 해결해야 할 다양한 생활문제에 대한 접근을 가능하게 한다.

선행연구에서 제시하고 있는 지역사회복지실천 모델은 Rothman, Taylor와 Roberts, Weil과 Gamble 등이 있다. 본 원고에서는 위 모델들을 간단히 살펴보고자 한다.

(1) 로스만의 모델

로스만은 지역사회의 문제에 개입하는 방식을 세 가지로 나누고, 이들의 특징을 몇 가지 기준에 따라 정리하여 제시하고 있는데, 이는 지역사회복지실천 모델의 가장 전형적인 것이다. 이러한 세 가지의 모델, 즉 지역사회개발 모델(모델 A)은 지역 수준에서 광범위한 주민들의 참여를 통해 지역의 변화를 시도하는데 중점이 주어지고, 사회계획 모델(모델 B)은 전문가에 의한 사회환경의 변화를 강조하며, 사회행동 모델(모델 C)은 사회적으로 소외받는 특정 집단을 위한 사회행동을 강조한다(남진열 외, 2010).

① 지역사회개발 모델

지역사회개발 모델(community development)은 자조기반에 근거하여 지역사회문제 해결을 위한 지역사회능력과 사회통합이라는 과정목표를 통해 지역사회를 새롭게 만드는 데 초점을 두고 있으며, 지역사회의 문제나 욕구를 다룰 때 주민들의 자조(self-help) 정신을 강조하는 형태이다. 따라서 주민들이 문제를 스스로 해결할 수 있는 능력을 강화시켜 주는 데 역점을 두고, 문제의 파악 및 해결과정에 있어 지역사회 수준에서 광범위한 지역주민들의 참여를 통하여 지역사회의 변화를 시도해 보려는 것이다.

② 사회계획 모델

사회계획 모델(social planning)은 지역사회 내의 사회문제, 즉 보건, 주택, 고용, 오락, 비행과 같은 제 문제를 해결하고자 하는 기술적 과정과 합리적인 면을 강조한다. 이러한 지역사회의 문제들은 그 규모나 복잡성 때문에 문제해결을 지역사회의 주민에 의한 민주적 과정에만 맡길 수 없는 문제들이다. 이러한 문제들은 일반대중에게는 얻을 수 없는 전문적 지식을 갖춘 활동가에 의해 연구되고 해결이 시도된다.

③ 사회행동 모델

사회행동 모델(social action)은 지역사회의 불우한 처지에 처한 주민들이 사회정의와 민주주의에 입각해 보다 많은 자원과 향상된 처우를 그 지역사회에 요구하는 행동을 말한다. 이에 참여하는 사회복지사들은 지역사회의 기존제도(복지·보건·교육·취업·문화·가치관 등)와 현실에 대한 근본적 변화를 추구하여야 한다. 지역사회조직가들은 권력·자원·지역사회 정책결정의 역할 등에서 재분배를 추구하며, 공공기관의 기본정책에 대한 변화를 추구한다(Rubin & Rubin, 2001).

(2) 테일러와 로버츠 모델

Taylor와 Roberts는 로스만의 기본 3가지 모델을 기본으로 하고 2가지 모델을 새로 추가하여 후원자와 클라이언트가 어느 정도의 결정권한이 있는지에 따라 지역사회개발 모델, 프로그램 개발 및 조정 모델, 계획 모델, 지역사회연계 모델, 정치적 권력강화 모델 등의 5가지 모델을 제시하였다.

① 지역사회개발 모델

지역사회개발 모델(Community Development Model)은 시민참여에 기반을 두고 지역사회개발을 추구하는 모델로 클라이언트에게 거의 대부분 결정권한이 있는 클라이언트 중심 모델이다. 이 모델의 핵심은 지역사회주민과 지역사회를 성장하게 하는 것이기 때문에 사회복지사의 역할은 주로 조력자의 역할로 지역사회주민으로 하여금 문제해결과정에 참여하도록 하는 것이다.

② 프로그램 개발 및 조정 모델

프로그램 개발 및 조정모델(Program Development and Coordination Model)은 어떤 특정 목적을 이끌어 내는 과정에서 변화를 위한 실질적 힘을 발현시킬 수 있는 모델로 변화과정에서 클라이언트의 직접적 참여를 허용하기보다는 후견인이 완전히 100%의 영향력을 행사할 수 있는 후원자 중심의 모델이라고 할 수 있다. 각 지역의 사회복지협의회 및 지역사회복지공동모금회 등이 이 모델의 대표적 모델이다.

③ 계획 모델

계획 모델(Planning Model)은 로스만의 사회계획 모델을 인간지향적인 측면을 강조하도록 수정한 것으로, 지역사회문제해결에 있어서 전문적 지식과 기술을 가진 전문가가 합리성과 전문성에 기초하여 효율적이고 효과적으로 변화를 유도하는 모델이다. 특히, 계획에 있어 사람들과의 상호교류적인 노력을 강조하고 보다 옹호적이며 진보적인 정치적 접근을 포함하고 있다.

④ 지역사회연계 모델

지역사회연계 모델(Community Liaison Model)은 로스만의 모델에는 포함되어 있지 않는 것으로 사회복지기관의 일선 스태프나 행정가들에 의해 수행되는 기능을 중심으로 설명된다. 지역사회의 문제해결을 위해 지역사회에서 다양한 연계노력을 전개해 나가는 모델로 클라이언트의 요구와 후원자의 영향력이 동등하게 반씩 적용될 수 있는 모델이다.

⑤ 정치적 권력 강화 모델

정치적 권력 강화 모델(Political Empowerment Model)은 로스만의 사회행동 모델과 밀접히 관련된 것으로, 갈등이론과 다원주의 사회에서의 다양한 이익집단의 경쟁원리에 기초하고 있다. 의도된 시민참여에 의한 정치적 권력 강화에 초점을 두고 지역사회에서 자기 권리를 인정받지 못하는 구성원을 지지하여 그들 스스로가 자기 권리를 찾고 확대시켜 나가도록 하는 모델이다.

(3) 와일과 갬블의 모델

Weil과 Gamble은 로스만의 모델 및 테일러와 로버츠의 모델을 토대로 하면서, 최근의 변화를 적극적으로 반영하여, 근린지역 지역사회조직, 기능적 지역사회조직, 지역사회의 사회경제개발, 사회계획, 프로그램 개발과 지역사회 연계, 정치사회적인 행동, 연합, 사회운동 등 8가지 모델로 구분하고 있다. 구체적으로 살펴보면 다음과 같다.

① 근린지역의 지역사회조직

근린지역의 지역사회조직(Neighborhood and Community Organizing) 모델에서 지역사회조직 실천은 지리적인 의미의 근접성과 그 지역사회에서 해결하고자 하는 현안 문제에 초점을 둔다. 비록 하나의 특정 이슈와 사건을 계기로 지리적인 의미의 지역사회조직이 만들어지더라도, 대부분 지역사회의 사회적·정치적·환경적인 이슈를 취급하게 된다.

② 기능적 지역사회조직

기능적 지역사회조직(Functional Community Organizing) 모델에서는 지리적

인 접근성보다는 특정 집단의 권익을 추구하는 공동체를 의미한다. 이 조직의 구성원은 지리적으로 가까운 거리에 거주할 수도 있고 그렇지 않을 수도 있다. 중요한 것은 각 조직이 선택한 현안 이슈에 대한 옹호, 정책, 사람들의 태도를 변화시키는 데 초점을 두고 활동한다.

③ 지역사회의 사회경제개발

지역사회의 사회경제개발(Community Social and Economic Development) 모델은 저소득과 불이익 계층의 효과성을 제고시키기 위해서는 경제 개발과 사회 개발이 동시에 이루어져야 한다는 인식을 전제하고 있다.

④ 사회계획

사회계획(Social Planning) 모델은 객관성과 합리성에 기반을 두고 지역사회의 문제를 해결하려는 모델이다. 이 모델은 전문가의 지식 및 기술 그리고 객관적 조사와 자료 분석 등을 기초로 하여 합리적으로 지역사회문제를 해결하고자 하는 노력을 중심으로 한다.

⑤ 프로그램 개발과 지역사회 연계

프로그램 개발과 지역사회 연계(Program Development and Community Liaison) 모델은 지역사회의 욕구에 신속히 대처하기 위한 신규 서비스의 창출, 기관 프로그램의 확대 또는 방향 재설정을 주 목적으로 한다. 즉, 지역의 욕구에 맞춰 보다 나은 서비스 또는 새로운 서비스를 디자인 하고 실행하면서 지역사회 욕구를 보다 효과적으로 충족시키는 것이다.

⑥ 정치·사회행동

정치·사회행동(Political and Social Action) 모델은 기회가 제한되는 불평등에 도전하고 지역사회 욕구를 무시하는 정책 결정에 대응하며 부당한 결정에 맞서 싸우고 지역주민들로 하여금 자신의 능력에 대한 믿음을 강화시켜 부당한 조건을 변화시키는 것이 목적이다.

⑦ 연합

연합(Coalitions) 모델은 독립된 조직들로 하여금 공동의 목표로 설정한 사회변화를 위해 함께 일하도록 만드는 것이다. 이 모델의 목적은 사회복지 프로그램의 방향에 영향을 미칠 정도로 거대하고 필요한 자원을 동원할 수 있는 잠재력을 가진 다중조직적인 힘의 기반을 구축하여 지역사회에서 집합적으로 문제를 해결하는 것이다.

⑧ 사회운동

사회운동(Social Movements) 모델은 지역사회의 특정 인구집단이나 복지관련 현안문제 등과 관련하여 지역사회구성원들과 다양한 형태의 지역사회 조직체에서 새로운 패러다임을 제공함으로써 사회변화를 이루고자 하는 모델이다(강철희·정무성, 2013).

표 6-1 지역사회복지실천 모델 비교

구분 / 학자	개발모델	조직화모델	계획모델	사회변화모델
로스만	• 지역사회개발	–	• 사회계획	• 사회행동
테일러·로버츠	• 지역사회개발 • 프로그램개발·조정	–	• 계획 • 지역사회연계	• 정치적 권력 강화
와일·갬블	• 지역사회의 사회경제개발	• 근린지역의 지역사회조직 • 기능적인 지역사회조직	• 프로그램 개발과 지역사회연계 • 사회계획	• 정치·사회행동 • 연합 • 사회운동

3) 지역사회복지의 문제해결 과정

지역사회복지의 문제해결 과정은 지역사회 욕구 및 문제해결을 위한 목적 및 목표 달성을 위해 과학적인 지식과 기술을 토대로 합리적·체계적이고 의도적인 접근과정이며 그 지역의 실정과 특성에 맞는 적합한 문제해결과정이 필요하다.

학자들마다 지역사회복지의 문제해결 과정이 다르지만 공통적인 내용을 보면 첫째, 문제발견 및 분석, 둘째, 정책 및 프로그램 개발, 셋째, 프로그램의 실천, 넷째, 평가의 4단계로 제시할 수 있다.

(1) 문제발견 및 분석

지역사회의 충족되지 않은 욕구나 문제를 찾아내는 일이다. 문제를 어떻게 이해하고 개념화하는가에 따라 이를 해결하기 위한 정책수립의 구상이 달라지며, 구체적인 해결방안과 실천전략에 영향을 미치게 된다. 따라서 실천과정에서 과거의 노력과 문제에 대한 외부인 및 기관들의 견해를 파악하고, 문제의 성격·소재·범위·정도 등에 관한 분명한 규정이 있어야 한다. 이를 기반으로 문제해결과 관련된 목표를 설정하고 목표의 우선순위를 결정하게 된다.

(2) 정책 및 프로그램 개발

지역사회 주민의 욕구와 지역사회문제를 분석하여 문제해결에 필요한 정책을 수립하고 이를 실천하기 위한 프로그램을 개발하는 단계이다. 정책을 수립하는 것은 여러 가지 해결방안 중에서 가장 효과적이고 효율적인 정책을 선택하는 것이다. 따라서 정책수립에 있어서 이념, 실현가능성, 합리성을 고려하여야 한다.

정책수립이 목표 지향적인 광범위한 내용을 설정하는 것이라면, 프로그램 개발은 정책을 실천하기 위한 구체적 조치들을 명시하는 것이다. 프로그램 개발과정에서는 업무의 내용(활동내용, 순서, 전달체계 등), 자원(활동을 전개하는 데 필요한 자원의 내용과 동원방법 등), 가능성(목표달성을 위해 필요한 변화, 변화전략

등)을 고려한다(김상균 외, 2013)

(3) 프로그램의 실천

프로그램의 실천은 정책목표를 달성하기 위해서 행하게 되는 일련의 활동을 말한다. 활동의 내용과 형태는 문제의 성격에 따라 무한정한 것이기 때문에 일률적으로 논할 수 없으나 크게 두 가지 범주, 즉 '체제유지적(과정중심) 활동'과 '과업중심적 활동'으로 나눌 수 있다. 체제유지적 활동이란 클라이언트 집단이 문제를 스스로 해결할 수 있도록 능력을 배양해 주는 활동을 말하며, 과업중심적 활동이란 클라이언트 집단이 필요로 하는 서비스를 직접적으로 제공해 주는 활동을 말한다.

프로그램을 실천하는 과정에서 새로운 문제가 발생될 수 있으며, 이 경우 원래의 계획을 수정해야 할 필요가 생긴다. 따라서 사회복지사는 계획의 단계에서 변화를 예측할 수 있는 통찰력이 있어야 하고, 변화가 발생했을 때 즉각적으로 대처할 수 있는 능력과 기술이 있어야 한다.

(4) 평가

문제해결과정의 마지막 단계인 평가는 두 가지 목적을 갖는다. 하나는 프로그램의 실천과정에서 수집된 정보를 입수해서 실천에 반영하여 실천궤도를 수정하는 경우이다. 이때의 평가는 문제해결과정의 마지막 단계라 볼 수 없고 문제설정·목표수립·프로그램의 개발·프로그램의 실천이라는 전 과정에 영향을 주는 계속적 활동이라고 보는 것이 타당하다.

평가의 두 번째 목적은 문제해결 전 과정의 결과와 최종 산출을 평가하는 것이다. 이러한 평가는 일반적으로 프로그램을 통해 성취하고자 하는 목표가 어느 정도 달성되었는지, 전략과 전술의 효과는 어떠했는지 등 프로그램의 효과성과 영향을 측정하게 된다(최일섭·류진석, 2003). 이처럼 평가는 결과·효과에 따라 프로그램을 계속할 것인가, 중단할 것인가, 수정·보완할 것인가를 결정하는 중요한 요인이 된다.

4) 지역사회복지의 실천현장

(1) 사회복지협의회

① 개념

사회복지협의회(community welfare council)는 사회복지사업법에 의거, 설립된 사회복지 공익법인으로서, 민간 사회복지 증진을 위한 조사·연구와 각종 복지사업을 조성하고, 각종 사회복지사업과 활동을 조직적으로 협의·조정하며 사회복지에 대한 국민의 참여를 촉진시킴으로써 우리나라의 사회복지증진과 발전에 기여함을 목적으로 한다.

사회복지협의회는 지역사회 내 각종 사회복지시설, 사회복지에 관심을 가지는 민간단체나 개인의 연합체 또는 협회를 말하는 것으로, 지역사회의 복지욕구가 가능한 한 효과적으로 달성될 수 있도록 상호협동, 계획 및 활동을 하는 단체라고 정의한다. 즉 협의회의 1차적 목적은 지역사회 주민의 욕구와 문제를 다루어 사회복지에 대한 계획과 조정을 하는 것을 말한다.

오늘날 사회복지협의회는 일반적으로 사회복지기관과 시민의 조직으로 불리는데 다음과 같은 기본적 요소로 구성된다. 첫째, 사회복지협의회는 시민과 사회복지기관을 대표하고 정부기관과 민간기관을 포괄하고 있다. 둘째, 사회복지가관이 관련되어 있는 한 사회복지협의회는 기관이 공적으로 지명한 대표에 의해서 대변되는 연합체이다. 셋째, 사회복지협의회는 대개 대도시, 소도시 및 군 같은 지방 지역사회 내에서 활동하고 있다. 넷째, 사회복지협의회의 사업은 보건 및 복지계획 등 지역사회조직사업의 모든 활동이다(표갑수, 2012).

② 발달과정

사회복지협의회는 민간사회복지기관들의 모임인 한국사회사업연합회로 창립하여, 1954년 사단법인 한국사회사업연합회로 법인 허가를 받았고, 1961년 6월 사단법인 한국사회복지사업연합회로 개칭하였다. 그후 1970년 5월 명칭을 사회복지법인 한국사회복지협의회로 명칭을 바꾸어 현재에 이르고 있다. 그후

1998년에 사회복지사업법의 개정으로 독립법인화 되어 한국사회복지협의회(중앙)의 지회조직에서 독립하여 별도의 법인을 구성하게 되었다. 한국사회복지협의회의 조직체계는 중앙의 한국사회복지협의회와 17개 시·도에 시·도 사회복지협의회가 구성되어 있으며, 시·군·구 사회복지협의회가 구성되어 있다.

③ 목적과 기능

사회복지협의회의 목적은 사회복지에 관한 조사·연구와 각종 복지사업을 조성하고, 사회복지사업과 활동을 조직적으로 협의·조정하며, 사회복지에 대한 국민의 참여를 촉진시킴으로써 우리나라의 사회복지증진과 발전에 기여함을 목적으로 한다. 이와 같은 목적에 따라 협의회가 갖는 기능은 첫째, 정부와의 관계는 사회보장제도를 확립·추진토록 하며, 사회복지시책의 시행 개선 등을 건의하는 기능을 가지고, 둘째, 국제기구와의 관계는 국제 사회복지협의회의 회원국과 민간외교 및 기술·지식의 교류를 하는 기능을 가지고 있다. 셋째, 회원 및 관련단체와의 관계는 사회복지사업에 대해 연락, 협의, 조정을 하고 사회복지사업을 지도·육성하는 기능을 가지고 있다. 넷째, 지역사회와의 관계는 지역사회복지증진을 위한 시민참여를 촉진하고, 지역사회 주민의 협동정신을 배양하며, 지역사회지도자를 양성하여 훈련시키고, 지역사회개발 계획을 수립하여 이를 실천하는 데 필요한 지식과 기술을 제공하고 지도하는 기능을 가지고 있다.

④ 원칙

사회복지협의회의 원칙은 각 지역의 특성에 알맞은 활동을 진행하도록 하고 있으며, 기존 연구에서 다양하게 제시되고 있으나 여기서는 다섯 가지로 정리하고자 한다(송정부·류만희, 1995).

첫째, 주민욕구 기본의 원칙: 광범위한 주민의 생활실태·복지과제 등을 파악하도록 노력하고, 그 욕구에 입각한 활동을 수행해야 한다.

둘째, 주민활동 주체의 원칙: 주민의 지역복지에 대한 관심을 높이고 그 자주적인 대응을 기초로 한 활동을 수행해야 한다.

셋째, 민간성의 원칙: 민간조직으로서 특성을 살려 주민욕구, 지역의 복지과제에 대응하는 개척성, 유연성이 발휘된 활동을 수행해야 한다.

넷째, 공사협동의 원칙: 공사의 사회복지 및 보건, 의료, 교육, 노동 등의 관계기관, 단체, 주민 등의 협력과 역할분담에 따른 계획적이고 종합적인 활동을 수행해야 한다.

다섯째, 전문성의 원칙: 지역사회복지의 추진조직으로서 조직화, 조사, 계획 등에 관련하여 전문성을 발휘하는 활동을 수행해야 한다.

⑤ 사업

사회복지협의회의 주요사업을 보면 조사연구, 국제협력, 교육훈련, 사회복지증진, 대외홍보, 지방협의회 육성, 복지넷 운영, 자원봉사인증, 푸드뱅크, 사랑나눔실천운동, 사회공헌센터, 나눔기획사업, 멘토링사업, 좋은이웃들, 사회공헌활동 기부은행 등의 사업을 수행하고 있다(한국사회복지협의회, 2023).

(2) 사회복지관

① 개념

사회복지관이란 지역사회를 기반으로 일정한 시설과 전문 인력을 갖추고 지역주민의 참여와 협력을 통하여 지역사회복지문제를 예방하고 해결하기 위하여 종합적인 복지서비스를 제공하는 시설을 말한다. 여기서 지역사회복지란 주민의 복지증진과 삶의 질 향상을 위하여 지역사회차원에서 전개하는 사회복지를 말한다.

사회복지관의 목표는 사회복지관은 사회복지서비스 욕구를 가지고 있는 모든 지역사회주민을 대상으로 보호서비스, 재가복지서비스, 자립능력 배양을 위한 교육훈련 등 그들이 필요로 하는 복지서비스를 제공하고, 가족기능 강화 및 주민상호간 연대감 조성을 통한 각종 지역사회문제를 예방·치료하는 종합적인 복지서비스 전달기구로서 지역사회 주민의 복지증진을 위한 중심적 역할을 수행하여야 한다(보건복지부, 2022).

② 발달과정

사회복지관은 1906년 미국의 감리교 선교사 Knowles가 원산에서 '반열방'이라는 인보관을 설치하여 여성을 위한 계몽 사업을 시작하였으며, 이후 미국 감리교 선교부는 1921년 서울에 '태화여자관'을 설립하였고, 그 후 1926년에 원산에 '보혜여자관', 1930년에 '서울인보관' 등 대학, 종교단체, 민간기관에서 사회복지관을 설립하였다.

1975년에 '국제사회복지관연합회' 회원국에 가입하였고, 1976년에 '한국사회복지관연합회'를 설립하였다. 1988년부터 주택건설촉진법에 따라 저소득층을 위한 영구임대주택을 건설하면서 의무적으로 사회복지관을 건립하도록 하였고, 1989년에는 사회복지법인 한국사회복지관협회를 설립하였다. 2012년에 사회복지사업법 개정을 통하여 사회복지관의 설치 등 규정이 신설되었다.

③ 운영의 기본원칙

사회복지관 사업은 인도주의와 수혜자 존엄유지를 전제로 하여 다음 각 호의 기본원칙에 따라서 수행되어야 한다(보건복지부, 2022).

- 지역성의 원칙: 사회복지관은 지역사회의 특성과 지역주민의 문제와 욕구를 신속하게 파악하여 사업계획 수립 시 반영하여 지역사회의 문제를 해결하고 이에 따른 서비스를 제공하여야 하며, 주민이 적극적으로 참여하도록 유도함으로써 주민의 역할과 책임을 조장하여야 한다.
- 전문성의 원칙: 사회복지관은 다양한 지역사회문제에 대처하기 위해 일반적 프로그램과 특정한 문제를 해결할 수 있는 전문적 프로그램이 병행될 수 있도록 지식과 기술을 보유한 전문 인력이 사업을 수행하도록 하고, 이들 인력에 대한 지속적인 재교육 등을 통해 전문성을 증진토록 하여야 한다.
- 책임성의 원칙: 사회복지관은 지역사회 이용자 등에게 사업수행에 따른 효

과성과 효율성을 입증하고 책임을 다하려는 다각적 노력을 기울여야 한다.

• 자율성의 원칙: 사회복지관은 다양한 복지서비스를 효율적으로 제공하기 위하여 복지관의 능력과 전문성이 최대한 발휘되도록 자율적으로 운영되어야 한다.

• 통합성의 원칙: 사회복지관은 사업을 수행함에 있어 지역 내 공공 및 민간 복지 기관 서비스 간에 연계성과 통합성을 강화시켜 지역사회복지 체계를 효율적이고 효과적으로 운영되도록 하여야 한다.

• 자원 활용의 원칙: 사회복지관은 주민욕구의 다양성에 따라 다양한 기능 인력과 재원을 필요로 하므로 지역사회 내의 복지자원을 최대한 동원·활용하여야 한다.

• 중립성의 원칙: 사회복지관은 정치활동, 영리활동, 특정 종교 활동 등에 이용되지 않게 중립성이 유지되도록 하여야 한다.

• 투명성의 원칙: 사회복지관은 자원을 효율적으로 이용하고 운영과정의 투명성을 유지하여야 한다.

④ 사업 대상 및 내용

사회복지관에서는 저소득 취약계층과 지역주민에 대한 실질적인 사회복지서비스가 이루어질 수 있도록 각 사업을 유기적으로 연계하여 실시하여야 한다.

• 사회복지관 사업 대상: 사회복지관 사업의 대상은 사회복지서비스 욕구를 가지고 있는 모든 지역주민으로 한다. 다만, 다음 각 호의 주민을 우선적인 사업대상으로 한다.

- 국민기초생활보장 수급자, 차상위 계층
- 장애인, 노인, 한부모가족 및 다문화가족
- 직업 및 취업알선이 필요한 주민
- 보호 및 교육이 필요한 유아·아동 및 청소년

그밖에 사회복지관의 사회복지 서비스를 우선 제공할 필요가 있다고 인정

되는 사람

- 사회복지관 사업의 내용: 사회복지관은 지역사회의 특성과 지역주민의 복지욕구에 대한 조사결과를 바탕으로 사업내용을 자율적으로 결정하되, 기존에는 가족복지사업, 지역사회보호사업, 지역사회조직사업, 교육·문화사업, 자활사업 등 5대사업으로 분류하였으나, 사회복지사업법 시행규칙의 개정(2012. 8. 5)으로 3대사업으로 변경되었다.

표 6-2 사회복지관 사업내용

기능	사업분야	사업 및 내용
사례관리 기능	사례발굴	지역 내 보호가 필요한 대상자 및 위기 개입대상자를 발굴하여 개입계획 수립
	사례개입	지역 내 보호가 필요한 대상자 및 위기 개입대상자의 문제와 욕구에 대한 맞춤형 서비스가 제공될 수 있도록 사례개입
	서비스 연계	사례개입에 필요한 지역 내 민간 및 공공의 가용자원과 서비스에 대한 정보 제공 및 연계, 의뢰
서비스제공 기능	가족기능강화	가족관계증진사업, 가족기능보완사업, 가정문제해결·치료사업, 부양가족지원사업, 다문화가정, 북한이탈주민 등 지역 내 이용자 특성을 반영한 사업
	지역사회보호	급식서비스, 보건의료서비스, 경제적지원, 일상생활 지원, 정서서비스, 일시보호서비스
	교육문화	아동·청소년 사회교육, 성인기능교실, 노인 여가·문화, 문화복지사업
	자활지원 등 기타	직업기능훈련, 취업알선, 직업능력개발, 그밖의 특화사업
지역조직화 기능	복지네트워크 구축	지역 내 복지기관시설들과 네트워크를 구축함으로써 복지서비스 공급의 효율성을 제고하고, 사회복지관이 지역복지의 중심으로서의 역할을 강화하는 사업 - 지역사회연계사업, 지역욕구조사, 실습지도
	주민조직화	주민이 지역사회 문제에 스스로 참여하고 공동체 의식을 갖도록 주민조직의 육성을 지원하고, 이러한 주민협력강화에 필요한 주민의식을 높이기 위한 교육을 실시하는 사업 - 주민복지증진사업, 주민조직화 사업, 주민교육
	자원개발 및 관리	지역주민의 다양한 욕구 충족 및 문제해결을 위해 필요한 인력, 재원 등을 발굴하여 연계 및 지원하는 사업 - 자원봉사자 개발·관리, 후원자 개발·관리

출처: 보건복지부(2020). 2022 사회복지관 운영관련 업무처리 안내.

(3) 사회복지공동모금회

① 개념

사회복지공동모금회는 모두를 위한 한 번의 기부(one gift for all)와 십시일반(十匙一飯)의 원리를 바탕으로 이루어지는 민간모금활동이고, 국민의 상부상조정신에 입각하여 국민 각계각층의 자발적 협력에 따라 갹출한 민간사회복지를 위한 기부금의 일원화이며, 각종 민간사회복지에 계획적. 합리적으로 배분하고 그것의 향상 발전을 도모하고자 하는 것이다.

따라서 사회복지공동모금회는 지역사회의 복지욕구를 충족시키기 위해 노력하는 민간봉사조직들을 원조하기 위해 자원봉사자들에 의해 만들어지고 운영되며, 자발적 기금조성 노력들을 체계화하고 조정하며, 자원적 기부금에 의해 원조를 받는 지역사회의 기금조성, 기획 및 기금 배분조직으로서 시민들과 복지기관들과의 협동적 조직이라고 할 수 있다(표갑수, 2012).

사회복지공동모금회이 필요성을 보면 첫째, 지역사회 주민들의 자발적이고 적극적인 참여를 통한 상부상조정신과 시민참여정신의 고양 및 주민복지의식 고취, 둘째, 조직적이고 체계적이며 일원화된 모금활동을 통한 모금의 효율성 확보 및 증대된 모금액 확보, 셋째, 객관적이고 공정하며 전문적이고 투명한 배분으로 통한 기금 활용의 효과성 및 형평성 확보, 넷째, 민간차원에서의 재원 확보를 통한 민간사회복지기관 및 시설의 자율성과 전문성의 확보, 그리고 다섯째, 지역의 자주성에 의한, 즉 지역사회 주민의 원동력으로 한 지역사회복지 증진 등을 들 수 있다.

② 발달과정

사회복지사업법에 공동모금조항이 1970년에 삽입되어, 1971년에 설립허가를 받아 1972년에 처음으로 모금을 실시하였다. 그러나 여러 가지 이유로 인해 1983년에 공동모금조항이 사회복지사업법에서 삭제되었다가 다시 1997년 3월 사회복지공동모금법이 제정되어, 1998년 7월 1일부터 시행하게 되었다.

1998년 11월 사회복지법인 사회복지공동모금회가 설립되었으며, 1994년 4

월에는 지역 공동모금회 법인 해산 및 지회등록을 마감하여 6월에 각 시·도 지회장을 임명하게 되었다. 사업내용은 사회복지공동모금사업, 공동모금 재원의 배분, 재원의 운용 및 관리, 공동모금에 관한 조사·연구·홍보 및 교육 훈련, 지회 운영, 국제교류 및 협력증진 등의 사업을 실시하고 있다.

공동모금회의 조직체계는 전국 단위의 공동모금사업을 관장하기 위하여 1개소의 전국 공동모금회와 17개소의 특별시·광역시·도에 지회가 있다. 조직은 임원과 사무조직 및 분과 실행위원회로 구성되어 있다. 이사회의 구성은 경제계, 언론계, 법조계, 종교계, 사회단체, 사회복지전문가, 기타 학식과 덕망이 있는 자 중에서 선임하며, 분과 실행위원회는 기획·홍보분과, 모금분과, 배분분과 실행위원회 등이 있다.

③ 목적과 특징

가. 목적

우리나라 사회복지공동모금회법을 보면, 제1조(목적)에서, "이 법은 사회복지공동모금회의 공동모금을 통하여 사회복지에 대한 국민의 이해와 참여를 제고함과 아울러 자발적인 성금으로 조성된 재원을 효율적으로 공정하게 관리 운영함으로써 사회복지 증진에 이바지함을 목적으로 한다."고 규정하고 있다. 이러한 목적 달성을 통해 첫째, 자선사업의 난립을 막고 누구나 믿을 수 있는 민간모금단체를 등장시켜 공공성을 증대시킬 수 있다. 둘째, 주민이 참여하는 기회가 많아 자원봉사정신을 함양시킬 수 있다. 셋째, 프로그램의 전문성을 기할 수 있다.

나. 특징

공동모금은 우리 사회에서 관주도가 아닌 민간 자발적 노력의 형태이며, 상부상조의 미덕을 실천할 수 있는 방법이다. 이것은 서구사회에서 구체화되고 체계화되었지만 우리 전통사회에서 계, 향약, 부조문화 등에서 이미 실시되었던 것이다. 이러한 상부상조 정신에 입각한 공동모금의 특징을 몇 가지로 살펴보면 다음과 같다. 첫째, 스스로 참여하는 자원봉사활동으로서의 민간운동의 특성을 띤다. 둘째, 지역주민이 거주하는 지역사회를 중신기반으로 한다. 셋째, 지역사회복지 달성을 위해 효율성과 일원화를 할 수 있다는 특성이 있다. 넷째, 투명성이다. 다섯째, 광범위한 분위기 조성과 전 국민적 참여의 유도이다.

④ 기본원리와 사회적 기능

가. 기본원리

공동모금활동은 민간조직을 통한 통일된 캠페인아래 자원봉사자가 중심이 되는 민주적 모금활동이자 민간운동이라 할 수 있으며, 이러한 운동은 지역사회를 바탕으로 '모두를 위한 한 번의 기부(one gift for all)'를 모토로 하는 민간 지역사회복지운동이고, 상부상조의 전통에 바탕을 두는 건 국민 참여의 지역사회복지운동이며, 기부자에게 조직 성원들이 개별적 간청을 해서는 안 되고, 공동모금회의 운영비는 기부금에 의해서 획득되어야 하며, 공동모금회는 1년 내내 계속적인 활동과 평가를 해야 하고, 모금과 배분 및 사용이 공개되는 깨끗한 지역사회복지운동 차원에서 출발해야 하며, 이로 인하여 기부자들의 신뢰를 구하고 나아가 여론형성을 통해 사회복지의 향상을 도모할 수 있다.

나. 사회적 기능

사회복지공동모금회의 사회적 기능으로는 첫째, 합리적 기부금 모금을 통한 사회복지 자금의 조성. 둘째, 국민의 상부상조정신 고양. 셋째, 사회복지에 관한 이해의 보급과 여론의 형성. 넷째, 민주적 사회인으로서의 권리와 책무의 수행을 들 수 있다.

⑤ 모금 및 배분방법

가. 모금방법

모금방법은 주요 모금 대상이 누구냐에 따라서 크게 네 가지 유형으로 나눌 수 있다. 즉 개별형(개인이나 가정의 현금을 통해서 모금하는 형태), 기업 중심형

(회사, 공장 및 사업체 등과 그 근로자를 대상으로 모금하는 형태), 단체형(재단, 협회 등의 단체가 대상이 되는 경우), 특별사업형 (특별한 프로그램이나 사업, 즉 백만인 걷기대회, 카니발, 오페라, 발레, 자선골프대회, 카드 발매)이 있다. 이는 그 특성에 따라 장·단점이 있다. 이를 정리하면 〈표 6-3〉과 같다.

표 6-3 모금방법의 장·단점

구분	개발형	기업중심형	단체형	특별사업형
장점	모든 주민이 참여할 수 있다.	일시에 많은 모금을 할 수 있다.	쉽게 모금할 수 있다.	흥미가 있어서 참여도가 높다.
단점	경비와 시간이 많이 소요된다.	다소 강제적이다.	많은 주민참여가 어렵다.	모금의 안정성이 어렵고, 사치성, 소비성이 있다.
국가	일본, 필리핀	호주, 영국, 캐나다, 홍콩, 뉴질랜드, 싱가포르, 대만, 태국	미국, 일본	인도, 요르단

출처: 이택룡, 노무지(2007). 지역사회복지론.

나. 배분방법

배분하는 방법은 기관배분형, 문제 및 프로그램 배분형, 혼합형으로 나누어 볼 수 있다. 즉, 기관배분형은 사회복지시설이나 기관을 대상으로 모금액을 배분하는 방법이고, 문제 및 프로그램 배분형은 지역사회의 보건 및 사회문제를 해결하기 위해서 배분하거나 이를 위한 구체적인 프로그램을 위해서 배분하는 방법이며, 지역배분형은 지역을 단위로 배분하는 방법으로서 복지 혜택에 있어서 낙후된 지역을 중심으로 배분하여 지역별 특수한 문제를 해결하고 지역복지를 증진시키기 위한 것이다. 배분유형에 따른 국가별 분류를 보면 〈표 6-4〉와 같다.

표 6-4 **배분 유형에 따른 국가별 분류**

배분유형		국가명
기관배분형		오스트레일리아, 벨기에, 인도, 마우리티우스, 푸에르토리코
문제 및 프로그램 배분형		자메이카, 필리핀, 대만
혼합형	기관배분 우선	캐나다, 요르단, 뉴질랜드, 남아프리카, 태국, 베네수엘라
	문제 및 프로그램 우선	홍콩, 싱가포르, 버진 군도, 미국
지역배분형		일본

출처: 표갑수(2012). 지역사회복지론.

(4) 지역사회보장협의체

① 추진배경

지역사회보장협의체는 지역사회를 단위로 사회복지 관련 공공과 민간의 주체, 그리고 학계전문가, 주민대표 등이 참여하여 지역의 복지 관련 사안에 대한 논의와 협의, 추진 및 검토를 수행하는 구성체이다. 지방분권과 사회보장전달체계의 근원적 변화, 지역사회보장 환경을 반영한 사회보장급여 제공기관·법인·시설·단체 간 연계 및 협력의 필요성, 지역사회 공동체기능 회복과 사회적 자본 증대의 필요성, 정보통신기술의 발전에 따른 새로운 사회 조직화의 가능성 등으로 인하여 설립하게 되었다.

② 발달과정

사회취약계층에 대한 복지·보건서비스 체계 확립을 위해 시행한 보건복지사무소 시범사업(1995~99년)이 확대되지 못하고 종료된 이후, 2000년에 '보건·복지기능연계모형연구'(한국보건사회연구원)를 통해 보건복지기능연계도모를 위한 사회복지위원회 구성필요성이 확인되었다. 이에 2000년 12월에 사회복지위원회 설치근거를 명시한 사회복지사업법 개정법률안이 국회에 상정되었고, 2001년부터 2년간 15개 시·군·구 대상으로 시범사업을 실시하였다.

2003년 7월에는 개정된 사회복지사업법에 따라 구성근거를 마련, 2004년도에는 협의체 구성 경험이 있는 시범지역(13개 시·군·구)과 서울 서초구를 비롯한 사회복지사무소 시범지역(9개 시·군·구)을 추진지역으로 상정하여 2005년 8월부터 전국 시·군·구에 지역사회복지협의체를 운영하다가, 2015년 7월부터는 법적근거가 사회보장급여법 제41조에 의거 '지역사회복지협의체'가 '지역사회보장협의체'로 명칭이 변경되어 기존 사회복지에서 탈피하여 사회보장으로 범주가 확대되었다.

표 6-5 지역사회보장협의체 성격 및 기능변화 추이

구분	'05.7.31. 이전	'05.8.1~'15.6.30	'15.7.1. 이후
명칭	사회복지위원회	지역사회복지협의체	지역사회보장협의체
법적근거	사회복지사업법 제7조	사회복지사업법 제7조의 2	사회보장급여법 제41조
목적	• 사회복지사업에 관한 중요사항을 심의 또는 건의	• 관할지역의 사회복지사업에 관한 중요사항과 지역사회복지계획을 심의/건의 • 사회복지서비스 및 보건의료서비스 연계·협력 강화	• 지역사회보장계획, 지역사회보장조사 및 지표, 사회보장급여, 사회보장 추진사항 등 심의·자문 • 지역의 사회보장 증진 • 사회보장과 관련 기관 등과 연계·협력 강화
기타	시도 및 시군구에 설치·운영	공공과 민간의 네트워크 강화를 통한 지역복지거버넌스의 구조와 기능 확대	사회복지에서 사회보장으로 범주 확대

출처: 보건복지부(2023). 지역사회보장협의체 운영안내. p.5.

③ 운영의 일반 원칙

가. 지역성

- 지역주민 생활권역을 배경으로 조직·운영되는 지역사회보장협의체는 지역주민의 복지욕구, 복지자원 총량 등을 고려, 사회보장급여가 필요한 지원대상자에 대한 현장밀착형 서비스 제공기반 마련
- 일반적으로 모든 지역에서 수행하는 보편적인 사업과 함께, 해당 지역의 특성·복지환경·문화 등을 반영하여 협의체의 기능 범위 내에서 자체 재원을 활용한 지역사업도 추진가능

나. 참여성

- 네트워크 조직을 표방하는 지역사회보장협의체는 법적 제도나 규제에 앞서 복지문제 해결을 위한 지역주민의 자발적 참여가 일차적인 추동력으로 작용
- 지역사회보장협의체의 원활한 기능 수행을 위해서는 공공과 민간의 적극적이고 자발적인 참여 필요

다. 협력성

- 지역사회보장협의체는 네트워크형 조직구조를 통해 당면한 지역사회 복지문제 등의 현안을 해결하는 민·관협력 기구
- 지역사회보장계획의 수립·시행·평가를 위한 협의적 의사결정, 상생적 조직 관계, 지역사회 공동체, 사회적 자본 등을 주요 개념으로 두고, 네트워크를 바탕으로 민주적이고 합리적인 방법으로 운영

라. 통합성

- 지역사회 내 복지자원 발굴 및 유지적인 연계와 협력을 통하여 수요자의 다양하고 복잡한 욕구에 부응하는 서비스를 통합적으로 제공
- 지역주민의 삶의 터전인 지역사회를 중심으로 주민의 다양한 복지서비스 욕구를 충족시키기 위해서는 삶의 각 영역을 포괄하는 다양한 서비스(보건, 복지, 문화, 고용, 주거, 교육 등)가 지역사회에서 제공되어야 함

마. 연대성

- 자체적으로 해결이 곤란한 복지문제는 지역주민 간 연대를 형성하거나 인근 지역과 연계·협력을 통하여 복지자원을 공유함으로써 해결
- 공공부문의 서비스를 보완하는 사회복지법인 외에 비영리 시민단체나 조직의 지역복지 활동참여 확대뿐만 아니라 가족과 이웃을 통한 복지욕구 충족 등 지역사회에서 활동하는 사회보장 주체의 연대가 중요

바. 예방성

• 지역 주민의 복합적인 복지문제를 조기에 발견하여 예방할 수 있도록 노력 (보건복지부, 2023).

④ 구성 및 운영

지역사회보장협의체의 구성은 대표협의체, 실무협의체, 실무분과, 읍면동 지역사회보장협의체 등으로 구성한다. 대표협의체는 대표성, 포괄성, 민주성의 구성 원칙에 의거하여 공공과 민간을 포함한 해당 지역사회의 지역사회보장 이해관계자를 대표할 수 있도록 구성하고, 해당 시군구의 지역사회보장 영역(보건·복지·고용·주거 등) 및 연계 분야의 이해관계자를 포괄할 수 있도록 구성하고, 대표협의체 위원은 민주적인 절차와 방법에 의거 위원장을 포함한 10명 이상 40명 이하의 위원으로 성별을 고려하여 임명 또는 위촉한다.

실무협의체는 포괄성과 전문성의 구성 원칙에 따라 지역사회에서 활동하고, 지역사회에 의거하여 해당 시군구의 지역사회보장 주체를 모두 포함할 수 있도록 구성하고, 지역사회보장 영역 업무에 종사하고 있는 실무자(현장전문가) 중심으로 위원장을 포함한 10명 이상 40명 이하의 위원으로 성별을 고려하여 구성한다.

실무분과는 지역사회 내 사회보장 관련 기관·법인·단체·시설 간 연계·협력 강화 및 실무협의체의 운영을 촉진하기 위해 실무분과를 구성·운영한다. 실무분과의 운영에 관한 세부적인 사항은 시군구의 조례로 정할 수 있고, 공공부문 실무위원(임명직), 민간부문 분과위원(위촉직), 기타 연계 영역의 위원으로 구성한다.

읍면동 지역사회보장협의체는 민·관 협력을 통한 복지 사각지대 발굴 및 통합적 복지서비스 지원체계를 마련, 국민의 복지체감도 향상을 위해 구축한 기존의 민관협의체를 보다 촘촘한 읍면동 단위 지역사회보장협의체로 확대 개편하였으며, 위원의 구성은 위원장을 포함 10명 이상으로 지역특성에 맞게 구성·운영하도록 하한선을 규정하였다.

⑤ 기능

지역사회보장협의체를 가리켜 지역사회자원의 개발과 관련서비스를 연계·조정하는 지역사회보장협의기구라고 정의하는가 하면, 지방분권화에 의한 지역사회중심 사회복지전달체계 구축의 핵심기제라고 의미를 부여하기도 한다. 즉 지역사회단위로 민간부문과 공공부문 간의 긴밀한 협력아래 사회복지서비스의 효과성과 효율성을 제고하고 지역사회 문제를 스스로 해결하기 위한 논의구조의 필요성이 대두되었고 특히 민간부문의 참여에 기초한 사회취약계층을 위한 통합서비스 제공을 위해 기존의 복지·보건뿐만 아니라 고용·주거·교육·문화·환경 등 다양한 영역과 연계체계 확립 및 활성화의 필요성이 제기된 데 따른 것이다.

따라서 지역사회보장협의체의 주요기능은 협치(governance) 기능, 연계(network) 기능, 통합서비스 지원기능이다. 협치 기능을 통해 정책 심의, 연계 기능을 통해 계획 수립 및 실행, 통합서비스 지원기능을 통해 기본사업을 수행한다.

지역사회보장협의체의 기능을 구체적으로 정리하면 다음과 같다(보건복지부, 2023).

① 지역사회보장계획 수립·시행·평가에 관한 사항
② 지역사회보장지표에 관한 사항
③ 시군구의 사회보장급여 제공에 관한 사항
④ 시군구의 사회보장 추진에 관한 사항
⑤ 읍면동 지역사회보장협의체 구성 및 운영에 관한 사항
⑥ 지역사회보장협의체 운영에 관한 사항
⑦ 그밖에 위원장이 필요하다고 인정하는 사항

표 6-6 지역사회보장협의체의 기능

주요 기능	내 용
협치(governance) 기능	지역사회보장계획의 수립·과정·평가 등 지역사회보장의 주요 사항에 대하여 민간과 공공이 협력하여 심의·자문
연계(network) 기능	사회보장과 관련된 서비스 제공하는 관계 기관·법인·단체·시설과 연계·협력 강화
통합(integrate) 기능	협의체 내 각 분과 간 통합 및 조정역할을 수행하고 지역주민의 욕구를 반영한 통합적 서비스 제공체계 지원 통합서비스 제공을 위해 기존의 보건복지 뿐만 아니라 고용·주거·교육·문화·환경 등 다양한 영역과 연계

출처: 보건복지부(2023). 지역사회보장협의체 운영안내. p.47.

2 사회복지행정

1) 사회복지행정의 개념

사회복지행정(social welfare adminstration)이란 "공·사 사회복지기관에서 클라이언트나 국민의 복지증진을 위해 어떠한 목적을 설정하고 또한 그것을 달성하기 위해 노력하는 인간간의 합리적인 협동행위"라고 할 수 있다(남일재 외, 2007). 또한 사회복지정책을 사회적 서비스로 전환하는 과정이다. 이러한 전환과정에서 사회복지 분야는 다른 어떠한 분야보다 충분한 인적·물적 자원의 획득과 자원의 효율적인 활용이 중요하다. 사회복지 활동은 인력이나 물적 자원의 투입만으로는 소기의 성과를 거둘 수 없으며, 인력이나 물적 자원을 효율적으로 활용하는 합리적인 행정과정을 통하여 이루어질 수 있다.

인간이 모여서 활동하는 곳에는 행정이 있기 마련이다(Weinbach, 2002). 여기에서 행정의 필요성이 대두하게 되는데, 행정의 개념은 다음과 같이 요약할 수 있다. ① 행정이란 조직과 관리의 총체이다. ② 행정이란 사업의 목적을 성취하기 위하여 인적·물적 자원을 활용하고 효율적으로 만드는 과정이다. ③ 행정이란 사회적 서비스를 제공해 줄 수 있도록 하는 사람들 간의 협동적인 활동이다. 이와 같이 사회복지행정은 사회복지정책을 사회적 서비스로 전환하는 과정으로서 조직관리, 인적·물적 자원의 효율적 동원과 활용을 주요내용으로 하고 있다.

사회복지행정은 국가나 지방자치단체 수준의 공공부문 사회복지행정을 의미하기도 하며, 공공과 민간 사회복지기관(단체, 시설)의 관리행정을 의미하기도 한다. 이 중 후자의 개념은 사회사업행정으로 일컬어지기도 하는데, 사회복지의 대상인 클라이언트의 성장과 삶의 변화를 촉진함을 궁극적인 목표로 하기 때문에 사회복지 실천의 한 방법으로 인식된다(최성재·남기민, 2016).

넓은 의미의 사회복지행정은 공공과 민간기관의 모든 사회복지행정을 포함하여 사회복지조직의 활동과정에 기여하는 조직 구성원들의 협동적이고 조직적인 노력이라고 할 수 있다. 반면에 좁은 의미의 사회복지행정은 주로 사회사업행정에 국한하여 사회사업의 지식과 가치, 기술을 적용하여 사회복지기관의 특정한 목적을 달성하기 위하여 목표를 설정하고, 프로그램을 기획하며, 자원을 동원·활용하고, 평가하는 전반적인 활동이다.

사회복지행정의 접근방법에는 크게 관료적 행정과 민주적 행정이 있다. 관료적 행정은 사전에 설정된 절차와 규칙의 체계를 강조하고, 전문화에 기초한 노동의 분업, 인간관계에서의 비인격성을 특징으로 하는 반면, 민주적 행정은 참여에 의한 의사결정, 우호적이고 협력적인 업무관계를 특징으로 한다. 건전한 사회복지행정은 관료적인 특성과 민주적인 특성이 적절하게 혼합된 조직구조로 발전시키되, 민주적인 접근방법에 보다 많은 강조점을 두고 있다.

2) 사회복지행정과 일반행정의 비교

사회복지행정을 일반행정과 비교하여 봄으로써 사회복지행정의 특성이나 속성을 보다 명확하게 이해하여 참된 의미에 있어서 수요자 중심적인 서비스가 무엇인가, 그리고 양질의 복지서비스를 효율적으로 전달하는 방법이 무엇인가 하는 것을 발견하고자 한다(유용식 외, 2005).

행정은 사회복지행정뿐만 아니라 공공행정, 기업행정, 교육행정, 소방행정, 병원행정 등 행정이 필요한 조직에 따라 여러 가지 형태로 존재하고 있다. 우리나라에서는 행정이라고 하면 대개 정부가 행하고 있는 공공행정으로 인식하고 있지만 선진 외국의 경우 행정(administration)을 관리(management)라는 용어와 동일하게 사용하는 경향이 있다. 여기서 행정과 관리를 유사한 의미로 파악하고 혼용하여 사용하고자 한다.

행정이라고 할 때에는 그것이 어떤 조직에서든 공통점이 있고, 다른 한편으로는 행정이 이루어지는 조직의 특성에 따라서 차이점이 있는 것이다. 따라서 사회복지조직은 나름대로 특이성을 가지고 있기 때문에 사회복지행정은 일반행정과 차이점이 있고, 한편으로는 행정이라는 측면에서 공통성이 있다. 이와 같은 공통점과 차이점을 살펴보면 다음과 같다.

(1) 공통점

조직은 일정한 환경 하에서 일정한 목적을 달성하기 위하여 구조화된 분업체제라고 할 수 있다. 따라서 국가조직이든 사회의 일반적인 조직이든 사회복지조직이든 간에 소기의 목적을 달성하기 위하여 다음의 기능을 요구한다.

① 행정은 주로 문제의 확인, 문제의 여러 가지 측면을 연구, 해결 가능한 계획의 개발, 계획의 집행과 그 결과 효과성의 평가 등을 포함하는 문제해결 과정이다.

② 행정은 상호 관련되고, 상호작용하는 부분들이 모여서 이루어지는 체계이다.

③ 행정은 문제를 해결하기 위한 대안의 선택에서 가치판단적인 요소가 작용한다.

④ 행정은 개인 및 집단이 보다 더 효과적으로 기능하도록 도와주는 과정이라고 간주된다.

⑤ 행정은 미래의 바람직한 상태를 구현하기 위한 것과 관련되어 있다.

⑥ 행정은 지식과 기술의 상투적인 활용이라기보다 창의적인 활용으로 이루어지고 있다.

⑦ 행정은 최적 효율과 상품 또는 서비스를 창출하기 위해 프로그램, 서비스 및 직원들을 조직화시키는 데 관심을 기울인다.

⑧ 행정은 모든 업무부문에서 공공의 의지(public will)를 실천에 옮기는 것과 관련되어 있다.

⑨ 행정은 관리운영의 객관화와 인적 자원의 활용 간에 적절한 균형을 유지한다.

⑩ 행정은 개별 직원들의 지위와 인정에 관심을 갖고 조직의 목표, 가치와 방법에 직원들이 적극적으로 일체감을 가지도록 하는 데에 관심을 기울인다.

⑪ 행정의 주요한 영역으로는 의사소통, 직원간의 상호작용 관계, 행정에의 능동적인 참여 등이 있다.

(2) 차이점

① 사회복지행정의 특성

사회복지행정도 조직에 따라 그 기능이 다르고 서비스를 받는 클라이언트도 다를 수 있겠지만, 사회복지조직이라고 할 때 다른 유형의 공식조직과 구별되는 특성을 좀 더 구체적으로 살펴보면 다음과 같다(최성재·남기민, 2016).

첫째, 사회복지조직의 원료가 인간이라는 것이다. 다른 관료조직과는 대조적으로 사회복지조직의 원료는 가치중립적이 아니며, 문화적 가치를 부여받고 사회적·도덕적 정체성을 지니고 있는 인간들이라는 것이다.

둘째, 사회복지조직의 목표가 모호하고 애매하며 문제점을 지니고 있다. 즉, 사회복지조직의 대상이 인간이기 때문에 조직의 목표에 대하여 구체적인 합의를 얻기 어려운 점이 많다는 것이다.

셋째, 사회복지조직은 소기의 결과를 얻는 데 불완전한 지식과 기술을 사용하고 있다는 것이다. 전반적인 사회과학적 지식의 불확실성과 원조관계에 대한 지식의 불확실성으로 인하여 서비스 결과의 성공률이 그리 높지 못하다는 것이다.

넷째, 사회복지 조직의 핵심적인 활동은 조직 성원과 서비스 클라이언트인 클라이언트와의 관계이다. 따라서 일선조직 요원들의 활동이 중요시 된다.

다섯째, 사회복지조직들은 전문성을 가지고 있는 직원들에게 점점 더 크게 의존한다.

여섯째, 사회복지서비스의 효과를 확실하고 타당하게 측정할 수 있는 표준척도가 없다는 것이다. 이에 따라 결과의 평가에 대한 논란이 많고 변화와 혁신에 대한 저항이 다른 조직보다 크다는 것이다.

따라서 사회복지행정 조직은 클라이언트 중심이 되어야 하고, 조직구조가 탄력성이 있어야 하며, 전문적인 조직이 되어야 한다.

② 일반 행정과의 차이성

상술한 바와 같은 사회복지조직의 특성에 기인하여 다음과 같이 일반행정과 차이가 존재한다.

- 사회복지조직에서 행정은 지역사회 내의 인지된 욕구를 충족시킬 수 있도록 돕기 위해서 존재하는 것이다.
- 행정을 통해서 사회복지조직에 의해 제공되는 서비스는 세 가지로 구분할 수 있는데 첫째, 손상된 사회적 기능의 회복, 둘째, 좀 더 효과적인 사회적 기능을 위해 사회적·개인적으로 필요한 자원을 공급, 셋째, 사회적 역기능의 예방 등이 있다.
- 사회복지행정이 이루어지는 장(場)인 전형적인 사회복지조직은 일반적으로 지역사회를 대표하는 이사회가 존재한다.
- 사회복지조직의 크기, 범위, 구조 및 프로그램의 형태는 광범위하고 다양하다.
- 사회복지행정인은 사회복지조직의 내부 운영을 지역사회와 유기적으로 관

련시킬 책임을 갖고 있다.

- 사회복지 자원을 효과적으로 활용하기 위한 선택이 계속적으로 이루어진다.
- 사회복지조직은 조직의 생존을 위하여 자원의 적자운영을 피해야 한다. 조직의 최적기능을 창출하고, 유지하며 보호할 주요한 책임은 사회복지 행정인에게 있다.
- 사회복지조직에 의해서 수행되는 서비스는 전문 사회사업적 성격이 점차 증가하고 있다.
- 모든 직원들이 행정과정에 참여하고 어느 정도까지는 전체 조직의 사업에 영향을 미친다.

3) 사회복지행정의 이념

사회복지행정의 이념이란 사회복지행정이 추구하는 기본적 가치와 정신을 의미한다. 사회복지행정 이념은 시대와 정치체제를 초월하는 보편적 성격을 가지는 것이 아니며 특정 국가의 역사적·문화적·상황적인 제약을 벗어날 수 없다. 또한 그 우선순위를 엄격히 구별할 수 있는 것이 아니라 상호 보완적·상대적 성격을 띠고 있다.

일반행정과는 다른 특수성을 가지고 있는 사회복지행정은 일반적으로 논의되는 행정이념이 모두 적용된다고 할 수 있지만, 주로 인간의 욕구나 사회문제에 대한 사회복지서비스의 제공에 관심을 두고 있으므로 그 이념으로 효과성, 효율성, 공평성, 접근성이 특히 요구된다(장인협 외, 2013; 강용규 외, 2013).

(1) 효과성

효과성(effectiveness)은 목표의 달성도를 의미하는 기능적 개념으로 욕구의 충족 또는 해결에 있어서 어느 정도 유효한가를 의미하는 것이다. 즉, 욕구 충족을 위해 선택된 서비스가 어느 정도 적합한가의 관점에서 판단되는 것이다. 효과성의 측정은 목표의 명확한 설정을 전제로 해서 가능하다.

(2) 효율성

효율성(efficiency)은 투입(input)과 산출(output)의 비율로 표시된다. 즉, 최소의 자원으로 최대의 효과를 어떻게 거둘 것인가라는 것이다. 효율성 이념은 자원의 유한성을 전제로 하는 경우 항상 대두되는 문제이다. 자원의 제한성이 있는 사회복지서비스의 공급에 있어서 중요시되는 이념이다.

(3) 형평성

형평성(equity)이란 동등한 자유와 합당한 평등을 합한 개념이다. 자유를 최대한 보장하고 합당한 평등적 분배를 이룩하려는 것이다. 따라서 동일한 욕구를 가진 클라이언트는 동일한 서비스를 받아야 한다는 것을 의미한다. 사회복지서비스의 공급에 있어서 형평성이 특별히 배려되지 않으면 안 된다. 형평성은 서비스를 받는 기회와 내용뿐 아니라 그 비용 등을 포함하여 수반할 필요가 있다. 그러나 형평성은 반드시 형식적 평등만을 의미하는 것은 아니다. 가령 기회의 평등이 확보되어도, 그것은 반드시 결과의 평등을 가져오는 것은 아니다. 즉, 필요에 따라 장애를 가진 클라이언트에게 특별한 서비스를 제공하였지만 결과의 평등에 관계없는 경우도 있다. 이러한 의미에서 형평성의 판단은 사례에 따라서 유동성 있게 행할 필요가 있다.

(4) 접근성

접근성(accessibility)은 클라이언트가 서비스를 쉽게 이용할 수 있도록 접근이 용이해야 한다는 것이다. 클라이언트가 서비스에 접근하는 데 있어서 여러 가지의 장벽이 있을 수 있는데, 주요한 장벽요인으로는 서비스에 대한 정보의 결여, 물리적 장벽(원거리 또는 교통의 불편 등), 심리적 장벽(자신의 문제 노출에 대한 두려움, 수치감 등), 제도적 장벽(클라이언트로 선정되는 데 있어서의 까다로운 절차나 관료적 운영), 자원 부족(금품이나 전문인력의 부족 등) 등이 있다. 따라서 사회복지서비스 제공은 가능한 한 이러한 장벽요인들을 제거하여 클라이언트가 쉽게 서비스를 이용할 수 있도록 해야 한다.

이와 같은 사회복지서비스 제공의 네 가지 이념은 때에 따라서 상호간에 모순·대립되는 것도 적지 않다. 따라서 사회복지서비스를 보편주의(universalism)에 의할 것인가 선별주의(selectivism)에 의할 것인가라는 문제가 대두된다. 보편주의적 운영방법은 서비스의 공급을 행할 때에 클라이언트에게 특정의 자격 또는 조건을 부여하지 않는 것을 원칙으로 하나, 선별주의적 운영방법은 클라이언트에 대한 수급자격, 조건 등을 붙여 서비스 제공을 행하는 것이다.

이러한 점에서 보편주의적 운영방법은 형평성·접근성의 측면에서는 적합하지만 욕구가 높은 것에 서비스를 집중하여야 한다는 효과성·효율성이라는 측면에서 보면 약간의 문제가 있다. 반면 선별주의적 운영방법은 욕구의 선별이 적절하게 행하여지는 한에서는 효과성·효율성의 측면에서 보다 우월한 특징을 갖지만 형평성·접근성의 측면에서 보면 약간의 문제가 또한 제기된다.

4) 사회복지행정의 원리

사회복지행정에 있어서 기본적 원리는 행정가가 문제의 분석, 목표의 결정, 방법의 선택, 책임의 할당 및 결과의 평가를 위하여 가지는 가장 유용한 도구로써 Trecker가 제시한 것을 요약 정리하면 다음과 같다(유공순 외, 2007).

(1) 사회복지 가치의 원리

사회복지행정에서 전문직의 가치는 모든 서비스가 개발되어 그것을 필요로 하는 모든 사람들에게 유용한 것이 되게 하는 기반이 된다. 따라서 서비스를 제공할 책임을 지는 기관의 장이나 모든 직원들은 이 가치를 받아들여야 하며, 이러한 가치에 입각해서 모든 서비스를 행해야 한다. 이러한 가치의 중심이 되는 사상은 모든 인간의 존엄과 가치에 대한 신념이며, 인간들에게 영향을 미치는 일에 대한 결정에 그들이 참여하는 권리를 인정하는 것이다.

(2) 기관 목적의 원리

기관의 사회적 제 목적이 명확히 공식화되고, 진술되고, 이해되고, 활용될 수 있어야 한다. 직원과 함께 행정가는 기관의 설정된 목적의 달성을 촉진해 나갈 수 있도록 결정을 내리고 행동을 취해야 할 것이다. 사회복지행정가는 조직이 합의에 따라 성립된 목적으로 나아갈 수 있도록 의도적인 지도력을 발휘해야 한다.

(3) 기관의 총체성의 원리

기관은 전체성과 총체성에서 이해되어야 한다. 기관은 상호 관련되는 부서들로 구성되는 살아 있는 기구로서 파악되어야 하며, 이러한 부서들은 인간의 통합된 노력을 통하여 일정한 요구를 충족시키고 규정된 서비스를 제공하기 위해 자원배치체계와 에너지 산출체계를 구성한다. 사회복지행정가는 조직이 하나의 일체성을 유지하도록 해야 하며, 그것을 통하여 보다 효과적인 활동을 할 수 있도록 지속성, 안정성, 상호 연관성을 지니게 해야 한다.

(4) 지도력의 원리

사회복지행정가는 목표 달성과 전문직 서비스의 제공면에서 기관의 지도력에 대한 중요한 책임을 수행해야 한다. 또한 사회복지행정가는 기관관리라는 전통적 경영기술뿐만 아니라 정책형성 과정에서 클라이언트 옹호(advocacy)의 역할이라는 2가지를 균형 있게 수행해야 한다(강종수, 2019).

(5) 계획의 원리

계속적인 계획의 과정은 의미 있는 서비스의 개발에 기본적인 것이다. 사회복지행정가는 계획과정에서 지도력을 발휘해야 하며, 또한 모든 직원들이 개인으로서, 그리고 기관의 전체 활동과 관련하여 그들이 활동을 계획할 수 있도록 해야 한다.

(6) 조직의 원리

많은 사람들의 활동은 조직된 형태로 조정되어야 하고, 책임과 관계가 명백히 정의되도록 구조화되어야 한다. 사회복지행정가는 사회복지기관의 종류에 가장 적합한 조직 형태를 개발할 책임을 진다.

(7) 변화의 원리

변화의 과정은 지역사회 내에서든 사회기관 내에서든 다 같이 지속적인 것으로 사회복지행정가는 변화과정을 유도하고, 사람들에게 민주적으로 결정된 변화를 실천하도록 도와줄 책임이 있다.

(8) 평가의 원리

과정과 프로그램에 대한 계속적인 평가는 기관의 목적 달성을 위하여 필수적인 것이다. 사회복지행정가는 타인의 활동은 물론 자신의 활동도 평가하여야 한다. 개방적이고 비판적이며 또한 미래 지향적인 평가의 분위기가 형성되어야 한다.

(9) 성장의 원리

모든 참여자의 성장과 발전은 적극적인 작업의 할당, 사려 깊은 지도·감독 및 개인과 집단의 학습을 위한 기회를 제공하는 사회복지행정가에 의해 촉진된다. 사회복지행정가는 인간의 성장요구를 충족시킬 수 있어야 하고, 또한 충족시켜야 한다.

5) 사회복지행정의 과정

사회복지 목표를 달성하기 위해서 취하게 되는 일련의 행동과정으로 볼 수 있는 사회복지행정의 과정은 기본적으로 기획, 조직, 인사, 지시, 조정, 보고, 재정, 평가 등으로 이루어진다(박경일 외, 2001). 이것은 알파벳 첫 글자를 따라 POSDCoRBE로 표현된다. 구체적인 내용을 살펴보면 다음과 같다.

(1) 기획(Planning)

행정가가 수행하여야 할 첫 번째 과정으로서 목표의 설정, 목표 달성을 위한 과업 및 활동, 과업수행 방법 등이 포함된다(Skidmore, 1995). 과업을 수행하기 위한 필요한 방법은 변화하는 목표에 따라 달라질 수 있다. 따라서 행정가는 변화하는 목표에 따라 과업을 계획하고 목표 달성을 위해 필요한 방법을 선정해야 한다. Skidmore(1990)는 기획을 통하여 사회복지행정의 효과성과 효율성을 증진시킬 수 있다고 하였다.

(2) 조직(Organization)

작업의 할당이 규정되고 조정되는 공식적인 구조를 설정하며 기관의 구조는 인사 정관이나 운영규정에 기술된다. 역할과 책임이 분명하지 않을 경우에는 구성원 간에 갈등이 초래되어 비효율적이고 비효과적인 기관이 된다. 따라서 효과적이고 생동력 있는 조직을 유지하기 위해서는 행정가가 그 구성원들에게 조직의 목표를 명백하게 이해시켜야 하며, 기관 목표의 변화와 능력, 그에 따라 요구되는 과업과 방법의 변화에 보조를 맞추어야 한다.

(3) 인사(Staffing)

직원의 채용과 배치, 교육과 훈련, 활동조건의 유지, 승진 등의 활동이다. 이러한 일들은 보통 인사책임자에게 위임되기도 한다. 특히 행정책임자는 우호적인 활동조건을 조성하기 위하여 조직의 모든 구성원 간에 개방적인 의사소통의 망을 유지하고 대인간의 갈등을 완화하거나 해소해야 한다.

(4) 지시(Directing)

행정책임자는 기관을 효과적으로 지시하는 지도자로서 능력을 갖추어야 한다. 즉 합리적인 결정, 능동적인 관심, 헌신적인 태도, 구성원의 칭찬, 책임과 권한을 효과적으로 위임하는 능력, 개인과 집단의 창의성을 고취하는 능력을 발휘하여야 한다.

(5) 조정(Coordination)

기관들이 수행하는 다양한 부분들을 상호 관련시키는 기능이다. 행정책임자는 기관 내 조정기능을 위해 여러 부서와 구성원들 간의 효과적인 의사소통의 통로를 마련해야 한다. 효과적인 의사소통의 통로를 만들고 유지하기 위하여 가장 광범위하게 사용되는 방법은 위원회의 창설 및 활용 등이 있다.

(6) 보고(Reporting)

행정책임자는 보고의 기능을 수행하기 위해 기관의 직원, 이사회, 지역사회, 재원을 제공하는 기관에 대하여 기관에서 일어나는 상황을 알려 주어야 한다. 즉 클라이언트의 개별 사례기록, 인사기록, 위원회 활동기록 등을 포함하는 기관 활동 보고이다.

(7) 재정(Budget)

재정은 사회복지기관의 운영에 있어 핵심적인 요소이다. 예결산서의 작성과 프로그램의 비용 산출 및 후원금 관리 등의 내용이 포함된다. 재무행정은 건전한 조직계획, 재정계획, 재정운영 등 세 가지 요소로 구성된다.

첫째, 조직의 구조는 예산상의 관점에서 건전해야 한다.

둘째, 장기적인 목표와 현재 운영계획을 포함하는 재정계획은 예산정책에 기초하여 수립되어야 한다. 예산정책은 급여의 스케줄, 수입확보의 방법 및 지출통제의 방법에 대한 세 가지 요소를 포함한다.

셋째, 행정책임자 또는 재정책임자는 재정기록을 통하여 기관의 재정상의 운영을 통제하는 전반적인 책임을 진다.

(8) 평가(Evaluation)

기관에서 설정한 목표에 비추어 전반적인 활동 결과를 사정하는 과정이다. 프로그램 종료까지 지속한 클라이언트라면 성공적인 클라이언트이기 때문에 평가도 긍정적일 수밖에 없다(Gerber & Prince, 1999). 따라서 평가의 기능을 효과적으로 수행하기 위해서는 기관의 구성원들이 다양한 평가방법 사용과 평가활동을 자유롭게 수행하도록 하며, 기관의 기능과 프로그램에 대한 제안을 할 수 있도록 분위기를 조성하는 노력이 이루어져야 할 것이다.

6) 사회복지행정인의 역할

사회복지행정에서 핵심적인 역할을 하는 행정인의 기능은 곧 클라이언트에 대한 서비스의 질과 직결되기 때문에 매우 중요한 의미를 가진다. 우리나라의 복지행정조직은 아직도 전문화나 관료제화되지 못하고 있지만, 부분적으로 이러한 현상이 나타난 분야도 있다. 앞으로 사회발전에 발맞추어 복지행정조직은 계속 발전하고 세분화될 것이다. 따라서 이처럼 변동하는 시기에 있어서 복지행정조직의 관리는 복지행정인의 자유재량과 역량이 더욱 중요시되는 시기에 직면해 있다고 해도 과언이 아니다.

이러한 사회복지행정인은 다양한 역할을 가지고 여러 가지 관리 기능을 수행하고 있다. 행정인이 자신에게 부여된 역할과 기능을 충분하게 발휘한다면 사회복지 서비스의 효과성과 능률성이 제고되어 클라이언트의 욕구 충족이 훨씬 향상될 것이고, 행정의 성과가 나아질 것이다. 그러므로 사회복지행정인의 역할과 실천하여야 할 관리지침을 요약하여 서술하면 다음과 같다(Skidmore,

1990; 유용식 외, 2016 재인용).

첫째, 조직의 구성원을 수용(accepting)하여야 한다. 자신과 함께 일하는 지역사회 안에 있는 다른 전문 직원과 지도자뿐만 아니라 직원과 클라이언트들이 처해 있는 현실을 있는 그대로 인정하고 받아들여야 한다. 또한 클라이언트 개개인을 장점과 약점을 동시에 지닌 독특한 개인으로서 존중하고 수용해야 한다.

둘째, 조직의 구성원들에게 관심과 보호(caring)의 감정을 가지고 대하여야 한다. 온화한 마음을 가지고 직원들에게 소속감을 가지고 업무에 임하도록 해야 한다. 직원들에 대하여 관심을 가져야 할 뿐만 아니라 행동으로써 관심을 표현하는 것이 더욱 중요하다(Robbins & Judge, 2010).

셋째, 창의성(creating)을 발휘하여야 한다. 사회복지행정인은 창의적이 되어야 하고, 조직의 서비스를 개선하는 혁신적 정책과 방법, 그리고 절차와 직원관계를 개발하고 개선하기를 선호하는 사람이 되어야 한다.

넷째, 구성원의 참여를 유도하는 민주성(democratizing)을 발휘하여야 한다. 직원과 기타 다른 사람과의 참여를 통해서 조직이 현재의 상황보다 매우 좋아질 수 있다는 것을 인식하면서 그들의 의견과 가치를 존중한다.

다섯째, 기획(planning) 및 조직화(organizing)가 필요하다. 행정인은 기획을 하지 않고 실천을 한다면 조직의 효과성과 능률성은 저하된다는 것을 인식하여야 한다. 또한, 유능한 사회복지행정인은 자신이 소속한 조직을 효율적으로 조직화할 수 있는 능력을 가지고 있어야 한다. 이러한 조직화는 이사회, 직원 그리고 클라이언트의 도움을 받아가며 이루어지는 것이 바람직하다.

여섯째, 우선순위를 결정(prioritizing)하는 것이 중요하다. 행정인은 제시되는 각각의 목표와 운영의 중요성을 비교하여 어느 곳에 비중을 두어야 하는가를 알아야 하고, 보다 중요한 것에 우선적인 결정을 해야 할 것이다.

일곱째, 책임과 권한을 위임(deligating)할 수 있어야 한다. 사회복지조직의 책임이 분담되어 운영되어야 효율적임을 인식하고 다른 직원들에게 기꺼이 책임과 권한을 위임할 수 있어야 한다.

여덟째, 원활한 의사전달(communicating)이 이루어지도록 해야 한다. 행정인의 행동 가운데 중요한 것으로 의사전달을 들 수 있는데 이는 언어와 생각, 그리고 감정을 주고받는 모든 행위가 포함된다. 따라서 행정인은 얼굴의 표정과 자세, 몸의 움직임과 걸음걸이, 기타의 감정표현을 신중하게 관찰할 필요가 있다.

아홉째, 직원들에게 동기부여(motivating)를 하여야 한다. 행정인은 직원들의 욕구를 이해하고, 직원들이 조직의 서비스를 제공하는 데 그들의 능력을 최대한 발휘하도록 장려하기 위해 모든 수단을 동원하여야 한다. 행정인은 자신의 행동에 따라서 조직의 성과에 많은 차이가 있다는 것을 인식해야 한다. 직원들의 사기가 높으면 높을수록 직원의 감정은 긍정적이 되고, 서비스 제공이 향상될 것이다.

요컨대, 이러한 사회복지행정인의 행동지침은 복지서비스의 수요자를 중심으로 행정관리를 하는 지침이라고 할 수 있는바, 행정관리자는 행정수요자의 욕구를 충분하게 파악하여 구성원들을 관리해야 함을 의미한다고 할 수 있다.

참고문헌

강종수 (2019). 사회복지행정의 이해. 서울: 학지사.

강용규, 김형수, 양정하, 오정희, 유용식, 전리상, 주익수 (2013). 사회복지행정론. 경기: 공동체.

강철희, 정무성 (2013). 지역사회복지실천론. 경기: 나남출판.

김상균, 최일섭, 최성재, 조흥식, 김혜란, 이봉주, 구인회, 강상경, 안상훈 (2013). 사회복지개론. 경기: 나남출판.

김영모 (2002). 지역사회복지론. 서울: 고헌출판부.

남일재, 박형준, 손정일, 신현석, 양정하, 오종희, 오주, 유용식, 이상직, 이선영, 이양훈, 조윤득, 최용 (2007). 사회복지개론. 서울: 현학사.

남진열, 강세현, 전영록, 유용식 (2010). 지역사회복지론. 경기: 공동체.

박경일, 김경호, 김희년, 서미경, 양정하, 이경희, 이명현, 장중탁, 전광현 (2001). 사회복지학강의. 경기: 양서원.

보건복지부 (2023). 2023년 지역사회보장협의체 운영안내.

보건복지부 (2022). 2022년 사회복지관 운영관련 업무처리 안내.

서상철 (2006). 지역사회복지론. 서울: 홍익재.

송근원, 김태성 (1995). 사회복지정책. 경기: 나남출판.

송정부, 류만희 (1995). 신·사회복지협의회 기본요강. 사회복지 통권 126, 한국사회복지협의회.

유공순, 김영석, 박찬길, 안종태, 류응모, 유용식, 이화정, 신정이 (2007). 사회복지개론. 경기: 양서원

유용식, 박차상, 강세현, 김옥희, 전영록, 남진열, 이현주 (2005). 사회복지개론. 경기: 학현사.

유용식, 김준환, 김영석, 안종태, 류응모, 이화정 (2016). 사회복지개론. 경기: 양서원.

이택룡, 노무지 (2007). 지역사회복지론. 경기: 양서원.

장인협, 이혜경, 오정수 (2013). 사회복지학. 서울대학교출판부.

최성재, 남기민 (2016). 사회복지행정론. 경기: 나남출판.

최일섭, 류진석 (2003). 지역사회복지론. 서울대학교출판부.

표갑수 (2010). 사회복지개론. 경기: 나남출판.

표갑수 (2012). 지역사회복지론. 경기: 나남출판.

한국사회복지협의회 (2023). 사업안내.

현외성 (2019). 사회복지정책강론. 경기: 양서원.

Gerber, G. J., & Prince, P. N. (1999). Measuring Client Satisfaction with Assertive Community Treat. *Psychiatric Service, 50*, 546-550.

Gilbert, N., & H. Spect. (1986). Dimensions of Social Welfare Policy, New Jersey: Prentice-Hall.

Gilbert, N., & P. Terrell. (1988). Dimensions of Social Welfare Policy, Boston Allyn and Bacon.

Gilbert, N., H. Spect., & P. Terrell. (1993). Dimensions of Social Welfare Policy, Englewood Cliffs, New Jersey: Prentice-Hall.

NASW (1999). 사회복지대백과사전. 서울: 나눔의 집.

Robbins, S. P., & Judge, T. A. (2010). *Organizational Behavior*. NJ: Prentice-Hall.

Ross, M. G. (2001). Community Organization: Theory and Principles. Harper & Brother.

Rubin, H., & Rubin, I. (2001). *Community Organizing and Development*(3rd ed.). Boston: Allyn and Bacon.

Skidmore, R. A. (1990). *Social Work Administration: Dynamic Management and Human Relationships*(2nd ed). Englewood Cliffs, NJ: Prentice-hall.

Skidmore, R. A. (1995). *Social Work Administration*. Neednam Heights. MA: Allyn and Bacon.

Warren, R. (1978). *The Community in America*(3rd ed.). Chicago: Rand McNally.

Weinbach, R. W. (2002). *The Social Worker as Manager: Theory and Practice*. NY: Longman.

CHAPTER 07

사례관리

1 사례관리의 개념과 필요성

1) 사례관리의 개념

현재 "사례관리"는 일반적으로 받아들여지고 있는 용어로서, 개인, 가족, 집단을 비롯한 클라이언트들이 의료·법률 및 사회사업서비스와 적절한 보호를 받을 수 있도록 도움을 주는 활동을 지칭한다(Rubin, 1985). 일반적으로 "사례관리"라는 명칭으로 통용되고 있는 동 개념 및 과업은 경우에 따라서는 "사례조정", "보호 관리", "보호 조정", "서비스 조정", "서비스 통합" 또는 "서비스관리"라는 말로 불리기도 한다(Kane, 1993; Weil & Karls, 1985).

사례관리가 전통적인 사회복지 실천방법과 전혀 다른 새로운 형태의 접근방식이라고 보는 것은 타당하지 않다. 정보수집과 사정, 자원할당에서의 형평성 고려, 사례조정 등의 일련의 활동들은 사회복지실천의 근간을 이루고 있는 자선조직협회와 인보관의 활동에서도 미미한 수준이었지만 찾아 볼 수 있다. 그러나 전통적인 사회복지실천이 기관의 서비스 범주 내에서 서비스를 제공하는데 초점을 두었다면, 사례관리는 클라이언트의 개별적인 욕구에 초점을 두고 기관뿐만 아니라 지역사회의 다양한 서비스와 자원들을 연결하고 조정하면서 서비스를 제공한다는 점에서 차이가 있다.

어찌되었든 복합적인 욕구를 가진 클라이언트의 증가와 사회복지서비스의 확대, 지역사회중심의 사회복지서비스 강조 등의 사회·환경의 변화는 사회복지사들에게 사례관리에 대한 이해와 활용을 요구하고 있다. 이처럼 사례관리는 복합적인 욕구를 가진 클라이언트의 개별적인 상황에 맞는 서비스를 계획·제공하기 위해 직접적 서비스제공과 주요 서비스제공자들을 연계하여 네트워크를 수립·조정·점검·평가하는 실천이라고 할 수 있다(백은령 외, 2008).

결론적으로 사례관리를 통해 클라이언트의 삶의 질을 향상시키는 데 있다. 삶의 질 향상을 위해서는 개인과 사회가 서로 유익한 상호작용을 촉진하여야 한다. 이러한 상호작용을 통하여 클라이언트 및 가족·사회가 긍정적으로 변화하는데 있다. 그러나 사례관리만 한다고 해서 모든 클라이언트들이 변화하는 것은 아니다. 사례관리에 대한 고정관념을 버리고 사례관리 다운 사례관리가 절실히 필요하다.

2) 사례관리의 필요성

사회 인구학적 변화, 복지국가의 재정적 위기, 탈시설화, 서비스의 단편화, 사회적 환경에 대한 인식의 증대, 복지체계의 변화 등으로 요약될 수 있는데(장인협·우국희, 2001). 이를 보다 자세하게 살펴보면 다음과 같다.

① 사화·인구학적 변화

사회적 기능상에서 장애나 문제를 가진 사람들, 즉 지적장애·정신질환·신체장애·노숙자·에이즈환자 등 복합적 욕구를 가진 인구의 증가로 이들의 욕구를 충족시켜주기 위한 체계적이고 포괄적인 서비스제공이 필요하게 되었다.

② 복지국가의 재정적 위기

복지국가의 위기논쟁을 불러일으킨 1970년대의 국가재정의 위기는 정부의 공공지출 규모에 대한 우려를 낳게 되었으며, 때맞춰 불어 닥친 오일쇼크 파동으로 국가재정의 위기를 맞게 되었다. 이에 각국은 국가 지출규모를 줄이기 위해 보건정책과 사회서비스 정책의 방향을 전환하게 되었는데, 요보호계층에 대한 보호를 전반적으로 관리하면서 다양한 서비스 및 비공식적 지지를 조정하는 사례관리가 효과적인 서비스전달을 최대화하면서 동시에 비용을 절감시키는 수단으로 인식되게 되었다.

③ 탈시설화의 영향

탈시설화의 영향으로 퇴소한 클라이언트들을 위해 많은 지역사회기반의 서비스가 개발되었음에도 그들의 다중적 욕구가 지역사회 내에서 충족되지 못하는 문제점이 제기되게 되었다. 서비스의 분산성, 포괄적인 서비스체계 부족, 시설퇴소 클라이언트들의 능력과 동기부족 등의 문제가 제시되자 이러한 문제점을 시정하기 위한 방편으로 지역사회 내에서 클라이언트들의 욕구를 적절하게 충족시킬 수 있는 포괄적인 서비스체계 구축이 필요하게 되었다.

④ 서비스의 단편화

1960년대와 1970년대 서비스의 프로그램이 급속도로 확장된 결과 서비스의 이용가능성은 증대된 반면, 서비스 전달체계는 오히려 복잡해지고 단편화되었으며, 서비스가 중복 제공되기도 하였다. 서비스 조정기능을 담당할 사례관리 시스템과 사례관리자가 등장하게 되었다.

⑤ 사회적 환경에 대한 인식증대

사회적 지원체계와 지원망 등 사회적 환경의 중요성이 부각되면서 사회적 지지망의 개발과 연결이 중요한 개입기법으로 등장하게 되었고, 대인 서비스 체계 내에서의 클라이언트의 사회적 관계망을 통해 제공되는 비공식적 지지와 공식적 서비스를 통합시켜 주는 적절한 기제의 필요성이 증대되었다.

⑥ 복지체계의 변화

대규모 생활시설과 생활인원의 계속적인 팽창으로 더 이상 국가가 이런 제도를 유지할 능력이 없는 상태에 이르자 생활 인구에 대한 책임을 민간부분으로 이양함으로써 실질적인 국가의 재정문제를 해결하고자 하게 되었다. 그 결과 복합적인 욕구를 가진 클라이언트들의 지역사회 내의 공식·비공식적 자원의 개발과 활용을 새롭게 강조하는 배경이 되었다. 사례관리는 이러한 복지체계 및 대인적 사회 서비스의 변화에 부응하여 전문적인 실천부분에서 등장한 구체적인 실천양태라 할 수 있다(장인협·우국희, 2001).

최근까지도 노인·장애인·지적장애인·소년소녀가족·기초생활수급자를 대상으로 사례관리방법을 적용하고자 하는 다양한 노력들이 기관별로 혹은 기관간 연계를 통해 이루어져 왔으나 복지여건의 미성숙과 공식적인 시스템 부재 등으로 인해 아직까지 정착화 되지 못한 상태이다.

2 사례관리의 목적과 원칙

1) 사례관리의 목적

사례관리의 목적은 복잡하고 다양한 욕구를 가진 클라이언트를 위해 지원망을 개발하거나 강화시켜 가장 효율적인 방법으로 서비스를 제공하는 것이며, 클라이언트 스스로 그 지지망을 관리하도록 서비스 조정에 대한 영향력을 증진시키고 그의 능력을 개발하는 것이다.

그러나 사례관리 목적은 입장에 따라 달라질 수 있다. 클라이언트는 자신의 욕구가 충족되도록 충분하고 시의적절한 서비스를 원할 것이고, 비용부담자의 입장에서는 사례관리의 효율성과 효과성이 중요하며, 서비스제공자의 입장에서는 클라이언트의 만족과 큰 성과를 기대할 수 있을 것이다(권진숙·박지영, 2015). 그러나 일반적으로 사례관리의 목적은 다음과 같다.

① 클라이언트의 인간의 존엄성을 증대 시킨다.

② 외부환경에 적응할 수 있는 클라이언트의 잠재력을 최대화한다.

③ 클라이언트와 가족이 여러 서비스와 지원체계에 접근하여 이를 활용할 수 있는 방법을 습득하게 하여 가족, 이웃, 친구 등 비공식적 지원 체계가 클라이언트를 보조할 수 있는 능력을 최대화시킨다.

④ 클라이언트가 자립하는 데 도움을 준다.

2) 사례관리의 원칙

전미사회복지사협회에서는 사례관리자들이 윤리적인 실천을 할 수 있도록 사례관리 표준지침(NASW Standards for Social Work Case Management)을 제시하였다(Rothman, 1991). 이 지침에서는 이미 사회복지사들이 준수하고 있는 전미사회복지사협회의 윤리강령을 충실히 준수할 것을 사례관리자들에게 강조하고 있다(권진숙·박지영, 2015). 전술한 사례관리의 목적을 달성하고자 할 때 준수해야 할 원칙은 다음과 같다(원요한, 2007; 정순둘, 2005).

① 개별화된 서비스 제공

클라이언트 개개인의 신체적·정서적·사회적 상황과 욕구에 초점을 두고 서비스를 제공해야 한다.

② 포괄적 서비스 제공

클라이언트의 복합적인 욕구에 대해 포괄적인 서비스(경제적·의료적·사회적 서비스 등)를 조정하여 제공해야 한다. 클라이언트가 속한 환경체계 속에서 다양한 자원들을 파악하고 연결하며 조정·점검하는 것이 필요하다. 이를 위해서 사례관리자는 클라이언트가 생활하고 있는 지역사회에 존재하는 잠재적 자원들에 대한 지식을 갖고 있어야 한다.

③ 서비스의 연속성

클라이언트의 복잡한 상황과 다양한 문제해결에 필요한 기간만큼 서비스가 중단되지 않고 지속적으로 제공되는 것을 의미한다. 변화하는 클라이언트의 욕구에 부합되는 포괄적인 서비스를 지속적으로 제공해 주어 필요한 서비스가 중단되는 상황을 방지해야 한다.

④ 서비스에 대한 접근성 개선

다양한 서비스들은 각기 이용자격·절차와 서비스 제공정책 및 전달과정들이 상이하기 때문에 클라이언트의 접근성을 떨어뜨릴 수 있다. 클라이언트들이 서비스에 가능한 쉽게 접근할 수 있도록 해야 하며, 공정한 대우를 받을 수 있도록 하는 것이 중요하다. 따라서 사례관리자는 이용자와 서비스 제공기관 사이에서 중개역할을 통해 클라이언트들이 쉽게 접근할 수 있도록 해야 한다. 뿐만 아니라 정보부족으로 서비스를 이용하지 못하고 있는 클라이언트들을 적극적으로 발굴하여 서비스를 받을 수 있도록 해야 한다.

⑤ 서비스의 연계성

복잡하고 분리되어 있는 다양한 서비스들을 연결하여 서비스 효과를 극대화할 수 있도록 해야 한다. 클라이언트에게 필요한 서비스가 여러 기관으로 분산되어 있을 경우 관련된 기관과 서비스들을 연결하여 서비스 효과를 높일 수 있도록 중재해야 한다.

⑥ 서비스의 책임성

서비스 전반에 대해 전문적으로 그리고 윤리적으로 책임을 지고 역할을 수행함으로써 클라이언트·가족·자원체계들의 신뢰를 높이고 클라이언트에 대해서 책임을 다해야 한다.

⑦ 평가 및 모니터링

사례관리자나 서비스 조정자는 계획의 적절성 및 서비스 전달체계가 계획대로 움직여 주는지, 클라이언트의 진전 상황, 욕구의 변화 등을 정기적으로 재사정, 평가하면서 반드시 지속적인 사후관리를 제공하여야 한다. 클라이언트 및 서비스 기관과의 지속적인 접촉을 통하여 사례관리자는 보호의 질 및 적절성을 모니터링해야 한다.

3 사례관리의 구성요소

사례관리의 구성요소들 중에 첫 번째는 클라이언트이다. 중복적인 욕구를 가지고 있으나 스스로 욕구를 충족하기에는 어려움이 있는 사람을 나타낸다. 두 번째 요소인 자원은 클라이언트를 둘러싸고 있는 자원 혹은 환경을 의미한다. 세 번째 구성요소는 사례관리자와 그가 소속된 기관으로 클라이언트의 욕구를 파악하고 각종 서비스를 조정·개발하는 역할을 수행한다. 아울러 사례관리를 더욱 입체적으로 파악한다면 사례관리과정과 사례관리 운영체계가 부가적으로 포함될 수 있다.

(1) 클라이언트

사례관리를 필요로 하는 클라이언트는 대부분 복합적인 욕구를 가지고 있어, 하나 이상의 사회자원을 필요로 하지만 자원의 소재와 이용방법에 대해 잘 모르는 사람을 말한다. 다음과 같은 사람은 이러한 특징을 가진 사람이라고 할 수 있다. 예를 들면 복합적인 신체적, 정신적 장애를 가진 클라이언트나, 서비스가 충분히 제공되고 있지 않거나, 복합적인 서비스를 필요로 하는 클라이언트, 행정서비스 이외에 비공식적인 지원을 필요로 하는 클라이언트 등을 말한다. 무엇보다 클라이언트에 대한 차이를 인정하고, 이해하는 것이 필요하다.

(2) 사회자원

클라이언트의 욕구를 충족시키는 사회자원은 인적·물적 서비스를 제공하고 지원하는 다양한 자원의 공급주체를 말한다. 이러한 사회자원은 공급주체가 누구인가에 따라 분류가 가능하다. 이들 중에는 가족구성원, 친척, 친구, 동료·이웃, 자원봉사자 등과 같은 비공식 섹터와 행정이나 법인 등의 공식 섹터가 있다. 여러 가지 공급주체에 따른 사회자원을 클라이언트가 활용하고, 각 사회자원이 가지고 있는 장점을 살려서 욕구를 충족시키는 것이 사례관리의 특징이라 할 수 있다.

(3) 사례관리자

사례관리자는 사례관리의 가장 중요한 구성요소로서 앞에서 언급한 두 가지의 구성요소를 효과적이고 체계적인 방법으로 연계하는 역할을 수행한다. 여러 가지 서비스 공급 주체에 의한 사회자원을 클라이언트가 활용하여 욕구를 충족해 나갈 수 있도록 촉진하고, 조정하고, 연결시켜 나감으로써 클라이언트 자신의 능력을 향상시키고, 서비스 공급주체들의 능력 또한 발전시키는 것이 사례관리자의 역할이다.

(4) 사례관리 과정

사례관리는 사례관리실천의 목적을 달성하기 위해 수행하는 일련의 공통된 체계화된 과정을 갖는다(Holt, 2000). 즉 사례관리는 초기과정, 사정, 계획, 조정, 전달과 모니터링, 평가의 과정을 수행하며, 이러한 과정은 체계화된 운영체계를 통하여 다양한 전문 체계에 의해 종합적으로 점검되고 관리가 되는 실천방법이므로 시간적으로 전개되는 과정을 갖는다.

사례관리 과정은 사례관리서비스에서 수행하는 기능에 따라 실천의 단계로 규정할 수 있으며, 초기과정에서 종결 및 평가과정으로 시간적인 속성을 갖고 전개되는데, 이 과정은 단선적이 아닌 순환적인 과정이라고 할 수 있다. 즉 계획과정이나 실행과정에서 새로운 문제가 발견되면, 다시 사정과정으로 가서 재사정을 하며, 재계획을 실시해야 한다.

(5) 사례관리 운영체계

사례관리실천에 있어서 효율적인 운영체계는 무엇보다도 중요하다. 왜냐하면, 사례관리는 클라이언트에게 필요한 통합적 서비스를 전달하는 작동체계이며, 포괄적 프로그램이 확실히 이루어지게 하는 하나의 기제(mechanism)이기 때문이다. 효율적인 사례관리 운영체계의 구축을 통해서 클라이언트의 발굴과 의뢰 또는 연계가 활발하게 진행될 수 있다. 또한 클라이언트를 원조하는 데 서비스제공자들 간의 협력이 강화될 수 있으며, 지역사회 자원의 활용이 활발해질 수 있다. 이러한 측면에서 보면, 사례관리 기관 내부뿐만 아니라 외부와 연계된 사례관리 운영체계는 서비스 전달체계로서의 기능을 수행하게 된다(한국사례관리학회, 2020).

사례관리실천을 위한 운영체계에는 크게 7가지 영역으로 나눌 수 있다. 즉, ① 사례관리자, ② 사례관리팀, ③ 통합사례관리팀, ④ 전문 슈퍼바이저, ⑤ 솔루션위원회, ⑥ 통합사례관리지원단, ⑦ 사례관리 자원망으로 구분할 수 있다. 여기서 사례관리자와 사례관리팀은 조직 내부 운영체계로 볼 수 있으며, 통합사례관리팀, 전문 슈퍼바이저, 솔루션위원회, 통합사례관리지원단, 사례간리 자원망은 조직 외부협력체계로 구분할 수 있다(권진숙·박지영, 2015).

4 사례관리의 과정

사례관리를 전개해 나가는 과정은 학자에 따라 다양한 견해가 있지만 내용에 있어서는 큰 차이를 보이지 않는다. 이는 사례관리의 핵심요소와 기능에 대한 일반적인 합의가 존재하기 때문이라고 할 수 있다. 여러 학자들이 제시하고 있는 사례관리 과정을 도표로 제시하면 〈표 7-1〉과 같다.

본 장에서는 장인협·우국희(2001)의 과정을 중심으로 정리하고자 한다. 사례관리의 과정은 인테이크·사정·계획·실행·점검·평가·종결로 나누었다. 각 단계에서 고려해야 할 사항들을 중심으로 살펴보고자 한다(장인협·우국희, 2001; 정순둘, 2005).

표 7-1 사례관리의 주요과정

Steinberg & Carter(1983)	Weil & karls (1985)	White & Goldis(1986)	Moxley (1986)	Challis&Davies(1989)	Rothman (1991)	장인협·우국희 (2001)
가입 (사례발견, 사전적격 심사)	클라이언트의 확인과 출장원조	사례발견		사례발견	기관에의 접근, 접수	인테이크
사정	개별적 사정과 진단	사정	사정	사정	인테이크·사정과목표 수립	사정
목표설정, 서비스기획, 능력조성	서비스기획, 자원확인	보호기획	기획	사례계획 및 서비스배정	개입계획·자원확인과 목록 만들기	계획수립
보호계획의 실행	서비스연결, 서비스 실행과 조정	계획실행	개입		클라이언트 연결	실행
재사정	서비스전달의 점검 및 옹호	사후검토, 재사정	점검	점검 및 재평가	점검과 재사정	점검 및 재평가
종결, 관계유지	평가		평가	종료	결과평가	평가 및 종결

출처: 백은령 외(2008). 사회복지실천론. p. 405 재인용.

1) 인테이크(intake)

이 단계는 사례를 발견하고 접수, 관계형성, 문제확인, 욕구와 기대파악, 서비스에 대한 정보제공, 서비스에 대한 수혜여부 결정, 원조과정 안내, 의뢰

(referral) 및 사전검사(screening), 계약하는 것을 모두 포함하는 과정으로 이해해야 한다. 즉, 사례관리서비스를 필요로 하는 잠재적 클라이언트를 발견하고 그들의 욕구를 개략적으로 파악하여 적격성 심사를 거쳐 클라이언트로 확정하는 과정이다.

(1) 사례발견

① 아웃리치

자신의 욕구를 충족시킬 수 있는 서비스와 자원의 정보에 대한 접근이 어렵거나, 그러한 것들을 자발적으로 구하려는 동기가 부족한 잠재적 클라이언트로 하여금 서비스에 대한 접근성을 향상시키기 위해 서비스 기관에서 활용하는 방법이다.

아웃리치 방법으로 교회, 노인종합복지관, 동사무소 등지에 포스터나 간단한 인쇄물의 배포, 다양한 대중매체에의 광고, 공공장소에의 광고문 설치, 지역사회 조직에서의 설명회, 가정방문 권유 등의 활동이 있다.

② 의뢰

필요한 서비스를 제공할 수 있는 기관, 자원 또는 전문가에게 클라이언트를 직접 연결시켜 주는 방법이다. 클라이언트의 욕구와 그들에게 유용한 서비스를 확인하고, 그러한 서비스에 클라이언트가 참여할 수 있는 기회를 제공하며, 클라이언트와 서비스의 연결이 잘 이루어졌는가를 확인하는 것을 포함한다.

(2) 스크리닝

스크리닝은 사례발견을 통해 서비스를 신청한 사람을 대상으로 서비스 제공의 적합성을 결정하는 것이다. 이는 부적절한 의뢰와 서비스가 필요하지 않는 사람을 사정 이전에 판단함으로써 실제적으로 서비스가 필요한 클라이언트에게 신속한 서비스를 제공하기 위함이다. 이 단계에서의 정보수집은 아주 필수적인 부분으로 제한하여야 한다.

(3) 계약

클라이언트가 사례관리서비스를 제공받기 원하여 사례관리자와 함께 서비스 제공에 동의하는 서식에 서명하는 것을 말한다. 계약에 포함되어야 할 사항으로 클라이언트의 기대, 클라이언트에 대한 관심과 프로그램의 중요성, 프로그램의 기능과 수행방법, 클라이언트가 수용해야 할 조건과 책임, 클라이언트나 친족에 대한 선택과 통제권리의 보장, 클라이언트가 된다는 동의, 필요한 응급조처, 다음단계에 대한 약속과 조정, 이전의 타 기관에 대한 통보 등이 있다.

2) 사정(assessment)

사정은 접수과정에서 사례관리서비스 대상으로 결정된 클라이언트들의 복합적인 욕구와 현존하는 문제, 현재의 기능, 생활상태, 그들의 장점과 잠재능력, 공식·비공식 지원체계의 그들에 대한 지원능력 등에 관하여 전반적인 자료를 수집하고 종합적으로 분석하는 집중적이고도 체계적인 과정이다.

사정은 클라이언트의 문제와 상황을 검토하기 위한 절차이며 이 단계에서 서비스의 내용과 수준 등이 결정된다. 총체적인 관점에서 클라이언트의 다양한 문제와 욕구를 확인해야 하는 단계이며 사례관리에서는 사정과정이 중요한 비중을 차지할 뿐만 아니라 이후 단계에서 진행될 개입의 효과성을 결정짓는 중요한 역할을 담당한다.

즉, 사정의 목적은 클라이언트 및 그의 사회적, 물리적인 환경의 욕구(need)와 강점(strength)을 정확히 평가하는 데 있다. 욕구는 문제점, 요구사항, 해결책, 부족한 부분 등의 여러 가지 측면으로 정의된다. 클라이언트들은 사례관리에서 어떠한 서비스가 제공될 수 있는지를 모르기 때문에 자신의 욕구를 정확하게 표현하지 못하고, 때로 비현실적인 기대를 하거나 너무 좁은 범위의 욕구만 표현하므로 잘 탐구해야 한다.

사정은 사례관리의 초기단계로 끝나는 것이 아니라 사례관리자가 사례를 관리하는 동안 지속적으로 이루어지는 과정이라는 점이다.

(1) 클라이언트 욕구 및 문제 사정

사례관리자는 클라이언트와 함께 그들의 현재 상황에서 다양하고 복합적인 욕구를 확인해야 한다. 클라이언트의 욕구 및 문제에 대한 정확한 사정은 사례관리의 목적달성에 매우 중요하며 개입의 근거를 제시한다.

(2) 욕구에 대한 클라이언트의 능력 사정

클라이언트의 능력을 사정할 때는 클라이언트의 약점이나 결함보다는 강점, 잠재능력, 활용 가능한 자원, 발전가능성, 문제해결능력 등과 같은 긍정적인 요소에 우선 초점을 두어야 한다.

(3) 클라이언트 지원체계의 능력 사정

사례관리자는 클라이언트의 욕구를 충족시키기 위한 비공식 체계와 공식 지원체계의 능력을 클라이언트와 함께 사정한다. 비공식 지원체계는 가족, 친척, 친구, 이웃, 자조집단, 종교집단, 직장동료 등 다양한 형태가 존재한다. 공식 지원체계에는 사회복지기관과 시설, 지역사회의 공식적 단체와 기관, 정부기관 등이 있다.

(4) 지원체계 활용의 장애 사정

사례관리자는 클라이언트가 공식 지원체계와 비공식 지원체계를 활용하는 데 있어서 장애에 대한 사정을 실시한다. 여기서 장애란 지원체계와의 관계를 방해하거나 형성되지 못하도록 막는 그 무엇을 말한다. 장애요인으로는 자원 이용의 불가능성, 자원의 부족, 정보의 부족, 서비스의 단편성과 불연속성, 비공식 지원체계의 무관심과 책임성 결여 등이 있다.

3) 계획(planning)

사례관리과정에서 계획은 클라이언트의 욕구충족을 위한 목적을 발전시키는 과정이며, 목적을 성취하기 위해 서비스를 구체화하는 과정이라고 할 수 있다(정순둘, 2005). 계획단계에서 개입의 목표는 명료하고 실현가능하게 수립되어야 할 뿐만 아니라 클라이언트의 동의하에 이루어져야 한다. 개입계획에선 자원 확인이 필수적인 부분이며 이용 가능한 서비스와 자원을 파악함으로써 개입계획을 구체화 할 수 있다.

사례관리자는 자원의 존재여부만을 확인하는 것이 아니라 클라이언트의 접근성을 높여주기 위해 다양한 정보들을 수집하여 목록화해야 한다. 사례관리계획은 클라이언트의 욕구에 부응하여 사례관리과정을 통해 달성하고자 하는 결과목표와 개입을 통해 달성하고자 하는 서비스목표가 모두 포함되어야 한다.

사정과 계획의 차이는 사정이 해결되어야 할 문제와 서비스의 목적을 확인하는 데 초점을 둔 것이라면, 계획은 이들 욕구를 충족시킬 수 있는 적절한 수단의 실제적 선택에 초점을 둔다.

(1) 목표설정

계획은 사례관리자의 전문적 판단과 실천적 경험으로 세워지게 되며, 첫 단계로 사정과정에서 확인된 욕구를 바탕으로 클라이언트에 대한 목표를 설정한다. 목표는 대개 클라이언트 생활환경의 개선, 개인의 능력향상, 지원체계 개발과 강화 등이다.

목표들을 장·단기적으로 구분하고, 우선순위를 설정한다. 장기목표는 단기목표의 달성 후 희망하는 상태를 나타내게 되며, 단기목표는 클라이언트 현재의 욕구충족이나 위기상황을 해결하기 위한 직접적인 목표가 된다.

(2) 서비스 계획의 수립

서비스 계획은 클라이언트에 대하여 설정한 목표를 달성하기 위하여 어떠한 서비스가, 언제, 어떤 방식으로, 얼마 동안, 어느 정도 제공되어야 하는가에 관한 사항들을 문서화한 것이다.

서비스 계획은 주로 소득, 일상생활 활동에 대한 원조, 재가보호, 이동성, 의료보호 등과 같은 클라이언트의 수단적 욕구에 초점을 둔다. 사례관리자는 이 모든 과정에 클라이언트를 동반적로 관여시켜야 하며, 클라이언트의 욕구에 관해 관련된 사람들이 검토, 논의하고 상호 간에 정보를 공유하는 통합적인 과정을 이끌어가야 한다.

4) 실행(implementation)

이전 단계에서 수립한 서비스계획을 완전하게 수행하는 단계로 클라이언트에게 필요한 서비스를 연결하고 개입을 통해 서비스 제공과 활용에서의 장애를 극복하며 적절한 서비스를 배열, 정리하는 과정이다.

클라이언트의 서비스에 대한 접근성과 능력을 고양시키고자 하는 직접적 개입에는 클라이언트 교육·훈련, 상담·치료, 정보제공, 지지 및 격려, 위기개입, 클라이언트의 동기화 등이 있다. 간접적 개입에는 자원체계의 연계·중개, 의뢰, 조정, 자원 개발 및 자원망 지원활동, 클라이언트가 적절한 대우를 받도록 옹호하는 것 등이 실행단계에서 이루어지는 사례관리활동이다.

복합적이고 지속적인 클라이언트의 욕구에 적절하게 부응하고 원활한 사례관리를 위해서는 지역사회 내 다양한 자원들 간의 연계 시스템 구축이 필요할 뿐만 아니라 다양한 자원에 대한 파악이 전제 되어야 한다. 또한 사례관리자는 서비스 공급주체들과 유대관계 속에서 활동해야 한다.

(1) 장애극복과 옹호

서비스를 적합한 시기에 적절히 제공하고 효율적으로 활용하기 위해서는 보호계획의 수행 시 발생하는 장애를 극복할 필요가 있다. 그 장애는 선천적 무능력, 내부 장애, 외부 장애가 있으며, 신체적 무능력은 클라이언트 통제 밖의 것으로 서비스 제공자와의 효과적인 의사소통에 제한을 초래하며 특수한 서비스 제공이 필요하다.

내부 장애는 클라이언트의 동기부족, 낙인감, 불신, 신념, 가치 등 심리사회적인 문제로서 클라이언트의 행동 패턴을 결정한다. 외부 장애로는 자원의 결여, 자원의 부족, 자원에 대한 정보와 접근성의 결여, 서비스의 단편성과 불연속성 등이 있다.

(2) 서비스 계획의 수행

사례관리자는 클라이언트에게 제공될 서비스 정보를 클라이언트와 비공식 지원체계에 제시하며 책임을 분담하고 문제이해, 해결방안 추구, 변화계획, 변화에 대한 평가 등에 관한 상담을 실시한다.

(3) 서비스의 조정

서비스의 조정은 클라이언트에게 제공되는 서비스를 적절히 배열, 정리하여 서비스의 효과성과 연속성을 보장할 수 있도록 하는 것이다. 사례관리자는 클라이언트와 밀접한 관계를 맺어 서비스 제공과 관련된 기록을 서비스 조정의 중요한 자료로 활용한다.

5) 점검(monitoring)

점검은 현재 클라이언트에게 제공되는 서비스 및 자원의 적시성, 적절성 및 지속성을 보장하기 위해서 사례관리자가 클라이언트, 클라이언트의 가족, 다른 서비스제공자와 규칙적인 만남을 유지하며 지원체계의 서비스 전달과 실행을 확인하고 재사정을 실시하는 과정이다.

서비스는 적시에 적절하게 제공되었는지, 질은 높았는지, 연속적이고 포괄적인 서비스제공이 이루어졌는지를 평가하기 위해 그리고 계획에서 변경을 필요로 하는 부분이 없는지, 클라이언트의 욕구변화 등에 대해서도 검토하기 위해 이루어진다.

점검단계에서 달성하고자 하는 목적은 서비스계획이 적절하게 이행되고 있는지를 검토한다. 서비스와 자원계획이 적절하게 달성되고 있는지를 검토한다. 서비스나 자원계획이 적절한지를 검토한다. 클라이언트의 욕구에 변화가 있는지를 점검한다. 점검내용은 다음과 같다.

(1) 서비스

클라이언트에게 제공되는 서비스에 대한 점검은 서비스의 질에 대한 수준과 클라이언트 수준, 서비스 제공자의 수준에서 이루어진다. 서비스의 질에 대한 수준에서는 크게 구조, 과정, 결과의 차원으로 구분하여 평가될 수 있다. 클라이언트의 수준에서는 사례관리자가 클라이언트와 지속적으로 접촉하여 클라이언트의 상황변화를 평가하여 서비스 계획이 수정될 필요가 있는지를 판단한다. 서비스 제공자의 수준에서는 서비스 제공자의 능력, 계약, 이행 등을 점검할 필요가 있다.

(2) 계획 이행도

자원제공자의 과업, 활동, 책임에 대한 점검으로 시간 안배, 과업 수행여부 등 계획이 적절히 이행되고 있는지 점검한다.

(3) 서비스 산출량과 목표 달성치

목표란 클라이언트의 욕구충족을 달성하기 위해 무엇이 전달되어야 하며 무엇이 제공되어야 하는가를 정리한 것으로 목표 성취 점검이란 클라이언트의 목표에 대한 성취를 점검하는 도구라 할 수 있다.

(4) 새로운 욕구 발견

서비스 산출에 대한 점검이란 산출량과 목표 달성치를 점검하여 계획 수정을 고려하기 위함이며, 계획 변화를 요청하는 새로운 욕구의 발견은 지원망들이 새로운 욕구에 대해 알도록 정보를 공유하는 과정 속에서 조정되는 재사정 과정을 거친다(한국사례관리학회, 2020). 재사정은 서비스 계획의 수행 중에 주기적인 사정을 통하여 클라이언트에게 제공되는 서비스의 적합성, 보호계획 변화의 필요성과 변화방식을 결정하는 과정이다.

6) 평가(evaluation) 및 종결(termination)

사례관리의 효과성을 제시할 수 있는 단계이다. 평가는 사례관리과정과 사례관리자의 활동이 클라이언트의 삶에 어떠한 변화를 가져 왔는지를 판단하는 과정이다. 서비스 계획의 효과성과 이 계획이 클라이언트의 기능화에 미친 영향, 클라이언트와 유사한 상황의 클라이언트에게 미친 영향에 관한 평가를 한다. 평가는 다음과 같은 영역에서 이루어져야 한다. 클라이언트에 대한 서비스와 자원계획에 대한 평가, 목적달성에 대한 평가, 사례관리 서비스의 전반적인 효과성에 대한 평가, 클라이언트의 만족도에 대한 평가 등이다.

종결은 사례관리 활동을 마무리하는 과정으로, 사례관리자와 클라이언트 간의 관계가 끝나게 됨을 의미한다. 클라이언트에게 더 이상 서비스가 필요 없게 되었을 때, 자원의 한계로 클라이언트의 조건을 더 이상 개선시키기 어려울 때 혹은 클라이언트와 사례관리자 간의 관계에 문제가 있을 경우 발생할 수 있다. 종결의 최종과정은 클라이언트에 대한 모든 서류정리 완료와 서비스제공자들에게 공지함으로써 이루어진다.

5 사례관리 제공의 장애 요소

사례관리자들이 주의하지 않는다면 자칫 몇 가지 함정에 빠질 수 있는데, 다음에 제시되는 8항목들에 주의를 기울여야 한다(조미숙 외, 2021).

(1) 편견에 치우친 서비스 계획

첫 번째 함정은 클라이언트를 사회복지사가 친숙한 서비스 또는 사회복지사가 소속된 기관에서 제공하는 서비스만 연계하려고 하는 것이다. 사례관리자는 가능한 모든 서비스 및 혜택을 제안하고 클라이언트로 하여금 스스로 선택하도록 하는 것이 중요하다. 자신이 싫어하는 기관의 서비스는 배제한다든지, 접촉하기 어렵거나 친숙하지 않은 서비스를 배제하는 것은 바람직하지 않다.

(2) 서비스의 편파성

두 번째 실수는 서비스를 제공하는 데 있어 사회복지사가 좋아하는 사람이나 가깝게 느껴지는 사람들에게 더욱 많은 시간과 노력을 기울이고, 까다롭게 굴거나 대수롭지 않게 여기는 사람들에게는 그렇지 않게 행동하는 것이다. 접촉의 빈도에 대한 의사결정이 사회복지사의 의사대로 이루어지는 것이 아니라 클라이언트의 실제적인 욕구에 기반을 두어야 한다는 것은 극히 중요한 일이다. 훌륭한 사례관리자는 자신의 편의나 선호보다는 사람들의 욕구를 고려하면서 모든 사람들을 평등하게 대우하여야 한다.

(3) 기관 이기주의

세 번째 보편적인 장애요소는 기관 간에 영역 다툼 등의 문제로 클라이언트에게 필요한 프로그램을 제공하지 못하는 상황에 이르게 되는 것이다. 타 전문직 또는 기관 간의 영역 분쟁은 서비스의 조정에 장애를 일으킨다(Kane, 1993). 유능한 사례관리자는 클라이언트에게 최상의 서비스를 전달할 수 있도록 서비스 전달과 관련된 이러한 문제들을 잘 운용해 나가야 한다.

(4) 덤핑

사례관리자가 클라이언트의 욕구를 더 적절하게 충족시킬 수 있는 다른 조직과 연계해보려는 시도도 없이 클라이언트를 되돌려 보내거나 단순히 특정 클라이언트와 함께 일하고 싶지 않다는 이유로 그 클라이언트를 다른 기관으로 의뢰하는 경우, 이러한 행위들을 "덤핑"이라고 한다. 이러한 덤핑이 윤리적인 행위가 아니라는 것은 분명하다. 즉 서비스 신청자나 전화 상담을 원하는 사람들이 다른 기관에서 원조를 얻을 수 있을 때까지 그들을 돌보아야 한다. 또한 다른 기관이 실제적인 책임과 도움을 줄 수 있는 자원을 보유하고 있으면서도 본인이 소속된 기관으로 의뢰하는 것도 막아야 한다.

(5) 클라이언트의 참여를 유도하지 않기

사례관리자가 개인이나 가족의 참여를 촉구하지 않고 그들에 대한 지식도 없이 문제를 해결하려고 하거나 서비스를 실행하려는 것은 상황을 악화시킨다. 만약 서비스 계획이 상호 호혜적인 방식으로 협상되거나 개발되지 않는다면, 시간만 허비하는 것이고 클라이언트들은 좌절하게 될 것이다.

6 사례관리자의 역할과 자세

사례관리자들은 문제 해결자, 옹호 및 대변자, 서비스점검자, 기록유지자, 상담자, 교육자, 안내 및 협조자, 정보전문가, 중개자, 연결자, 사회적 망의 수립자, 협상제공자, 통합·조정자, 공동협력자 등의 역할을 수행한다(장인협·우국희, 2001; 정순둘, 2005). 사례관리자가 소속된 기관과 활동분야에 따라 다른 역할을 분담하며 일반적으로 여러 가지 역할을 동시에 수행한다.

또한 사례관리자의 역할을 개인에 대한 역할과 사회에 대한 역할을 다음과 같이 정리할 수 있다. 개인에 대한 역할로는 정보의 주지, 잠재적인 욕구를 발견하기 위한 체제 만들기, 욕구 발견 후의 즉각적인 대처, 욕구 변화에 대한 신축적인 대응을 할 수 있도록 하는 영향력 행사 등을 지적하는 데 비해 사회에 대한 역할로서는 사회자원의 활용과 부족한 사회자원을 창출, 개선, 확충할 수 있도록 하는 영향력 행사 등이 있다. 이들 각각에 대해 구체적으로 살펴보면 다음과 같다.

(1) 정보의 철저한 주지

사회복지자원에 관한 정보량은 증가하고 있지만 클라이언트의 신체적인 상황이나 주거환경 등에 의해 스스로 정보를 입수하기 곤란하기 때문에 필요한 서비스를 모른 채로 상황이 점점 악화되어가는 경우도 많고 욕구가 욕구로 현재화되지 않기 때문에 서비스가 공급되지 않는 악순환을 거듭하게 된다.

그러나 지금까지는 현재화된 욕구에의 대응에 그쳤으며 또한 사회자원의 한계 등의 문제 때문에 정보를 알림으로 인하여 욕구가 확대된다고 생각하여 소극적인 태도를 취하는 경향이 있었다. 물론 공급을 보장할 수 없는 서비스 정보를 무책임하게 제시하는 것은 피해야 하지만 적어도 몰라서 서비스를 이용할 수 없는 일이 발생하지 않도록 모든 정보를 알려줄 필요가 있다.

(2) 잠재적 욕구 발견을 위한 체제 구축

지역에서 생활하고 있는 클라이언트가 자신의 욕구를 인지하고 필요한 서비스를 자신의 능력으로 받는 데는 많은 어려움이 있다. 더욱이 앞에서 설명한 정보수집의 문제 등 공적기관의 서비스를 자신의 능력으로 받는 데는 많은 어려움이 있다.

특히 우리나라의 경우에서 보면 공적 서비스는 신청주의에 의하기 때문에 서비스 공급자 측에서 적극적으로 욕구를 발견하려는 체제가 만들어지지 않는 배경을 가지고 있다. 따라서 지역에서 잠재하기 쉬운 재가 클라이언트의 현상을 알고 욕구를 발견하기 위한 지역 내의 조사활동이나 이웃이나 자원봉사자로 하여금 잠재되어 있는 욕구와 관련된 정보를 입수할 수 있는 체제 정비가 필요하다.

(3) 욕구 발견 후의 즉각적인 대처

잠재적 욕구를 발견한 후에 필요한 것은 욕구에 따라 정확하고 빠르게 대응하는 것이다. 제공되어야만 하는 서비스에 따라서는 즉시에 대응할 수 없는 경우도 있지만 그러한 경우에도 어떤 대비책 등을 세워 욕구를 충족시켜 주려고 노력해야만 한다. 또한 서비스를 받기 위한 수속절차에 시간이 걸리는 경우에는 가능한 한 그 수속절차를 간략하게 하여 대응할 필요가 있다.

(4) 욕구변화에 따른 신축적인 대응

욕구를 파악하고 서비스를 제공하는 일련의 과정은 그 체제로서 종결되는 것은 아니다. 왜냐하면 욕구는 클라이언트의 신체적 조건이나 주거, 가족환경 등의 상황에 의해 변화하는 것이기 때문이다. 그러나 실제의 상황에서는 일단 서비스의 제공이 결정되면 거의 기계적으로 계속되는 경우도 있다. 즉, 특정한 관점에서의 욕구 평가에 의해 서비스 제공이 결정되면 무의미한 서비스의 공급이 계속된다. 이러한 욕구와 서비스의 잘못된 연결이 발생하는 것은 클라이언트에게 있어서도 비효과적이며 또한 한정된 자원의 효과적인 분배를 해야만 하는 서비스 공급자 측에도 비효과적이다. 욕구는 항상 변화한다는 생각을 가지고 욕구를 점으로 보지 말고 일련의 흐름으로 보고 클라이언트의 상황변화를 파악하고 그에 따라 항상 필요한 서비스가 제공될 수 있도록 해야 한다.

(5) 사회자원을 활용하고 창출·개선·확충하도록 하는 영향력 행사

사례관리자 혹은 사례관리자를 실시하는 기관은 사회자원을 적극적으로 활용함으로써 클라이언트의 욕구를 효과적으로 활용해야 하는 것은 물론, 필요한 사회자원이 부족한 경우에는 국가가 지방자지단체, 민간기관에 대해서 영향력을 행사하여 새롭게 만들 뿐만 아니라 기존의 사회자원을 바람직한 형태로 개선·확충할 수 있도록 해야 한다.

한마디로 요약하면 클라이언트에게 직접적인 서비스를 제공하며 접수에서 종결까지 요구되는 모든 일을 수행한다. 사례관리자는 클라이언트의 자원과 욕구를 사정하는 사정자의 역할, 클라이언트의 욕구충족을 위해 사례계획, 서비스 통합, 기관의 협력, 서비스망을 설계하는 계획자로서의 역할을 수행한다. 또 상담자로 클라이언트에 대한 이해와 자원을 스스로 개발하는 법을 교육하고, 자원과 클라이언트를 연결하는 중개자의 역할을 수행한다. 여기에 클라이언트의 욕구와 자원을 조정하는 조정자의 역할과 서비스의 효율성과 비용효과를 평가하는 평가자의 역할까지 수행한다.

참고문헌

권진숙, 박지영 (2015). 사례관리의 이론과 실제. 서울: 학지사.

백은령, 김선아, 양숙미, 엄미선, 윤철수 (2008). 사회복지실천론. 경기: 대왕사.

원요한 (2007). 사회복지실천기술론. 경기: 학현사.

장인협, 우국희 (2001). 케어·케이스 매니지먼트. 서울: 서울대학교출판부.

정순둘 (2005). 사례관리실천의 이해. 서울: 학지사.

조미숙, 유용식, 윤춘모, 현영렬 (2021). 사회복지실천론. 서울: 동문사.

한국사례관리학회 (2020). 사례관리론. 서울: 학지사.

Holt, B. (2000). *The Practice of Generalist Case Management.* Boston: Allyn and Bacon.

Kane, R. A. (1993). Uses and abuses of confidentiality. In R. A. Kane & A. L. Caplan (Eds.), *Ethical conflicts in the management of home care: The case manager's dilemma* (pp. 147-158). New York: Springer.

Rothman, J. (1991). A model of case management: toward empirically based practice, *social Work, 36*(6), Silver spring, MD. NASW.

Rubin, A. (1985). Practice effectiveness: More grounds for optimism. *Social Work, 30*(6), 469-475.

Weil, M., & Karls, J. M. (1985). *Case management in human service practice.* San Francisco: Jossey-Bass.

Weil, M., & Karls, J. M. (1985). Historical Origins and Recent Development. In M. Weil & J. M. Karls, Associates (Eds.), *Case management in human service practice: A systematic approach to mobilizing resources for clients* (pp. 1-28), Jossey-Bass, San Francisco.

PART

03

사회복지 분야론

CHAPTER

08 대상별 사회복지 분야

본 장에서는 사회복지분야를 실천 대상을 기준으로 분류하여 아동복지, 노인복지, 장애인복지, 여성복지, 가족복지, 다문화가정 등을 다루었다.

1 아동복지

1) 아동복지의 개념

우리나라 0세~18세 미만의 아동 인구는 급속하게 감소하고 있는 추세로 2000년 1375만 4000명으로 전체 인구의 29.4%에서 2021년에는 789만 8000명으로 전체 인구의 15.3%로 감소하였으며, 2040년에는 전체 인구의 10.4%로 감소할 것으로 예상된다(통계청, 2023).

아동복지란 아동이 행복한 삶을 누릴 수 있는 기본적인 여건을 조성하고 조화롭게 성장·발달할 수 있도록 하기 위한 경제적·사회적·정서적 지원을 말한다고 정의하고 있다(아동복지법 제3조 제2호) 또한 동법 제3조 제1호에서는 아동복지의 대상이 되는 연령을 18세 미만인 사람으로 규정하고 있다.

아동복지의 대상은 보호의 필요성 측면에서 일반 아동과 요보호 아동으로 나눌 수 있다. 일반 아동은 아동이 속한 가정에서 제공되는 보호 이외의 다른 특별한 보호를 받지 않고 생활할 수 있는 아동을 말한다. 요보호 아동은 아동복지법 2조 3호 "보호자가 없거나 보호자로부터 이탈된 아동, 보호자가 아동을 학대하는 경우, 보호자가 아동을 양육하기에 부적당하거나 양육할 능력이 없는 경우"의 아동을 말한다.

이런 맥락에서 아동복지도 사회복지의 개념과 마찬가지로 제도적 접근과 잔여적 접근으로 구분할 수 있다. 제도적 접근은 아동의 복지를 증진시키기 위한 사회제도로서 일반 아동에게 정상적인 생활상의 욕구를 충족시키기 위하여 예방적, 지지적, 낙인이 없이 제공된다. 제도적 아동복지서비스 유형으로는 공립학교, 공공도서관, 공원, 아동수당, 아동보육, 직장에 다니는 부모를 위한 출산 및 아동양육휴가 등의 이라고 볼 수 있다. 잔여적 접근은 부모가 아동양육의 책임을 충족시킬 수 없거나 또는 그 지역사회가 아동과 가족이 요구하는 보호와 자원을 제공할 수 없을 때 제공된다. 잔여적 아동복지서비스 유형으로는 시설아동에 대한 경제적 지원, 피학대아동에 대한 보호서비스 등이 있다 (Downs, Moore, McFadden, & Costin, 2000).

우리나라는 어느 정도의 보육지원을 제외하면 주로 요보호 아동과 취약한 가족만을 대상으로 하는 잔여적 접근으로 볼 수 있다. 그러나 최근에는 아동복지는 가족 전체에 대한 지원이 동반되어야 한다는 인식이 새롭게 부각되어 아동 및 가족 문제 예방과 보호를 위한 지원 정책과 다양한 프로그램이 증가되고 있다.

한편, 아동권리 국제협약(1989)에서는 아동의 생존권, 발달권, 참여권, 보호권 등의 기본 권리의 보장을 규명하였다. 생존권은 아동이 생명을 유지하여 최상의 건강과 의료혜택을 받을 권리이며, 발달권이란 정규교육과 비정규교육을 포함한 모든 종류의 교육을 받을 권리와 신체적으로나 정서적, 도덕적으로 성장하는데 필요한 평균수준의 생활을 누릴 권리이다. 참여권은 아동이 자신과 관련된 모든 일에 대해 자신의 의사를 자유롭게 표현할 수 있는 권리이며 보호권은 차별대우와 학대 혹은 방임으로부터 보호받을 권리, 장애아동이나 고아

난민아동의 보호받을 권리를 말한다.

Kadushin(1980)은 아동복지는 모든 아동들의 행복과 사회적응을 위하여 심리적, 육체적 잠재력을 개발시켜 주는 각종의 방법을 말하며, 좁은 의미로는 특수한 문제를 가진 아동과 그 가정을 대상으로 전문적인 기관에서 행하는 서비스라고 정의하였다. Friedlander와 Apte(1980)는 아동복지는 빈곤, 방치, 유기, 질병, 결함 등을 지닌 아동 또는 환경에 적응하지 못하는 비행아동에만 관심을 두는 것이 아니라, 모든 아동이 신체적, 지적, 정서적 발달에 있어서 안전하고 행복할 수 있도록 위험으로부터 보호하기 위하여 공공과 민간의 기관에서 실시하는 사회적, 경제적, 보건적인 제반 활동이라고 하였다. 이런 의미에서 정리하면, "아동복지란 보호를 요하는 상태에 있는 아동은 물론 모든 아동이 가족 및 사회의 일원으로 건강하고 건전하게 성장할 수 있도록 아동을 위한 국가의 사회복지정책 및 민간의 전문적인 실천 활동"으로 정의할 수 있다.

2) 아동복지의 발달

(1) 아동복지의 발달배경

인본주의 이념의 발전과 함께 기독교의 생명존중사상과 18세기 이후의 계몽주의는 아동의 복지가 개인적인 의무에서 종교적 의무로, 더 나아가서는 시민적 의무로 발전하게 하는 원동력이 되었다. 게다가 산업사회의 발전과 정치적 상황에 따른 사회적 변화는 아동문제를 사전에 예방해야 미래에 나타날 수 있는 사회적 짐을 줄이고 생산성을 높일 수 있다는 인식과 함께, 일반 시민과 빈민에게까지 투표권이 확대됨으로써 이들의 욕구와 이익에 관심을 기울일 수밖에 없는 정치적 상황이 아동복지발전에 기여하였다.

급속한 산업화와 도시화로 전통적 가족 기능의 상실로 인하여 가족, 이웃과 같은 일차적 사회제도의 기능이 상실 내지 변화되어 아동 문제를 전담할 수 있는 사회제도와 전문서비스의 필요성 요구되었다. 이와 더불어 핵가족화가 진행되면서 아동이 가족이 중심이 되었고, 아동에 대한 관심의 증대와 아동의 지위가 향상되었다. 또한 아동은 인간의 성장과정에서 특수한 성질, 독특한 욕구와 능력을 가진 인구집단으로 인식되어 아동복지학문과 체계화된 교육제도가 개발되고 아동복지 전문직이 시작되었다. 국제적으로는 아동의 권리선언 채택(국제연합총회, 1954), 아동의 권리에 관한 국제협약(유엔총회, 1990)은 아동이 과거 부모의 소유물에서 벗어나 아동의 법적 지위 향상을 초래하였다.

(2) 외국의 아동복지

선진복지국가의 하나인 스웨덴의 아동복지와 경제적으로는 선진국이지만 그와는 반대의 입장의 복지장책을 고수하고 있는 미국의 아동복지를 살펴보기로 한다. 우선, 스웨덴의 아동복지는 구빈법(1763)에 의해 아동을 포함한 보호가 필요한 사람들을 구빈원에 수용, 보호하는 것에서 비롯되었고, 근대적 의미에서는 아동복지법(1902) 제정으로부터 시작되었다.

스웨덴의 아동복지는 가족이 아동을 건강하게 양육하기 위해 필요한 재정적 지원, 의료보험, 주택수당, 보육서비스, 출산휴가 및 아동양육을 위한 유급휴가제도 등을 제공함으로써 사전에 예방하는 보편주의 정책과 프로그램을 펴고 있다.

아동과 청소년을 위한 직접적 재정지원으로는 16세 이하의 모든 아동에게 지급하는 아동수당과, 부 또는 모 혹은 양친이 모두 사망한 경우에 아동과 재학 중이거나 기본적인 교육을 이수하고 있는 18세 이상의 학생에게도 연장 지급하는 아동연금을 주축으로 하고 있으며, 그 외에도 부모보험보조, 부양대출, 장애아동 보호수당 등이 있다. 또 주택수당과 입원치료, 치과 진료비 등이 포함되는 건강보험, 출산 후 360일간 부모가 아동양육을 위해 가정에 머무르는 기간의 수입손실을 보상해 주는 부모 보험 등이 있다.

미국은 영국의 구빈법의 전통에 따라 기아나 고아를 성인들과 함께 시설 내에 수용하는 것에서 시작되었다. 19세기 후반에 유럽에서 온 이민자들이 거주하는 도시빈민가의 각종 범죄, 악습과 빈곤으로부터 아동들을 구제하기 위하여 아동구조협회는 한 가지 대안으로 아동들을 무료 위탁가정에 배치시켰으며,

1912년 아동국이 설치되었다. 1929년 경제대공황으로 침체된 사회를 재건하기 위해 사회보장법(1935)을 제정하였고, 그 중 소득지원프로그램인 요보호아동의 가족부조인 AFDC(Aid to Families of Dependent Children)를 시행하였다.

1965년부터 추진된 해드스타드(Head Start)운동은 문화실조를 경험하고 있는 빈곤가정의 자녀에게 정부가 교육혜택을 제도적으로 보장함으로써 구조적인 빈곤의 악순환 고리를 끊고 미래의 인력의 질을 향상시킨 모범적인 정책으로 빈곤아동복지정책의 대명사 알려져 있다. 최근 30~40년 동안 미국의 아동복지제도는 보편적 아동복지제도의 확대보다는 아동학대와 같은 예외적 문제와 밀접하게 연관되어 진행되고 있다. 1980년 입양원조와 아동복지법의 제정으로 아동복지서비스의 초점이 아동의 보호에서 가족의 지원으로 전환되었고, 가능하면 가족의 독자적인 아동양육 권리와 책임을 존중하면서 가족이 빈곤이나 다른 문제로 인하여 제 기능을 할 수 없을 때만 개입하는 입장을 고수하고 있다.

(3) 우리나라의 아동복지

사회복지법 이전의 우리나라 전통사회에서는 절과 같은 종교 영역에서 고아, 기아, 부랑 아동들에 대한 수양보호를 통해 이루어졌고, 조선 말엽부터 해방이전까지는 고종 25년(1883) 프랑스 신부에 의해 명동 천주교회 내 설립된 것을 필두로 하여 서양 선교사들에 의해 고아원이 설립되었다.

일제시대에는 조선구호령을 통해 중 13세 이하의 유아와 임산부에 대해 규정하고, 아동보호를 위한 보육원을 두어 23개소 시설에서 292명의 아동을 수용 보호하였다. 1950년 한국전쟁으로 인한 절대 빈곤 속에서 고아와 기아, 미아에 대한 응급적 시설수용중심의 구호정책과 더불어 주로 외원단체들을 중심으로 하여 아동을 지원하였다.

군사혁명정부는 공비부담의 극소화와 요보호아동 발생의 예방을 강조하면서 시설아동의 가정복귀를 추진하였고, 점차 사회가 안정되면서 1961년에 제정되었던 아동복리법을 1981년에 아동복지법으로 개정하였다. 1991년에는 유엔아동권리협약 회원국으로 국제적 기준에 부합하는 유엔아동권리협약 이행을 추진하고 있다. 이행성과를 살펴보면, 아동의 부모면접 교섭권유보조항 철회, 민법상 혼인적령의 남녀 차이 시정 권고, 아동권리 모니터링센터 설치(2006년 10월), 아동권리 옴부즈퍼슨 제도 도입, 가정·학교 등에서의 체벌 금지, 저소득 아동대상 무료이용 등 공공보건의료기능 강화, 18세미만 어린이에 대한 권리 지표 개발 및 통계 수집을 통하여 40개 주요 아동지표(Key Indicators)를 마련하고 아동발달단계별 조기 개입과 양육프로그램 개발 등을 추진하고 있다.

3) 아동복지관련법

① 아동복지법: 아동복지의 대상을 요보호 아동으로 제한한 아동복리법(1961)을 개정하여 모든 아동으로 대상을 확대하고, 아동이 건강하게 출생하여 행복하고 안전하게 자라나도록 그 복지를 보장하는 것을 목적으로 1981년 제정되었다.

② 영유아보육법: 영유아보육법은 보호자가 근로 또는 질병 기타 사정으로 인해 보호하기 어려운 영유아를 심신의 보호와 건전한 교육을 통하여 건강한 사회성원으로 육성함과 아울러 보호자의 경제적, 사회적 활동을 원활하게 하여 가정 복지증진에 기여함을 목적으로 1991년에 제정되었다.

③ 한부모가족지원법: 사회적 여건의 변화에 따라 배우자의 사별, 이혼, 유기, 별거 기타 여러 가지 사유로 배우자가 없거나 배우자가 있어도 정신장애 또는 신체장애로 인하여 장기간 근로능력을 상실함으로써 여성이 가계의 책임을 지고 살아가는 모자가정에 대한 사회적 대책의 필요성이 높아지게 되었다. 이를 위하여 1989년 모자 복지법이 제정되었고, 2002년에는 부자가정에 대해서도 동일한 지원을 하기 위하여 모부자복지법으로 개정되었고, 2007년에는 65세 이상의 고령자와 손자녀로 구성된 조손가족까지 보호 대상을 확대하여 한부모가족지원법을 제정하였다.

④ 입양촉진 및 절차에 관한 특례법: 고아와 부모의 유기로 인한 아동을 외

국인에게 양자로 입양함에 따른 요건과 절차를 규정하여 1976년 제정되었다.

⑤ 모자보건법: 저출산 고령화사회에서 모성의 생명과 건강을 보호함에 이바지함을 목적으로 하여 1986년 모자보건법이 제정되었다.

⑥ 실종아동의 보호 및 지원에 관한 법률: 실종아동과 장애실종자의 복귀 및 복귀 후 지원 등을 위하여 2005년 5월 제정되었다. 아동, 지적·자폐·정신장애인, 치매환자 실종신고 접수 건수는 2018년 4만 2,993건 등으로 지속적으로 증가하다가 코로나19 확산으로 사회적 이동량이 제한되어 감소되었다. 21년 12월 말 기준으로 각각 실종 아동 2만 1,379명, 지적·자폐·정신장애인 5,585명, 치매환자 9,862명이나 발생하였다(경찰청, 2022).

4) 아동복지사업의 유형

아동복지사업은 서비스가 전달되는 장소를 기준으로 하면 가정 내 사업(in-home service)과 가정 외 사업(out-of-home service)으로 분류할 수 있다. 또한, 가정의 역할 수행에 장애가 있는 경우 아동복지사업이 수행하는 방어선(line of defence)의 위치에 따라 제1차 방어선, 제2차 방어선, 제3차 방어선으로 사업을 분류하기도 한다(Zuckerman, 1983, 정무성 외, 2019 재인용).

또, 아동복지의 기능을 중심으로 하여 지지적(Supportive), 보충적(Supplementary), 대리적(Substitute) 사업으로 분류할 수 있다. 이 분류는 아동양육의 일차적 책임은 부모에게 있으며, 아동복지사업은 부모의 양육기능을 지지, 보충, 대리한다. 여기에서 지지적 서비스란 아동의 욕구를 충족시키기 위한 부모의 능력을 지지, 강화하는 서비스로서 아동상담소·가정상담소·지역사회복지기관에서 제공하는 상담 서비스, 학대·방임 아동을 위한 보호 서비스, 미혼 부모·한부모를 위한 서비스, 가족 구성원에 대한 개별지도와 집단 서비스, 가족 치료 등이 포함된다. 보충적 서비스는 아동이 가정 내에서 생활하게 지원하면서, 부모들이 가진 역할의 일부를 대신 수행하는 서비스로서 소득 보충 프로그램, 가정봉사원 서비스, 보육 서비스 등을 말한다. 또 대리적 서비스는 부모가 아닌 제3자가 부모역할의 전부를 대신하는 경우를 말한다. 예를 들면, 가정위탁, 입양, 시설보호(긴급피난처, 쉼터, 그룹홈, 아동양육시설, 아동치료보호시설) 등이 포함된다(Kadushin, 1980).

5) 아동복지실천 분야

① 보육사업(educare): 핵가족와 취업모의 증가 등의 급격한 사회적 변화로 인하여 부모의 자녀양육기능을 대체하고 보완해 주기 위하여 필요한 보호와 교육을 위한 보충적 서비스를 말한다.

② 장애아동의 조기재활 서비스(the early rehabilitation service): 장애아동 가족의 양육부담감을 경감시키고, 장애아동에게 조기에 개입하여 장애를 경감시키고, 장애의 중증화를 예방하기 위한 전문적인 서비스제공과 통합보육을 통한 사회통합을 목적으로 한다.

③ 아동학대(child abuse)와 아동 방임(child neglect): 아동학대는 아동복지법 제3조 제7호에 "아동학대란 보호자를 포함한 성인에 의하여 건강·복지를 해치거나 정상적인 발달을 저해할 수 있는 신체적·정신적·성적 폭력 또는 가혹행위 및 아동의 보호자에 의하여 이루어지는 유기와 방임을 말한다"고 명시되어 있다(김수정, 2017). 이는 적극적인 가해행위뿐 아니라 소극적 의미의 방임행위까지 아동학대의 정의에 명확히 포함하고 있다. 아동학대 신고와 상담 전화는 보건복지콜센터 129, 전국아동보호전문기관 1577-1391, 112, 119 등이 있다.

④ 입양(Adoption): 대리보호의 한 형태로서 혈연관계가 아닌 사람과 사회적 또는 법적관계에 의해서 친권관계를 형성하는 것이다.

⑤ 가정위탁보호사업(foster care service): 아동복지법 제10조에 근거하여 법적인 부모-자녀관계에서 아동들을 양육하고 책임지는 입양과는 달리 위

탁가정에서 친부모 등이 다시 자녀를 키울 수 있을 때까지 대신 돌보아 주는 대리보호사업이다.

⑥ 소년소녀가정지원: 가족의 생계와 가족원의 보호를 책임지는 부모 또는 양육자가 없는 경우 아동을 아동보호시설에 수용하는 대신에 소년소녀가정으로 지정하여 정부차원에서 경제적 보조를 제공하여 원래의 가정에서 생활하게 하여 아동의 자립능력을 배양하고 건전한 사회인으로 성장하도록 육성·도모하는 사업이다(노혜련 외, 2021).

6) 아동복지시설의 종류와 현황

아동복지시설은 아동양육시설, 아동자립지원시설, 아동보호치료시설, 아동일시보호시설, 아동직업훈련시설 등을 포함한다. 아동복지시설의 보호 아동은 생활, 치료 및 재활 등의 서비스를 제공하는 사회복지시설에서 보호를 받는 만 18세 미만의 요보호 아동을 의미한다. 2022년 보건복지부의 보고에 따르면, 아동복지시설은 2021년 12월 31일 기준으로 전국에 299개소가 설치되어 있으며 13,689명의 아동들이 지원받고 있다. 그 외에 아동이용시설로는 아동상담소, 아동전용시설, 지역아동센터 등이 있다(보건복지부·보건사회연구원, 2022).

특히 2004년 아동복지법의 개정과 함께 과거의 공부방이 지역아동센터라는 아동복지시설로 개칭되었으며, 현재 지역사회의 대표적인 방과 후 돌봄기관으로 자리잡고 있다. 지역아동센터는 2021년 12월 31일 기준으로 운영 중인 지역아동센터는 총 4,295개소, 이용 아동 수는 106,746명으로 나타났다(보건복지부·보건사회연구원, 2022).

① 아동양육시설: 보호를 필요로 하는 아동을 입소시켜 보호, 양육하는 것을 목적으로 하며, 2016년 기준 전체 아동복지시설의 86.5%를 차지하고 있다.

② 자립지원시설: 아동복지시설에서 퇴소한 자에게 취업준비기간 또는 취업 후 일정기간 보호함으로써 자립을 지원한다.

③ 아동보호치료시설: 불량행위를 하거나 불량행위를 할 우려가 있는 아동으로서 보호자가 없거나 친권자나 후견인이 입소를 신청한 아동 또는 가정법원, 지방법원소년부지원에서 보호위탁된 아동을 입소시켜 선도하여 건전한 사회인으로 육성하는 것을 목적으로 한다.

④ 아동일시보호시설: 보호를 필요로 하는 아동을 일시보호하고 향후의 양육대책수립 및 보호조치를 행하는 것을 목적으로 하는 시설이다.

⑤ 아동직업훈련시설: 아동복지시설에 입소되어 있는 만15세 이상의 아동과 생활이 어려운 가정의 아동에 대하여 자활에 필요한 지식과 기능 습득을 목적으로 하는 시설이다.

표 8-1 아동복지시설 현황(2021. 12. 31 기준)

계	아동 양육시설	아동보호 치료시설	아동자립 지원시설	아동일시 보호시설	아동 상담소	아동 전용시설	개인 양육시설
299	236	12	15	11	8	7	9

※ 아동직업훈련시설은 집계되지 않음.

출처: 보건복지부(2022). 아동복지시설 현황.

요보호 아동의 수는 전반적으로 감소추세에 있으며, 2020년 요보호 아동의 수는 4,120명으로 전년대비 47명이 증가하였다. 2020년 요보호 아동의 주요한 발생 원인은 학대(42.9%) 및 부모빈곤, 실직 등(30.1%)이었으며, 미혼모·부(11.2%), 비행·가출·부랑(11.4%) 순으로 나타났다. 과거 요보호 아동 발생의 주요 원인이었던 미혼모·부는 지속적으로 감소한 반면, 학대의 경우는 증가하였다. 요보호아동의 조치현황은 시설입소와 가정보호로 구분되는데, 시설입소 66.2%, 가정보호 33.8%로 나타났다. 요보호 아동은 양육 시설 등(27.3%), 가정위탁(25.9%), 공동생활가정(17.3%), 일시보호시설(8.3%), 입양 전 위탁(5.8%), 입양(2.1%) 순으로 조치되었다(보건복지부·보건사회연구원, 2022).

한편, 우리나라는 2000년에 입양 촉진 및 절차에 관한 특례법을 개정하여 국내입양 우선 추진을 실시하였다. 정부의 국내입양 활성화정책 추진, 입양에 대한 사회적 인식제고 등으로 전체 입양아동에서 국내입양이 차지하는 비율이 점차 증가 추세에 있다. 특히 2007년을 기점으로 국내입양의 비율은 국외입양의 비율을 앞지르고 있다. 전체 입양아동 수는 2000년 4,046명에서 2020년 492명으로 지속적으로 감소하였는데, 이중 국내입양은 260명(52.8%), 국외입양은 232명(47.2%)으로 나타났다(보건복지부·보건사회연구원, 2022).

2 노인복지

1) 노인복지의 개념

(1) 노인의 개념

노인을 지칭할 때, 미국에서는 선배시민(Senior Citizen), 황금연령층(Golden Ages), 프랑스에서는 제3세대층, 스위스에서는 빨간 스웨터, 일본에서는 실버(Silver), 노년으로 불리고, 중국에서는 50대는 숙년(熟年), 60대는 장년(長年), 70대 이상은 존년(尊年)이라고 부르기도 한다. 우리나라는 '고령자', '늙은이' 등의 나이가 많다는 의미를 반영한 용어를 사용하여 왔으나, 경로효친의 사상을 반영한 '어르신'이라는 용어를 권장하고 있다. 법률상으로는 노인복지법 시행규칙 제10조에 65세 이상을 노인으로 규정하고 있다.

Atchley(1994)는 노인의 개념을 역연령(曆年齡, chronological age), 기능적 연령(機能的 年齡, functional age), 생애주기(Life cycle)를 기준으로 제시하고 있다. 역연령은 출생 후 달력에 기록된 시간에 의한 연령으로 일반적으로 65세 이상인 사람을 지칭하는데, 국제적으로 65세는 각종 연금의 혜택이 주어지고 정년퇴직을 하는 시기이다. 기능적 연령은 개인의 신체적·심리적 기능 정도에 따라 노인으로 규정하는 것이다. 보편적으로 적용되는 기준은 주름진 피부, 회색 머리, 굽은 자세, 시력 및 청력 감퇴 등이다. 생애주기에 따른 노인이란 생애주기를 영유아기, 사춘기, 청년기, 중년기, 장년기, 노년기로 나누고, 이 중

노년기에는 신체적 쇠약, 심리적 위축, 사회적 역할상실 등을 경험하게 되는 시기이다.

(2) 노인의 특성

노인의 특성을 알기 위해서는 노화(aging)에 대하여 먼저 이해하여야 한다. 노화란 시간에 따라 일어나는 유기체의 세포, 조직 혹은 유기체 전체에 일어나는 점진적인 변화이다. Atchley(1994)는 노화는 하나의 과정이 아니라 다양한 과정이며 양면성을 가지고 있다고 지적하고 있다. 노화과정에서 인간은 경험 및 지혜의 축적, 기술 및 활동능력의 향상과 같은 긍정적인 결과를 얻을 수 있는 반면에 신체적 노쇠, 정신능력의 감퇴, 퇴직, 친구 혹은 배우자의 죽음 등 부정적인 결과를 초래할 수도 있다는 것이다. 권중돈(2022)은 노화를 생물학적 노화, 심리적 노화, 사회적 노화로 구분하였다.

연령이 많아지면 보편적으로 신체적, 정신적, 사회적 적응력이 쇠퇴한다. 신체적으로는 피부 및 근육, 신장과 몸무게 등의 외면상의 변화와 더불어 신경계와 순환기, 호흡기관, 소화기, 내분비기관, 생식기관 등의 구조적 기능의 변화가 따른다. 또한 시각, 청각, 미각, 후각, 촉각 등의 감각기관도 약화된다. 연령이 증가할수록 학습능력은 저하되지만, 지능은 연령에 따라 변하는 면보다는 교육의 정도에 따라 훨씬 더 큰 영향을 받는다. 따라서 평생교육은 매우 중요하다.

성격 특성의 변화로는 우울증 경향, 내향성 및 수동성, 성역할의 양성화 경향, 경직성, 친근한 사물에 관한 애착심, 조심성, 과거에 대한 회상, 유산을 남기려는 경향, 자녀에 대한 의존성 등을 들 수 있다. 사회적 특성을 살펴보면, 퇴직과 소득의 감소, 사회적 지위와 역할상실, 그리고 급속한 핵가족화와 사별이나 이혼 등으로 가족의 보호기능의 약화되는 점 등을 꼽을 수 있다. 특히 우리나라 노인의 사회적 특성에서는 가부장적 권위주의와 희생적 가족주의, 자녀에 대한 의존성 등을 대표적으로 들 수 있다(박석돈 외, 2022).

(3) 노인복지의 개념

노년기에는 신체적·정신적·경제적·사회적으로 모든 것이 퇴보되어 노인들의 사회경제적 지위의 저하와 함께 소외가 발생한다. 이런 점을 감안하여 1948년 UN에서는 인권에 관한 세계선언을 발표하고, 선언문 제22조와 제 25조 1항에 약자로서의 노인보호와 노인들의 자유와 존엄성을 보장하고 생계 외적인 문화작인 혜택을 받을 권리를 규정하였다.

이와 같은 의미에서 노인복지란 신체적·정신적·경제적·사회적인 생활 전반의 욕구를 충족시키기 위한 종합적인 정책이라고 할 수 있다. 즉, 노인복지는 개별 노인의 사회적 욕구를 사회 또는 국가가 최종적인 책임을 지고 복지적인 상태를 유지하도록 이를 충족시키고자하는 시책과 제도 및 사회적 활동이다(박석돈 외, 2022)라고 하겠다. 또한 노인복지는 노인이 인간다운 생활을 영위하면서 소속된 가족 및 지역사회에 적응하고 통합되도록 필요한 자원을 제공하는데 관련된 공적 및 사적인 차원에서의 조직된 제반활동이라고 할 수 있다(장인협·최성재, 2017). 특히 급속한 고령화 현상과 관련하여 노인복지는 매우 중요한 사회복지의 실천 분야로 자리 잡고 있다.

2) 노인과 사회문제

우리나라는 의료기술과 생활 수준의 향상 등으로 인하여 평균수명의 연장과 더불어 급속한 노인 인구의 증가로 명실공히 고령화 속도 세계 1위의 국가로 자리매김하였다. 우리나라의 노인 인구는 1980년대 3.8%, 2000년 7%(고령화 사회, aging society), 2018년 14%(고령 사회, aged society), 2026년에는 20.8%(초고령 사회, Super-Aged Society)로 세계 초유의 고령화 속도를 보이고 있다. 이는 축복이자 동시에 우리 사회에 여러 가지 심각한 노인문제를 초래하였으며 해결해야 할 미래의 과제가 되었다.

전통적으로 노인문제는 노인이 겪고 있는 네 가지 고통(四苦), 즉 빈고(貧苦), 병고(病苦), 고독고(孤獨苦), 그리고 은퇴 이후의 무위고(無爲苦)를 노인들이 당면하는 고통으로 여긴다. 우리사회에서 노인들이 겪는 어려운 문제에 대한 조사 결과를 살펴보면, 〈표 8-2〉에서 보는 바와 같이 건강(43.6%), 경제적인 어려움(38.4%), 소일거리 없음(5.3%), 외로움, 소외감(3.7%) 등이 뒤를 잇고 있다. 일반적으로 4고(四苦)로 표현되는 대표적인 위의 문제들은 노인이 퇴직 후 소득감소에서 오는 빈곤문제, 노후에 자주 경험하는 만성질환과 심신 쇠약으로 인한 건강문제, 은퇴 후 가정과 사회에서의 역할상실 및 지위의 저하, 그리고 배우자와 주변 사람들의 죽음으로 인한 고독감, 결과적으로 나타나는 심리적 소외감 등은 현대 노인들이 당면하고 있는 공통적인 문제라고 할 수 있다.

표 8-2 노인들이 겪는 어려운 문제

문제 / 성별	경제적 어려움	직업 없음	소일 거리 없음	건강 문제	외로움 소외감	가족 푸대접	경로 의식 약화	일상생활 도움 서비스 부족	노인복지 시설부족	기타
남	40.7	4.1	6.8	37.4	2.7	0.1	2.5	0.6	4.0	0.9
여	36.8	1.2	4.4	47.9	4.4	0.3	1.3	0.7	2.3	1.1
계	38.4	2.4	5.3	43.6	3.7	0.2	1.7	0.7	3.0	0.7

출처: 통계청(2017).

(1) 빈곤문제

퇴직은 곧 소득의 상실을 의미한다. 전체 생애주기별 나누어 보면 타 연령층에 비하여 노인이 가장 높은 빈곤율을 나타내고 있는데, 2020년기준 66세 이상의 은퇴연령층의 인구 중에서 중위소득 50% 이하의 상대적 빈곤율은 40.4%를 차지하고 있으며, 이는 18~65세 빈곤율인 10.6%보다 4배가량 높은 수치이다(통계청, 2022). 노인 가구의 빈곤율이 높은 것은 아직 우리나라는 공적 연금제도가 성숙하지 못한 상태인데다 조기퇴직 및 재취업의 곤란 등으로 생계유지에 어려움을 겪고 있는 노인 비율이 높기 때문이다.

2022년 국민기초생활보장 수급자 현황'에 따르면 기초생활보장급여 일반수급자 10명 중 4명이 65세 이상 노인 인구인 것으로 분석됐다. 총 인구 대비 수급자 비율도 노년기가 11.0%로 가장 높았다. 노인 인구 9명 중 1명가량이 수급자인 셈이다. 2022년 12월 말 기준 일반수급자 비율은 노년기(65세 이상)가 39.7%로 가장 높고, 중년기(40~64세) 34.4%, 청년기(20~39세) 11.0%의 순이었다. 수급자 중 노인 인구가 차지하는 비율은 2017년 말 28.9%, 2020년 35.4%, 2022년 39.7% 등으로 꾸준히 증가 추세이다(보건복지부, 2023).

소득분배의 불평등도를 나타내는 지표인 지니계수는 0.376, 소득 5분위 배율은 6.62배로 2016년 이후 개선되고 있다(통계청, 2022). 그러나 OECD 국가들의 노인 빈곤율을 비교하면, 우리나라 노인의 상대적 빈곤율은 불명예스럽게도 OECD 국가 중 노인의 상대적 빈곤율이 가장 높다. 2019년 기준 66세 이상 고령자의 상대적 빈곤율은 한국은 43.2%로 OECD 회원국 중 유일하게 40%대를 돌파하며 1위를 기록했다. 다른 주요국은 호주 23.7%, 미국 23.0%, 일본 20.0%, 영국 15.5%, 캐나다 12.6%, 이탈리아 11.3%, 독일 11.0%, 프랑스 4.4% 등으로 우리나라와 현격한 차이를 보였다(OECD, 2020).

노후 준비는 갈수록 잘 되는 것으로 나타났다. '2022 고령자 통계'에 따르면, 2021년 노후를 준비하는 고령자는 56.7%로 지난 10년간 16.6%p 증가하였다. 노후 준비 방법은 국민연금 48.4%, 예·적금 17.1%, 직역연금 11.1% 순이었다. 공적연금 수급률은 매년 증가하여, '21년에는 전체 고령자의 55.1%가 공적연금을 받고 있는 것으로 조사되었다. 노후 준비를 하고 있지 않은 고령자는 43.3%로 지난 10년간 16.6%p 감소하였다. 노후 준비를 하고 있지 않은 사유는 준비할 능력 없음 59.1%, 자녀에게 의탁 29.0% 순이고, 지난 10년간 자녀에게 의탁은 7.8%p 감소하였다. 또한 65세 이상 고령자 중 본인이나 배우자가 직접 생활비를 마련하는 비중은 2021년 기준 65.0%로 10년 전보다 13.4% 포인트 높아졌다.

(2) 건강문제

2021년 기준 우리나라 국민의 기대수명은 83.6년으로 10년 전(80.6년)보다 3.0년 증가했다.

남자와 여자의 기대수명 차이는 감소 추세로 그 격차가 1980년 8.5년에서 2020년 4.4년까지 좁혀졌다(통계청, 2023). 우리나라 65세의 기대여명은 경제협력개발기구(OECD) 평균보다 높은 수준이다. 2020년 우리나라의 기대수명은 83.5년으로 경제협력개발기구(OECD) 가입국 중 2위이며, 1위인 일본에 비해 약 1.2년 낮은 수준이다(OECD, 2022).

인구 고령화는 노쇠, 질병 및 장애 등의 건강 약화를 초래할 수 있고, 건강 약화에 따르는 질병의 문제는 개인이 겪는 가장 어려운 문제이다. 2021년 65세 이상 고령자 10만 명당 사망원인별 사망자수는 악성신생물(암) 709.3명, 심장질환 312.0명, 폐렴 250.3명, 뇌혈관질환 220.6명 순으로 나타났다. 고령자의 1인당 진료비 및 본인부담금은 전체 인구 대비 각각 2.8배, 2.7배 수준이었다(통계청, 2022).

OECD의 보고(Health Status 2022)에 따르면 선진국의 경우 노인인구 1인당 진료비는 비노인 인구 1인당 진료비의 3~4배에 달하기 때문에 고령화의 급진전은 그 이상으로 노인의료비 급증 현상을 야기할 것으로 추정된다. 특히 치매 등과 같은 질병과 장기적인 간병을 필요로 하는 와병노인도 늘어나게 되어 보호를 받아야 할 노인들이 증가하지만 핵가족화, 여성의 취업 등으로 인해서 문제가 심각해지고 있다. 우리나라의 경우 건강악화로 타인에게 의존하게 되는 기간(의존평균수명, dependent life expectancy)은 평균 10년 정도가 되는 것으로 나타났다. 의존평균수명기간 동안에 여러 가지 질병과 장애에 시달리며 살아가는 기간으로 노인들은 가족 친척 및 사회의 보건복지 서비스기관으로부터 서비스를 받는데 수발자와의 갈등, 경제력약화로 인한 비용문제 등의 어려움을 겪게 되며, 건강한 여생기간에도 여가문제와 삶의 질, 배우자의 상실과 외로움의 문제 등이 중요한 관심사와 문제가 될 수 있다.

이러한 문제해결을 위하여 2008년부터 시행된 노인장기요양보험제도는 이러한 문제해결에 매우 좋은 결과를 보고하고 있다. 국민건강보험공단의 보고에 따르면, 2021년 65세 이상 고령자의 장기요양인정자 비중은 10.3%로 전년 대비 0.6%p 증가하였고, 인구 고령화에 따라 지속 증가하는 추세로 나타났다.

성별 장기요양인정자 비중은 여자가 13.4%로 남자(6.3%)의 2.1배 수준이었다(국민건강보험공단, 2022).

(3) 역할상실 문제

산업사회에서 새로운 기술과 직종의 발전은 노인을 생산 현장에서 몰아내었다. 이로 인해 노인은 직업적 역할과 그에 수반된 사회적 역할도 상실하게 되었을 뿐만 아니라, 여기에 현대사회에서 핵가족화와 만연된 개인주의는 노인의 역할상실의 문제를 더욱 심화시켰다. 노인들은 퇴직 후, 역할 없는 역할(roleless role)에 사로잡히는 시간을 맞이하게 된다. 능력과 시간은 있는데 마땅하게 아무 할 일이 없는 정신적 공황상태에 빠지기 쉽게 된다. 가정과 사회에서 역할이 축소되어 가고 있는 노년기에 이러한 문제의 해결을 위해서는 노인여가를 위한 프로그램 개발, 여가시설의 확충, 노인들의 사회참여(자원봉사, 단체 활동, 평생교육) 등을 통하여 노인 자신들의 사회적 역할과 기능을 찾으려는 적극적인 노력과 함께 사회적인 지원 방안이 필요하다.

'2022 고령자 통계'에 의하면, 여가활동과 관련해서는 큰 변화가 없으며, 평생교육참가나 자원봉사참여에 있어서는 코로나 팬데믹의 영향으로 조금 감소한 상태이다. 65세 이상 고령자의 28.7%가 사회단체에 참여하였는데, 유형별 사회단체 참여 비중은 친목 및 사교 단체(55.8%), 종교단체(43.0%), 취미·스포츠 및 여가활동(33.3%) 순으로 나타났다. '21년 고령자의 주말(휴일) 여가활동을 함께하는 사람은 가족 56.3%, 혼자 29.6%, 친구 8.1% 순이고, 지난 10년간 가족은 3.1%p 증가하였으나 친구는 1.5%p 감소하였다(통계청, 2022). 한편, 경로당 이용률은 지속적으로 낮아지고 있으며, 노인복지관은 9% 내외 수준을 유지하고 있는 것으로 나타났다.

(4) 고독과 소외문제

급속한 산업화로 인한 사회가치와 구조의 변화는 노인의 사회적응력을 떨어뜨리고 경제활동의 기회를 박탈하는 등 노인의 사회적 소외현상이라는 결과를 초래하였다. 또한 사회로부터의 소외뿐만 아니라 가까운 친지와 친구들의 죽음, 세대 간의 갈등, 배우자의 사별이나 이혼, 자신의 인생에 대한 후회, 죽음에 대한 불안 등은 노인들의 우울적인 경향을 심화시키는 요인이 된다. 노인들의 우울과 고독의 문제는 불면증 등의 증상을 유발하기도 하고 극단적인 경우에는 자살로 이어지기도 한다.

우리사회의 변화 중에서 노인 1인 가구 혹은 노인 부부가 함께 사는 노인 단독가구의 증가를 눈여겨 볼 필요가 있다. 노인 단독가구는 노인의 건강, 경제적 안정, 개인생활 향유 등 노인의 자립적 요인에 따라 그동안 지속적으로 증가되어 왔다. '2022 한국의 사회지표'에 의하면, 1세대로 구성된 노인 단독가구가 36.2%로 65세 이상 노인가구 중 가장 높은 비율을 차지한 것으로 조사되었다(통계청, 2023). 한국과 일본을 비교하면, 노인 가구 중 '노인 단독가구'와 '자녀 동거가구' 비중이 2020년에 한국(각 78.2%, 20.1%)과 2017년 일본(각 52.6%, 40.8%)로 차이가 컸다. 한국은 앞서 고령화가 진행된 일본보다 노인 단독가구의 비율이 약 25%나 높았고, 반면에 자녀동거가구는 20.7% 더 낮았다. 여기에 우리나라는 자녀와의 동거를 희망하는 비율도 '17년 15.2%에서 '20년 12.8%로 감소하고 있어, 향후 노인 단독 가구의 증가 추세는 지속될 것으로 예상된다.

한편, 2021년 우리나라 국민의 고령층과 젊은층 간의 세대 갈등에 대한 인식도 증가하고 있다. 2021년 19세 이상 성인 중 인권침해나 차별을 가장 많이 받는 집단이 '노인'이라고 생각하는 비중은 8.7%로, '장애인', '이주민' 다음으로 높은 순위로 나타났다. 60세 이상에서 가지고 있는 노인차별에 대한 인식은 13.7%로 조사되었는데 이는 타 연령대 보다 약 2배 수준으로 높은 수준이다. 그리고 부모 부양 책임에 대한 인식 조사에서는 과반이 '가족·정부·사회가 함께'라고 답해 부양 주체가 과거 '가족·자녀'에서 '정부·사회'로 옮겨간 것으로 나타났다(통계청, 2022). 이는 곧 가족의 부양기능 약화를 의미한다. 이와 같이 현대사회에서 빠르게 변화하는 다양한 사회적 요인으로 인하여 노인세대의 고독과 소외의 문제는 계속 심화될 것으로 보인다.

3) 노인복지서비스의 분류

노인복지서비스는 재가노인과 시설노인에 따라 구분된다. 재가노인에게는 다양한 서비스가 노인들이 거주하는 다양한 거주시설에 따라 제공되며, 시설노인에게는 보호와 아울러 노인이 필요로 하는 서비스가 시설을 중심으로 하여 제공된다.

(1) 재가노인복지시설

재가노인복지시설은 정신적, 신체적인 이유로 독립적인 일상생활을 수행하기 곤란한 노인과 노인부양가정에 필요한 각종 서비스를 제공함으로써, 노인이 가족 및 친지와 더불어 건강하고 안정된 노후생활을 영위할 수 있도록 함과 동시에 노인부양으로 인한 가족의 부담을 덜어주기 위함을 목적으로 한다. 이는 2008년 7월 이후 재가노인복지시설의 명칭을 이용자 중심의 시설 명칭으로 변경하고 하나의 재가노인복지시설에서 여러 가지 서비스를 제공할 수 있도록 하여 변경되었다. 재가노인복지시설의 종류는 방문요양서비스, 방문목욕서비스, 주야간보호서비스, 단기보호서비스 등이 있다.

(2) 노인복지시설

노인인구의 증가와 평균수명의 증가로 고령화시대에 요양보호 수요의 증가, 취미 등 여가활동을 통한 삶의 질 향상을 위한 공간 확보의 필요성이 대두되었다. 이에 대한 욕구의 해소를 위해 우리사회에 노인복지시설의 인프라를 확충하였다. 노인복지시설은 크게 노인주거복지시설과 노인의료복지시설, 노인여가복지시설, 재가노인복지시설, 노인보호전문기관, 노인일자리지원기관으로 분류된다. 노인복지법 시행규칙의 개정으로 노인전문병원, 노인휴양소는 2011년도에 폐지되었다.

2022년 12월 말 기준 89,643개소의 노인복지시설이 운영되고 있다. 그 중에서 재가노인복지시설은 전년 대비 3,288개소(33%) 증가한 반면, 노인주거 복지시설은 29개소(8.6%) 감소하였다. 노인주거복지시설은 감소 추세이나, 반면에 방문요양서비스, 방문목욕서비스, 주야간보호서비스 등 재가노인 복지시설은 증가하고 있다(보건복지부, 2023).

표 8-3 노인 복지시설 현황

(2022년 12월말 기준, 단위: 개소)

		2016	2017	2018	2019	2020	2021	2022
총계		75,708	76,371	77,395	79,382	82,544	85,228	89,643
노인주거 복지시설	소계	425	404	390	382	352	337	308
	양로시설	265	252	238	232	209	192	180
	노인공동생활가정	128	119	117	115	107	107	89
	노인복지주택	32	33	35	35	36	38	39
노인의료 복지시설	소계	5,163	5,242	5,287	5,529	5,725	5,821	6,069
	노인요양시설	3,136	3,261	3,390	3,595	3,844	4,057	4,346
	노인요양공동생활가정	2,027	1,981	1,897	1,934	1,881	1,764	1,723
노인여가 복지시설	소계	66,787	67,324	68,013	68,413	69,005	68,823	69,786
	노인복지관	350	364	385	391	398	357	366
	경로당	65,044	65,604	66,286	66,737	67,316	67,211	68,180
	노인교실	1,393	1,356	1,342	1,285	1,291	1,255	1,240
재가노인 복지시설1)	소계	3,168	3,216	3,494	4,821	7,212	9,984	13,272
	방문요양서비스	1,009	1,001	1,051	1,513	2,656	4,156	5,808
	주야간보호서비스	1,086	1,174	1,312	1,816	2,321	2,618	3,035
	단기보호서비스	95	80	73	78	73	69	70
	방문목욕서비스	588	609	650	942	1,596	2,415	3,394
	방문간호서비스	–	10	21	60	95	158	234
	복지용구지원서비스	–	–	–	0	86	208	368
	재가노인지원서비스	390	342	387	412	385	360	363
노인보호전문기관		29	32	33	34	35	37	37
노인일자리지원기관		136	153	160	184	196	206	206
학대피해노인쉼터		–	–	18	19	19	20	20

1) 노인복지시설의 명칭이 노인복지법 시행규칙의 개정, 시행으로 다음과 같이 변경되었습니다.
 * 재가노인지원서비스(재가노인복지시설) 신설('10.2.24)
 * 노인전문병원(노인의료복지시설), 노인휴양소(노인여가복지시설) 삭제('11.12.8)
 * 노인일자리지원기관 신설('13.12.5)
 * 학대피해노인 전용쉼터 신설('17.19.15.)
 * 복지용구지원서비스(재가노인복지시설) 신설('19.12.12)

출처: 보건복지부(2023). 노인복지시설 현황.

4) 우리나라의 현행 노인복지 프로그램과 서비스

우리사회의 노인문제에 대응하기 위하여 다양한 정책을 시행하고 있다. 2020년도 노인실태조사에 따르면, 노인복지정책 중 향후 우선적으로 확대되어야 할 정책에 대해서는 노인빈곤완화가 49.0%, 노인건강 45.9%, 노인돌봄 32.0%, 치매 22.5%, 노인고용/일자리 지원 21.3%, 노인특화된 다양한 주거 5.2%, 자원봉사/사회참여 지원 4.8%, 주택개선 및 개조서비스 3.5%, 노인특화된 용품 확대가 1.3%로 나타났다(보건복지부, 2020).

노인문제 분류에 맞추어 정부의 노인복지 프로그램을 도표로 정리하면 다음의 〈표 8-4〉와 같다. 이 표에서는 경제적 문제에 관한 대책은 소득보장과 주거보장, 건강문제에 관한 대책은 의료보장, 심리사회적 문제에 관한 대책은 사회 서비스 보장으로 구분하였다(최성재·장인협, 2017. 재구성).

표 8-4 노인복지 프로그램과 서비스(2022년 12월 말 기준)

분야	구분	프로그램	근거	내용
소득보장	사회보험	국민연금	국민연금법	10년 이상 가입, 퇴직 후 연금
		공무원연금	공무원연금법	20년 이상 가입, 퇴직 후 연금/일시금
		사립학교교직원연금	사립학교교직원연금법	20년 이상 가입, 퇴직 후 연금/일시금
		군인연금	군인연금법	20년 이상 가입, 퇴직 후 연금/일시금
	공공부조	국민기초생활보장	국민기초생활보장법	중위소득 50% 이하 가구
		기초연금	기초노령연금법	노인소득 하위 70%
		긴급복지지원	긴급복지지원법	주소득자의 갑작스런 소득상실, 1~3개월
	직업연금	퇴직연금	근로자퇴직급여보장법	10년 이상 가입, 5년 이상 지급
	세제감면	소득세 공제	소득세법	60세 이상 부양가족 공재
		양도소득세 면제	소득세법	대물림한 주택에 대한 면세
		생계형 저축 비과세	조세특례제한법	60세 이상 가입자 비과세
	경로우대	철도	노인복지법	KTX/새마을 30%(주중), 무궁화(30%), 통근열차(50%), 도시철도(100%)
		고궁/능원/국공립공원		100%
		국공립박물관/미술관		100%
		국공립국악원		50% 이상
		정부지원 공연장		50%

<table>
<tr><td rowspan="8"></td><td rowspan="6">고용
증진</td><td>고령자 우선고용</td><td rowspan="5">고용상연령차별금지 및 고령자 고용촉진에 관한 법률</td><td>55세 이상 130개 직종 개발, 우선고용장려</td></tr>
<tr><td>고령자 고용차별금지</td><td>고용주의 연령차별 금지</td></tr>
<tr><td>고령자 취업지원</td><td>고용자 직업능력 개발</td></tr>
<tr><td>고령자고용촉진장려금</td><td>고용주에 대한 고령자 다수/신규고용장려금</td></tr>
<tr><td>고령자재고용장려금</td><td>고령자 재고용 장려금</td></tr>
<tr><td>노인일자리사업</td><td>노인복지법</td><td>한국노인인력개발원, 시니어클럽, 대한노인회</td></tr>
<tr><td rowspan="2">사적
대책</td><td>주택연금제도</td><td>한국주택금융공사법</td><td>9억 이하 주택 담보연금</td></tr>
<tr><td>개인연금</td><td></td><td>개인연금 납입금 세제 혜택</td></tr>
<tr><td rowspan="4">의
료
보
장</td><td rowspan="2">사회
보험</td><td>국민건강보험</td><td>국민건강보험제도</td><td>가입자의 의료 진료비(급성질병)지급</td></tr>
<tr><td>노인장기요양보험</td><td>노인장기요양보험법</td><td>노인성질병, 재가/시설 요양비 지급 및 서비스</td></tr>
<tr><td rowspan="2">공공
부조</td><td>의료급여</td><td>의료급여법</td><td>국민기초생활보장대상자/차상위계층 일부</td></tr>
<tr><td>노인돌봄종합서비스</td><td></td><td>바우처(월소득 최저생계비 150% 이하)</td></tr>
<tr><td rowspan="4">주
거
보
장</td><td rowspan="4">공적
및
사적
대책</td><td>임대주택 입주특혜</td><td>주택공급에관한규칙</td><td>임대주택입주 우선 점수 낮음</td></tr>
<tr><td>노인전용 주택공급</td><td>노인복지법</td><td>일부 지자체 공급</td></tr>
<tr><td>주택연금제도</td><td>한국주택금융공사법</td><td>9억 이하 주택담보 연금</td></tr>
<tr><td>노인주거복지시설</td><td>노인복지법</td><td>양로시설, 노인공동생활가정, 노인복지주택</td></tr>
<tr><td rowspan="17">사
회

서
비
스

보
장</td><td rowspan="5">당면
문제
해결</td><td>재가노인복지 서비스</td><td>노인복지법</td><td>가정봉사원, 주간보호, 단기보호(4~5등급)</td></tr>
<tr><td>노인복지상담원</td><td>노인복지법</td><td>공무원 겸임</td></tr>
<tr><td>치매상담</td><td>노인복지법</td><td>보건소/지소</td></tr>
<tr><td>실종노인신고</td><td>노인복지법</td><td>실종노인보호 시 신고의무화</td></tr>
<tr><td>복지부 희망의 전화</td><td></td><td>129번</td></tr>
<tr><td rowspan="9">발달
욕구
충족</td><td>노인복지관</td><td>노인복지법</td><td>366개소</td></tr>
<tr><td>사회복지관</td><td>사회복지사업법</td><td>476개소</td></tr>
<tr><td>경로당</td><td>노인복지법</td><td>68,180개소</td></tr>
<tr><td>노인교실</td><td>노인복지법</td><td>1,240개소</td></tr>
<tr><td>노인휴양소</td><td>노인복지법</td><td>폐지</td></tr>
<tr><td>지역봉사지도원 위촉</td><td>노인복지법</td><td>공공사회봉사 활동에 위촉</td></tr>
<tr><td>노인자원봉사 활성화</td><td>노인복지법</td><td>노인복지관 등과 연계한 사업</td></tr>
<tr><td>효문화 진흥활동</td><td>효장려 및 지원에 관한 법률</td><td>효문화 증진을 위한 활동 예정</td></tr>
<tr><td></td><td></td><td></td></tr>
<tr><td rowspan="3">권익
정보</td><td>노인권익옹호</td><td>노인복지법</td><td>노인학대예방/신고/조사(노인보호전문기관)</td></tr>
<tr><td>노인보호구역지정</td><td>도로교통법</td><td>노인복지 시설지역에 지정</td></tr>
<tr><td>노인일자리/상담</td><td>노인복지법</td><td>전화 정보제공/상담</td></tr>
</table>

3 장애인복지

1) 장애의 개념

장애를 규정하는 개념은 첫째, 해부학적·신체구조학적·지능적 및 심리적인 이상성이나 상실의 개념, 둘째, 신체 구조적 또는 심리적 과정에 의해서 야기되는 만성적인 질환으로의 개념, 셋째, 기능적인 개념, 넷째, 행동규범의 개념 등이 있다(임종호 외, 2022). 장애의 개념은 시대와 관점에 따라 다르다. 최근 장애를 보는 관점은 개인의 신체적 조건이나 질병을 강조하는 의학적 모형(medical model)에서 개인과 환경은 상호작용을 한다고 보는 생태학적 모형(ecological model)으로 그 관점이 바뀌고 있다. 의학적 모형은 관찰되는 문제, 손상 및 장애의 원인에 초점을 맞추는 이론이다. 생태학적 모형은 개인이 경험하는 문제나 장애는 대부분 개인 내의 문제가 아니라 개인과 개인이 활동하는 사회적 환경이나 제도 간의 상호작용에 있다고 본다. 이런 입장에서 개인과 환경 간에 부적합이 있는 경우 개인은 이런 환경을 벗어나거나 환경에 기여하는 요인들을 바꿔야 한다고 요구한다. 그러므로 장애를 보는 관점이 의학적 모형에서 생태학적 모형으로 바뀌었다는 의미는 장애를 개인의 문제나 병리라기보다는 사회의 문제나 병리로 보는 관점으로 바뀌었다는 의미이다.

UN 총회는 1981년을 '세계장애인의 해'로 선언을 한 해 앞두고, 장애의 개념에 대한 새로운 관점을 제시하였다. 1980년 세계보건기구는 ICIDH(International Classification of Impairments, Disabilities, and Handicaps)를 제시하였다. 손상(impairment)은 심리·생리해부학적 구조나 기능 상실 혹은 이상을 의미하고, 장애(disability)는 손상으로 인한 기능의 제한이 장기간에 걸쳐 지속될 것이라고 의학적으로 판단되어 정상의 범위 내에서 활동을 수행하는 능력의 제한이나 결여를 말한다. 사회적 불리(handicaps)는 주요 환경적응에 있어서 독립성의 상실이나 사회·경제적 개인생활상의 역할수행과 관련된 제한성을 의미한다. 이는 건강조건, 손상 및 장애보다는 사회적으로 불이익을 받는 상황을 강조한 것이다.

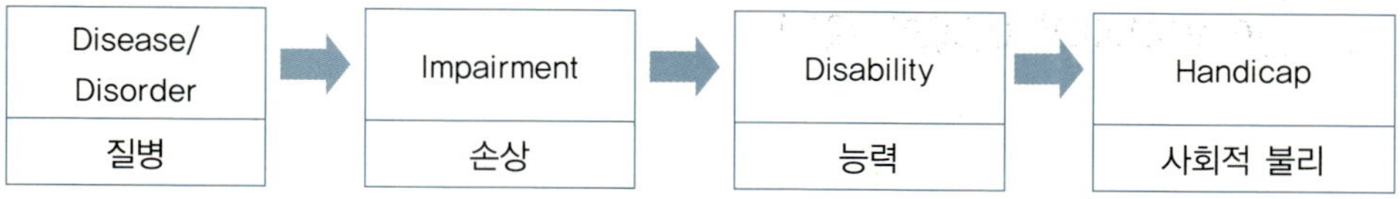

그림 8-1 ICIDH(1980)

이후, 1997년 세계보건기구는 장애의 개념으로서 ICIDH-2(International Classification of Impairments, Activities, and Participation: A manual of dimensions of disablement and functioning)를 제시하였다. ICIDH-2에서는 손상(impairments), 활동(activities), 참여(participation), 맥락 요인(contextual factors) 등을 중심으로 장애의 개념을 설명하였으며, 장애에 대한 사회적인 불이익보다는 적극적으로 장애인의 사회참여를 관철시키기 위한 계속적인 노력을 중시하였다. 그러므로 장애는 개인적인 심신의 손상이나 결함의 문제뿐 아니라 사회활동을 제한하는 불리한 사회적 환경요인까지 포괄하는 개념으로 보아야 할 것이다(WHO, 2001).

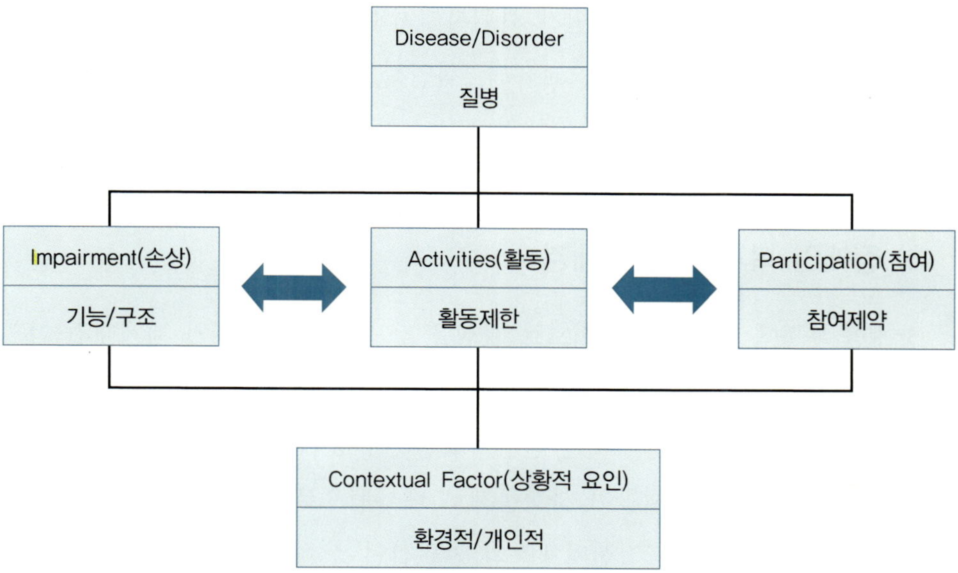

그림 8-2 ICIDH-2(1997)

2) 장애인복지의 이념과 목적

장애인복지의 이념은 '완전한 사회 참여와 평등을 통한 사회 통합 달성'이다. 이것은 UN이 1981년 '세계장애인의 해'에 내건 슬로건이기도 하다. 우리나라 장애인복지법 제3조에서도 "장애인복지법의 기본 이념은 장애인의 완전한 사회 참여와 평등을 통한 사회 통합을 이루는 데 있다"고 명시하고 있다. 이는 비록 장애가 있으나 이를 극복하도록 각종 재활서비스를 강화시키고 사회적·물질적 환경을 개선함으로써 장애인들의 사회 참여가 보장되도록 한다는 의미이다.

장애인복지법은 장애인의 인간다운 삶과 권리 보장을 위한 국가와 지방자치단체 등의 책임을 명백히 하며, 장애 발생의 예방과 장애인의 의료, 교육, 직업재활, 생활환경 개선 등에 관한 사업을 정함으로써 장애인복지대책의 종합적 추진을 도모하며, 장애인의 자립, 보호 및 수당의 지급 등에 관하여 필요한 사항을 정함으로써 장애인의 생활 안정에 기여하는 등 장애인의 복지 증진 및 사회활동 참여 증진에 기여함을 목적으로 하는 법이다(장애인복지법 제1조).

그러므로 장애인복지란 심신의 결함으로 인하여 가정생활, 사회생활에 곤란을 가지게 되는 것을 국가나 민간 사회복지기관에서 장애인이 모든 생활에서 곤란을 느끼지 않도록 의료적, 교육적, 직업적, 심리적, 사회적, 사회적 모든 문제에 걸쳐 원조하는 제도적, 정책적 서비스의 조직적 활동과 노력을 말한다.

3) 장애인 복지의 발달 배경

장애인 복지에 대하여 사회적으로 관심을 갖게 된 것은 제2차 세계대전 이후 선진 서방국가들이 사회복지 정책을 펴기 시작하면서 부터인데, 각종 산업의 발달에 따른 산업재해와 계속된 전쟁으로 각 나라마다 장애인이 속출하게 되자 그들의 생활유지와 재활이 사회문제로 대두됨으로써 시작되었다. 이에 국제연합(UN)은 1972년에 '정신지체자의 인권선언'을 하였고, 1975년에 '장애인의 권리선언'을 채택하고, 1981년을 '세계장애인의 해'로 선포하였다. 이와 같은 UN의 노력은 세계 각국에 영향을 미쳐 장애인 복지 서비스가 확대 되었다.

우리나라는 장애인복지법은 최초에는 심신장애가복지법으로 1981년도에 입법화되었으며 1981년 6월 5일 법률 제3452호로 공포·시행되었다. 심신장애인복지법이 실시된 이후 정부나 민간 차원에서 이 법에 대하여 특별한 관심을 갖지 않다가, 1988년 세계장애자올림픽을 계기로 장애인들에 대해서 주의를 집중하기 시작하였다. 이에 정부는 1989년 12월 30일 심신장애자복지법의 명칭을 장애인복지법으로 변경함과 함께 그 내용을 전면적으로 개정하였다. 이어 1990년 장애인고용촉진법을 제정·실시함으로써 국가 및 지방자치단체의 공공기관은 물론 일정 규모 이상의 민간 기업도 장애인의 고용을 의무화되었다. 이외에도 2012년 장애인· 노인·임산부 등의 편의 증진보장에 관한 법률에서는 장애인에게 의료비 지급·자금 대여·생업 지원·자녀 교육비 지급, 시설의 우선이용, 편의시설 등 장애인 복지를 제도적으로 보장하기에 이르렀다.

4) 장애인복지의 적용대상과 장애등급 기준

보건복지부 '등록장애인 현황'에 따르면, 1990년도에는 24만 명 정도였던 등록장애인이 2000년 102만 명, 2020년 263만 명으로 증가하였고, 2022년에는 265만 3천 명으로 전체 인구의 5.2%를 차지하고 있다. 이는 우리사회에서 장애인에 대한 배려, 차별 및 인식 등의 개선에 따른 효과로 성숙한 사회로 진일보한 것으로 보인다. 등록장애인 수는 2015년 이후 소폭 증가 추세이며, 장애인구의 고령화, 장애인 1인 가구 증가 추세가 뚜렷하다. 이미 고령사회로 진입한 우리나라는 고령화로 인해 65세 이상 장애인 인구도 자연스럽게 증가하고 있다. 전체 장애인 중 65세 이상이 49.9%로 고령화되고 있으며, 장애인 1인 가구 비율 역시 27.2%로 증가한 것으로 나타났다.

장애인 중 국민기초생활보장 생계급여 수급자 비율은 19.0%로 이는 국민기초생활보장 수급율 3.6%(2019년 12월 기준)에 비해 약 5.3배 높은 수준이다. 지체장애와 같은 전통적 다빈도 유형은 2011년에 52.9%에서 2021년에는 45.1%로 감소하고 있으나, 이와는 대조적으로 발달장애 비율은 2011년에 7.3%에서

2021년에는 9.6%로 증가 추세이다. 발달장애는 타 장애유형 대비 평생에 걸쳐 일상생활에서 타인의 도움이 필요한 경우가 많아 돌봄 수요 증가가 예상된다. 2023년 보건복지부에서 발표한 〈제6차 장애인정책 종합계획〉에서는 장애인 사회적 배재 해소와 삶의 질 향상을 목표로 하여 서비스 지원, 소득·일자리 지원, 건강·생활 지원, 장애인 인권 강화 등의 과제를 추진하고 있다(보건복지부 외 관계부처 합동, 2023).

보건복지부에서 발표한 〈2020년 장애인 실태조사 보고서〉에서 우리나라의 장애출현율을 살펴보면 한국은 OECD 평균 15.2%보다 낮다. 핀란드 34.2%, 오스트리아 34.1%, 독일 22.3%, 호주 17.7%, 미국 12.7%, 북한 8.2%, 일본 7.6% 보다 적은 비율이다. 장애출현율은 각 국가별로 장애인으로 보는 대상이나 범위 등이 다르기 때문에 차이가 큰 편이다. 이 중에서 후천적 장애발생률은 88.1%로 매년 조금씩 감소하는 경향을 나타내고 있으며, 후천적 원인 중 질환은 56.0%, 사고는 32.1%로 나타났다.

우리나라 장애인복지법상 장애인은 신체적·정신적 장애로 인하여 장기간에 걸쳐 일상생활 또는 사회생활에 상당한 제약을 받는 자를 말한다(장애인복지법 제2조). 1988년 도입된 장애등급제는 장애인 복지서비스 확대에는 기여했지만, 장애인 개인의 욕구를 고려하지 못하는 획일적 기준이라는 지적을 지속적으로 받아왔고, 2019년에 장애등급제를 폐지하며 이때 장애등급에서 장애정도로 변경되었다. 장애인은 장애의 정도에 따라 등급을 구분하되, 그 등급은 보건복지부령으로 정한다(서동명, 2022).

표 8-5 장애등급 기준

장애등급	장애정도
1급	– 타인의 도움이 없이는 생명을 유지할 수 없는 지속적인 비가역적 혼수상태로 수정바델지수가 24점 이하인 사람 – 보행과 모든 일상생활동작의 수행에 전적으로 타인의 도움이 필요하며, 수정바델지수가 24점 이하인 사람
2급	– 보행과 모든 일상생활동작의 수행에 대부분 타인의 도움이 필요하여 수정바델지수가 25~39점인 사람

3급	– 보행 및 모든 일상생활동작의 독립적 수행이 어려워, 보행과 일상생활동작 수행에 부분적으로 타인의 도움이 필요하며 수정바델지수가 40~54점인 사람
4급	– 보행과 대부분의 일상생활동작은 자신이 수행하나 간헐적으로 타인의 도움이 필요하며, 수정바델지수가 55~69점인 사람
5급	– 보행과 대부분의 일상생활동작을 타인의 도움 없이 자신이 수행하나 완벽하게 수행하지 못하는 때가 있으며 수정바델지수가 70~84점인 사람
6급	– 보행과 대부분의 일상생활동작을 자신이 완벽하게 수행하나 간혹 수행 시간이 느리거나 양상이 비정상적인 때가 있으며 수정바델지수가 85~94점인 사람

표 8-6 보행 및 일상생활동작 평가(수정바델지수, Modified Bathel Index)

수행정도 / 평가항목	전혀 할 수 없음	많은 도움이 필요	중간 정도 도움이 필요	경미한 도움이 필요	완전히 독립적으로 수행
개인위생[1]	0	1	3	4	5
목욕(bathing self)	0	1	3	4	5
식사(feeding)	0	2	5	8	10
용변(toilet)	0	2	5	8	10
계단 오르내리기(stair climb)	0	2	5	8	10
착·탈의(dressing)[2]	0	2	5	8	10
대변조절(bowl control)	0	2	5	8	10
소변 조절(bladder control)	0	2	5	8	10
* 이동(chair/bed transfer)[3]	0	3	8	12	15
* 보행(ambulation)	0	3	8	12	15
* 휠체어이동(wheelchair)[4]	0	1	3	4	5

총점: 부록의 예시를 참조 후 평가한다.

1) 개인위생: 세면, 머리 빗기, 양치질, 면도 등

2) 착탈의: 단추 잠그고 풀기, 벨트 착용, 구두끈 매고 푸는 동작 포함

3) 이동: 침대에서 의자로, 의자에서 침대로 이동, 침대에서 앉는 동작 포함

4) 휠체어 이동: 보행이 전혀 불가능한 경우에 평가

5) 장애의 분류

장애인복지법에서는 장애의 분류를 크게 신체적 장애, 정신적 장애로 구분한다. 신체적 장애는 외부 신체 기능의 장애와 내부 기관의 장애로 구분하고,

정신적 장애는 발달장애와 정신장애로 나뉜다. 외부 신체기능의 장애는 지체장애, 뇌병변 장애, 시각장애, 청각장애, 언어장애, 안면변형장애로, 내부 기관의 장애는 신장장애, 심장장애, 호흡기 장애, 간장애, 장루장애, 간질장애로 구분되고, 발달장애는 지적장애와 자폐성 장애 등 15개 유형으로 구분한다(서동명, 2022). 전체 장애 인구 중에 지체장애가 45.1%로 가장 많은 비중을 차지한다. 다음으로 청각장애 15.6%, 시각장애 9.5%, 뇌병변 9.4% 순이다(보건복지부, 2021).

표 8-7 장애의 분류

대분류	중분류	소분류	세분류
신체적 장애	외부 신체기능의 장애	지체장애	절단장애, 관절장애, 지체기능장애, 변형 등의 장애
		뇌병변장애	뇌의 손상으로 인한 복합적인 장애
		시각장애	시력장애, 시야결손장애
		청각장애	청력장애, 평형기능장애
		언어장애	언어장애, 음성장애, 구어장애
		안면장애	안면부의 추상, 함몰, 비후 등 변형으로 인한 장애
	내부 기관의 장애	신장장애	투석치료중이거나 신장을 이식 받은 경우
		심장장애	일상생활이 현저히 제한되는 심장기능 이상
		간장애	일상생활이 현저히 제한되는 만성·중증의 간기능 이상
		호흡기장애	일상생활이 현저히 제한되는 만성·중증의 호흡기기능 이상
		장루·요루장애	일상생활이 현저히 제한되는 장루·요루
		간질장애	일상생활이 현저히 제한되는 만성·중증의 간질
정신적 장애	발달장애	지적장애	지능지수와 사회성숙지수가 70 이하인 경우
		자폐성장애	소아청소년 자폐 등 자폐성 장애
	정신장애	정신장애	정신분열병, 분열형정동장애, 양극성정동장애, 반복성우울장애

6) 장애인복지시설의 종류와 현황

장애인복지시설이란 장애인에게 필요한 서비스를 제공하는 물리적 · 기능적인 제반장소를 말한다. 국가와 지방자치단체는 장애인의 성·연령 및 장애의 유형과 정도를 고려하여 적절한 보호·의료·생활지도·재활훈련과 자립생활지원 등의 서비스를 제공함으로써 장애인이 기능 회복과 사회성 향상을 도모하고자 설립된 시설이다. 장애인복지시설의 종류는 다음과 같다(보건복지부, 2023).

① 장애인거주시설: 장애인이 필요한 기간 생활하면서 재활에 필요한 상담·치료·훈련 등의 서비스를 받아 사회 복귀를 준비하거나 장애로 인하여 장기간 요양하는 시설이다.
② 장애인지역사회재활시설: 장애인복지관, 의료재활시설, 체육시설, 수련시설, 공동생활가정 등 장애인에게 전문적인 상담·치료·훈련 등을 제공하거나 여가활동 및 사회참여활동 등에 필요한 편의를 제공하는 시설이다.
③ 장애인직업재활시설: 일반고용이 어려운 장애인이 특별히 준비된 작업환경에서 직업훈련을 받거나 직업생활을 영위할 수 있도록 하는 시설이다.
④ 장애인 유료 복지시설: 장애인이 필요한 상담·치료·훈련 등 편의를 제공받고 이에 소요되는 일체의 비용을 시설운영자에게 납부하여 운영하는 시설이다.
⑤ 기타 대통령령으로 정하는 시설

표 8-8 장애인 복지시설의 종류(장애인복지법 제58조)

거주시설	지역사회재활시설	직업재활시설	생산품판매시설	의료재활시설
1. 장애유형별 거주시설 2. 중증장애인 거주시설 3. 장애영유아 거주시설 4. 장애인 단기 거주시설 5. 장애인 공동 생활가정	1. 복지관 2. 주간보호시설 3. 체육시설 4. 수련시설 5. 생활이동지원센터 6. 수화통역센터 7. 점자도서관 8. 점자도서 및 녹음서 출판시설 9. 재활치료시설	1. 보호작업장 2. 근로사업장 3. 직업적응 훈련시설	생산품판매시설	의료재활시설

표 8-9 **장애인 복지시설 현황**

(2022년 12월 31일 기준, 단위: 개소)

장애인 복지시설	2013	2014	2015	2018	2020	2022
지역사회재활시설	1,184	1,213	1,248	1,373	1,519	1,568
직업재활시설	511	541	560	651	720	773
거주시설	1,397	1,457	1,484	1,527	1,539	1,534
장애인 생산품판매시설	16	17	17	17	17	17
장애인 의료재활시설	18	18	18	19	18	18

출처: 보건복지부(2023). 보건복지통계연보.

위의 〈표 8-9〉에서 보는 바와 같이 장애인 복지시설 중 장애인 거주시설은 2018년 말 기준 1,527개소, 2020년 말 기준 1,539개소, 2022년 말 기준 총 1,534개소가 운영되고 있다. 장애인 거주시설은 소규모화 정책으로 소규모 시설(단기, 공동 등)이 증가하였고, 입소자 수는 점진적으로 감소하는 추세이다. 2020년 말 기준 1,519개소, 2022년도에는 유지하고 있다. 장애인 지역사회재활시설 수는 2018년말 기준 1,373개소에서 2020년 말 기준 1,519개소, 2022년말 기준 1,568개소로 증가하였다. 직업재활시설의 경우에도 지속적인 시설 확충으로 매년 꾸준하게 증가하였다(보건복지부, 2023).

4 여성복지

1) 여성복지의 개념

우리사회는 전통적으로 가부장제의 문화 속에서 남성 중심의 사회제도와 구조가 형성되었다. 그로 인하여 여성은 남성에게 의존적인 존재로 사회화됨으로써 억압받고 차별받는 사회 환경 속에서 불평등과 불이익을 받아왔다. 여성복지라는 용어를 사용하기 시작한 것은 1990년대 중반 이후이다. '여성복지'란 용어를 사용하기 이전에는 '부녀복지'라는 이름으로 사용되었다. 부녀복지라는 용어가 갖는 의미는 여성을 독립적인 인격체가 아닌 누구의 며느리 혹은 누구의 부인으로 본다는 점이고 여성은 결혼하여 부녀가 되는 것이 정상적이라는 사회의 가치를 반영하였다. 부녀복지란 이름으로 제공된 정부의 서비스는 주로 일부의 요보호 여성(저소득 모자가정, 미혼모, 가출여성, 매매춘 여성, 학대받는 여성, 저임금 근로여성)을 대상으로 한 것이었다.

1990년대 한국여성개발원은 우리나라에서 최초로 여성복지 개념에 대하여 정의하였다. '여성복지란 여성이 국가와 사회로부터 인간의 존엄성과 인간단운 생활을 할 권리를 동등하게 보장받음으로써 여성의 건강, 재산, 행복의 조건들이 만족스러워지는 상태를 의미하면서 동시에 가부장적 가치관과 이에 기초를 둔 법, 기타 사회제도를 개선하는 등으로 여성의 인간다운 삶을 실현하기 위한 모든 실천적 노력을 포함하는 개념'으로 정의하였다. 그러므로 여성복지실천은 여성을 수혜의 대상이나 약자로만 바라보는 보호 중심의 복지를 보편적인 제도 및 여건 개선을 수반한 복지로 바라볼 필요가 있다(송다영 외, 2021) 또한 여성복지는 사회복지의 한 분야로서 사회복지의 방법들을 활용해야 한다는 점이 강조되고, 여성복지의 수단으로서 제도적, 정책적 활동 이외에 기술적(실천적) 차원의 활동도 주요 수단으로 포함되어야 한다고 주장하였다. 이러한 정의를 종합하면, 여성복지는 양성평등을 실현하고 여성의 삶의 질을 높이기 위해서 여성을 억압하는 가부장제와 자본주의에 근거한 법과 사회제도를 개선하기 위한 노력과 함께 여성 개인의 능력 개발과 여성의 욕구와 문제해결을 위한 정책적·실천적 개입을 통한 제반 활동이라고 정의할 수 있다.

2) 여성복지의 필요성

(1) 빈곤의 여성화

빈곤층에서 여성이 차지하는 비율이 점차적으로 증가하는 현상으로 특히 여성이 주부양자 역할을 담당하는 여성가구주와 여성 노인의 경우 극명하게 나타난다. 빈곤의 여성화라는 용어는 1970년대 서구사회에서 급속하게 빈곤이 여성문제가 되는 것을 관찰함으로써 Diana Pearce가 최초로 사용하였다. 그의 조사연구를 통하여 16세 이상의 빈민 중 약 2/3, 그리고 성인 빈민의 70% 이상이 여성이며, 빈곤가구의 반 이상이 여성 가구주임이 보고되었다. 그리고 가장 핵심적인 원인으로 노동시장에서의 성분절을 지적하였다(Pearce, 1978).

여성가족부(2021)의 보고에 의하면, 2021년 우리나라 전체 인구는 5,182만 2천 명, 이 중 여성 인구는 전년보다 0.1% 증가한 2,586만 명으로 전체 인구의 49.9%를 차지하였다. 2021년 성비(여성 100명당 남성 수)는 100.4명으로 '00년과 비교하여 1명 감소하였다. 여성 인구는 '30년 이후 남성 인구보다 많아질 것으로 추정된다.

2022년 12월 31일 기준 한국여성정책연구원(2023)의 〈경제활동인구조사〉 자료에 의하면, 15세 이상 여성 경제활동인구는 2015년 51.9%에서 이후 매년 증가하여 2022년에는 54.6%로 최근 8년간 가장 높은 수치를 기록했다. 이에 반하여, 남성 경제활동참가율은 2015년 74.1%에서 2019년 73.5%으로 감소하였다. 그러나 여성의 경제활동참가율은 남성에 비하여 여전히 낮은 수준이다. 남녀 근로자의 임금을 비교하면, 2020년 여성 임금근로자의 시간당 임금은 15,372원이며, 2010년 대비 6,072원 증가하였다. 2020년 여성의 시간당 임금 수준은 남성 대비 69.6% 수준으로 조사되었는데 이는 2010년 대비 8.0%p 상승한 것이다.

한편, 2022년 여성 실업률은 3.5%로 2000년(3.6%) 대비 0.4%p 상승하였다. 여성의 고용률은 20대 후반이 68.7%로 가장 높고, 다음으로 40대 후반(66.0%), 50대 초반(65.5%) 순으로 높았다. 여성의 고용률은 30대에 결혼·임신·출산·육아 등의 경력단절 발생으로 감소 후 40대에 재취업으로 증가하는 M자형의 모양을 보인다. 기혼여성 중 경력단절여성 비율은 2015년 22.0%에서 2020년 17.6%로 감소 추세이다. 경력단절 사유는 육아(42.5%), 결혼(27.5%), 임신·출산(21.3%) 순이다.

여성이 가구주인 가구 수는 664만 7천 가구로 전체의 32.3%로 조사되었다.

이는 2000년(18.5%)과 비교하여 13.8%p 상승한 것이며, 상승 추이가 지속되어 2030년 35.4%, 2040년 37.8%로 증가할 것으로 전망된다. 혼인상태별 여성 가구주 구성비를 살펴보면, 미혼, 유배우 및 이혼은 증가 추세이며, 사별은 감소 추세인 것으로 나타났다. 한부모 가구는 2020년 전체 2천 35만 가구 중에서 208만 2천 가구로 전체 가구의 10.2%를 차지하였다. 이 중 여성 한부모 가구는 115만 2천 가구로 75.2%이며, 여성 한부모 가구 비중은 상승 추세이다. 특히 미혼인 여성 가구주는 143만6천 가구로 여성 가구주 중 23.7%를 차지하고 있는 것으로 나타났는데, 이는 2008년 97만2천 가구에 비해 47.8% 증가한 것이다.

우리나라 주된 가구형태는 4인 이상 가구였으나, 2015년 이후는 1인 가구 비율이 가장 높아 주된 가구형태가 되었다. 2020년 일반가구는 2,092만 7천 가구이며, 그중 1인 가구는 664만 3천 가구로 31.7%를 차지하였으며 1인 가구 비중은 지속적 증가 추세이다. 우리나라 1인 가구 중에 여성 1인 가구주도 지속적인 증가를 보이고 있는데, 2000년 127만 9천, 2010년 221만 8천, 2020년 333만 9천 가구로 우리나라 전체 1인 가구 중 50.3%를 차지하는 것으로 나타났다(2021, 통계청). 특히 2020년 여성 노인(만 65세 이상) 1인가구는 전체 노인 1인 가구 중 71.9%로 나타났는데 이는 2000년의 약 2.6배로 증가한 것이다. 이는 젊은 여성은 독신주의를 주장하고 장년층에서는 이혼이 늘어났기 때문이다. 나아가 노년층에서는 사별 등의 이유로 여성이 가구주인 가구가 해마다 크게 늘고 있기 때문이다.

여성의 경제력이 크게 열세인 상황에서 여성 가구주가 급증하는 것은 빈곤가구의 증가로 연결된다. 이에 따라 남녀 간 소득 격차가 해소와 함께, 한 부모 가정의 육아 부담을 덜어주는 등 여성 가구주에 대한 맞춤형 복지대책의 필요성도 커지고 있다.

[그림 8-3]과 같이, 2020년 여성 기초생활수급자는 112만 6천 명으로, 2001년 대비 34만 7천 명(44.6%) 증가했다. 이에 반해 남성 기초생활수급자는 92만 명으로, 2001년 대비 35만 3천 명(62.3%)로 여성보다 더 많이 증가한 것으로 나타났다. 기초생활수급자 중 여성 비율은 점차 낮아지는 추세를 보이고 있으

며, 2020년은 55.0%로 2001년 대비 2.9%p 하락했다(여성가족부, 2021).

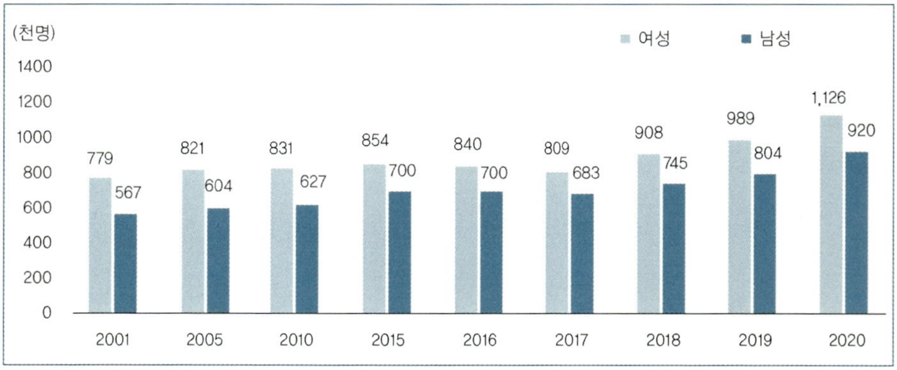

그림 8-3 성별 기초생활수급자

표 8-10 성별 기초생활수급자

(단위: 명, %, %p)

	전체	여성	비율	남성
2001	1,345,526	778,501	57.9	567,025
2005	1,425,683	821,428	57.6	604,255
2010	1,458,198	831,400	57.0	626,798
2015	1,554,484	854,262	55.0	700,222
2016	1,539,539	839,804	54.5	699,735
2017	1,491,650	808,757	54.2	682,893
2018	1,653,781	908,475	54.9	745,306
2019	1,792,012	988,510	55.2	803,502
2020	2,046,213	1,125,892	55.0	920,321
'01년 대비	700,687	347,391	−2.9	353,296
'19년 대비	254,201	137,382	−0.2	116,819
'01년 대비 증감률	52.1	44.6	−	62.3

출처: 보건복지부(2022). 국민기초생활보장수급자현황.

(2) 여성의 노동시장에서의 주변화

노동시장의 성차별적 구조의 결과로 다수의 여성들이 주변 노동체계에 고용하게 되어 저임금 및 임시직에 편중되어 있다. 여성의 고용이 저임금과 비숙련의 시간제 영역에서 증가하는 현상은 여성고용을 불안정하고 실직에 매우 취약하게 만든다.

우리나라는 OECD국가 가운데 저임금 노동 분야에서 남녀 격차가 가장 큰 나라이다. 한국여성정책연구원(2023)의 '성인지통계'에 의하면, 남녀의 월 평균임금을 기준으로 남녀 근로자의 임금격차는 2020년 월 평균임금은 여성 2,934,000원, 남성 4,442,000원으로 여성의 임금은 남성 임금의 66.3% 수준으로 격차가 났으나 2021년 66.1%로 다소 감소하였다.

또한 상용근로자 비중은 여성(50.8%)이 남성(56.3%)보다 5.5%p 낮게 나타났다. 이 중에서 여성 비정규직 근로자 비율은 45.0%로 남성(29.4%)보다 15.6%p 더 높았고, 여성 저임금 근로자(중위임금의 2/3미만인 자) 비율은 24.1%로 남성(12.0%) 보다 12.1%p 더 높게 나타났다.

위와 같은 통계 자료를 종합하면, 여성의 경우 경제활동 참가율 및 고용률, 근로조건, 임금 등이 남성에 비해 상대적으로 낮은 수준이었으며, 이는 여성가구주 가구의 빈곤에 영향을 미치는 것으로 보인다. 결국 이러한 요인들은 여성의 사회적 주변화(marginalization)와 여성 직업의 게토화(ghettoization, 슬럼화·빈민화)를 촉발시키는 요인으로 작용하고 있다.

(3) 불평등적 결혼관계

결혼으로 인한 남녀 간의 역할분화가 나타나는데 부부 양측의 역할 분화는 이들이 가진 지위를 반영한다. 남편과 아내의 관계를 구조화하는데 영향을 미치는 요소는 경제적 자원, 힘을 사용한 위협, 성적 지위체계, 사랑과 우정에 대한 인식 등의 네 가지이다. 우선 여성의 가사노동을 경제적 자원으로 인정하지 않음으로 여성이 남성보다 경제적 자원에서 열세하며, 둘째로 남성은 생물학적으로 여성에 비해 신체적 우세하여 가정폭력, 성폭력의 위험 가능성이 높고,

성적 지위체계는 남성이 사회 내에서 여성보다 높은 사회적 지위를 점하고 있어 결혼 생활에서 그대로 투영되고 있으며, 마지막으로 남편과 가정 아이에 대한 사랑을 통해 여성은 남성과 종속적인 관계에 들어갈 가능성이 크며, 이러한 방식으로 사랑은 남성이 여성을 통제하는 하나의 메커니즘이 된다(Goode, 1976). 결국 위의 네 가지 요소로 인하여 불평등적 결혼관계가 견고하게 된다고 볼 수 있다.

(4) 가족 보호책임의 전담

가부장적 가치가 지배하는 우리사회에서 여성에게 기대되는 막중한 사회적 책임 중의 하나가 아동과 요보호 성인에 대한 보호이다. 여성에게 자녀보호 문제는 여성이 취업과 상관없이 여성의 몫으로 간주된다. 여성 취업률이 2017년 50.8%에 달하고 있으며 한편, 2017년 여성취업에 대해 "직업을 가지는 것이 좋다"고 생각하는 여성은 90.2%로 높았으나 여성취업의 가장 큰 장애 요인은 육아 부담(47.9%)인 것으로 조사되었다(통계청, 2018).

우리사회는 실제 생활에서 사고의 변화가 아직 사회적 현실에 미치지 못하고 있어서 아동 및 요보호 성인에 대한 모든 보호적 책임을 여성에게 떠넘기고 있다. 이러한 실정은 저소득층 여성 혹은 중산층 여성의 자녀를 위한 전일제 탁아의 필요성이 시급하다. 그러므로 이러한 문제를 해결하기 위해서는 현대사회의 변화와는 무관하게 미덕으로 간주되어져 온 가족원에 대한 여성의 보호역할은 사회적 구조와 동반되어 함께 변화되어야 한다. 또한 이와 더불어 탁아와 노인보호의 사회화를 통하여 가족의 보호기능을 사회로 이전시킬 수 있는 사회복지적 차원의 제도적 마련과 제반 서비스를 제공하고, 여성을 위한 사회복지제도를 확대해야 할 것이다.

(5) 이중적 성 윤리

전통적인 가부장적 제도하에서는 부부간의 자연스런 애정의 교류를 배제하는 대신에 남성에게는 혼외 성관계를 용인하고 여성에게는 이를 절대로 금지하는 성에 대한 이중적인 기준이 당연시 되었다. 이러한 풍습은 현대사회에도 여전히 남아 있어서 여성을 애정의 대상으로 여기기보다는 남성의 이기적 본능의 대상으로 생각하는 경향이 잔존하여 여성을 남성의 성적 도구시하게 되고 이로 인하여 인신매매 및 매춘 등의 심각한 사회문제를 야기하고 있다.

또한 산업사회가 성숙되어 감에 따라 서비스산업의 발달이 촉진되고 이로 인해 성 개방 풍조가 확산되어 남녀 간의 성 윤리가 더욱 문란해지고 있다. 이와 같은 이중적인 성 윤리의 기준과 성 개방 풍조의 만연으로 이혼여성, 미혼모, 성매매피해여성 등과 같은 요보호여성이 급증과 성의 상품화현상을 초래하게 되어 여러 가지 심각한 사회문제가 발생하고 있어 이들에 대한 보호와 사회복지 차원의 대책이 필요하다.

3) 여성복지의 대상

일반적으로 여성복지의 대상은 자연스럽게 여성으로 귀결된다. 여성은 독립된 인간보다는 남편이나 자녀에 부수된 의존적 존재로 인식되고 있는 것이 현실이고, 이러한 현실인식은 정부의 여성복지정책에 반영되어 나타나고 있다. 그러나 사회가 혹은 가족이 여성에게 기대하는 역할로 인하여 대상을 결정짓기가 용이하지 않다. 이런 의미에서 '여성'은 단일하지 않고 다층적이라고 할 수 있다. 이를 고려하여 여성복지의 대상을 여성의 문제, 여성의 역할, 여성의 생애주기 측면에서 구분하여 살펴보기로 한다(김영화 외, 2016; 장연진 외 2021).

(1) 여성의 주요 문제를 중심으로 한 구분

여성의 특성을 기준으로 볼 때, 여성복지의 대상은 일반 여성과 요보호 여성으로 구분할 수 있다. 요보호 여성은 누군가로부터 보호를 필요로 하는 여성이라는 의미로서 일반적으로 저소득 모자가정, 미혼모, 가출여성, 성매매 여성, 학대받는 여성, 저임금근로 요성을 포괄하는 개념으로 사용된다. 그러나 요보호 여성만이 이러한 문제를 겪는 것은 아니다. 가부장적 남성중심의 우리사회에서는 일반 여성이라 해도 경우에 따라서 요보호 여성이 될 가능성이 있다. 그러므로 여성복지의 대상을 모든 여성으로 확대하여 더 적극적으로 사회복지적 개입을 하는 것이 복지사회로 가는 지름길이다.

(2) 여성의 역할을 중심으로 한 구분

현대 사회의 변화 속에서도 여전히 여성은 사회로부터 아동과 노인을 보호하는 역할을 부여받고 있다. 여성의 역할을 중심으로 여성복지의 대상을 구분하면 자녀에 대한 각종 보호적 지원이 이에 해당된다. 특히, 실질적 혹은 형태상의 한부모가정 자녀에 대한 교육적, 보호적 지원은 여성복지의 대상이 되고 있는 것은 바로 이러한 이유에서이다. 한부모가정 자녀의 교육비 지원, 탁아비용 보조, 공부방 이용료 면제, 정서적 지원, 한부모가정 아동 수당 등이 이에 해당된다.

(3) 여성의 생애주기를 중심으로 한 구분

여성의 생애주기를 중심으로 하여 여성복지의 대상을 구분하는 것은 삶의 연속선상의 다양한 영역을 포괄할 수 있고, 문제를 가진 여성뿐만 아니라 일반 여성을 포함할 수 있어서 여성복지의 대상을 설정하는데 아주 유용한 기준이다. 생애주기에 대한 접근은 크게 두 가지 차원에서 가능하다. 하나는 보편적이고 규범적인 생의 사건들로 구성된 측면이고, 다른 하나는 생애주기 동안의 위기적 사건들과 관련된 측면이다. 여성의 생애주기에서 보편적이고 규범적인 생의 사건은 교육생활, 직업생활, 가족생활로 구성된다. 생애주기 동안의 위기적 사건들은 가정 내 폭력, 이혼, 가족원의 갑작스런 사망, 여성의 실직, 여성 혹은 가족원의 장애, 요보호 성인의 발생 등을 들 수 있다.

4) 여성복지 정책과 서비스

(1) 여성복지정책

여성복지에 관련된 기본법으로는 1995년에 제정된 여성발전기본법이 있다. 이 법은 헌법의 남녀평등이념을 구현하기 위해 국가와 지방자치단체의 책무를 규정함으로써 정치·경제·사회· 문화 등의 영역에서 남녀의 평등을 촉진하고 여성의 발전을 도모함을 목적으로 하고 있다.

근로여성을 위한 정책으로는 근로기준법, 남녀고용평등법과 모성보호법, 영유아보호법이 있으며, 요보호여성을 위해서는 한부모가족지원법, 가정폭력 방지 및 피해자 보호 등에 관한 법률, 성폭력범죄의 처벌 및 피해자 보호 등에 관한 법률, 성매매방지 및 피해자 보호 등에 관한 법률 등이 있다.

여성복지에 관련 업무는 보건복지부 소관이었으나 2001년 1월에 양성평등사회를 목표로 출범한 여성부로 이임되었다. 이후 저출산, 고령화 사회로 접어들면서 전통적 가족구조와 역할이 변화하고 가족해체 문제가 심각해지면서, 여성부가 수행하는 기능 이외에 통합적 가족정책을 수립하고 각 부처의 가족정책을 조정·지원하는 기능을 수행할 수 있도록 2005년 여성가족부로 개편되었다. 이후 여러 차례의 정부조직법 개정을 거쳐 2018년 여성가족부는 여성정책의 종합 및 여성의 권익증진 등 지위향상뿐만 아니라 가족정책, 건강가정사업을 위한 아동업무 및 청소년의 육성·복지 및 보호 기능까지 함께 수행하게 되었다.

(2) 여성복지서비스

여성복지서비스는 일반여성과 요보호여성을 위한 사업으로 구분할 수 있다. 요보호여성을 위한 서비스는 저소득 모자가정, 미혼모, 가출여성, 성매매 여성 등을 위한 상담사업과 선도사업, 지도활동, 시설보호 등이 있다. 일반여성을 위한 서비스는 여성의 자질 향상과 잠재능력개발, 저소득층 여성의 경제적 기반 조성, 나아가 고용 기회의 균등과 사회 참여와 기회의 확대 등을 목적으로 기능교육, 여가선용, 봉사활동 등을 중심으로 운영되고 있다. 그러나 요보호

여성만이 아니라 모든 여성을 위한 보다 보편적인 서비스를 제공하고 여성복지 분야뿐만 아니라 사회복지의 모든 분야가 여성의 복지욕구에 보다 적절히 대응할 수 있는 역량을 구축하는 방향으로 추진되어야할 것이다.

(3) 여성복지 시설

여성복지를 위한 시설은 생활시설과 이용시설로 구분할 수 있다. 생활시설은 보호의 기능이 강한 것이고, 이용시설은 상담과 서비스 제공이 주된 것이다.

① 여성복지 생활시설

- 모자보호·자립시설: 18세 미만의 자녀를 둔 생활이 어려운 저소득 모자가정에 대하여 모자보호시설에 3~5년 동안 입소시켜 기본적인 생활보호와 자립 기반조성을 지원하고, 생활자의 정신적·심리적 갈등과 자녀양육 문제 및 직업훈련 등에 관하여 상담지도를 한다.
- 모자일시보호시설: 배우자의 물리적·정신적 학대로 인하여 아동의 건전한 양육 또는 모의 건강에 지장을 초래할 우려가 있는 모자를 보호하기 위한 일시보호시설이다.
- 미혼모 시설: 미혼여성이 임신 또는 출산할 경우 6개월 이내에서 안전하게 분만하도록 도와주고, 심신의 건강을 회복할 때까지 보호함을 목적으로 운영된다.
- 양육모 그룹홈: 만 2세 미만의 영유아를 양육하는 미혼모로서 숙식 보호를 필요로 하는 사람을 대상으로 하는 양육모 그룹홈은 무료 숙식뿐 아니라 직업, 양육, 인성교육과 상담지도서비스를 제공한다.
- 긴급피난처: 여성폭력 피해자 보호시설이 시설종별·지역별로 불균형하게 배치되어 있어 긴급히 보호를 받아야 할 여성을 위한 시설로 여성폭력 관련 보호시설이 없는 지역에서는 각종 보호시설, 상담소, 여성회관, 민간단체 등에 임시 보호시설을 갖추어 긴급피난처로 활용할 수 있도록 확대해 나가고 있다.

- 성매매 방지 및 피해자 보호시설: 2004년 9월 23일 '성매매 방지 및 피해자 보호 등에 관한 법률' 및 '성매매 알선 등 행위의 처벌에 관한 법률'이 시행되면서 세워진 시설이다.

② 여성복지 이용시설

- 여성복지상담소: 저소득 모자가정, 미혼모, 가출여성, 성매매 여성 등의 발생 예방과 사후 선도를 위한 상담을 하는 곳으로 가정폭력상담소, 성폭력상담소, 성매매상담소, 모부자 가정상담소가 있다.
- 여성회관 운영: 여성의 자원봉사활동 활성화에 필요한 지원을 하도록 세워져 운영된다.
- 성폭력 피해자 의료지원체계: 성폭력 피해자에 대한 의료환경을 개선하기 위해 관계 부처와 합동으로 마련되었다.
- 탈성매매 피해 여성 자활지원센터: 직업재활 훈련, 일자리 제공 프로그램 등을 제공하는 센터로서 성매매에서 벗어나 전업을 준비하는 성매매피해 여성에게 실질적인 자활기반을 구축할 수 있도록 지원한다.

5 가족복지

1) 가족의 개념

일반적으로 가족(family)이란 혼인, 혈연, 입양으로 맺어진 사람들의 집단이나 그 구성원을 말하며, 인간관계에 초점을 두고 공동거주와 경제적 협동, 출산이 강조된 용어이다. 가족과 유사한 용어가 가정(home)과 가구(household), 집(house) 등이 있다. 가정(家庭)이란 가족이 안주할 수 있는 장소를 가리키되 오직 물질적인 환경만을 의미하는 것이 아니라 가족구성원들이 건전하게 성장·발달할 수 있도록 기본적인 생존욕구를 충족시켜주고, 안식과 애정을 제공하는 보금자리이다. 즉, 가정은 애정과 사랑으로 결합된 정서적인 공동체로서의 측면이 강조된 용어라고 할 수 있다. 가구(家口)란 한 지붕 아래에서 공동의 소득에 근거한 생산 소비 활동의 단위이며, 경제공동체를 이루고 살아가는 집단으로서 의식주를 비롯한 일련의 가족자원 관리활동을 모두 포함하는 개념이다. 이에 비해 집(house)은 가족이 생활하고 거주하는 공간적 장소에 초점이 주어지는 개념을 강조한 용어라고 할 수 있다. 법적인 개념으로서 가족이란 '혼인, 혈연, 입양으로 이루어진 사회의 기본 단위'로 정의하고, 가정이란 '가족구성원이 생계 또는 주거를 함께하는 생활공동체로서 일상적인 부양, 양육, 보호, 교육 등이 이루어지는 생활단위'로 정의하고 있다.

가장 보편적으로 알려진 정의로는 Murdock(1949)의 핵가족적 정의가 있다. 그는 '가족은 사회적으로 인정받는 성적관계를 유지하는 최소한 두 명의 성인 남녀와 한 명 이상의 자녀를 포함한다'고 정의하였다. 버제스(Burgess)와 로크(Locke)는 '혼인, 혈연 또는 입양에 의해 결합된 집단으로 하나의 가구를 형성하고 남편과 아내, 아버지와 어머니, 아들과 딸, 형제와 자매라는 각각의 사회적 역할 속에서 상호작용하며 의사를 소통하고 공통의 문화를 창조, 유지하는 집단'이라고 정의하였다.

Levi-Strauss(1969)는 확대 가족적 정의를 하고 있다. 그는 '가족이란 결혼으로 시작되며 부부와 그들 사이에서 출생한 자녀로 구성되지만 이들 외에 가까운 친척이 포함될 수 있고, 가족구성원은 법적 유대 및 경제적·종교적인 것 등의 권리와 의무, 성적 권리와 금기, 애정, 존경 등의 다양한 심리적 정감으로 결합되어 있다.'고 하였다. 또 이원숙은 가족이란 일상적인 생활을 공동으로 영위하는 부부와 자녀들, 그들의 친척, 입양이나 기타 관계로 연대의식을 지닌 공동체집단으로 정의하였다(이원숙 외, 2022). 한편, NASW 가족분과위원회(1982)에서는 가족을 '그들 스스로 가족이라고 생각하고 건강한 가족생활에 필수적인 의무, 기능, 책임을 수행하는 두 명 이상의 사람들'로 정의하고 있다. 이와 같이 다양한 관점의 가족에 대한 정의를 종합해보면, 현대 가족에 대한 정의는 '친밀, 헌신의 관계에 있는 사람들이 하나의 집단에 속해 있다는 정체성을 의식하고 그 집단의 고유한 정체성으로 수립하며 성적으로 표현되거나 부모자녀관계를 유지하는 집단'으로 정의할 수 있다.

우리나라 「건강가정기본법」 제3조에서는 "가족이라 함은 혼인, 혈연, 입양으로 이루어진 사회의 기본 단위"라고 정의하고 있고, "가정이라 함은 가족 구성원이 생계 또는 주거를 함께하는 생활공동체로서 구성원의 일상적인 부양, 양육, 보호, 교육 등이 이루어지는 생활단위"라고 정의하고 있다.

최근 우리 사회에서도 이혼 및 재혼의 증가 등 급변하는 사회현상으로 인해 미혼 독신가구의 증가, 한부모 가족 및 노인 가구, 동거가족, 미혼모가족, 공동체가족, 무자녀가족, 재결합가족, 동성애가족 등의 다양한 가족 구성과 형태가 다양해지고 있으며, 가족의 다양한 특성으로 인해 가족이 무엇인가를 정의하고 인식하는 데 논란의 여지가 있다. 여성가족부가 2021년 발표한 제4차 건강가정 기본 계획에 따르면 다양한 가족 유형을 포용하기 위한 정책을 추진하고 있다.

2) 가족의 특성과 기능

가족은 하나의 사회체계의 단위로서 부부체계, 부모자녀체계, 형제자매 체계 등의 하위체계로 구성되며, 성과 연령에 관해서는 남녀노소라는 이질적인 구성원으로 결합되어 있다. 가족은 가족구성원의 정서적 결합이 가장 중요하며, 가족 구성원이 가지고 있는 자원은 가족생활에 영향을 미친다. 또 가족관계는 이해관계를 초월한 애정적 혈연집단이며 평생 동안의 지속되는 부여된 운명공동체라는 특성을 가진다.

가정의 기능은 역사적 문화적 배경에 따라 다르지만 보편적으로 제기되는 기능은 크게 가족구성원들을 위한 가정 내 기능과 사회적인 기능으로 구분된다. 가정 내 기능으로는 성(性)과 생식, 양육 및 교육, 보호, 휴식, 생산과 소비, 오락, 종교의 기능 등이 있으며 사회적 기능으로는 합법적인 성적(性的) 통제, 생식을 통한 사회의 유지·존속, 노동력 제공과 소비생활을 통한 경제적 기능, 자녀의 사회화를 통한 사회에 적합한 구성원 제공 등의 기능이 있다. 따라서 가정은 개개인이 생활하고 보호받는 터전인 동시에 한 사회를 유지·존속시키는 최소의 단위로서 개인과 사회를 연결시키는 중간 고리라고 할 수 있다. 이와 같은 기능이 잘 이루어지면 가족이 건강하고, 가족구성원 개개인이 성숙한 인간으로 성장할 수 있는 기반이 된다.

3) 현대 가족의 변화

급속한 현대사회의 변화는 가족의 형태와 구조, 기능, 그리고 가족주기 등에서 큰 변화를 초래하였다. 그 내용을 상세하게 살펴보면 다음과 같다.

(1) 가족구조의 변화

가족구조의 변화는 특히 여성의 경제활동 참가, 출산율의 저하, 교육수준의 상승, 이혼율의 증가, 결혼율의 저하에 따라 가족구조에 많은 변화를 가져오게 되었다. 가장 현저한 변화 중 하나는 핵가족화 및 저출산의 영향으로 인해, 가족규모의 축소와 세대 구성의 단순화가 초래되었다.

우리나라의 합계출산율은 1960년 6.0명이었으나 1983년 2.06명으로 인구대치 수준으로 낮아졌고 1990년대 중반 이후 다시 낮아지기 시작하여 2005년에는 1.08명으로 세계 최저 수준을 기록한 후 2022년에는 0.78명으로 우리나라 역대 최저치를 경신했다. 이는 OECD 회원국 중 유일하게 1명 미만의 국가이다(통계청, 2023). 이는 결혼에 대한 인식변화와 더불어 결혼 연령이 늘어난 것에도 영향이 있다. 결혼을 해야 한다고 생각하는 사람의 비중은 50.0%로 2년 전보다 1.2%p 감소했다. 남자가 여자보다 결혼을 해야 한다고 생각하는 비중이 11.5%p 더 높은데, 특히 미혼 남녀의 경우 견해 차이가 14.8%p로 더 크게 벌어지는 것으로 조사되었다. 결혼을 하지 않는 이유는 결혼자금이 부족해서가 28.7%로 가장 크고, 다음은 고용상태가 불안정해서(14.6%), 결혼의 필요성을 느끼지 못해서(13.6%) 순이었다. 2021년 첫째아 모(母)의 평균 출산 연령은 32.6세로 전년보다 0.3세 증가했으며, '93년(26.2세) 이래 매년 높아지고 있다

(통계청, 2023).

다음으로 통계청(2022)의 ‘인구총조사’에 따르면, 평균 가구원 수는 1980년 4.5명이던 것이 1990년 3.7명, 2000년 3.1명, 2017년 2.51명, 2021년 2.3명으로 가족구성원 수가 감소되었다. 특히 1인 가구의 증가가 급증하였는데, 2021년 1인 가구 33.4%이며, 2인 가구 28.3%, 3인 가구 19.4%, 4인 가구 14.7%로 나타났다. 가구 구성 형태면에서 보면, 부부와 미혼자녀(43.3%), 부부(26.6%), 한부모와 미혼자녀(14.6%) 순으로 2000년 이후, 부부와 미혼자녀로 구성된 가구는 대체로 감소 추세를 보이나, 부부로만 구성된 가구는 계속해서 증가하고 있는 것으로 조사되었다(통계청, 2023).

한편, 1990년 대 이후 국제결혼이 급증하면서 다문화가족이 증가하고 있으며, 재혼가족, 한부모가족, 독신가족, 동성부부가족, 공동체가족 등 우리 사회의 가족 형태도 다양화되고 있다.

(2) 가족기능의 변화

현대사회에서 가족기능은 경제적 기능, 재생산 및 성행위 규제 기능, 자녀 양육 및 사회화 기능, 노인에 대한 부양기능 등에서 크게 변화되었다. 우선, 가족의 경제적 기능적인 면에서 볼 때, 산업화로 인해 가족과 일터가 물리적으로 분리되면서 가족의 생산기능은 약화되고 소비기능은 강화되었다. 다음으로는 가족의 재생산 및 성행위 규제 기능의 변화이다. 가족은 여전히 합법적인 성적 욕구 충족과 통제에 대한 기능을 수행하고 있으나 자녀의 출산과 양육은 큰 부담이 되어 저출산이 심화되고 있으며, 맞벌이가 일반화되면서 가족의 자녀 양육 및 사회화 기능이 약화되었고 반면에 아동 양육의 사회화가 추진되고 있다. 또 가족의 노인에 대한 부양기능의 약화를 꼽을 수 있다. 가족은 노인과 환자를 돌보는 기능을 수행해야 한다. 그러나 현대 가족에게 노인들의 가족에 대한 의존도는 여전히 높은 반면 노부모 세대를 부양할 자원은 부족한 상황에서 가족 내 세대 간 갈등이 심화되고 있다.

(3) 가족주기의 변화

초혼연령이 높아져 가족으로 진입하는 가족주기 이전기간이 길어지고 있다. 또한 저출산의 경향으로 평균 한 자녀를 출산하게 되므로 결혼에서부터 자녀출산완료까지의 가족형성 및 확대기는 짧아지고 있다. 자녀출산완료 이후 자녀결혼이 시작될 때까지의 자녀양육 및 교육기는 도리어 장기화되고 있다. 산업사회에서는 더욱 전문화된 지식과 기술이 필요하므로 교육기간이 더 늘어나게 되고, 초혼 연령도 높아졌기 때문이다. 또 평균수명의 연장으로 인하여 자녀결혼완료 이후 부부 중에 한 쪽 배우자의 사망을 거쳐 남은 배우자의 사망에 이르기까지의 가족해체기는 길어지고 있다.

(4) 가족의 형태

미혼모가족, 재혼가족, 한부모가족, 독신가족, 동성부부가족, 다문화 가족, 공동체가족 등 다양한 형태의 가족이 보편적인 가족형태로 자리매김하면서, 다양한 형태의 가족들이 출현하였다.

① 주 가족(Family of Orientation): 원 가족이라 부르는 주 가족은 그 사람이 출생한 혹은 성장한 가족을 말한다. 어떤 사람은 둘 혹은 그 이상의 주 가족에서 성장할 수 있다. 예를 들어 유아기에 입양된 아동은 적어도 짧게나마 생모의 가족이 주 가족이었다. 그러나 아마도 그 아동에게 있어서 입양 부모의 가족이 더 오랜 주 가족이 될 것이다.

② 생식가족(Family of Procreation): 생식가족에서 부부는 이성 혹은 동성이며, 생식은 이성 간의 성관계 혹은 인공수정이나 대리모와 같은 보조적 생식기술을 통해 형성된다.

③ 확대가족(Extended Family): 둘 혹은 그 이상 세대의 가족 단위를 포함한다.

④ 혼합가족(Blended Family): 혼합가족 혹은 재혼가족은 적어도 이전 결혼관계에서 생긴 최소 한 명 이상의 자녀와 함께 사는 두 사람으로 구성된다.

⑤ 입양가족(Adoptive Family): 타인이 출생한 아동을 키우려는 법적인 위임

을 말한다.

⑥ 위탁가족(Foster Family): 위탁가족의 부모는 일정 기간 동안 다른 사람의 자녀를 양육한다. 대부분의 위탁가정은 법적인 위임을 통해 이루어지지만, 친구나 친척 등 비공식적인 관계에서 이루어질 수 있다.

⑦ 한부모가족(Single-Parent Family): 한쪽 부모와 한 명 혹은 그 이상의 아동으로 구성된다. 부모는 남성 혹은 여성일 수 있으며, 배우자의 죽음, 이혼, 유기 혹은 결혼을 하지 않은 결과로 한부모가 될 수 있다.

⑧ 다문화가족(Multi-culture Family): 문화가 상이한 둘 이상의 가족구성원이 이룬 가족을 말한다.

4) 가족복지의 개념

가족의 기능과 구조가 축소되면서 가족을 중심으로 일어나는 사회문제 및 가족문제는 심각하다. Zimmerman(1983)은 가족문제의 영역으로 미혼모, 가정폭력, 가족성원의 건강문제, 소득불평등, 가족해체, 실업, 부적절한 서비스 체계, 가족가치의 붕괴 등으로 분류했다. 이러한 다양한 문제를 해결하고 예방할 뿐 아니라, 가족구성원의 사회적 기능수행의 활성화와 생활의 질적 향상 등을 위하여 제도적 방안의 마련과 가족에 대한 서비스에 대한 노력이 필요하다고 하였다.

우리나라는 「헌법」 제34조에 “모든 국민은 인간다운 생활을 할 권리를 가진다”는 기본 이념에 입각하여 가족생활을 보장하는 사회적·제도적·정책적·기술적 서비스를 제공한다. 또한 「헌법」 제36조 제1항에서는 “혼인과 가족생활은 개인의 존엄과 양성평등을 기초로 성립되고 유지되어야 하며 국가는 이를 보호하여야 한다.”라고 규정하고 있다. 종합하면, 가족복지란 가족의 행복과 안녕을 보장하는 것을 말한다. 가족복지란 가족의 욕구를 자력으로 충족할 수 있도록 그 잠재력을 개발시켜 주거나 가족문제의 예방 및 해결, 가족원의 사회적 기능수행의 활성화와 생활의 질적 향상 등에 전문적 지식과 기술을 동원한

제도적·정책적·기술적 서비스이며 가족구성원 개인이나 가족 전체에 관심을 두는 과정이라고 할 수 있다.

5) 가족복지정책과 서비스

(1) 가족복지정책의 개념

가족복지정책이란 가족성원과 가족이라는 하나의 단위에서 표출되는 욕구를 지원, 보충, 대체하는 기능을 하는 데 있어 가족에게 긍정적으로 발현될 수 있도록 하는 국가의 개입 활동인 것이다. 즉, 가족을 대상으로 가족의 기능과 복리를 강화하고자 정부가 의도적으로 행하는 모든 활동을 말한다. 가족복지정책은 가족의 안녕과 복지달성이라는 당위적 목표로서 지향하는 방향이 되어야 한다.

우리 사회 구성원들의 복지의식은 문제 중심적이고 욕구 중심적이다. 정부가 개입해야 할 일차적 복지 대상을 장애인이나 여성 가장, 그리고 소년소녀 가장들로 우선 고려하고 있으며 이들 대상자들에 대하여는 국가책임주의를 취하고 있다.

우리나리의 가족복지정책은 노인 부양과 청소년 및 아동 보호의 일차적 책임은 당사자 개인이나 국가보다는 가족이나 친척에게로 돌리고 있다. 개인책임주의와 가족책임주의의 혼합의 형태를 위하고 있다고 할 수 있다. 가족복지정책에 해당하는 법률은 아동복지법, 노인복지법, 장애인복지법, 한부모가족지원법, 영유아보육법, 성폭력범죄의 처벌 및 피해자 보호 등에 관한 법률, 성매매방지 및 피해자 보호 등에 관한 법률, 입양 촉진 및 절차에 관한 특례법, 가정폭력 방지 및 피해자 보호 등에 관한 법률, 장애인 노인 임산부 등의 편의증진보장에 관한 법률 등이다.

(2) 가족복지정책의 범주

사회의 변화에 따른 가족의 유형, 구조, 기능 등의 변화와 함께 수반되는 가족의 욕구 충족은 사회복지적 쟁점이 되고 있다. 이는 가족복지정책을 범주화하는 데 유용한 기준이 될 수 있다. 이러한 관점에서 가족의 욕구를 중심으로 가족복지정책의 범주화하여 〈표 8-11〉로 나타낼 수 있다. 또한 이를 위한 가족지원제도의 체계는 [그림 8-4]와 같다.

표 8-11 가족의 욕구와 가족복지정책의 범주

가족의 욕구	가족 복지 정책의 범주
가족가치관 · 규범에 대한 인식재고 욕구	가족에 대한 사회적 규범과 관련된 법, 제도
소득 욕구	소득보장 및 소득공제제도, 고용보험과 산재보험의 소득보장 관련 급여, 가족(아동)수당
건강 욕구	건강보장 제도
보호 욕구(부양의 욕구, 양육의 욕구)	노인복지 서비스·프로그램, 아동양육 서비스·프로그램
주거 욕구	주택프로그램과 주거관련 급여
심리, 사회적 욕구	대인서비스 프로그램(상담, 치료, 가족사회사업 등)
기타 건강가족 조성의 욕구	가족에 대한 사회적 규범과 관련된 법, 제도

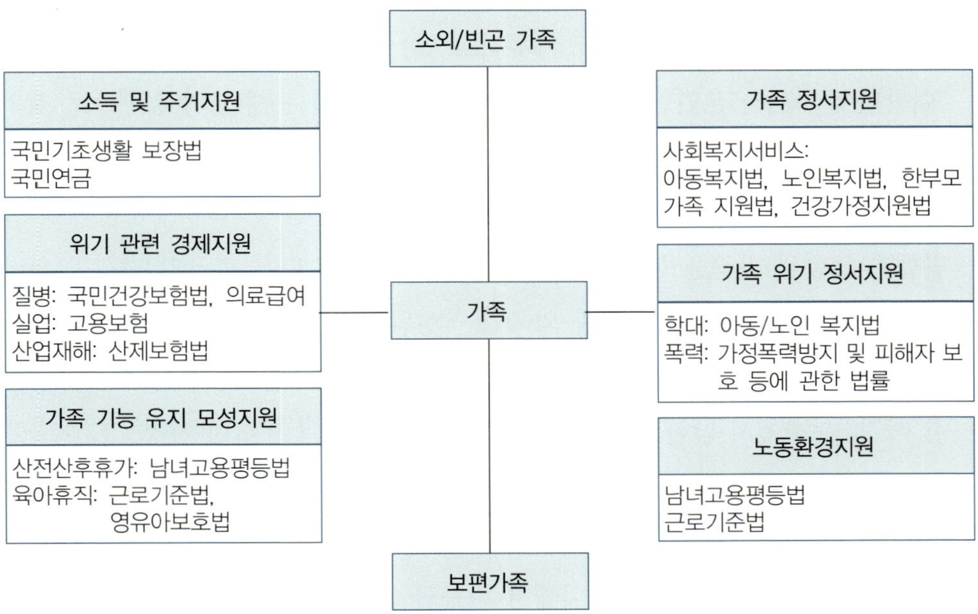

그림 8-4 가족지원제도 체계도

6 다문화가정

1) 다문화가정의 개념

다문화가정은 세계화 시대가 도래됨에 따라 일어난 사회적 현상이라고 볼 수 있다. 다문화가정이란 일반적으로 국내에 거주하고 있는 국제결혼 가정을 의미한다. 과거에는 국제결혼, 혼혈아 등의 용어를 사용하였는데 한국 사회에서 금기시되거나 천시되어 온 특수한 사회적 배경 때문에 차별적인 의미를 내포하고 있다고 하여 현재는 다문화가정으로 고쳐서 부르는 것으로 사회적인 합의가 이루어져 있다.

현행법에 명시된 다문화가족의 정의를 살펴보면, 2008년 제정된 「다문화가족지원법」 제2조에는 '다문화가족'이란 "결혼이민자나 귀화 허가를 받은 자와 출생 시부터 대한민국 국적을 취득한 자로 이루어진 가족"으로 정의하고 결혼이민자 가족에 국한하고 있다. 2007년 제정된 「재한외국인처우기본법」 제2조에는 '재한외국인'을 "대한민국의 국적을 가지지 아니한 자로서 대한민국에 거주할 목적을 가지고 합법적으로 체류하고 있는 자"로 정의하고, '결혼이민자'는 "대한민국 국민과 혼인한 적이 있거나 혼인관계에 있는 재한 외국인"으로 정의함으로써 국적취득 이전과 이후로 분리하고 있는 것을 알 수 있다.

위와 같은 정의를 종합할 때, 다문화가족이란 다양한 문화적 배경을 가진 사람들이 포함된 가족을 통칭하는 말이며, 국제결혼에 따른 한국인 남성과 외국인 여성의 혼인, 한국인 여성과 외국인 남성의 혼인, 이주여성 및 외국인 노동자의 유입으로 인해 외국인 근로자 가정이나 외국인 근로자가 한국에서 결혼한 가정, 북한에서 남한으로 이주해 온 탈북자 출신의 새터민 가정, 또 본국에서 결혼하여 형성된 가족이 국내에 이주한 가정이나 유학생 가정 등 한국 사회 내에 대한민국이 아닌 다른 문화권으로 이루어진 가정의 생성을 의미한다.

다문화가정 유형은 넓은 의미에서 다음과 같은 범주를 포함시킬 수 있다.

① 국제결혼가정: 국제결혼가정은 한국인 남성과 외국인 여성의 결혼으로 이루어진 가정이며, 다문화가정의 대표적 형태라고 할 수 있다. 한국 사회의 성비 불균형으로 1990년 이후 매년 급증하고 있다. 또한 외국과의 교류가 확대되고 유학이나 해외파견 등의 이유로 중상류층 여성들의 국제결혼이 증가하는 추세이다.

② 외국인 이주노동자 가정: 외국인 근로자의 국내 취업 역사가 점점 길어짐에 따라 외국인 이주노동자 가정이 증가하고 있다. 적 외국인근로자 중에서 형태로 국내에서 가족을 국내로 이주해 온 생산·기능직 외국인 이주노동자들은 원칙적으로 가족을 동반할 수 없으나, 여러 가지 다양한 비공식적 경로를 통해 가족을 동반하여 거주하거나, 국내에서 공식, 비공식적 부부로 맺어진 이주 노동자들이 출산을 통해 가족을 형성하고 있다.

③ 새터민 가정: 한국전쟁 휴전 이후 다양한 동기에서 북한 체제와 사회를 떠나 남한 사회에 정착하고, 공식적으로 남한 주민등록을 취득한 북한지역 출신 주민들을 가리키는 용어이다. 따라서 북한 이탈 주민(새터민)과 그의 자녀 등을 포함한다.

2) 우리사회의 다문화가정 형성 배경

세계는 경제공동체로 자본과 상품 그리고 인적자본의 이동이 활발해졌고 그 속에서 노동력의 이동이 경제적 낙후지역에서 발전한 지역으로 이동하고 있어 세계적인 이주는 가속화되고 있다. 이런 세계자본주의 체제에서 국가 간의 불균형 발전과 여성의 상품화 현상이 밀접히 연관되어있다. 여성의 수가 남성을 능가하여 이주노동자의 여성화(feminization of migrant workers) 현상이 심화되고 있으며 특히 아시아지역에서 이주노동자의 여성화 현상이 두드러지고 있다(설동훈 외, 2005).

한국적 상황으로 보면 유입요인으로는 동남아 저개발국과 한국간의 사회적이고 경제적인 연관성이 맞물려있다. 한국 여성의 결혼 기피현상과 만혼으로 인한 저출산의 문제와 노동력 부족이 심각한 사회문제가 되고 있다. 성비 불균형으로 인해서 여성들의 배우자 선택의 차별성이 강화되었고, 이런 상황에서 남성의 경제력 약화는 배우자를 구하기 힘든 남성들을 양산시키고 있다. 여기에는 농촌에서 살기를 꺼려하는 한국 여성의 가치관이 작용된 것으로 보인다. 이와 함께 세계화에 따라 국제결혼에 대한 인식과 가치관이 변화되었고, 거기에 국제결혼중매업체들의 적극적인 상술과 노총각 구제 차원의 국제결혼을 독려하는 사회적 분위기가 맞물려 국제결혼의 증가하게 되었다.

이러한 한국사회의 필요성에도 불구하고 다문화가정에 대한 부정적 인식은 다문화가정의 국제결혼이 저소득층 남성들과 특히 농촌 남성 등 일부 소외계층에 집중되기 때문이다. 이렇게 우리사회에서 다문화가정이 증가되는 현상은 새로운 사회현상으로 주목받고 있는 동시에 결혼이주여성들이 한국사회에 적응의 어려움을 겪으며 이혼과 가정폭력이 증가하면서 이들 여성들의 인권문제가 사회적 이슈로 대두되었다.

3) 다문화 가정의 현황과 문제점

우리나라는 외국인과의 결혼이 2000년대 진입 이후 급격하게 증가하여 2005년에 최고점을 기록하였으나, 이후 국제결혼의 감소로 증가 속도는 급격히 낮아지고 있는 추세로 나타났으며 이와는 상반되게 이혼 건수는 큰 증가세를 보이고 있다. 국제결혼의 비중은 1990년의 1.2%에서 2005년 13.5%로 높아졌으나, 그 후 약간씩 감소하는 추세로 반전되어 2022년에는 8.7%로 집계되었다.

통계청(2023)의 '국제결혼 현황'에 따르면, 2022년 국제결혼 총건수는 16,666이며 이는 전년 대비 27.2%(4천 건) 증가한 것이다. 이 중 한국남자+외국여자의 결혼은 12,007 건, 한국여자+외국남자의 결혼은 4,659건이었다. 이 통계에서 보듯이 한국 여자의 국제결혼은 한국 남자의 국제결혼에 비해 사례수가 현저하게 작다.

외국인의 국적을 살펴보면, 외국인 아내의 국적은 베트남(27.6%), 중국

(19.0%), 태국(16.1%) 순이었다. 외국인 남편의 국적은 미국(29.6%), 중국(16.1%), 베트남(12.6%) 순으로 나타났다. 그동안 절대 다수를 차지하던 중국 출신의 여자 배우자의 비중은 2006년에 60.0%로 압도적으로 높았으나 2022년에는 19.0%로 낮아졌다. 이는 중국 조선족이 친지방문의 목적으로 입국하여 취업이 가능하도록 정부가 관련 법규를 개정함에 따라 한국인과의 결혼에 대한 수요가 감소하였기 때문이다. 반면, 베트남 출신 여자 배우자의 비중은 꾸준히 늘어나 1위(27.6%)를 차지했다(통계청, 2023).

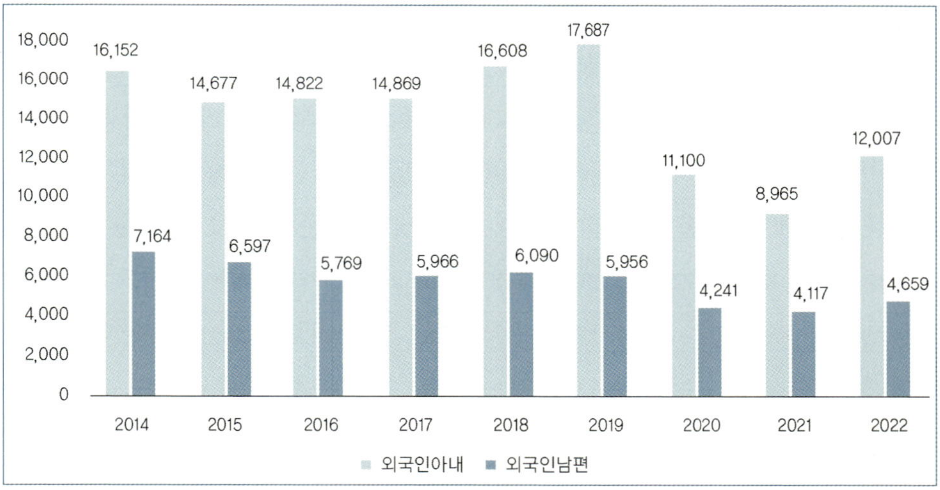

그림 8-5 국제결혼 현황

출처: 통계청(2023). 인구동태 통계연보

'2021년 전국 다문화가족 실태조사' 결과에 따르면, 우리나라 전체 다문화 가구 수는 346,017가구이며, 다문화 가구원 수가 2018년 1백만 명을 넘어 2021년 112만 명으로 증가되었다. 이 중에서 결혼이민자 가구가 82.4%(285,005가구), 기타귀화자 가구가 17.6%(61,012가구)이다. 여기에서 '결혼이민자'란 '한국인과 혼인한 외국 국적자 및 혼인귀화자'를 뜻하며, '기타귀화자'란 '혼인귀화 외의 방법으로 한국 국적을 취득한 귀화자'를 의미한다. 이들 가정의 평균 가구원 수는 2.82명이며, 평균 자녀 수는 0.88명으로 무자녀 가구가 42.0%로 증가 추세이다.

결혼이민자의 상당수가 언어소통과 문화적 차이 등으로 한국사회에 적응에 어려움을 겪고 있으며, 결혼이민자의 차별 경험은 2018년 30.9%에서 2021년에는 16.3%로 감소하고 있으나, 우리나라 국민의 다문화 수용성은 낮은 수준을 유지하고 있다. 또한 다문화가정에서 자녀교육문제와 가정폭력 등 가족관계에서도 많은 고충을 겪고 있다. 부부 갈등의 이유를 조사한 결과, 성격 차이(56.67%)가 가장 많고, 그 다음은 양육문제(26.7%), 경제적 문제(24.7%) 순으로 나타났다(여성가족부, 2022).

동 조사 결과를 보면, 다문화가정의 자녀 역시 2017년 10만 7천 명에서 2021년 17만 5천 명으로 빠른 속도로 늘어나고 있다. 만 7세에서 18세의 아동·청소년도 증가하고 있으나 학령기 자녀의 학교생활부적응 및 동일 연령대 전체 국민 대비 학력격차 등 어려움 심화되고 있다. 다문화가족 자녀의 취학률은 우리나라 학교급별 전체 국민에 비해 모두 낮은 수준이고, 고등교육기관 취학률 격차는 2018년 18%에서 2021년 31%로 크게 증가하였다. 그리고 다문화가족으로서의 자긍심은 3.38점, 자아존중감은 3.63점으로 2018년에 비해 조금 하락했다.

이와 같이 다문화 청소년의 비율이 급증하는 가운데 만 9~24세 중 국내에서만 성장한 비율은 90.9%로 증가했다. 그러나 다문화가정에서는 학령기에 접어든 자녀 양육과 학습지도에 어려움을 겪는 등 많은 문제가 발생하고 있다. 이는 어려서부터 한국어에 미숙하고 한국 학제 경험이 부족한 결혼이민자·기타 귀화자에 의해 양육되므로 언어능력이 제대로 발달하지 못해 학습 이해도가 낮고, 어머니가 외국인이라는 이유로 친구들에게 집단 따돌림을 받는 경우가 많은 것이 원인인 것으로 분석된다.

정부는 제4차 다문화가족정책 기본계획(2023)에서 상호존중에 기반한 우리사회의 다문화 수용성 제고하고 결혼이민자의 정착을 위한 주기별 지원과 함께 다문화 아동·청소년의 성장단계별 맞춤형 지원을 추진을 강화하는 계획을 발표하였다. 이러한 정책을 통하여 '다문화가족과 함께 성장하는 조화로운 사회'를 향해 나아가야 할 것이다.

4) 다문화가족 관련법 및 제도

다문화 가정의 정착 및 생활안정은 우리 사회의 중요한 정책과제의 하나로, 여성가족부는 이주여성의 권익보호와 함께 다문화가족을 위한 통합지원을 하고 있다. 현행법상 결혼이민자가족 관련법으로는 다문화가족지원법과 건강가족지원법이 가장 중심적인 법률이다. 다문화가족에 관련된 법률로는 국적법, 출입국관리법, 재외동포의 출입국과 법적 지위에 관한 법률, 외국이 근로자의 고용에 관한 법률, 북한이탈주민 보호 등에 관한 법 및 제도 등이 있다.

이 중에서 건강가족지원법은 건강한 가정생활의 영위와 가족의 유지 및 발전을 위하여 가정문제의 적절한 해결방안을 강구하며 가족구성원의 복지증진에 이바지할 수 있는 지원정책을 강화함으로써 건강가정 구현에 기여하는 것을 목적으로 2004년 제정되었다(건강가족지원법 제1장 총칙, 제1조). "건강가정"이라 함은 가족구성원의 욕구가 충족되고 인간다운 삶이 보장되는 가정을 말한다(제3조 제3호).

여성가족부장관은 관계 중앙행정기관의 장과 협의하여 건강가정기본계획("기본계획")을 5년마다 수립하고, 매년 기본계획에 따라 건강가정시행계획을 수립·시행 및 평가하여야 한다. 또한 개인과 가족의 생활실태를 파악하고, 건강가정 구현 및 가정문제 예방 등을 위한 서비스의 욕구와 수요를 파악하기 위하여 5년마다 가족실태조사를 실시하고 그 결과를 발표하여야 한다(건강가족지원법 제20조 제1항).

다음으로 다문화가족지원법은 다문화가족에게 필요한 생활정보 제공과 교육지원, 아동의 보육 및 교육지원, 다국어에 의한 서비스 제공 등 결혼이민자와 가족구성원의 사회적응을 지원하기 위하여 2008년 제정되었다. 이에 따라 이전의 '결혼이민자가족지원센터'의 명칭이 '다문화가족지원센터'로 변경되었는데, 2023년 기준 전국적으로 211개 다문화가족지원센터가 설치되어 운영 중이다(여성가족부, 2023). 또한 이주여성에 대한 상담·긴급지원 및 다문화가족 종합정보 전화센터인 다누리콜센터(1577-1366)를 1년 365일 24시간(주말, 공휴일 포함) 운영하고 있다.

「다문화가족지원법」의 주요 내용은 ① 결혼이민자 등이 한국사회에서 생활하는 데 필요한 생활정보 제공 및 한국어·사회적응·직업·가족교육 등 교육지원, ② 가족상담, 부부교육, 부모교육, 가족생활교육 실시 및 문화의 차이 등을 고려한 언어통역, 법률상담, 행정지원 등의 전문적인 서비스 제공, ③ 가정폭력 피해자 보호·지원, 산전·산후 건강관리, 아동의 보육 및 교육지원 등 언어와 문화적 차이를 고려한 서비스 지원, ④ 다문화가족지원센터 지정 등 현행 결혼이민자가족지원센터의 법적 근거 마련, ⑤ 다문화가족 현황 파악 및 다문화가족 지원정책 수립을 위한 실태 조사 실시 등이다.

한편, 여성가족부는 다문화가족을 다양한 가족의 한 형태로 지원 패러다임을 전환하고, 통합적 가족정책 전달체계 마련을 위해 기존 다문화가족지원센터와 건강가족 지원센터 통합을 추진하고 있다.

5) 다문화가정 정책 전달체계

결혼이민여성 가족을 대상으로 여성가족부는 다문화 가족 인권보호 및 참여확대를 위하여 노력하고 있다. 주요정책을 살펴보면, ① 국제결혼 당사자의 보호 ② 언어·문화 이해 교육 ③ 다문화가족의 생활정착 지원 ④ 가정폭력피해자 지원 ⑤ 사회적 인식 개선 ⑥ 전달체계 구축 ⑦ 생계지원 및 생활정보제공 등이 있다.

표 8-12 결혼이민자 가족을 위한 정책 전달체계

구분	담당부처	
	주관	협조
국제결혼 당사자의 보호, 언어 · 문화 이해 교육, 가족의 생활정착 지원, 가정폭력피해자 지원, 사회적 인식 개선, 전달체계 구축	여성가족부	법무부, 문화체육관광부, 보건복지부, 지식경제부, 행정안정부
국제결혼 중계업체 관리감독	여성가족부, 법무부	
생계지원 및 생활정보제공	여성가족부	보건복지부, 지자체
인신매매 성격의 국제결혼 방지, 체류자격 불안정 해소	법무부	여성가족부, 경찰청
자녀의 학교생활 적응지원	교육과학기술부	여성가족부, 지자체
일자리 알선 및 훈련지원	고용노동부	
불법행위 단속	법무부, 경찰청	여성가족부

참고문헌

권중돈 (2022). 노인복지론. 경기: 학지사.

경찰청 (2022). 아동, 지적·자폐·정신장애인, 치매환자 실종신고 현황.

국민연금공단 (2022). 국민연금통계연보.

국가법령정보센터 (2023). 각 법률 정보(www.law.go.kr).

김영화 외 (2016). 현대사회와 여성복지. 경기: 양서원

노혜련, 김미원, 조소연 (2021). 아동복지론. 서울: 학지사.

박석돈, 박순미, 이기원, 이용환, 이재모, 최병태 (2022). 노인복지론. 경기: 양성원

박차상 외 (2016). 사회복지학개론. 경기: 양서원

보건복지부 (2017). 보건복지통계연보(제63호)

보건복지부 (2017). 2017년도 노인실태조사 결과 보고서.

보건복지부 (2020). 2020년도 노인실태조사 결과 보고서.

보건복지부 (2021). 2020년 장애인실태조사 결과.

보건복지부 (2022). 독거노인의 현황 및 추계.

보건복지부 (2022). 2021년 12월 말 기준 전국 지역아동센터 통계조사보고서.

보건복지부 (2022). 2022 국민기초생활보장 수급자 현황.

보건복지부 (2022). 2022년도 아동복지시설 현황.

보건복지부 (2023). 등록장애인 현황

보건복지부 (2023). 보건복지통계연보. 장애인 복지시설 현황.

보건복지부 (2023). 보건복지통계연보. 노인복지시설 현황.

보건복지부, 보건사회연구원 (2022). 통계로 보는 사회보장 2021.

보건복지부 외 관계부처 합동 (2023). 제6차 장애인정책 종합계획.

볼런티어21 (2008). 전국 자원봉사 활동 실태조사(행정안전부 연구용역 보고서).

서동명 (2022). 사회복지법제와 실천. 서울: 신정

설동훈 (2006). 결혼이민자가족 실태조사 및 중장기 지원정책방안 연구. 여성가족부.

송다영 외 (2021). 새로 쓰는 여성복지론-쟁점과 실천. 경기: 양서원.

여성가족부 (2021). 2020 가족실태조사.

여성가족부 (2021). 통계로 보는 여성의 삶.

여성가족부 (2022). 2021년 전국 다문화가족 실태조사.

여성가족부 (2023). 다문화가족지원센터 현황.

여성가족부 외 관계부처 (2023). 제4차 다문화가족정책 기본계획.

유용식, 권오균, 김나영 (2020). 노인복지론. 서울: 학지사.

이원숙, 신나연, 박영혜 (2022). 건강가족론. 서울: 학지사.

임종호, 이영미, 이은미 (2022). 장애인복지론. 서울: 학지사.

장연진 김영미 (2021). 여성복지론. 서울: 신정

정무성, 나임순, 유용식 (2019). 사회복지개론. 서울: 신정.

조홍식 외 (2017). 가족복지학. 서울: 학지사.

초록우산 (2023). 2022 아동지표. 초록우산 어린이재단 아동복지연구소.

최명민 외 (2015). 다문화사회복지론. 서울: 학지사.

최성재, 장인협 (2017). 고령화사회의 노인복지학. 서울: 서울대학교 출판문화원.

최현미 외 (2010). 평택대학교 다문화가족센터 편.

통계청 (2022). 2022년 사회조사 결과보고서.

통계청 (2022). 2022년 한국의 사회동향 보고서.

통계청 (2022). 2022 고령자 통계.

통계청 (2022). 인구총조사.

통계청 (2023). 인구동태통계연보.

통계청 (2023). 2022 한국의 사회지표.

한국보건사회연구원 (2017). 2017년도 노인실태조사결과 보고서.

한국여성정책연구원 (2023). 경제활동인구조사.

한국여성정책연구원 (2023). 성인지통계.

행정안전부(2023). 주민등록인구통계.

Atchley, R. C.(1994). *Social Forces and Aging: an Introduction to social Gerontology.* Belmont, CA.: Wadsworth Publishing Co.

Collins, D., Jordan, C., & Coleman, H. (2007). 가족복지실천론. 이화여자대학교사회복지연구회 역. 서울: 나눔의 집.

Downs, S., Moore, E., McFadden, E., & Costin, L. (2000). *Child Welfare and Family Services: Policies and Practice* (6th Ed.). Allyn & Bacon.

Friedlader, W., & Apte R. Z. (1980). *Introduction to Social Welfare.* New Jersey: OECD(2008). Growing Unequal. Paris: OECD.

Goode, W. J. (1976). Family Disorganization. In R. K. Merton & R. Nisbet, eds., *Contemporary Social Problems* (4th ed.). New York: Harcourt Brace Jovanovich.

Kadushin, A. (1980). A Child Welfare Services, N.Y. Macmillan Publishing Co, Inc.

OECD (2009). Society at a Glance. Paris: OECD.

OECD (2010). OECD Factbook. Paris: OECD.

OECD (2020). Income Distribution.

OECD (2022). Health Status.

Pearce, D. (1978). The Feminization of Poverty: Woman, Work and Welfare. Urban and Social Change Review, 11(Feb.). Prentice Hall Inc.

WHO (2001). ICIDH-2: International Classification of Functioning, Disability and Health, Final Draft, Full Version.

Zimmerman, S. L. (1983). The Reconstructed Welfare State and the Fate of Family Policy. Social Casework(Oct).

Zuckerman, R. (1983). *Child Welfare.* New York: The Free Press.

CHAPTER

09 현장별 사회복지 분야

본 장에서는 사회복지분야를 실천현장을 기준으로 분류하여 의료사회복지, 정신건강사회복지, 학교사회복지, 교정복지, 산업복지, 군사회복지 등의 대표적인 분야를 다루었다.

1 의료사회복지

1) 건강의 개념

건강은 행복의 조건 중에서 가장 중요한 요소이다. 건강의 사회적 보호는 현대 복지국가에서 특권이라기보다는 기본권으로 여겨지고 있으며, 질병으로부터의 해방과 건강한 생활의 영위는 인간의 안녕 상태를 위한 가장 기본적인 요건으로 사회복지의 필수적 요인이다. 많은 복지국가에서는 의료보호 수준의 향상과 생활환경의 개선으로 인해 국민들의 건강수준이 향상되고 있다. 의료보호의 초점은 질병 예방을 통한 건강의 유지, 질병으로부터 초래되는 장애의 예방, 가능한 한 신속한 환자의 건강 회복 등이다(Zastrow, 2018).

세계보건기구(WHO)에서는 건강을 단순히 질병이 없거나 허약하지 않다는 것뿐만 아니라, 신체적·정신적·사회적 안녕의 완전한 상태라고 정의하고 있다. Twaddle(1979)은 건강과 질병을 하나의 연속선상에 놓고 연속선상의 양 끝에 각기 완전한 건강과 죽음이라는 개념을 설정하였다. 완전한 건강이란 개개인의 역할 수행 능력과 역할 성취가 최적의 조화를 이룬 상태를 말한다. 이러한 관점에서 볼 때, 건강은 개인의 역할 수행 상태가 적절한 수준에 이른 것을 의미한다. 이는 의학적 관점과 사회학적 관점이 합쳐진 것으로, 건강은 사회 환경과 밀접한 관련성이 있다. 따라서 의료사회복지는 질병을 의료적 사건이 아닌 사회적 역기능 상태로서 이해하고 이를 극복하기 위한 차원에서 원조해야 한다.

이를 위하여 건강에 대한 사회적 보호체계가 필요하다. 건강보호의 체계는 건강 상태에 따라 세 가지 수준의 서비스로 이루어지는데 1차는 예방, 2차는 치료, 3차는 보상이다. 1차적 보호는 질병의 일차적 예방과 건강 유지에 초점을 두는 건강서비스를 가리키며, 그 활동이 이루어지는 현장으로는 공공건강기관, 민간의료시설(일반의학, 가정 의학, 내과, 소아과), 외래클리닉, 건강 유지조직(HMO) 등이다. 2차적 보호는 이미 악화된 상태의 건강 문제를 치료하거나 2차 예방에 초점을 두는 것을 말하며 치료와 조정을 말한다. 병원과 입원 치료센터가 2차 보호의 대표적인 실천 장이다. 3차적 보호는 건강서비스의 마지막 단계로 만성적이거나 말기에 이르러 치유될 수 없는 건강의 문제를 가지고 있는 환자에게 편안함과 기능을 최대화하도록 지원하는 데 초점이 맞추어져 있다. 3차 보호의 세팅에는 재활센터, 요양시설, 호스피스 프로그램, 재가시설(home care agencies), 낮 병원 등이 있다(Cowles, 2000).

2) 의료사회복지의 개념

의료의 사회화와 경제발전에 따른 삶의 질 향상, 고도로 발전된 의학기술로 인해 새로운 의료문제들이 대두되고 있다. 개인적 수준에서는 의료요구의 변화, 의료관계의 변화, 의료분쟁의 증가, 비인간화 현상이 있고, 의료조직의 수준에서는 병원의 양적 팽창과 병원의 경쟁, 제도적 수준에서는 의료의 사회적, 지역적 편재 현상, 국가와 공공의료비의 부담 증가, 병원심사제 도입, 만성질환자의 증가, 의료의 윤리문제 등이 있다. 따라서 의료문제는 의학적인 문제라기보다는 사회적인 관점에서 다루어야 할 것이다(정무성 외, 2019).

모든 사람은 행복할 권리가 있다는 것은 사회복지의 기본 전제이다. 행복은 기본적인 생활의 보장과 함께 건강한 삶이 제공되어야 가능하다. 의료사회복지는 사회복지의 한 분야로서 의료사회복지실천, 의료사회사업, 병원사회사업 등과 같은 의미로 사용되어 왔다.

프라이드랜더와 엡트는 의료사회사업이란 사회사업의 전문화된 한 분야로서 환자가 가능한 한 보건서비스를 가장 효과적으로 활용할 수 있도록 하기 위하여 병원, 진료소 혹은 기타의 의료기관에서 실시되는 개별사회사업과 집단사회사업의 실천이라고 정의하고, 환자의 질병과 치료에 영향을 주는 사회적·정서적 문제에 대한 원조를 그 특징이라고 설명하고 있다(Friedlader & Apte, 1980).

한편, 우리나라 대한의료사회복지사 협회는 다음과 같이 3가지 관점으로 구별하여 정의하고 있다.

표 9-1 접근방법에 따른 의료사회복지의 정의

관점	정책적 관점	기술적 관점	통합적 관점
대상	보건의료체제 전반	환자 및 가족의 심리, 사회, 경제적 문제	질병을 가진 개인과 환경 (가족, 의료, 보건 분야 종사자 등)
방법	사회복지조사, 사회복지정책 등 광범위한 방법	사회사업의 전문적 방법	사회사업의 전문적 방법과 사회복지조사, 사회복지정책 등 다각적인 접근방법
목적	질병의 예방, 건강증진 및 향상을 지향하는 의료복지	환자의 질병치료와 회복, 사회복귀기능을 지원	환자 및 가족의 사회기능향상, 질병의 예방, 치료 및 재활 등 다양한 목적

출처: 대한의료사회복지사협회(http://www.kamsw.or.kr).

3) 의료사회복지의 필요성

오늘날 의료사회복지는 사회복지실천의 전문 분야로서, 의료문제를 단순히 질병의 문제가 아니라 사회문제로서 보다 폭넓은 관점에서 개입하게 되었다. 척수 손상이나 미숙아에 대한 낙태 및 유전상담서비스, 가족계획, AIDS 또는 HIV 양성자에 대한 서비스, 강간서비스, 임종환자에 대한 호스피스 서비스, 알코올과 약물중독, 거식장애에 대한 치료프로그램의 발달은 의료사회복지사에게 새로운 기회를 제공하였다. 또한 스트레스와 관련된 질병, 알코홀리즘, 우울, 약물중독, 심장병, 고혈압 등의 원인적 요소로서 심리·사회적 과정에 대한 인식이 증가하면서 사회복지사의 개입 요구는 점증하고 있다(Zastrow, 2018).

의료사회복지는 WHO에서 정의하고 있는 포괄적인 건강에 대한 개념을 실현하고, 사회정의 및 생명의 존엄성을 추구하기 위해 새로운 역할이 요구되고 있다. 예를 들면 안락사 문제나 장기이식의 합법성 평가 등과 같은 윤리적인 문제에 대한 의료체계의 개입이 요구되고 있다. 또한 가정폭력, 강간, 아동학대, 배우자학대, 노인학대 등의 피해자의 권익을 옹호하는 활동과 자살 시도 환자와 육체적·정신적 기능을 상실한 클라이언트를 돕는(Adkins, 1994) 등의 의료사회복지에 대한 개입의 필요성이 사회적으로 증가하고 있다.

4) 의료사회복지의 발달과정

(1) 미국의 의료사회복지의 발달과정

병원에서 최초로 사회복지사를 채용한 것은 1905년 미국 매사추세츠 종합병원(MGS)의 의사 리차드 캐벗(Richard Cabot)이다. 그는 질병의 발생과 치료과정에서 생물학적인 요인과 함께 사회적 요인이 중요하다는 인식을 가지고 간호사 Pelton을 고용하여 환자의 생활을 조사하였으며 이를 바탕으로 치료효과를 증진시켰다. 이것을 필두로 하여 이후 각 병원에서 사회사업가가 본격적인 업무를 담당하게 된 계기가 되었다.

1907년에는 존스홉킨스대학병원에서 사회복지사가 채용되었으며, 1908년에는 뉴헤븐 정신병원, 1909년 영국의 토마스병원, 1918년 시카고대학병원에 사회사업부서가 설립되었다. 1918년 미국병원사회복지사협회(American Association of Hospital Social Workers)가 설립되고, 1924년 미국정신의학사회복지사협회가 결성되었으며, 1920년대 중반 미국병원협회(American Hospitals Association)에서 공식적으로 의료사회사업실천(Medical Social Work)라는 용어가 사용되었다.

1930년대에는 대공황으로 정신 상태나 감정이 신체 기능에 영향을 미칠 것으로 생각하여, 빈곤의 문제에서 심리 · 사회적 문제에 관심을 갖게 되었고 신체와 건강에 대한 연구가 이루어졌다. 제2차 세계대전 이후 부상자의 재활과 장애인 문제가 강조되었고, 1946년에는 정신보건법이 제정되었다. 1950년대와 60년대에는 병원사회사업의 역할이 전문화되었고, 1970년대와 80년대에는 자아심리치료, 가족치료, 위기개입, 인지행동이론이나 행동수정모델 등과 같은 다양한 접근되고 의료사회복지실천이 전문적인 영역으로 확립되었다(강흥구, 2019).

(2) 우리나라의 의료사회복지의 발달과정

우리나라에서 현대적 의미의 의료사회복지실천은 1958년 노르웨이 Rekkebo의 지도감독 하에 한노병원에서 그리고 세브란스병원에서 결핵환자와 그 가정을 돕기 시작한 것이 최초라 볼 수 있다. 이어서 1959년 국립중앙의료원과 원주기독병원, 1962년 국립정신병원과 가톨릭부속 성모병원에서 시작되었다. 정식 사회사업과가 창설된 곳은 세브란스 병원(1964)으로 선교사이자 의료사회사업가인 Shaw의 노력의 결과였다. 1966년 계명대의대부속 동산의료원, 1968년 예수병원, 고려병원, 중앙대부속병원, 1971년 한강성심병원, 안양정신병원 등에서 사회사업 업무가 이루어졌다(강흥구, 2019).

1973년 의료사회복지사를 종합병원에 1인 이상씩 두도록 법제화함으로써 제도화되었다. 이를 계기로 같은 해 의료사회사업의 전문화를 위하여 대한의료사회사업가협회가 설립되었고, 1977년 7월 1일부터 의료보험제도의 확대실시와 더불어 정신의료사회법에 대한 보험수가가 규정되어 정신의료사회사업의 활성화에 기여하였다. 대한병원협회가 1981년에 종합병원에 대한 병원표준화 심사제를 도입하면서 의료사회사업을 심사대상부문으로 명시함으로서 종합병원의 의료사회사업이 현격한 발전을 이루는 계기가 되었다. 1993년에는 정신보건사회사업학회가 결성되었고, 1995년 정신보건법이 제정되어 의료사회복지이 발전할 수 있는 기틀을 마련하였다.

한국사회복지사협회의 산하단체로 들어가기 위한 준비과정에서 1999년 의료사회사업전문가 호칭을 의료사회복지사로 변경하고 2000년 대한의료사회복지사협회로 개칭하였다. 또한 2000년 11월부터 수련슈퍼바이저와 실습슈퍼바이저 자격제도를 운영하고 있다. 그리고 개정된 사회복지사업법(2018.12 개정, 2020년 12월 12 시행) 제11조 3항을 근거로 정신건강, 학교사회복지와 함께 의료사회복지가 영역별 사회복지사로 법정 국가자격증 자격제도가 시행되었다.

(3) 의료사회복지사의 정의와 자격제도

의료사회복지사란 '질병을 가진 환자와 그 가족, 지역사회를 대상으로 의료진과 함께 협의하여 환자의 심리, 사회적, 정서적, 환경적 문제를 해결하도록 돕고, 입원 시 뿐만 아니라 입원 전과 퇴원 후에도 사회적 기능을 원활히 수행할 수 있도록 질병의 예방과 회복, 사후 관리에 이르는 연속적 과정에서 개인에 대한 접근 뿐 아니라 의료제도와 정책 차원의 접근을 통하여 의료사회복지 실천의 목적을 달성하도록 돕는 보건의료 영역의 전문사회복지사'를 말한다(대한의료사회복지사협회 홈페이지, http://www.kamsw.or.kr).

앞서 기술된 바와 같이 2020년 12월 12일 부로 의료사회복지사 국가자격증 자격제도가 시행되었다. 의료사회복지사의 자격조건을 살펴보면, 의료사회복지사가 되기 위해서는 기본적으론 사회복지사 1급이 있어야 하며 수련인증기관(실습병원)에서 약 1년 동안 수련 과정을 이수해야 한다. 임상 영역별 수련 시간은 최소 960시간(내과계480시간+외과계 480시간)+이론교육 40시간을 진행하여 수련 기간 동안 총 1000시간 이상을 수련해야 한다. 1년간 주 20시간 총 1000시간은 수련 인증의 최소 기준이다.

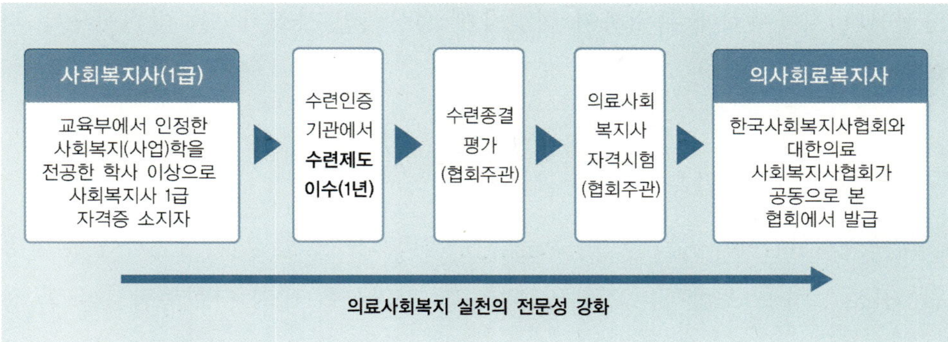

출처: 대한의료사회복지사협회(http://www.kamsw.or.kr) 홈페이지.

보건복지부의 '전국 종합병원의 사회복지사 배치 현황(2022. 8. 기준)'에 따르면, 현재 의료법 시행규칙 상 종합병원에 사회복지사 1명 이상 배치해야 하는데 전국 종합병원 중 사회복지사가 배치된 곳은 306개소이며, 66개소가 미배치되고 있는 것으로 나타났고, 현재 총 988명이 배치돼 있다. 양적으로나 질적으로 전문화되어 가고 있는 시점에서 종합병원 차원에서도 사회사업가가 없는 곳이 많은 것을 보면 개선되어야 할 많은 과제를 갖고 있다.

5) 의료사회복지의 실천현장

현재 의료사회복지의 실천현장은 편의상 일반의료사회사업, 정신의료사회사업, 재활의료사회사업, 그리고 지역사회보건의료사회사업의 4가지로 분류할 수 있다(김융일 외, 2003).

① 일반의료사회사업

의료시설 내에서의 정신의료사회사업가나 재활의료사회사업가의 활동을 제외한 사회사업가의 활동영역을 통틀어서 말하는 것이다. 일반의료사회사업은 보건·의료의 목적과 사회사업의 목적을 동시에 성취하고자 의료진과 함께 일하면서 질병의 원인이 될 수 있고 진료과정에 장애가 될 수도 있는 환자 및 그 가족의 심리적·사회적·경제적 문제를 해결하도록 돕고, 퇴원 후 환자가 그의 가정이나 지역사회에 복귀하여 적절하게 정상적인 사회기능을 발휘하도록 지원한다.

② 정신의료사회사업

의료사회사업에서 분화하여 전문화된 영역으로 종합병원 정신과나 정신병원, 진료소 등을 포함하는 정신의료기관과 지역사회 내의 사회복귀시설 및 정신보건센터, 정신요양시설 등에서 정신적·정서적 장애로 고통 받고 있는 사람들의 건강회복과 문제발생 예방을 위하여 사회복지의 지식과 가치, 기술을 활용하는 활동이다.

③ 재활의료사회사업

신체의 장애는 본인에게 정신적으로 큰 충격을 주는 동시에 가정적·직업적·사회적으로도 부차적인 문제를 야기 시킨다. 이에 대하여 환자의 의료적 재활을 보다 효과적으로 성취시켜 가정과 사회에 원만히 복귀할 수 있도록 원조하는 활동을 말한다.

④ 지역사회보건의료사회사업

지역사회 주민들의 질병예방과 치료를 지원하기 위해 사회복지사가 행하는 일체의 활동영역을 말한다. 주로 지역사회보건소나 지역사회기관을 중심으로 행하여지며 프로그램은 모자보건사업, 전염병관리, 환경위생, 보건교육, 의료봉사, 의료제도 및 정책결정을 위한 의료복지사업 등이 있다.

6) 의료사회복지사의 역할

의료사회복지의 개념을 고려할 때, 의료사회복지사는 임상 의료팀의 일원으로서 환자가 빠른 시일 내에 회복, 재활, 사회복귀를 할 수 있도록 환자의 심리적, 경제적, 사회적 문제해결을 돕는 전문가라고 할 수 있다. 따라서 의료사회복지사의 역할은 치료자, 서비스 조정자, 중개자로 압축할 수 있다.

① 치료자의 역할

의료사회복지사는 환자 및 가족이나 그 환경이 가지고 있는 문제의 해결을 돕는 치료적인 역할 수행한다. 이 과정에서 개인력 검사나 사회조사를 실시하기도 하며, 개별상담, 집단치료, 가족치료, 위기개입 등의 방법을 동원하기도 한다.

② 서비스 조정자의 역할

의료자원과 사회자원의 효율적으로 활용되도록 서비스를 조정하는 것이다. 의료인에게 환자에 대한 심리, 정서적인 정보를 제공하여 환자의 전인적인 이해를 증진시키고 의료팀의 종합적이고도 통합적인 서비스를 위한 협력과 조정 역할 뿐만 아니라 의료보장이 미비한 경우에는 치료비 문제를 위해 병원에서의 조정 절차와 외부자원의 활용을 위한 조정자의 역할도 수행하게 된다.

③ 중개자의 역할

환자의 회복과 재활, 사회복귀를 위해서 지역사회의 공·사적인 자원을 조직하고 연계하여 정상회복을 위한 각종 지원 활동을 하는 것이다. 구체적으로는 퇴원계획 참여, 정보제공과 의뢰, 경제적 원조 또는 처리, 사회복귀 원조, 치료의 연속성 제공, 환자의 권리보호, 의사에게 환자의 필요한 정보 제공, 병실생활에의 적응지원, 치료에 필요한 자원동원 등으로 환자가 치료에 적극적으로 임할 수 있도록 한다(조홍식 외, 2013).

④ 재활치료와 교정자의 역할

재활의료팀에서 장애로 인한 비사회성, 퇴행, 불안 등의 심리·사회적인 문제나 행동의 치료, 직업적인 재활, 교정을 돕는 역할을 수행한다.

7) 의료사회복지사의 직무

의료사회복지사는 질병치료, 건강회복, 건강유지 등의 목표를 가지고 환자의 질병과 관련된 심리·사회적 문제를 해결하고, 사회적응을 위한 원조를 위해 행하는 직무를 다음의 다섯 가지로 분류할 수 있다(대한의료사회복지사 협회 http://www.kamsw.or.kr; 강흥구, 2019).

① 심리·사회적 문제해결

환자의 부정적인 반응을 예방하고, 스트레스와 갈등과 같은 심리적인 요인 개선하며, 실업, 복직, 직업적응 및 인간관계의 적응문제 등과 같은 사회적 문제 상담한다. 이를 위해서 개인, 가족 및 사회력 조사, 심리·사회적 문제의 사정 및 평가, 문제해결을 위한 치료, 상담, 환자 및 환자가족의 교육 등의 활동을 한다.

② 경제적 문제해결

환자의 치료비와 요양비, 생활비, 자녀교육비 등의 경제적 부담을 완화하고 지원하기 위해서는 경제능력 조사 및 사정, 후원자 개발 및 경제적 지원, 무의탁환자 및 행려환자 처리 등의 업무를 수행한다.

③ 지역사회자원과 연결

환자와 가족, 의료기관과 지역사회를 연계하여 자원의 효율적 활용을 높이기 위해서 자원체계의 정보수집 및 연결, 자원동원 및 모금활동 등이 필요하다.

④ 사회복귀 및 재활문제해결

치료와 정상 회복, 퇴원 후 생활에의 적응을 위해서는 퇴원계획, 퇴원 추후 치료 및 자가 치료 지원, 사회복귀 원조 등을 돕는다.

⑤ 교육 및 연구조사

사회복지학이나 간호학, 의학 전공 실습생 지도와 의료현장에서 양질의 서비스를 제공할 수 있도록 노력을 경주해야 한다. 이를 위해 실습지도, 직원교육, 임상연구 등의 업무를 수행한다.

⑥ 행정업무 및 관리업무

사례관리, 과정기록, 보고서 작성, 통계 등의 행정업무, 자원봉사자 관리운영, 병원의 특성이나 성격에 따른 특수질환자 관리 및 지원, 병원특성화프로그램, 사업계획 수립 등도 직무에 포함된다.

2 정신보건사회복지

1) 정신건강의 개념

정신건강(mental health)은 정신위생(mental hygiene)이란 용어와 동의어로 사용되고 있다. 세계보건기구(WHO) 헌장에 따르면 '건강이란 질병을 가지고 있거나 허약하지 않은 상태만이 아니라 신체적, 정신적 그리고 사회적으로 양호한 상태'라고 정의하고 있다. 정신건강의 사전적 의미는 '정신장애인의 치료뿐만 아니라 국민정신건강의 향상을 도모하기 위해 생물학적·의학적·교육적·사회적인 면에서 협력하여 보다 더 좋은 인간관계를 이룩하고자 하는 분야'라고 정의하고 있다. 따라서 정신건강이란 일상생활을 언제나 독립적이고 자주적으로 처리해 나갈 수 있고, 스트레스에 대한 통제력을 갖추고 있으며 원만한 개인생활과 사회생활을 할 수 있는 상태라고 할 수 있다(박선환 외, 2017). 이처럼 정신건강은 정신질환에 걸리지 않은 상태만이 아니라 신체적 건강, 만족스러운 인간관계와 양호한 삶의 질을 유지하고 증진시킬 수 있는 능력 모두를 포함하는 것이라 할 수 있다.

미국정신보건위원회(National Committee for Mental Hygiene)는 '정신적으로 건강한 사람이란 정신적으로 병적인 증세가 없을 뿐 아니라 자기능력을 최대한 발휘하고 환경에 대한 적응력이 있으며 자주적이고 건설적으로 자기생활을 처리해 나갈 수 있는 성숙한 인격체를 갖추고 있는 상태'라고 정의하고 있다. 따라서 정신적으로 건강한 사람은 정서적으로 안정되어 일상생활에서 겪는 스트레스에 적절히 대처하고, 자신의 능력에 맞는 업무를 완수할 수 있으며, 사회에 기여할 수 있는 사람이다.

2) 정신장애의 개념

(1) 정신장애의 원인

정신장애에 대한 관점은 오랫동안 역사적으로 편견과 경멸의 대상이었으나 인권존중 사상의 보급과 의식수준의 향상으로 점차 그 개념이 변화되었다. 정신장애의 원인을 이해하는데 있어서 통합적 접근이 필요하다.

① 생물학적 관점: 신경전달물질의 신경세포를 연결해 주는 뇌 안의 신경전달물질의 불균형으로 인해 정신장애가 발생하게 된다고 보는 관점이다.
② 유전적 관점: 가족 중에 정신질환 환자가 있을 경우 형제나 자녀가 정신질환에 걸릴 확률이 높다고 보는 관점이다.
③ 심리사회적 관점: 정신장애의 원인을 개인과 사회적 환경 간의 부조화에 두고 있다. 과로, 긴장, 장애, 사망, 실연, 실직, 경제침체 등의 사건사고가 정신장애에 직접적인 영향을 주지는 않지만, 심리적으로 약한 사람은

스트레스가 지나칠 경우 정신장애의 원인이 된다.

④ 통합적 관점: 정신장애는 생물학적 요소들과 더불어 심리, 사회적 요소들 간의 상호작용에 의한 복합적 요인으로 인해 발생하는 것으로 본다. 따라서 정신장애는 심리적·사회적, 생물학적 요소에 의해서 나타나는 임상적으로 중요한 개인의 행동 혹은 심리적 증후군 및 이로 인한 기능상의 저하로 요약할 수 있다. 따라서 개입방법은 의료적 약물치료와 개인에 대한 심리적 지원, 사회적 재활지원 및 지지 등의 포괄적 접근이 요구된다(조흥식 외, 2015).

(2) 정신장애의 종류

우리나라의 경우 정신장애인에 대한 개념은 정신보건법과 장애인복지법의 두 법체계 내에서 이해해야 한다. 우리나라 정신보건법에서는 정신질환자로 표현되며 '정신병(기질적 정신병을 포함)·인격 장애·알코올 및 약물중독, 기타 비정신병적 정신장애를 가진 자'로 정의되고 있다. 정신장애인은 2000년부터 장애인복지법상의 법정장애인으로 편입되었으며, 장애인복지법상에는 '지속적인 정신분열병, 분열형 정동장애, 양극성 정동장애 및 반복성 우울장애에 의한 감정조절·행동·사고기능 및 능력의 장애로 인하여 일상생활 또는 사회생활을 하는데 있어 상당한 제한을 받아 다른 사람의 도움이 필요한 사람'으로 협의적으로 정의되어 있다.

정신장애에 대한 분류기준으로 우리나라에서 공식적으로 사용되고 있는 것은 세계보건기구(WHO)에서 제정하여 국제적으로 통용되고 있는 국제질병 분류 제10판(International Classification of Disease and Health Problems 10th Edition: ICD-10, 1994)과 미국정신의학회에서 만들어진 정신장애진단통계편람 제4판 개정판(Diagnostic and Statistical Mannual of Mental Disorders Fourth Edition: DSM-Ⅳ, 1994)이다. ICD-10의 진단체계는 세 개의 축으로, DSM-Ⅳ 진단체계는 다섯 개의 축을 기준으로 분류하여 진단한다.

표 9-2 정신장애의 진단체계

ICD-10의 진단체계	DSM-Ⅳ의 진단체계
Ⅰ축: 임상진단 (clinical diagnosis) Ⅱ축: 후유장애 (disablement) Ⅲ축: 상황적 요인 (contextual factors)	Ⅰ축: 인격장애와 정신지체를 제외한 임상장애와 임상적 주목의 초점이 되는 상태 Ⅱ축: 성격장애와 정신지체, 특정방어기제 Ⅲ축: 신체질환이나 일반적 신체상태 Ⅳ축: 심리사회적, 환경적 문제 Ⅴ축: 사회적, 직업적, 심리적 기능 등 전반적인 기능수행의 사정

(3) 우리나라의 정신건강실태

보건복지부에서 발표한 '국가 정신건강현황보고서 2021'에 따르면 2021년 대한민국 국민의 정신질환 일 년 유병률은 8.5%로 인구수로는 약 355만 명이나 되며, 평생 유병률은 남자 33%, 여자 23%, 평균(27.8%)로 나타났으며, 이는 국민 3명 중 1명이 평생 한 번 이상 정신질환을 경험한다는 것을 뜻한다. 이 중 우울감 경험률(10.2%), 고위험 음주율(14.1%), 인구 10만 명당 자살 사망률(26명)으로 보고되었다. '2021년 정신건강실태조사 결과'에 의하면, 우리나라의 정신장애 1년 유병률은 '불안장애'가 가장 높은 비율로 나타났다. 남자는 '알코올, 니코틴 사용장애' 비율이 높고 여자는 '우울, 불안장애' 비율이 높았다.

그러나 우리나라는 정신질환을 진단받은 대상자의 정신건강서비스 이용률이 다른 국가와 비교하면 매우 저조한 편이다. 〈표 9-2〉에서 보는 바와 같이, 국가별 정신질환을 진단받은 대상자의 정신건강서비스 이용률을 비교해보면, 캐나다는 46.5%로 가장 높은 수준이며 일본은 20.0% 가장 낮은 수준으로 나타났다. 한국은 12.1%로 다른 나라에 비해 낮은 수준임을 알 수 있다.

이와 관련하여 정신질환의 사회경제적 비용은 연 평균 10.0%의 증가 추세로, 국민의 사회적·경제적 부담이 적지 않으며 앞으로 더 커질 것으로 전망된다. 이러한 시점에서 국민의 정신건강에 대한 높은 관심도에 부응할 수 있는 국가의 정신건강서비스 제공 기관 및 시설, 정신건강서비스 제공 인력, 예산 등 인프라 설치 및 확보 수준에 대한 모니터링 필요하다.

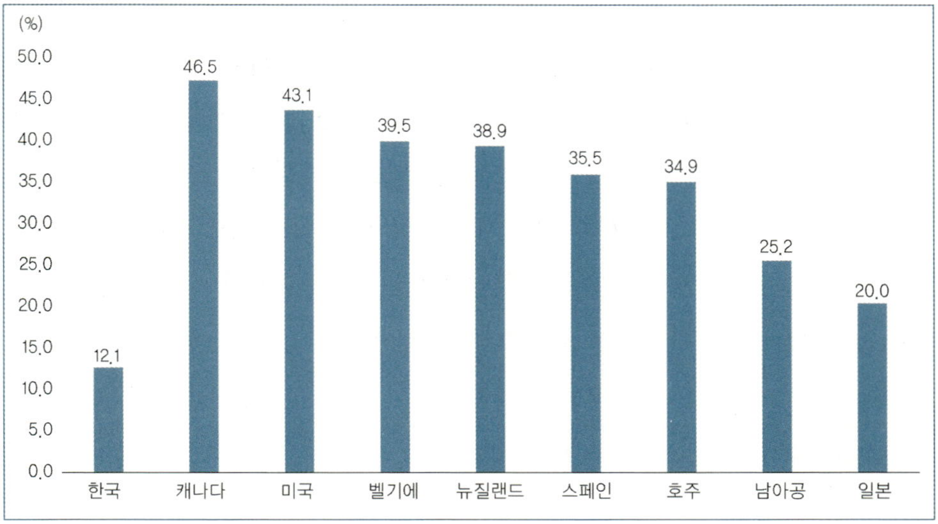

주: 1) 한국: 평생, 그외 국가: 12개월

그림 9-1 정신질환을 진단받은 대상자의 정신건강서비스 이용률 국가별 비교

출처: 보건복지부, 국립정신건강센터(2021). 2021년 정신건강실태조사 보고서.

3) 정신건강사회복지의 개념

현대사회의 사회경제적 변화에 따라 자살, 알코올중독, 도박중독, 인터넷 중독, 아동청소년정신건강문제, 노인정신건강문제 등 다양하고 새로운 영역의 정신건강 문제가 사회적인 이슈가 되고 있다. 정신건강사회복지는 정신보건사회복지, 정신보건사회사업(mental health social work), 정신의료사회사업(psychiatric social work) 등과 동의어로 사용되고 있다.

정신보건사회복지의 개념은 정신건강 및 정신보건에 대한 인식이 역사적인 발전과정을 거치면서 변화되어 왔다. Friedlander(1967)는 '정신의료사회사업은 정서적이고 정신적인 장애가 있는 환자들을 돕는 목적으로 정신의학과 직접적이고 책임성 있는 협력 하에 병원이나 진료소 또는 정신의학적인 후원 하에서 실시하는 개별사회사업'으로 정의하였다. 그러나 지역사회정신보건운동 시작 후에는 정신의료사회복지의 개념이 정신의학과 관련하여 치료기관을 중심으로 한 활동은 물론이고 지역사회를 중심으로 한 활동으로 확대되었다.

오늘날 정신건강사회복지는 정신장애인과 그 가족 나아가 전체 지역 사회를 대상으로, 정신병·의원을 비롯한 정신의료기관 및 정신건강증진 센터, 중독관리 센터, 자살예방센터, 정신재활시설 등의 정신 보건 기관에서 전문 사회 복지의 지식과 기술을 바탕으로 정신 보건에 대한 전반적 지식과 기술을 활용하여 정신건강의 증진 및 정신 장애의 치료, 재활 및 사회복귀와 사회통합을 위한 전 과정에서 이루어지는 사회복지 실천의 한 분야로 정의할 수 있다(유수현 외, 2017).

4) 정신건강사회복지의 발달

정신건강운동은 인도주의적 의료개혁가였던 프랑스의 Pinel(1745~1826)에서 비롯되었다. 당시 정신장애인은 신에게 버림받은 사람 또는 악마에게 영혼이 사로잡힌 사람이라 하여 수용소에 강제로 가두어서 쇠사슬로 묶어 놓았는데 Pinel은 정신이상도 병의 한 종류라고 주장하여 쇠사슬을 풀어준 데서 1792년 정신건강운동이 시작된 것이라고 전해진다. 영국에서도 비슷한 시기인 1880년대에 사회복지단체가 주체가 되어 정신병원에서 퇴원한 환자들을 대상으로 시작되었다. 불우한 환자들은 위탁가정이나 사회복지시설과 요양원에 의뢰하고, 퇴원환자들이 지역사회에 잘 적응할 수 있도록 직장알선과 필요한 보호를 제공하고 가족을 지도하였다. 1920년대에는 아동상담소가 정신보건운동의 중심이었고, 1930년대 이후에는 정신의학의 발달로 주로 정신병원을 중심으로 이루어졌다. 1954년에 정신보건법이 제정되었으며, 1960년대부터 지역사회정신보건이 강조되어 왔다.

미국의 Beers(1876~1943)는 코네티컷 주(州)에 처음으로 정신위생협회를 조직하고 정신위생운동을 하나의 조직운동으로 활발하게 전개시킨 선구자였다. 정신위생이라는 말은 그를 원조했던 Meyer(1866~1950) 교수가 만들어 낸 말이다. 미국에서 정신의료사회사업(psychiatric social work)이라는 용어를 처음 사용한 곳은 1913년 보스턴 정신병원이다. 그후 1918년 스미스대학에서 최초로 정신의료사회사업가 양성과정을 개설하였으며, 1920년에는 보스턴병원에서 정신의료사회복지사클럽을 조직하고 이것을 1926년에 정신의료사회사업가협회로 발전시켰고 1955년부터 전국사회사업가협회로 통합하여 오늘에 이르고 있다(김기태 외, 2016).

두 차례의 세계대전을 겪으면서 1942년에는 군대 내 정신보건사회복지사를 채용하게 되었으며, 세계대전 이후 귀환병사의 37%가 정신질환이라는 진단 아래 이루어진 정책의 일환으로 1946년 정신보건법의 제정과 함께 국립정신보건연구소가 설립되었다. 1963년 Kennedy 대통령에 의해 지역사회정신보건법과 지역사회정신보건센터법이 제정됨으로써 지역사회가 공동책임 하에 예방과 치료 및 사회복귀를 위해서 노력하는 지역사회 정신보건체제가 확립되었다.

우리나라는 한국전쟁이 직접적 계기가 되었다. 당시 정신보건사회복지사인 Morgan이 전쟁신경증 군인들을 돕는 과정에서 한국의 정신과 의사들에게 정신보건사회복지사의 역할과 필요성을 인식시켜 주었다. 그후 1963년 가톨릭의대 성모병원, 1968년 중앙대학교 부속 필동 성심병원, 1969년 대구동산기독병원, 1970년 세브란스병원(의료사회복지사 겸임), 1971년 한강성심병원, 용인정신병원, 혜동의원 등에서 정신의료사회복지사를 채용하였다. 1973년 의료법 시행령과 1977년 의료보험의 정신과 항목에서 정신의료사회사업에 대한 수가책정은 정신의료사회사업가의 채용이 증가하는 계기가 되었다.

1993년 한국정신보건사회사업학회 창립과 1995년 12월 30일 정신보건법(법률 5134호) 제정은 정신보건사회사업을 발전시키는데 큰 기여를 했다. 이어서 1997년에는 정신보건사회복지사협회가 설립되어 정신보건사회복지사들의 권익옹호와 전문성 향상, 수련과 승급을 위한 업무 등을 감당하고 있다. 한국정신보건사회사업학회는 보건복지부의 위임을 받아 정신보건사회복지사 수련과정을 주관하며, 2023년 기준 약 5,000 여명의 회원이 활동하고 있다(한국정신보건사회복지사협회, 2023).

5) 정신건강사회복지의 실천현장

(1) 정신건강사회복지 관련 기관 및 시설의 종류

우리나라의 정신건강증진사업은 국민의 정신건강 증진, 중증 정신질환자 지역사회 통합, 중독으로 인한 건강 저해 및 사회폐해 최소화, 자살위험 없는 안전한 사회구현을 목표로 수행되고 있다. 정신건강서비스는 정신보건법에 기초하여 보건복지부(시·도) 시군구의 행정체계를 통해 전달된다. 정신건강사회복지의 실천 영역에는 의학적 치료를 중심으로 하는 정신의료기관, 만성적인 정신질환을 앓고 있는 대상을 위한 정신요양시설, 재활을 중심으로 하는 정신재활시설, 지역사회 내 책임성이 강한 정신건강복지센터, 그리고 알코올상담센터를 통합한 중독관리통합지원센터 등이 있다.

① 정신의료기관: 의료법에 의한 의료기관 중 주로 정신 질환자의 진료를 행할 목적으로 설치된 기관으로 정신병원과 의원 및 병원급 이상의 의료기관에 설치된 정신과 등이 있다.

② 정신요양시설: 정신의료기관에서 의뢰된 정신질환자와 만성정신질환자를 입소시켜 요양과 사회복귀촉진을 위한 훈련을 행하는 시설이다.

③ 정신재활시설: 사회복귀시설에서 명칭이 변경된 정신재활시설은 정신 질환자를 정신의료기관이나 정신요양시설에 입소시키지 않고 사회복귀 촉진을 위한 훈련을 행하는 시설로서 정신 질환자 생활훈련시설, 정신 질환자 지역사회재활시설, 정신 질환자 작업훈련시설 등의 시설이 있다.

④ 정신건강복지센터: 정신건강증진센터에서 명칭이 변경된 정신건강복지센터는 지역사회를 기반으로 하여 주민들의 정신건강문제에 대한 통합적이고 지속적인 서비스 제공을 목적으로 하는 공공 정신건강증진 전문기관이다.

⑤ 중독관리통합지원센터: 알코올 의존자와 그 가족 등 지역주민에게 알코올 의존의 예방·치료 및 재활을 위한 상담과 훈련을 행하는 시설이다.

(2) 정신건강증진기관·시설 현황

보건복지부가 발표한 '2022년 전국정신건강관련기관 현황집'에 따르면, 2021년 12월 31일 기준, 우리나라 정신건강증진기관 및 시설은 총 2,804개소이다. 이 중에서 정신건강복지센터 260개소(광역형정신건강복지센터 16개소, 기초정신건강복지센터 244개소), 자살예방센터 51개소(독립 6개소, 부설 45개소), 정신의료기관 2,038개소, 정신요양시설 59개소, 정신재활시설 346개소, 중독관리통합지원센터 50개소가 설치 운영되고 있다(보건복지부, 2022).

표 9-1 정신건강증진기관·시설 현황

(단위: 개소)

구분	기관수	주요기능
계	2,804	
정신건강복지센터	260	– 지역사회 내 정신질환 예방, 정신질환자 발견·상담·정신재활훈련 및 사례관리 – 정신건강증진시설 간 연계체계 구축 등 지역사회 정신건강사업 기획·조정 ※ 기초 244, 광역 16
자살예방센터	51	– 중앙 및 지자체 자살예방사업 지원, 민간협력 넷트워크 구축을 통한 자살예방 활동 지원 ※ 독립 6, 부설 45
정신 의료기관	2,038	– 정신질환자 진료, 지역사회정신보건사업 지원
정신요양시설	59	– 만성 정신질환자 요양·보호
정신재활시설	346	– 병원 또는 시설에서 치료·요양후 사회복귀 촉진을 위한 훈련 실시
중독관리통합지원센터	50	– 중독 예방, 중독자 상담·재활훈련

출처: 보건복지부(2022). 2022 전국정신건강관련기관 현황집.

(3) 정신건강전문요원제도

법률의 명칭을 「정신보건법」에서 「정신건강증진 및 정신질환자 복지서비스 지원에 관한 법률」로 변경(2017. 5. 30)하였다. 정신건강전문요원은 정신건강 분야에 과한 전문지식과 기술을 가진 자로서 정신건강전문요원이라 함은 정신보건임상심리사·정신보건간호사 및 정신보건사회복지사를 말한다(정신보건법 제7조, 시행령 제2조).

① 정신건강사회복지사: 환자를 둘러싸고 있는 가족, 친구, 학교, 지역사회들과의 관계 및 환경에 초점을 두고 사회조사를 통하여 진단한다. 환자의 입원기간을 통하여 개별 및 집단상담, 가족상담, 가족치료를 실시한다. 개정된 사회복지사업법(2018.12 개정, 2020년 12월 12일 시행) 제11조 3항을 근거로 정신건강사회복지사 법정 국가자격증 자격제도가 시행되었다.
② 정신건강임상심리사: 심리학적 이론과 훈련을 통하여 여러 가지 검사 도구를 활용한 심리진단, 임상적인 문제에 대한 학습이론과 행동수정의 원리를 적용한 인지행동치료, 개인치료와 집단치료, 성격, 정신병리 및 치료기법에 대한 연구, 교육 및 자문역할을 한다.
③ 정신건강 간호사: 간호학의 지식과 기술을 바탕으로 신체의 치료와 더불어 환자를 위한 치료적 환경을 조성한다.

정신건강 전문요원제도자격기준은 다음과 같다.

표 9-4 정신건강 전문요원의 자격기준

등급	정신건강임상심리사	정신건강간호사	정신건강사회복지사
1급	1.「고등교육법」에 따른 대학원에서 심리학을 전공(보건복지부장관이 정하는 임상심리관련 과목을 이수한 경우에 한한다)한 석사학위이상 소지자로서 보건복지부장관이 지정한 전문요원 수련기관에서 3년 이상 수련을 마친 자 2. 2급 정신건강임상심리사 자격취득 후 정신건강시설, 보건소 또는 국가나 지방자치단체로부터 지역사회정신건강사업을 위탁받은 기관이나 단체에서 5년 이상 정신건강분야의 임상실무 경험이 있는 자	1.「의료법」에 따른 간호사 면허를 취득하고, 「고등교육법」에 따른 대학원에서 간호학을 전공한 석사학위이상 소지자로서 보건복지부장관이 지정한 전문요원 수련기관에서 3년 이상 수련을 마친 자 2. 2급 정신건강간호사자격취득 후 정신건강시설, 보건소 또는 국가나 지방자치단체로부터 지역사회정신보건사업을 위탁받은 기관이나 단체에서 5년 이상 정신건강분야의 임상실무경험이 있는 자	1.「고등교육법」에 따른 대학원에서 사회복지학 또는 사회사업학을 전공한 석사학위 이상 소지자로서 보건복지부장관이 지정한 전문요원 수련기관에서 3년 이상 수련을 마친 자 2. 2급 정신보건사회복지사 자격취득 후 정신보건시설, 보건소 또는 국가나 지방자치단체로

	3.「국가기술자격법 시행령」제10조제1항에 따른 임상심리사 1급 자격소지자로서 보건복지부장관이 지정한 전문요원 수련기관에서 3년 이상 수련을 마친 자	3. 2급 정신건강간호사자격소지자로서 간호대학에서 5년 이상 정신간호분야의 전임 강사 이상의 직에 있거나 있었던 자(자격취득 이전의 경력을 포함한다)	부터 지역사회정신건강사업을 위탁받은 기관이나 단체에서 5년 이상 정신건강분야의 임상실무경험이 있는 자
2급	1.「고등교육법」에 따른 대학 또는 이와 동등한 학력이 있다고 교육인적자원부장관이 인정하는 학교에서 심리학을 전공(보건복지부장관이 정하는 임상심리 관련과목을 이수한 경우에 한한다)한 학사학위 이상 소지자로서 보건복지부장관이 지정한 전문요원 수련기관에서 1년 이상 수련을 마친 자 2.「국가기술자격법 시행령」 제10조제1항에 따른 임상심리사 2급자격소지자로서 보건복지부장관이 지정한 전문요원 수련기관에서 1년 이상 수련을 마친 자	1.「의료법」에 따른 간호사면허를 가진 자로서 보건복지부장관이 지정한 전문요원 수련기관에서 1년 이상 수련을 마친 자 2.「의료법」에 따른 정신전문간호사 자격이 있는 자	1.「사회복지사업법」에 따른 사회복지사1급 자격소지자로서 보건복지부장관이 지정한 전문요원 수련기관에서 1년 이상 수련을 마친 자

※ 외국에서 전문요원과 유사한 교육·수련을 받거나 전문요원과 유사한 자격을 취득한 자는 보건복지부 장관이 정하는 바에 의하여 전문요원과 동등한자격을 인정받을 수 있다.

(4) 정신건강전문요원의 업무의 범위 및 한계

표 9-5 정신건강 전문요원의 업무의 범위 및 한계

종별	업무의 범위 및 한계
공통	1. 사회복귀시설의 운영 2. 정신질환자의 사회복귀 촉진을 위한 생활훈련 및 작업훈련 3. 정신질환자와 그 가족에 대한 교육·지도 및 상담 4. 법 제25조제1항의 규정에 의한 진단 및 보호의 신청 5. 정신질환 예방활동 및 정신보건에 관한 조사·연구 6. 기타 정신질환자의 사회적응 및 직업재활을 위하여 보건복지부장관이 정하는 활동
정신건강임상심리사	1. 정신질환자에 대한 심리평가 2. 정신질환자와 그 가족에 대한 심리상담
정신건강간호사	1. 정신질환자의 병력에 대한 자료수집, 병세에 대한 판단·분류 및 그에 따른 환자관리 활동 2. 정신질환자에 대한 간호
정신건강사회복지사	1. 정신질환자에 대한 개인력조사 및 사회조사 2. 정신질환자와 그 가족에 대한 사회사업지도 및 방문지도

6) 정신건강서비스 전달체계

우리나라 정신건강서비스 전달체계는 보건복지부 산하 시·도-시·군·구-보건소의 체계로 구성되어 있으며, 전달체계는 [그림 9-2]와 같다.

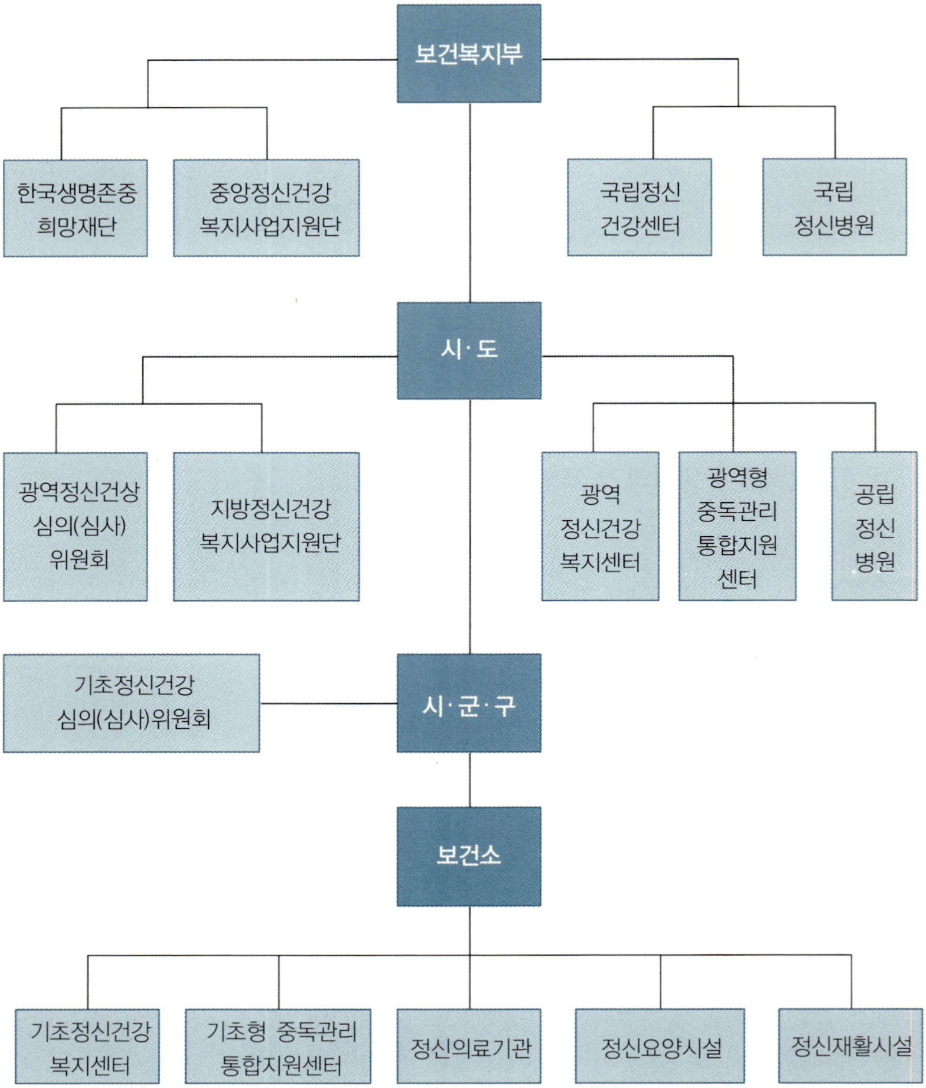

그림 9-2 정신건강서비스 전달체계

출처: 보건복지부(2023). 정신건강사업 안내

3 학교사회복지

오늘날 과학기술의 발달과 급속한 산업화에 의한 사회적 변화는 인간성의 상실과 더불어 비복지적인 사회적 요소들을 더욱 양산하면서 많은 사회문제를 초래하고 있다. 더구나 입시 위주의 교과과정이나 대량 생산적인 교육환경에서 학교교육의 역기능과 공교육의 부실은 학생들을 심각한 위기상황으로 몰아가고 있다. 이러한 관점에서 우리 사회에서 전반적으로 공감대를 형성하면서 학교사회복지의 필요성이 절실하게 대두되고 있으며, 점차 학교사회복지제도가 확산되고 있다. 이 제도를 통하여 우리 사회의 교육병리현상과 다양한 학생들의 문제점을 해결하고 교육목표를 달성하도록 지원해야 할 것이다.

1) 학교사회복지의 개념

오늘날 교육체계는 몇 가지 위기상황에 처해 있다. 그것은 교육의 질에 관한 문제, 양질의 교육에 대한 동등한 접근성의 문제, 교육 목적에 관한 혼란, 그리고 일부 학교의 열악한 교육환경 등에 관한 문제이다. 따라서 교육체계가 사회의 기대를 충족시키지 못하기 때문에 교육체계 자체가 사회적인 문제로 인식되고 있다(Zastrow, 2018).

학교는 개인의 잠재력과 지적능력을 개발하고 사회화과정을 습득시켜 전인교육을 실현하려는 데에 궁극적인 목적이 있다. 학교사회복지는 학교 내 교육-학습의 과정에 장애요인이 되는 문제를 해결하고 모든 학생들의 학습에 대한 잠재능력을 최대화시키기 위하여 가정과 학교, 지역사회의 상호작용을 촉진시키는 사회사업의 한 실천 영역이다(Skidmore et al., 1988).

사회복지 전문직의 전반적인 목적이 삶의 질 향상에 있다면, 학교사회복지는 아동·청소년이 자신감을 갖고 문제해결, 의사결정 및 변화에 적응할 수 있는 능력을 배양하고, 지속적인 학습에 대한 책임을 질 수 있도록 하는 학교의 중심 목적을 달성하는 것을 도와 삶의 질 향상에 기여하고자 한다(Mears,

2000). 학교사회복지는 교육과 복지를 접목하여 학교라는 학교가 본연의 교육목적을 달성할 수 있도록 사회체계에서 전문적 능력과 자격을 갖춘 사회복지 전문가가 기여하는 영역이며 방법으로 정의할 수 있다(학교사회복지사협회).

전미학교사회복지협회에서는 '학교사회복지는 학생, 학부모, 교사, 학교조직, 지역사회 등을 실천 대상으로 하며, 학교체계가 경험하는 비복지적 상황에 개입하여 그와 관련된 개인, 집단, 조직 등이 자신의 기능을 원활하게 수행할 수 있도록 원조하는 것을 목적으로 한다. 즉 공교육체계에서 학교교육의 목적을 달성하는 것을 지원하고, 학생들이 학교에 잘 적응할 수 있도록 도와주며 이를 위해 학교, 가족, 지역사회가 수행하는 노력을 조정하고 영향을 미치는 활동이다'라고 정의하고 있다(NASW, 2002). 종합하면, 협의의 학교사회복지는 학생 개인의 부적응에 대한 예방적·치료적 활동이며, 광의의 학교사회복지는 교육의 목적을 달성하기 위해 학생과 그의 환경체계, 그리고 체계 사이의 관계에 관한 전문적인 원조활동을 포괄하는 것이라고 정의할 수 있다.

2) 학교사회복지의 역사

(1) 미국 학교사회복지의 역사

학교사회복지는 1871년에 영국에서 의무교육 실시에 따라 아동들에 대한 교육서비스로 시작되었고, 주로 학생들의 출결과 관련된 역할을 수행하였다. 미국이 그 뒤를 이어 의무교육법의 시행되어 1906년과 1907년에 세 개의 시(보스톤, 하트포드, 뉴욕시)에서 방문교사(visiting teacher)로 시작된 학교사회복지사는 주로 학교와 가정의 연결을 통하여 교육기회의 불평등한 배분과 학생들의 문제해결, 임상활동을 중심으로 한 정신건강사업과 직업교육활동을 중심으로 역할을 개척하였다. 이 당시 방문교사들은 주로 빈곤가정 특히 최근에 이민 온 가정과 학교 간의 이해와 의사소통을 향상시킴으로써 아동의 효과적인 교육이 이루어질 수 있도록 돕는 데 목적이 있었다(Allen-Meares et al., 1986). 이후 1913년 뉴욕 교육청이 최초로 학교사회복지 프로그램을 시작하고 비로소 1921

년에는 미국학교사회복지가협회(1945년 개칭)의 전신인 전국방문교사협회가 발족되었다.

1920년대 말에 시작된 정신위생운동에 관심을 갖게 되면서 문제아동을 진단하고 치료하는 개별사회사업가의 역할을 담당하기 시작하였다. 1930년대에는 대공황 등으로 사회적 환경으로부터 개인을 보호하는 방법이 강조되었으나, 다시 개별임상적인 방법을 강조하는 경향은 1940년대와 1960년대까지 지속되었다. 1960년대의 사회적 격변과 저항운동은 학교도 빈곤과 인종차별에 기여하는 제도로서 공격하기 시작하였고 학교사회복지도 다시 생태학적 관점에서 단순히 아동 개인을 치료하기보다는 많은 아동들에게 피해를 주는 학교제도의 문제를 개선하는 데 관심을 갖기 시작하였다. 1970년대에 들어와서 체계이론과 생태학적인 관점의 발달과 함께 학교사회복지가가 학교와 지역사회 내의 인종문제, 학생 인권문제 등과 같은 사회문제에 관심을 갖게 되면서 이루어지기 시작하였다(Allen-Meares et al., 1986).

1970년대와 1980년대에 들어서면서 학교사회복지사의 역할은 법령의 제정 등으로 교육적 권리나 의무 등을 강조하였다. 1975년 미국 최초로 장애아동의 특수교육을 위해 연방정부의 재원을 마련한 공공법으로 '모든 장애아동을 위한 법(All Handicapped Children Act)'은 다학문적 팀의 일원으로서 학교사회복지가의 역할을 규정함으로써 학교사회복지가 실천에 큰 영향을 미쳤다. 1990년대부터 2000년대까지는 학교개혁과 학교와 지역사회의 연계망 확립을 공조능력이 학교사회복지사의 중요한 역할로 부각되었다(Allen-Meares, 2000). 현재 미국의 학교사회복지는 장애아동에 대한 서비스, 약물남용, 아동학대, 성폭행, 비행, 빈곤, AIDS, 청소년 임신 등의 문제가 심화되고 있어 앞으로는 이러한 문제에 대한 예방운동이 학교사회복지실천의 중심이 되리라고 예상된다.

(2) 우리나라 학교사회복지의 역사

학교사회복지와 유사한 제도를 우리나라에서 도입하고자 한 첫 시도는 교육부가 1973년에 18급 이상의 중등학교에 의무적으로 교도 주임교사를 두는 것을 법제화한 것이라고 볼 수 있을 것이다. 우리나라에서 학교사회복지의 이름으로 공식적인 활동이 시작된 것은 1990년대에 들어서부터이다. 초기에는 주로 사회복지학 전공 학생들이 어려움을 경험하는 학생들을 위한 개인과 집단상담 및 가정방문, 장학금 연결 등의 활동을 하였다. 1994년에는 교도 주임교사의 명칭이 진로상담주임으로 개칭되었고 1997년 법개정과 함께 다시 전문상담교사로 개칭되었다. 그러나 진로상담주임 실제 요구수준에 미치지 못하고 상담능력에 한계를 보였다(주석진 외, 2020).

1997년에 제정된 교육법과 교육법 시행령에 전문상담교사제도를 신설하여 전국의 초·중·고등학교에 배치하도록 법적 근거를 마련하였다. 또한 교육부는 1997년 3월부터 1999년 2월까지 학교사회복지 시범연구사업을 서울의 무학여고, 대전의 충남중학교, 대구의 제일여상 등 네 개교에서 2년간 실시하고 2000년 이후 제2차 시범사업을 운영하였다.

서울시 교육청의 제1차 시범사업은 2000년 3월부터 12월까지 서울 5개 학교(남강중학교, 동마중학교, 송파공업고등학교, 당곡고등학교, 은평공업고등학교)에 다섯 명의 학교사회복지사를 배치하여 "학생복지 증진을 위한 학교사회복지 운영"이라는 제목으로 생활지도 시범사업을 진행하였다. 그 결과 한국 최초로 공식적인 학교사회복지사를 탄생하게 하였으며, 학교교육활동의 한 형태로 자리잡는 계기가 되었다는 점에서 큰 의미가 있다. 이후 2006년도까지 시범사업이 매년 횟수를 거듭하면서 지속적으로 실시되었다.

한편, 사회복지공동모금회는 학교사회복지의 제도화를 정착시키는 것을 목적으로 2002년부터 3개년 계획으로 학교들 중심으로 학교사회복지 시범사업에 대한 지원을 전개하였다. 사회복지공동모금회의 기획사업이 갖는 의미는 학교사회복지의 실천을 위한 안정적이고 지속적인 장(setting)을 마련해 주었다는 점이며, 중앙정부에서 학교사회복지사업을 실시할 때에 중요한 근거로써 의미가 있다.

교육인적자원부는 2003년 '교육복지투자우선지역 지원사업'실시를 발표하였다. 이 사업은 도시 저소득지역에 대한 국가 차원의 교육복지대책으로 2008

년까지 전국적으로 100개 지역으로 확대하는 것이다. 교육인적자원부는 2004년 5월부터 1년간 사회복지사를 활용하는 사업을 시작하였다. 그 목적은 요보호학생, 부적응학생 및 학교폭력의 상존 등 교육현장의 상황에서 교육복지와 학교폭력예방 등 종합적인 프로그램 운영에 활용하기 위한 것이다. 전국 시·도교육청별로 초·중·고등학교 각 한 개교씩 모두 48개 학교에 학교사회복지사들이 배치되었다. 이후 교육인적자원부는 2005년에 전국 48개교에서, 2006년과 2007년에는 전국 94개교에서 운영하였다. 특별히 2007년에는 보건복지부가 학교사회복지사업에 최초로 참여한 공동시범사업이라는 점에서 큰 의미가 있다.

최근 큰 변화 중 하나는 학교사회복지 영역의 전문화이다. 개정된 사회복지사업법(2018.12 개정, 2020년 12월 12 시행) 제11조 3항을 근거로 의료사회복지, 정신건강과와 함께 학교사회복지가 영역별 사회복지사로 법정 국가자격증 자격제도가 시행되었다.

(3) 우리나라 학교사회복지 관련사업 영역

현재, 학교사회복지는 재원에 따라, 운영주체에 따라 분류할 수 있다. 재원은 지방자치단체, 지방교육청, 교육인적자원부, 보건복지부, we-start 운동본부 등으로 나눌 수 있다. 또 운영주체는 한국학교사회복지사협회를 비롯하여 각종 복지관, 지방자치단체, 대학교, 연구소, 교육청 및 개별 단위학교 등을 들 수 있다. '2023 전국 학교사회복지사업 운영현황 자료'에 의하면, 2023. 8. 3 현재 전국 초·중·고교 11,949개교 중 33.4%인 4,201개교에서 학교 내 사회복지사업을 시행하고 있으며, 1,732명의 학교사회복지사가 배치되어 활동하고 있다(한국학교사회복지사협회, 2023). 우리나라 학교사회복지 관련사업은 국가가 주도하는 아동복지 프로그램인 드림스타트 외에 교육복지우선지원사업, 지자체 학교사회복지사업, 민간지원사업 등으로 구성되어 있다. 구체적인 내용은 다음과 같다.

① 드림스타트(http://www.dreamstart.go.kr)

드림스타트사업은 아동의 공평한 양육여건과 출발기회를 보장하기 위해 저소득층 임산부 및 0-12세 아동과 그 가족에게 보건, 복지, 교육을 통합한 전문적 맞춤 서비스를 제공하는 국가주도의 선진 아동복지 프로그램

② 교육복지우선지원사업(http://www.eduzone.or.kr)

교육부 산하 시·도교육청 및 교육지원청이 주관하여 도시 저소득층이 밀집한 학교를 우선 선정하여 실시

③ 지방자치단체사업

지방자치단체에서 지역의 아동,청소년복지를 위하여 학교사회복지사업을 실시함. 경기도 과천시, 성남시, 용인시, 수원시, 군포시, 의왕시, 안양시 등에서 실시

④ 민간지원사업

- 사회백신 프로젝트: 코로나19 장기화로 건강·돌봄·교육·고용 등에 어려움을 겪고 있는 이웃들을 지원하고 이로 인한 사회문제를 해결하기 위한 사회복지공동모금회의 기획사업. "혼자서도 잘해요. 같이하면 더 잘해요!(이하 혼.잘.같.잘.)"라는 프로그램명으로 진행하고 있음.
- 강원랜드 하이원 학교사회복지사업: 폐광지역 청소년들의 밝고 건강한 성장과 학교복지안전망 구축을 위해 강원랜드 지원하는 사업. 이 사업은 학교사회복지사가 학교에 상주하여 학교·지역사회와 함께 아동·청소년의 꿈과 성장을 지원하고 건강한 문화를 조성하는데 기여함.
- 느린학습자 지원사업: 사회복지공동모금회 복권기금사업의 일환으로 '경계선지능 아동(느린학습자)의 사회적응력 향상 지원사업으로서 궁극적으로 느린학습자들의 전인격적 성장을 도모하고자 함. 나답게! 아름답게! 가치

롭게! 기쁘게!(이하 나.아.가.기.)라는 프로그램명으로 지원사업을 실시(한국학교사회복지사협회, https://www.kassw.or.kr).

3) 학교사회복지사의 역할

학교사회복지사는 학교사회사업가(school social worker), 교육복지관(education welfare officer), 학교 내 사회복지사(social worker in school), 학교사회복지사(school welfare worker) 등으로 나라마다 달리 사용되고 있다. 가장 먼저 학교사회복지를 도입한 영국은 교육사회사업가(education social worker) 또는 교육복지관(education welfare officer)이라고 한다. 그러나 미국, 캐나다, 오스트레일리아, 독일, 핀란드, 스웨덴, 일본, 우리나라 등 대부분의 나라에서는 학교사회사업가(school social worker)로 쓰고 있다(성민선 외, 2009).

학교사회복지사의 역할은 크게 전문적인 임상사회복지사의 역할, 교육적 카운슬링의 제공, 가정-학교-지역사회의 연계자, 지역사회의 자원활용, 정책입안의 다섯 가지로 구분할 수 있다(Allen-Meares, 2004). 이에 대한 구체적인 설명은 다음과 같다(조흥식 외, 2015).

첫째, 학교사회복지사는 학생의 심리 정서적인 문제를 예방하고 해결하는 심리치료전문가로서의 역할이다. 학생의 문제를 명확히 규정하기 위해서 학생, 가족, 학교제도, 지역사회정보를 수집하여 문제의 원인을 체계적으로 사정하고 이에 따른 심리치료를 제공한다.

둘째, 학생의 심리 정서적 문제는 학생 개개인의 인성적 특성에 의해 발생하기도 하지만 경제적 혹은 사회 환경적 영향에 의해 발생하기도 한다. 따라서 빈곤가정이나 결손가정의 학생들을 위해서는 경제적 원조나 자원봉사자를 연결하는 등의 사회복지서비스를 병행한다. 셋째, 학교사회복지사는 교직원이나 학부모들에게 학생문제의 원인과 예방책을 교육시켜 학생문제의 예방과 해결에 도움을 준다.

넷째, 학교사회복지사는 학생-학교-가정-지역사회의 관계를 증진시키는 연계자로서 학교가 지역사회에 기대하는 내용과 학교의 목적을 주민에게 홍보하거나 반대로, 지역사회의 욕구를 학교 당국에 전달한다.

다섯째, 학교사회복지사는 학교 내외의 타 전문직과 협력하여 학교행정이나 교육정책이 학생들을 위한 최선의 결정이 되도록 도움을 준다.

4) 학교사회복지의 과제

2023년 현재 학교에 사회복지사가 투입되어 활동하는 사업은 학교사회복지 시범사업, 사회복지공동모금회 기획사업 및 지원사업, 학교 자체 고용사업, 지방자치단체 운영사업, 교육복지투자우선지역, 학교 자체 고용사업, 지방자치단체 운영사업, 교육복지투자우선지역 지원사업, 좋은 학교 만들기 자원학교, 위스타트(we-start)사업 등 매우 다양하게 이루어지고 있다. 따라서 앞으로 학교사회복지 프로그램을 운영하는 학교가 증가하고 있으며, 학교사회복지법제 제정이 멀지 않아 이루어질 전망이다. 이에 향후 해결 과제는 다음과 같다.

첫째, 학교사회복지의 제도화이다. 학교사회복지는 학교교육 내에서 교육목적을 달성할 수 있는 효율적인 복지서비스로서 입증 받았음에도 불구하고, 아직까지 학교사회복지사의 활동을 보장할 만한 법제가 마련되어 있지 않다. 따라서 학교사회복지의 제도화를 위해서는 교육기본법 내에 관련 조항 추가, 교육복지기본법 제정, 사회복지사업법 내에 학교사회복지에 대한 내용 추가, 학교사회복지특별법 제정, 청소년복지지원법의 내용 추가 등 여러 가지 방안이 모색되고 있다.

둘째, 학교사회복지의 전문직으로서의 정체성 정립이다. 현재 학교사회복지사 인력은 교직원의 지위에 있다. 그러나 학교사회복지사는 전문가로서 정체성에 대한 정체성이 정립되어야 할 뿐 아니라 그 역할과 직무에 있어서도 전문성을 확립해야 할 것이다.

셋째, 학교와 지역사회가 함께 참여하는 협의체와 같은 기구를 설립하여 협력체계를 공고히 하는 방안을 제안한다. 학생이 만족스러운 학교교육을 성취할 수 있도록 지역사회의 인적·물적 자원을 활용하여 환경적 요소를 조성하고 예방적 대안까지도 포괄하는 협력체계를 확립해야 할 것이다.

넷째, 전문 학교사회복지사의 양성 및 자격 관리시스템 운영이 마련되어야 한다. 학교사회복지의 제도화의 선행과제로 학교사회복지사의 자질문제, 학교사회복지사 자격제도의 관리 운영의 문제, 교육과정의 문제 등을 위해서는 학교사회복지사의 양성과 전문가적 자질 및 자격을 관리하는 시스템 운영이 뒷받침되어야 할 것이다.

다섯째, 학교와 지역사회와의 협력체계 확립되어야 한다. 학교가 속해 있는 지역사회, 학생이 거주하는 지역사회는 학생에게 심리, 사회, 문화적으로 영향을 미친다. 학교사회복지사는 개인이나 가정, 학교 체계 수준에서뿐만 아니라 보다 넓은 지역사회체계 안에서의 변화를 꾀할 수 있다.

4 교정복지

1) 교정복지의 개념

교정은 사전적 의미로 볼 때, 좋지 않은 버릇이나 결점 따위를 바로잡는다는 뜻이다. 이러한 견지에서 교화와 개선을 위한 활동이 교정(correction)이다. 따라서 교정이란 교도소 내에서 범죄자에게 행해지는 권력적인 행형과는 구별되는 개념으로 '비뚤어진 것을 바로잡아 고친다'는 뜻이다.

기존 교정 시스템에 있어서 세계적으로 갈등을 일으키고 있는 문제는 범죄자의 처벌에 대한 요소와 범죄자의 치료에 대한 요소이다. 일반적으로 이 두 가지 요소가 결합되었을 때 범죄행위를 감소시킬 수 있다. 그러나 그 결과는 혼동과 비효율로 나타난다. 교도소는 범죄를 가르치는 학교 역할을 할 수 있는 위험성이 있을 뿐 아니라, 범죄자라는 낙인을 찍음으로써 장래에 범죄행위를 유도할 수도 있는 위험성이 있다(Zastrow, 2018).

19세기 이후 비행 및 범죄의 원인을 개인의 결함에 두기보다는 사회적 환경요인을 중시하게 되었고, 이에 대한 사회적 책임을 깨닫기 시작하였다. 범죄의 원인에 관한 여러 가지 이론들이 제시되고 있으나, 범죄율이 계속 증가하는 것으로 보아 확실하게 범죄를 줄일 수 있는 효과적인 방법은 아직 알려져 있지 않다. 그렇기 때문에 비행이나 범법행위에 대하여 응보나 처벌로 해결하기보다는 재사회화를 위한 환경조절과 심리요법에 의한 사회적 치료를 하고자 나타난 것이 교정사업이다. 교정의 목적은 교정시설에 수용되어 있거나 퇴원 및 퇴소한 클라이언트의 반도덕성, 반사회성을 개선하고 사회의 적응능력을 향상시켜 재범을 방지하고 사회복귀를 원조하는 데 있다(김융일 외, 2003).

Friedlander와 Apte(1980)는 교정사회사업을 비행청소년이나 범죄자를 처벌하거나 응징하기보다는 사회에 잘 적응하도록 하여 정상적인 시민생활을 영위할 수 있도록 재활시키는데 목표를 두고, 교정시설이나 재활기관에 치료를 위한 프로그램을 제공하는 것이라고 정의하고 있다. 남진열(2000)은 교정복지의 협의와 광의로 구분하여 협의로는 사회복지사가 청소년과 성인 범죄인에게 재활 또는 지역사회 재통합·재적응을 할 수 있도록 "사회복지의 가치와 지식, 기술을 기초로 사회복지실천방법을 활용하여 시설과 지역사회 내에서 범죄인에 대한 처우를 통해 범죄인의 가치와 행동을 지역사회의 가치와 행동에 모순되지 않도록 변화시키는 사회복지 전문 분야라고 할 수 있다."라고 하였다. 그리고 광의로는 "범죄인에 대한 처우뿐만 아니라 범죄예방활동과 범죄피해자에 대한 보상 그리고 피해 이전의 정상적인 생활로 복귀할 수 있도록 사회복지적인 접근에서의 모든 지원활동이라고 할 수 있다."라고 하였다.

교정복지(correctional social work)는 사회복지학을 바탕으로 비행청소년과 범죄인의 재활을 돕고 비행과 범죄를 예방하는 데 중점을 둔 사회복지실천을 의미한다(배임호, 2021). 또 교정복지는 범죄자와 그 가족을 대상으로 인간존엄성과 생존권적 권리를 그들이 가지고 있음을 명확히 하고, 그것이 현실화될 수 있도록 국가적 차원의 각종 사회복지정책과 개인, 가정, 지역사회 단위의 전문 프로그램을 활용하여 그들의 교정·교화는 물론, 건강한 재사회화와 그들이 속한 가정의 문제해결을 지원하는 총체적인 활동이라고 할 수 있다(홍봉선, 2019).

2) 교정복지의 발달과정

사회의 발전에 따라 범죄가 증가되고 그 양상이 다양해짐에 따라 범죄문제에 대하여 보다 효율적인 대책과 적극적인 해결방안의 모색이 필요하게 되었다. 이에 범죄에 대한 처벌을 위해 형벌이 제정되었고, 초기에는 범죄의 원인으로 개인의 결함을 강조했기 때문에 범죄에 대한 대응은 가혹하였다. 형벌에 대신하여 등장한 최초의 개념은 보호관찰제도이다. 보호관찰의 역사는 12세기 영국에서 왕이 처벌의 수위를 조절하여 사면 가운데 하나로 사용한 것을 그 시작으로 볼 수 있다. 영국은 최초의 교정시설인 Bridewell 교도소를 1555년 건립하였으며 1580년대 이후 재소자의 증가로 우수한 재소자를 산업현장에 고용하였다. 이러한 제도를 통하여 부족한 노동력의 해결과 교도소의 과수용 인원을 줄이고자 하였다. 18세기에는 범죄의 급속한 증가로 미국과 오스트레일리아에 재소자를 이주시키게 되었다.

19세기까지 영국의 교정철학은 보복의 개념이 주류를 이루어 범죄자를 사회로부터 격리시켰으나, 20세기 들어오면서부터 범죄인에 대한 재활주의 이론이 유입되었다. 이러한 영향으로 영국은 1907년 보호관찰제도를 가장 먼저 실시하였다. 1920년대 중반 이후 지역사회 내 교정사회사업이 가시화되기 시작하였고, 1960년대부터 교정을 위해 교도소에 사회복지학 전공자들을 복지요원(welfare officer)으로 채용하면서 시설 내 교정을 본격화시키기 시작하였다. 1970년대에는 초과수용 등 열악한 처우로 인해 재소자들의 폭동이 일어나게 됨에 따라 교도소의 실상파악과 개혁을 위하여 May Inquiry가 조직되었다.

미국에서는 1841년 보스턴 시의 John Augustus는 보호관찰이라는 대안형벌을 부과한 최초의 보호관찰관이었다. 1878년 매사추세츠 주가 최초로 주(state) 차원에서 보호관찰제도를 시작하였고 점차 전국적으로 확산되었다. 1925년에는 모든 주에 소년보호관찰이 실시되었으며, 1956년에는 성인을 대상으로 보호관찰이 전국적으로 실행되었다(Nieto, 1996). 1960년대 중반부터 교정현장에서 사회복지사의 훈련과 채용이 이루어져 왔으며, 현재 미국의 교정시설에 근무하는 사회복지사는 치료담당직원으로 분류되어 주로 보호관찰과 가석방 업무를 담당하고 있다.

우리나라는 1961년 행형법을 개정하여 처벌적인 관점의 용어인 형무소를 대신하여 교도소로 명칭을 바꾸었다. 실제적으로 우리나라의 교정복지는 비행청소년에 대한 과학적인 접근을 위해 1977년 다섯 개의 소년분류심사원을 설치한 것으로 시작되었고, 1980년대에 들어 많은 발전을 이루었다. 1981년 경비교도대를 창설하였고, 1987년 공주치료감호소를 설립하였으며 1988년 천안개방교도소가 개설되었다. 1988년 보호관찰제도를 위한 법이 제정되어 1989년부터 보호관찰이 시행되었다. 1998년부터는 소년 범죄자에게만 적용되던 보호관찰제도를 성인에까지 확대 실시함으로써 명실상부하게 교정복지가 실천되었다. 이는 우리나라의 행형이념이 '시설 내 처우로부터 사회 내 처우'로 교정이념의 대전환을 하는 계기가 되었다(배임호, 2021).

1987년부터 교정당국은 대학의 사회사업학과 졸업생을 교정직에 특별 채용하기 시작하였다. 1990년부터 1997년까지 전국에 열한 개의 소년원을 설립하고 학교교육과 직업훈련에 초점을 맞추어 중·고등학교나 직업전문학교로 기능할 수 있도록 하였으며, 2000년부터는 정보통신학교로 특성화하였다. 한편, 우리사회의 국가간 인적 교류의 증대로 날로 증가하고 있는 외국인 범죄자를 체계적으로 관리의 필요성을 인식하고, 이들의 언어와 관습, 문화와 종교는 다르지만 인류의 보편적인 가치에 따라 인도적으로 처우하기 위하여 법무부는 2010년 2월에 천안 외국인 전담교도소를 개청하였다.

3) 교정복지의 실천현장

오늘날 사회복지 차원에서 교정활동을 실천하기 위해서는 다양한 제도적 장치와 실천현장이 있다. 교정현장의 종류는 크게 시설 내 교정과 시설 외 교정으로 분류할 수 있다. 시설 내 교정은 교도소, 소년원, 감호소와 같은 교정시설에 수용한 후에 교정·처우하는 것을 말하며, 시설 외 교정은 사회 내에서 지도·감독 및 직업보도 후원의 방법으로 교정·처우하는 보호관찰제도나 사회봉사명령제도 등이 있다.

교정복지실천의 주요 현장은 경찰, 검찰, 법원, 교정기관, 보호기관, 민간기관, 지역사회로 구분된다. 그 이유는 첫째, 경찰과 검찰과 법원은 비행청소년과 범죄인의 비행이나 범죄로 인하여 접하는 기관이므로 중요한 교정복지 실천현장이다. 둘째, 현재 우리나라에서 비행청소년이나 범죄인의 수용을 지휘·감독하는 부서는 법무부의 보호국과 교정국이므로 이들 기관을 보호기관과 교정기관으로 구분하는 것이 바람직하다. 셋째, 교정을 위한 민간기관은 정부의 보조금을 받아 운영되고 있으므로 이를 정부기관과 구분하여 이해해야 한다. 넷째, 비행과 범죄의 예방 차원에서 비행과 범죄에 취약한 지역사회가 교정복지실천의 주요 현장으로 포함되어야 한다.

법무부 교정본부에서 발표한 〈2023 교정통계연보〉에 의하면, 판결확정 전인 미결수용자의 구금확보를 목적으로 운영되는 교정시설인 구치소는 1967년 7월 서울구치소가 신설된 이래 현재 11개의 구치소가 운영되고 있으며, 형이 확정된 수형자를 수용하는 교정시설인 교도소는 전국에 39개 시설이 설치되어 운영되고 있다. 그 외 지소 3개와 2010년 12월에 개청한 민영교도소인 소망교도소를 포함하여 현재 전국에 54개의 교정시설이 설치·운영되고 있으며, 그 외에 특수기능별 교정시설을 설치 운영하고 있다. 교정 관련 기관 및 시설을 요약하면 다음과 같다.

표 9-6 교정 관련 기관 및 시설

구분	주요 시설	활동 및 서비스
수용시설	교도소(구치소)	• 형의 유무에 따라 기결(미결)수용자를 수용 • 성별, 연령별, 죄의 경중, 기능별로 분류 수용
	보호감호소	• 재범의 위험이 있는 자에 대해 특수한 교육, 개선 및 치료가 필요할 경우, 수용 및 교정
	특수교도소	• 약물, 알코올남용, 나환자 등 특수처우가 필요한 대상을 수용
보호시설	보호관찰소	• 교정시설에 수용하지 않고 일상 사회생활을 영위하면서 재범에 빠지지 않도록 대상자를 지도, 감독하고 원호하는 사회 내 처우(상담, 취업알선, 학교복귀, 환경개선 등) • –사회봉사명령: 지정 시간에 무보수로 근로에 종사함으로써 죄를 반성하고 지역사회에 봉사하도록 하는 형사제재
	소년원	• 가정법원소년부에서 송치된 비행청소년들을 보호, 수용하여 교정교육을 하는 특수교육기관(학교교육, 직업훈련, 심성순화, 심신의 보호, 지도 등)
	소년분류심사원	• 범죄소년에 대한 분류심사를 실시하여 법원소년부에 자료제공, 교정처우지침제시, 사후지도 권고 등
	치료감호소	• 범죄를 저지른 장애인 및 약물중독자의 재활을 위한 보호와 서비스
민간시설	갱생보호기관(한국갱생보호공단)	• 집행유예나 선고유예자, 가석방처분이나 출소자를 대상으로 정신적·물질적 원조 제공, 건전한 사회복귀와 재적응 도모
	소년보호시설	• 소년법원에서 4호처분을 받은 소년들을 아동복지시설 또는 소년보호시설 등에 위탁하여 감호, 학업 및 직업교육 제공
	종교·사회기관 및 시설, 지역사회복지관 및 복지시설	• 다양한 교정기관·시설로부터 서비스 대상자를 위탁받음

출처: 배임호(2021) 재구성.

표 9-7 특수기능별 교정시설 현황(2022년)

수용구분	개수	기관명
한미행정협정(SOFA)	21	서울·부산·인천·수원·대구·울산구치소, 대전·광주·의정부·창원·전주·의정부·포항· 춘천·원주·군산·천안·청주·청주여자·경주·제주교도소, 평택지소
여성수형자	1	청주여자교도소
소년수형자	1	김천소년교도소
치료중점	2	진주교도소(정신질환, 폐결핵), 순천교도소(한센병)

혈액투석	5	서울동부구치소, 서울남부·대구·대전·광주교도소
피보호감호자	2	천안·청주여자교도소
장애인	9	안양·여주·포항·청주·광주·순천·군산교도소, 충주·통영구치소(지체장애인), 여주·청주교도소(시각장애인), 안양·여주교도소(언어·청각장애인)
수형자 자치제	1	영월교도소
집체직업훈련	22	화성직업훈련·여주·서울남부·춘천·원주·강원북부·대구·부산·포항·경북직업훈련·상주·대전·청주·청주여자·홍성·광주·전주·순천·목포·군산·장흥·정읍교도소
중경비시설 수용대상자	1	경북북부제2교도소
개방처우	2	천안개방·청주여자교도소
특수지역	1	제주교도소
외국인 수용자	4	대전·천안·여주·청주여자교도소
사회복귀 소망의 집	5	안양·춘천·창원·순천·청주여자교도소
사회복귀 희망센터	2	천안교도소, 밀양구치소
심리치료센터	7	서울남부·포항·청주·청주여자·군산·목포교도소, 밀양구치소
성폭력사범 심리치료 집중과정	17	목포·청주여자·의정부·안양·진주·천안·군산·광주·창원·안동·순천·전주·공주·대구·여주·서울남부교도소, 충주구치소
마약류사범 심리치료 집중과정	9	청주여자·의정부·진주·군산·서울남부·경주·홍성·장흥교도소, 충주구치소
알코올 관련 사범 심리치료 집중과정	10	포항·밀양·청주·군산·목포·청주여자·안양·의정부·진주·천안교도소
분류센터 전담	4	서울남부구치소, 대구·대전·정읍교도소
노인수형자 전담	4	서울남부·대구·대전·광주교도소

출처: 법무부(2023). 교정통계연보.

4) 교정복지실천의 주요 내용

교정복지사가 실천현장에서 전문가로서 해야 할 주요 내용을 살펴보면 다음과 같다(최옥채, 2010).

① 교정대상자가 수용시설이나 차후에 지역사회 내에 잘 적응할 수 있도록

도와야 한다. 특별히 수용시설에 있는 수용자의 적응은 세 가지 차원에서 이루어진다. 우선 교정시설 내의 수용자에게 적합한 작업이 배정되도록 협력해야 한다. 또한 교정사회복지사는 수용자가 교정시설에서 동료 수용자와 교도관들과의 관계가 긍정적인 관계를 형성하고 유지할 수 있도록 돕고, 교정복지실천현장의 실무자와 수용자가 긍정적이고 생산적인 관계를 맺도록 개입해야 한다.

② 교정사회복지사는 알코올중독, 약물중독, 후천성면역결핍증(AIDS), 기타 정신질환 등의 치료와 함께 난치병에 걸린 수용자들이 스스로 대처할 수 있는 능력을 키울 수 있도록 도와야 한다.

③ 비행과 범죄를 예방하는 데에 적극적으로 개입해야 한다. 비행이나 범죄의 예방이 사후교정과 재활보다 크게 유익하다는 점을 주지해야 할 것이다.

④ 교정대상자 가족을 위한 도움이다. 가족 간 유대관계와 사후관리에 대한 개입과 아울러 주변 사람들로부터 범죄인 가족이라는 낙인을 받고 있는 가족들을 이해하고 포용하는 환경이 조성되어야 한다.

⑤ 교정사회복지사는 보호관찰이 효과적으로 운영되고, 나아가 사회에 원활히 적응할 수 있도록 보호관찰 업무에 대하여 협력해야 한다.

⑥ 교정당국의 부족한 자원을 보완하기 위해, 자원봉사 인력을 조직하고 교육하여 활용하는 일도 교정사회복지사의 중요한 과제이다.

⑦ 교정사회복지사는 교정제도가 적절하게 만들어져 운영될 수 있도록 제도 개선에 노력해야 한다.

5) 교정복지의 과제

첫째, 교정복지에 대한 사회적인 관심과 교정 대상자들에 대한 포용적인 자세가 확산되어야 한다. 지속적인 범죄의 증가와 범죄 양상의 비인간화로 인해 사회불안이 고조되고 있는 심각한 상황에서 범죄 예방과 범죄인의 재활에 사회가 많은 관심을 기울이고 범죄자와 그 가족에 대해서도 포용적인 태도를 가져야 할 것이다.

둘째, 교정복지의 제도화가 확립되어야 한다. 법무부의 교정직, 소년보호직, 보호관찰직 공무원 등 교정 분야에 전문 인력의 선발과 기존 인력의 지속적인 재교육이 이루어질 수 있도록 제도화 되어야 한다.

셋째, 교정복지교육 및 연구가 활성화되어야 한다. 사회복지학 교과과정에 교정복지론 교과목 개설을 독려하고, 교정현장을 실습지로 활용하여 학교와 현장 간의 상호이해를 증진시켜야 한다. 또한 교정복지는 정신의학, 심리학, 교육학, 사회사업학 등 여러 학문 분야에서 전문가들의 다학문적 접근과 연구가 활성화 되고, 동시에 교정복지의 영역을 개발하고 확장해야 한다.

넷째, 전문 인력의 양성과 교정복지 관련 전문기술 및 프로그램의 개발이 필요하다. 사회가 발전할수록 비행과 범죄기술도 고도로 복잡하게 변화하고 있다. 교정대상자가 교정시설에서 잘 적응하고 퇴소 후 사회인의 한 사람으로 원만하게 적응하도록 하기 위해 사회복지사가 수행하는 역할은 더 말할 나위 없이 중요하다. 그러므로 현장에서 인력의 전문화와 함께, 교정 분야의 전문적인 기술과 다양한 프로그램의 개발이 시급히 요청된다.

다섯째, 지역사회 중심의 교정활동 강화와 교정 분야의 전문적 자원봉사활동의 활성화가 필요하다. 범죄를 예방하기 위해서는 탈시설화와 지역사회 중심의 교정활동 강화 및 사회적 연계망의 활용이 필요하다. 이를 위해서는 지역사회에서 자원봉사 인력을 개발하여 교정 분야의 전문 자원봉사자로서 적합한 교육 및 훈련을 지원하고, 보다 조직적이고 통합된 자원 봉사체계와 조직 운영을 통해 활동을 전개해 나가도록 해야 한다.

5 산업복지

1) 산업복지의 개념

현대사회는 자본주의의 경제체계에서 과학기술의 발달과 산업화 및 정보화의 영향으로 급격하게 발전하고 있으며, 그 결과 다양한 사회문제들을 초래하고 있다. 그중에서도 불안정 고용, 노동조건, 임금문제, 노·사 간의 대립 등 산업현장의 문제는 날로 중요성이 더해가고 있다. 따라서 산업현장의 근로자들에 대하여 전체 사회의 일부분을 구성하고 있는 관점에서 보고, 사회복지의 기본 개념인 환경 속의 인간(person-in-environment)의 개념 내지 노동 속의 인간(person-in-work)을 이해해야 한다(Gould, et al., 1988).

산업복지(industrial welfare 또는 industrial social welfare)는 근로자를 주요 대상으로 하여 사회복지의 원리와 방법·기술 등을 산업현장에 적용한 것이다. 산업복지는 산업사회복지, 직업복지, 근로복지, 노동복지 등과 같은 의미의 용어로 사용되고 있다.

산업복지는 광의의 개념과 협의의 개념으로 설명할 수 있는데, 광의의 산업복지의 개념은 국가 또는 지방자치단체, 기업, 노동조합, 협동조합 등이 주체가 되어 노동자와 그 가족의 생활안정, 생활수준의 향상, 복지서비스의 증진 등을 목적으로 하는 제 시책, 시설, 서비스 활동 등의 총체를 의미한다. 이처럼 산업복지에는 국가나 지방자치단체가 복지의 주체가 되는 공공산업복지와 기업에 의한 기업복지 및 노동조합이 주체가 되는 자주복지 등이 포함된다. 따라서 산업복지는 근로자와 그 가족을 원조함으로써 직장 안팎에서 발생하는 그들의 욕구를 충족시켜 만족스러운 생활을 영위할 수 있도록 지원함으로써 근로자 개인뿐 아니라 가족, 나아가서 사회 전체의 복지 향상에 기여하게 된다(조흥식 외, 2017).

협의의 산업복지의 개념은 미국의 산업사회사업(Industrial social work)의 개념에 근거를 두고 있는데, Kurzman(1987)은 경영 또는 노동의 후원하에서 피

고용자 혹은 조합원에게 도움을 주기 위하여, 그리고 노동자나 산업조직의 합당한 사회복지욕구를 충족시키기 위하여 전문사회사업가를 활용하여 실시되는 프로그램이나 서비스라고 정의하고 있다. 이상의 산업복지의 개념을 정리하면 다음과 같다.

표 9-8 산업복지의 개념

분류	광의의 산업복지	협의의 산업복지
주체	국가, 지자체, 기업, 노동조합, 민간단체	기업, 노동조합, 민간단체
대상	전체 근로자와 그 가족	취약한 개별 근로자와 그 가족
성격	제도적, 사회적, 보편적, 고정적	심리적, 물질적, 구체적, 역동적
방법	정책, 제도	사회복지실천방법
내용	거시적(고용, 임금, 근로조건, 근로환경, 재산형성, 소득보장 등)	미시적(개별 근로자의 직업적, 사회적, 가정적 욕구 충족)

미국의 근로자 원조프로그램(Employee Assistance Programs: EAPs)은 산업복지의 대표적인 것으로 근로자들의 직무수행에 부정적인 영향을 미치는 알코올 및 약물중독문제, 건강문제, 결혼문제, 가정문제 등의 해결을 위하여 사회복지사들이 개입한다. 따라서 산업복지는 근로자가 직장과 가정에서 역할을 보다 잘 이룰 수 있도록 도와주는 것이다. 우리나라 근로복지공단은 300인 미만의 중소기업을 대상으로 EAPs 도입을 촉진하고 근로자의 정서적, 심리적 어려움 해결을 지원하기 위하여 근로복지넷을 통해 EAP 서비스를 무상으로 제공하고 있다.

EAP 효과		
	근로자	직무 스트레스 감소, 업무 만족감 향상, 가족 스트레스 감소, 일-가정 양립 지원, 삶의 만족 향상
	관리자	관리 부담 감소, 인적 관리 향상, 작업환경 개선, 조직 의사소통 향상 조직 몰입도 향상, 관리자 스트레스 감소
	조직	애사심 증가, 이직률 감소, 산업재해 감소, 제품 불량률 감소, 생산성 증가, 기업 이미지 향상

이와 같이 산업복지는 근로자의 복지의 증진과 생산성의 향상을 통한 이윤의 증대라는 산업적 기능을 수행함으로써 그 필요성이 인정되고 있다.

2) 산업사회와 노동문제

자본주의사회는 산업혁명이 진행되는 과정에서 생산수단을 소유한 소수의 자본가와 노동의 상품화를 통해 삶을 영위해야 하는 다수의 노동자의 두 사회계급으로 분화되었다. K. Marx가 예측했던 대로 산업화로 인해 자본주의사회에서 많은 문제가 실제로 일어났다. 그러나 1883년 독일에서 노동자보험이 만들어지며 현대적 형태의 국가복지가 현실화되었고, 20세기에 들어서면서 노동자들의 조건을 향상시키는 새로운 기술과 방법, 노동조합과의 집단교섭의 효과가 노동 현장에 커다란 변화를 초래하였다. 현저하게 나타난 변화는 화이트칼라 노동자들의 증가, 분업의 증가, 노동조합 출현, 노동의 성 분화와 노동인구의 연령 구성의 변화, 하이테크 기술의 강조, 저임금 일자리의 증가, 세계화의 경향으로 다른 나라에 하청을 주는 경향의 증가 등이다. 근로자들은 단순히 노조화되지 않았으며, 경영자들은 노동생산성에 관계가 있는 잠재적 요인들을 탐색하였고, 직무만족을 증가시키는 방법들을 개발하였다. 그 결과 기대했던 대로 노동조건의 개선은 노동생산성의 향상을 초래하였다(Zastrow, 2018).

3) 산업복지의 체계

산업복지 체계는 공공산업복지, 기업복지, 자주복지, 민간산업복지 등으로 분류할 수 있다. 공공산업복지는 그 주체가 국가, 지방자치단체로서 사회보험, 근로자 재산형성, 생활안정지원 등의 급여와 서비스를 제공한다. 기업복지는 개별 기업이 주체가 되어 근로자와 가족의 복지증진을 위해서 행하는 각종 시책, 시설, 서비스의 종합적인 체계로서 산업복지정책의 부족한 부분을 보완하는 노무관리의 차원에서 실시된다. 자주복지는 노동조합에 의하여 근로자에 대한 복지사업이 이루어지는 민간에 의한 복지서비스이다. 민간산업복지는 주로 사회복지기관, 종교단체, 사회단체가 중심이 되어 상담, 보육, 직업훈련 및 알선 등 각종 서비스를 제공한다(조흥식 외, 2017).

(1) 공공산업복지

공공산업복지란 국가나 지방자치단체가 주체가 되어 노동자와 그 가족의 복지증진을 도모하려는 제반 시책을 의미한다. 공공산업복지는 노동자들에 대한 사회보장적 성격이 강하다. 따라서 공공산업복지정책은 사회보험제도와 법적 지원 및 규제를 통해서 이루어지며 그 내용은 다음과 같다.

① 사회보험제도

사회보험제도는 공공산업복지의 핵심적 제도로서 19세기 말 노동자들을 대상으로 시작하였으나, 오늘날 모든 국민의 최저생활을 보장하기 위한 사회보장제도의 기반이 되고 있다. 우리나라 사회보험은 국민연금, 국민건강보험, 산업재해보험, 고용보험 노인장기요양보험 등 5대 보험을 포함하고 있다.

가. 국민연금제도

국민연금제도는 노령·폐질 또는 사망 등의 사회적 사고로 인한 소득의 중단 또는 상실의 위험이 있는 경우에 일정 수준의 생활을 보장해 주기 위해서 마련된 소득보장제도의 하나이다. 우리나라의 국민연금제도는 1986년 국민연금법으로 개정·공포되어 1988년에 10인 이상 사업장 근로자를 대상으로 실시되었고, 1995년 7월 농어민 및 농어촌지역에서 1999년 4월에 도시지역 주민까지 확대되어 전국민 연금시대가 열렸다. 현재 상시 근로자 5인 이상인 사업장의 18세 이상 60세 미만의 사용자 및 근로자는 의무적으로 국민연금에 가입하여야 하며, 18세 이상 60세 미만의 대한민국 국민은 공무원연금, 군인연금, 사립학교 교직원연금, 국민연금 중 하나의 연금에는 의무적으로 가입하도록 규정되어 있다.

나. 국민건강보험

국민건강보험제도는 국민의 질병·부상에 대한 예방·진단·치료·재활과 출산·사망 및 건강증진에 대하여 보험급여를 실시하는 제도이다. 우리나라의 건강보험제도는 1977년 500인 이상의 사업장을 대상으로 시작하여, 1989년 전 국민에게 의료보험이 확대되었다. 우리나라의 건강보험은 운영의 주체가 분산된 조합주의에 의해서 직장의료보험과 지역의료보험의 이원화된 관리체계로 운영되어 왔으나 2000년 7월 1일부터 통합하여 단일조직인 국민건강보험공단으로 통합되어 운영되고 있다.

다. 산업재해보상보험

산재보험으로서 근로자의 업무상의 재해를 신속하고 공정하게 보상하고, 재해근로자의 재활 및 사회복귀를 촉진하며, 산재예방 및 근로자의 복지증진과 근로자 보호에 그 목적이 있다. 산재보험은 1964년에 사회보험 중 가장 먼저 도입되었으며, 지속적으로 적용대상 사업장이 확대되어 2000년 7월에는 상시 근로자 1인 이상 사업장까지 포함하여 전 사업장에 적용되고 있다.

라. 고용보험

고용보험은 근로자와 사업주가 기금을 공동 부담하여 실업의 예방, 고용의 촉진 및 근로자의 직업능력의 개방 및 향상, 국가의 직업지도 및 직업소개기능 강화 등을 목적으로 하며, 근로자가 실직한 경우에 생활에 필요한 급여를 실시하는 제도이다. 고용보험은 1995년에 도입되었고, 고용보험의 가입대상은 1997년 IMF 시기에 실업자가 급증하자 1998년 10월 1일부터 근로자 1인 이상을 고용하는 모든 사업장까지 확대 시행되었다. 고용보험 업무는 현재 1999년 10월 1일부터는 노동부 산하의 근로복지공단이 고용보험의 적용과 징수업무를 통합 운영하고 있다.

마. 노인장기요양보험

급격한 저출산과 인구구조의 고령화 등의 사회변화와 함께 핵가족화, 여성의 경제활동참여가 증가하면서 노화 등에 따라 거동이 불편한 사람에 대하여 신체활동이나 일상가사활동을 지속적으로 지원해주는 문제가 사회적 이슈로 부각되었다. 종래에는 가족의 부담으로 인식되던 장기요양문제가 이제 더 이상 개인이나 가계의 부담으로 머물지 않고 이에 대한 사회적·국가적 책무가 강조되고 있다. 이와 같은 사회 환경의 변화와 이에 대처하기 위하여 이미 선진각국에서는 사회보험방식 및 조세방식으로 그 재원을 마련하여 장기요양보장제도를 도입하여 운영하고 있다(www.longtermcare.or.kr).

② 노동조건 및 고용 관련제도

국가는 노동자가 노동과정에서 직면할 수 있는 열악한 근로조건 및 저임금의 문제들을 개선하며, 노동시장에 대한 개입을 통하여 고용불안을 감소시키려는 정책을 시행하고 있다. 우선, 노동과 관련해서는 최저의 근로조건을 규정하고 있는 근로기준법과 근로자의 안전 및 보건을 유지·증진하기 위한 산업안전보건법, 그리고 최저임금법, 퇴직금제도 등이 있다. 또 고용의 수급과 관련해서는 모든 근로자의 취업기회를 제공하고 산업에 필요한 노동력을 지원하는 직업안정법, 근로자의 직업능력의 개발을 목적으로 하는 근로자직업훈련촉진법, 그리고 고용 안정을 도모하기 위한 고용정책기본법, 장애인·고령자 등 특정집단의 고용을 촉진하기 위한 장애인 고용촉진 및 직업재활법, 고령자고용촉진법 등이 시행되고 있다.

③ 근로자복지 관련 지원제도

국가는 근로자의 경제·사회활동에의 참여기회 확대, 근로의욕의 증진 및 삶의 질 향상을 목적으로 하는 다양한 시책을 펴고 있다. 2001년 8월에는 과거 개별 법령에 산재되어 있던 근로복지사업과 제도를 통합하고 근로자복지정책의 수립 및 복지사업의 수행에 필요한 사항을 규정한 근로자복지기본법을 제정하였다. 이 법에서 다루고 있는 근로자복지 관련 지원제도에는 근로자주택공급제도의 운영과 근로자 주거안정사업, 근로자 및 그 가족의 의료·혼례·장례비 지원, 임금을 받지 못한 근로자들의 생활안정 및 재산형성에 대한 지원, 담보능력이 미약한 근로자에 대한 신용보증 지원, 우리사주제도, 근로자복지시설 설치 등의 지원과 근로자복지진흥기금의 설치 등이 있다. 특히 영유아보육법에 의해 2012년부터는 직장보육시설 지원이 강화되었다(http://www.moleg.go.kr).

(2) 기업복지

기업복지란 기업주가 고용되어 있는 노동자들의 복지를 위해 그 비용의 일부 혹은 전부를 부담하여 제공하는 제반 서비스를 의미한다. 기업복지는 법률에 의한 강제 여부에 따라 법정 기업복지와 법정 외 기업복지로 구분된다. 법정복지는 법률에 의거하여 행하는 사회보험과 퇴직금, 휴가보상 등을 말하며, 법정 외 기업복지는 기업이 임의로 근로자들에게 제공하는 서비스나 급부로서 일반적인 의미의 기업복지에 해당한다.

기업복지의 대상은 기업에 속해 있는 근로자와 그들의 가족에 한정되므로 기업복지는 기업 내라는 폐쇄적 특성을 갖고 있다. 기업복지는 국가의 산업복지정책의 부족한 부분을 보완하거나 노무관리의 차원에서 실시되고 있다. 기업복지는 그 기능상 양면성을 가지고 있다. 먼저 기업은 기업복지를 통해 ① 노동자에게 생활 및 심리적 안정을 충족시켜 줌으로써 노동자가 다른 기업으로 이동하는 것을 막아 노동력을 안정적으로 확보·유지할 수 있고, ② 동기부여 요소로서 근로의욕의 증대와 생산성의 향상에 기여할 수 있으며, ③ 간접임금이나 집단임금으로서 활용함으로써 노사관계의 안정을 도모할 수 있다. 그리고 ④ 인격을 갖춘 인간으로서 노동자의 생활과 삶의 질을 높여줌으로써 사회적 이미지를 제고시킬 수도 있다(강종수, 2022).

미국 산업복지의 핵심 프로그램인 근로자후원 프로그램 EAPs(Employee Assistance Programs)는 고용과 관련되는 근로자의 개인 및 가족문제의 해결을 그 목적으로 하고 있다. EAPs는 음주문제, 마약문제, 정서적 문제, 부부·가정

문제, AIDS, 해고, 재정문제, 퇴직, 법률문제들을 다루고 있으며, 각 기업의 환경이나 문화에 따라서 EAPs의 서비스와 역할은 매우 다양하다. 현재 미국에서 EAPs는 경영구조의 한 부분으로 간주되고 있고, 중소기업과 대기업의 62%의 근로자들이 EAPs의 혜택을 받고 있다(조흥식 외, 2017).

우리나라의 기업복지는 일부 대기업을 중심으로 기숙사나 사택과 같은 주거시설, 의료 및 급식시설 등 최소한의 복리후생서비스에 국한되었으나 1970년 이후 산업의 발달에 따라 진보되었고, 1980년대 말에 노동운동이 확산되어 공공산업복지와 더불어 기업복지의 수준도 크게 향상되고 있으며, 최근에는 기업의 사회적 책임(corporate social responsibility: CSR)이 강조되고 있다. 기업들은 이윤추구 방식이 변화되어 사회공헌 활동을 소비가 아닌 이미지 제고에 대한 투자로 인식하게 되었고, 조세혜택에 힘입어 2000년대 들어 급속도로 확산되고 있다. 산업사회사업 프로그램으로는 개인상담, 자문, 집단지도, 교육활동, 위기개입, 근로자 가족복지 서비스, 지역사회 조직활동, 조사활동, 홍보활동 등이 포함된다.

(3) 자주복지

자주복지란 노동자조직, 혹은 노동조합이 주체가 되어 자주적으로 노동자와 그 가족의 복지향상을 목적으로 이루어지는 민간에 의한 복지서비스의 하나이다. 노동조합의 자주복지의 주요 활동들은 정부나 기업을 상대로 근로자의 노동조건에 대한 개선을 요구하거나, 근로자들의 전반적인 생활의 향상 및 안정을 도모하며, 근로자들의 생활상의 문제점들을 해결하여 전반적인 근로자의 삶의 질을 향상시키는 것이다(조흥식 외, 2017).

역사적으로 볼 때, 산업복지는 산업혁명 이후 노동자들의 자주복지로부터 출발하였다.

노동자들은 실업, 질병, 노령, 산재 등의 사회적 위험에 대처하여 우애조합, 공제조합, 생활협동조합 등의 자조적인 상호부조조직을 운영하였는데 이것이 자주복지활동의 효시이다. 중세에 길드 공동체가 있었으나 현대적인 의미의 산업복지는 18세기 이후 등장하였다. 산업혁명 초기단계에는 6~7세 아동들의 노동과 불결한 환경에서 하루 12~14시간 노동의 일반화 등 노동착취를 통해 이윤확보가 성치되는 상황에서 18세기 많은 수의 자조조직 등장하였다. 1719년 영국 뉴캐슬의 제화공들에 의해 최초의 공제조합이 설립되었고, 1769년 스코틀랜드에서 방적 노동자들의 생활협동조합이 구성되었으며, 19세기말 영국 협동조합의 점포수가 1,000개 가량 증가되었다.

우리나라의 자주복지는 1920년대 조선노동공제회가 시작되었고, 해방 후 대한독립촉성노동연맹이 소비조합을 결성하였으나, 이후 국가의 이념적인 노선과 성장 일변도의 경제정책으로 인하여 노동조합이나 노동운동이 억압되었다. 1981년부터 한국노총에서 협동사업본부를 설치하고 노동금고, 근로자소비조합, 근로자공제조합을 추진하고 있으나 최근까지 별다른 성과를 거두지 못하고 있다. 우리나라에서 실시되는 구체적인 자주복지의 프로그램으로는 한국노총의 탁아사업, 근로자자녀들을 위한 장학금제도, 직업훈련사업, 결혼정보센터, 주택사업 및 근로자 묘역사업과 노동조합의 신용사업, 소비사업, 공제사업, 장학사업, 주택관련사업, 문화사업, 생활지원사업 및 탁아사업 등이 있다.

4) 산업사회복지사의 역할

직업은 자아개념에 지대한 영향을 준다. 낮은 지위의 비인간적인 직업에 종사하는 노동자들은 일반적으로 자신의 일에서 만족스러운 정체성을 형성할 수 없으며, 심리적 복지에 손상을 받을 수 있다(Zastrow, 2018).

산업사회복지사는 산업현장에서 상담자(counselor), 자문가(consultant), 훈련가(trainer), 프로그램개발자(program developer) 및 서비스 제공자(service deliverer) 등의 다양한 역할을 수행한다. 커즈먼(Kuraman, 1987)이 제시하고 있는 산업사회복지사의 구체적인 활동은 다음과 같다(강종수, 2022).

① 실직의 위험에 처해 있는 근로자를 돕기 위해 상담 및 기타 활동을 제공

한다.

② 근로자의 욕구 충족을 위해 지역사회의 서비스 프로그램에 관해 조언하고, 연계해 준다.

③ 근로자의 직무능력 변화에 따라 언제 복지 부서에 의뢰해야 할 것인가를 결정할 수 있도록 현장감독을 교육하고, 의뢰된 근로자에게 적절한 조처를 취한다.

④ 서비스에 대한 정보와 인적 자원 프로그램 분석에 필요한 자료를 제공하는 체계를 개발하고 운영 감독한다.

⑤ 충족되지 않은 욕구에 근거해 인적자원 프로그램이 미래에 나가야 할 방향을 구상한다.

⑥ 인적자원 정책개발에 대한 의사결정을 담당하는 간부와 경영진에게 자문을 제공한다.

⑦ 재직 또는 퇴직 근로자를 위한 복지·의료·여가·교육 프로그램을 시작하도록 돕는다.

⑧ 복지급여제도와 의료제도를 운영하는 것과 새로운 계획을 돕는다.

⑨ 여성·소수민족·장애인을 위해 적절한 차별 철폐제도를 기획하고 실시하는 것과 관련하여 자문을 제공한다.

산업사회복지사는 산업현장에서 개인, 가족, 집단, 조직, 지역사회를 대상으로 상담, 자문, 집단지도, 교육활동, 위기개입, 조사활동이나 홍보활동 등의 다양한 활동을 한다. 산업복지의 개입을 시기와 대상별로 분류하여 정리하면 다음과 같다.

Root(1997)는 사회복지사가 산업복지업무를 효과적으로 수행하기 위해서는 ① 기업의 역동성을 파악하기 위하여 조직행동에 대한 기본적인 이해 및 조직의 목적에 맞는 프로그램 개선과 개발 능력, ② 근로자의 고용안정을 위한 노동시장의 기회 및 수요에 대한 이해, ③ 근로자들의 직업과 관련된 다양한 개인적 문제의 파악과 대처방안 제시, ④ EAPs 프로그램의 개발과 개선을 위한 비용(편익/비용) 효과성 분석의 연마, ⑤ 복지서비스의 제공에 따른 윤리적 문제와 갈등요소에 대한 인지, ⑥ 효과적인 서비스 제공을 위한 법적·행정적 규제나 정책의 이해 등에 대하여 철저한 교육과 훈련이 필요하다고 지적하였다(조흥식 외, 2017).

5) 산업복지의 과제

첫째, 산업복지정책을 확충하여 노동자들의 사회안전망을 좀 더 공고히 해야 한다. 우리나라의 공공산업복지정책은 낙후되어 있고, 기업복지는 1980년대 말 이후 노사의 안정이 다소 증진하였지만 전체 근로자들의 삶의 질을 향상시키기에는 역부족한 상태이며, 자주복지는 아직 뿌리를 내리지 못하고 있다. 따라서 사회보험의 사각지대를 없애고 실질적인 위험예방과 최저생활을 보장하고 근로빈곤층을 줄이기 위해서는 산업복지 관련 법규 및 제도의 정비와 확충이 시급한 과제라고 볼 수 있다.

둘째, 산업조직에 산업복지의 도입과 확산이 필요하다. 우리나라는 지금까지 산업복지의 주체인 기업과 노동조합이 그 필요성에 대한 인식부족으로 제대로 시행하지 못하였으며, 또한 기업을 대상으로 한 사회복지 전문직의 채용도 사회공헌 활동에 적극적인 소수의 대기업을 제외하고는 거의 부재하였다. 우리 사회의 급속한 노동환경의 변화로 인하여 노동자들은 고용의 불안정과 근로조건 및 임금문제는 물론, 직무 스트레스, 알코올, 가정문제, 인간관계 등 정신건강을 해칠 수 있는 위기상황에 놓여 있다. 그들의 다양한 문제의 해결과 욕구를 충족하기 위해서는 사회복지사들의 산업현장 개입이 요청된다. 이와 아울러 전문적으로 프로그램을 운영할 수 있는 산업복지 관련 사회복지사의 훈련과 양성도 병행해야 할 것이다. 최근 외국계 기업의 한국진출이 급속하게 증가됨에 따라 산업복지가 도입될 가능성이 높아지고 있는 추세이다.

셋째, 변화하는 기업에 부합되는 산업복지 영역을 개발해야 한다. 취약계층 근로자들의 고용유지를 위한 임금보조나 고용보조 제도, 직업알선 프로그램의 내실화, 직업훈련 프로그램의 강화와 같은 적극적 노동시장 정책이 개발되어야 한다. 노동시장의 유연성에 따른 고용의 불안정으로 증가하는 실업자와 비정규직 근로자 문제해결을 위해서 기존의 산업복지의 실천 영역에 재구조화가 요구된다(조흥식 외, 2017).

6 군사회복지

1) 군사회복지의 개념

최근 들어 매스컴을 통해 보도되고 있는 병사들의 병영적응문제, 자살, 총기난사사건, 훈련소 인분사건, 성추행사건 등의 군관련 문제들이 심각한 우려와 함께 사회문제로 부각되면서 많은 사회적 이슈가 되고 있다.

군대는 한 국가의 방위를 책임지고 일정한 지휘체계 하에 군사력을 행사하는 기관이며, 군대는 사회조직 중에서 가장 엄격한 규율과 질서에 의해 유지되고 있는 조직이다. 군사회복지는 국가별, 군에 대한 관점, 이데올로기, 병역제도에 따라 달리 정의될 수 있다.

군사회복지란 사회복지의 한 실천 분야로서 일차적으로는 군의 고유한 목적이 최대한 달성될 수 있도록 원조하는 것이며, 나아가 군의 구성원인 군인과 그 가족의 복지를 증진시키는 전문적 활동이라고 할 수 있다. 또한 군사회복지는 다른 분야와는 달리 군대라는 특수한 조직에서 발생하는 문제와 이슈에 관심이 있을 뿐만 아니라, 이러한 문제에 대처하기 위해 사회복지의 전문지식과 실천방법을 활용하는 특징이 있다(Daley, 1999).

군인복지는 군인의 삶의 질과 사기를 결정하는 주요척도로써 국가안보를 위한 전투력 유지의 핵심요소라 할 수 있다(구승신, 2015). 국방부의 '군복지발전계획서'에서는 군복지란 "현직자들에 대한 사기양양을 통해 전투력 향상을 도모하고 우수인력의 확보를 위해 군 조직구성원과 그 가족 및 일정한 자격을 갖춘 제대군인에게 정신적·물질적 욕구를 충족할 수 있도록 하는 제 급부, 시설 및 활동의 총체"로 규정하고 있다(국방부, 2006). 즉, 국방을 목적으로 조직된 군대가 그 목표 완수를 위하여 군인과 가족이 정상적으로 기능할 수 있도록 대인서비스와 제도를 통하여 사회복지적 차원에서 개입하는 활동의 총체라고 정의할 수 있다.

군사회복지는 사회복지의 기능이 주가 되는 일차 현장(primary setting)이 아니고, 다른 조직의 본래적 기능에 협조하는 이차 현장(secondary setting)에서 이루어지는 전문 사회복지활동이다. 즉 군사회복지는 군 조직의 본래 목적인 국가안보 혹은 국방력 강화라는 불변의 소명을 완수하도록 돕는 데 그 일차적 목적이 있다(Daley, 1999).

이러한 관점에서 일차적 목적을 바탕으로 군사회복지사들이 그들의 전문성과 능력을 발휘하여 성취하고자 하는 군사회복지실천의 목적은 다음과 같이 크게 세 가지로 제시할 수 있다. 첫째, 군의 구성원들이 그들이 처한 환경에 원만히 적응할 뿐 아니라 삶의 질이 향상될 수 있도록 돕는다. 둘째, 개인적인 문제나 가족 및 대인관계상의 문제 그리고 군생활 적응의 문제가 있는 군의 구성원들에게 다양한 서비스를 제공한다. 셋째, 군의 구성원들이 가능한 한 최적의 환경에서 생활할 수 있도록 필요한 서비스를 옹호하고 개발한다. 넷째, 제대군인의 전직과 새로운 사회적 환경 적응과정에 필요한 복지서비스를 제공한다(서혜석 외, 2016).

2) 우리나라의 군문제의 원인

(1) 군의 병역제도

우리나라의 병역제도는 헌법 37조에 국가가 징집하는 의무병제도(compulsory system)를 채택하고 있으며, 이러한 징병제도는 우리나라가 분단국가라는 특수한 상황에서 전쟁발발 시 병력수요를 원활하게 공급할 수는 있다. 그러나 강제적인 징병제도와 군조직의 특수성으로 인해 병역비리 및 병역기피와 병사들의 군복무 적응상의 문제점들은 지속적으로 발생하여 왔고 그 양상도 매우 다양하다. 대표적으로 군무이탈, 폭행, 자해 및 자살, 총기탈취 및 강력사고, 강도, 정신질환, 음주 등이다. 이러한 병영 내의 사고들은 낯선 환경에 대한 불안과 두려움, 업무 관련 스트레스, 상급자와의 가치관 차이, 병사 상호 간의 심리적 갈등, 상급자의 권위적이고 강압적인 통제(구타, 가혹행위 등), 외부 세상과 차단되고 고립된 주변환경 등과 관련 있다. 특히 요즘 신세대 병사들은 감수성이 예민하고 자기중심적이며, 권위와 통제를 싫어하고 자유롭고 개인적인 생활을 선호하는 특징이 강해, 상명하달식 위계구조인 군조직에 적응하는 데 상당한 어려움이 있다. 또한 입대 전 가정환경이 좋지 않거나 정신건강상의 문제를 갖고 있는 경우 또는 입대 전 사회에 부적응했던 경우에는 군 내부의 갈등요인이 더해져 심각한 부적응을 초래할 가능성이 높다(윤철수 외, 2018).

(2) 현역 군인의 월급의 비현실성

고용노동부가 발표한 내용에 따르면 2023년 기준으로 최저시급은 2023년 9,620원이다. 이를 최저임금으로 적용하여 주 40시간 기준으로 월급을 받게 될 경우 월 2,010,580원이고, 연봉은 월 2,010,580원에 12개월을 곱한 24,126,960원이 된다. 주 40시간을 초과할 경우 기본 시급의 1.5배를 가산해서 지급해야 한다. 이와 현재 받는 병사들의 월급을 비교하면 턱없이 낮은 수준이다.

사병 봉급 인상안은 문재인 정부에서 새로운 정책 중에 하나로 시행되었는데. 그 이후 큰 변화를 불러왔다. 국방부는 윤석열 대통령의 대선공약에 따라 사병 월급을 단계적으로 인상해 2025년에는 병장 기준 월 205만원까지 지원하도록 할 계획이다. 이에 따른 봉급 인상률은 병장 기준으로 2021년 12.5%, 2022년 11.1%에서 2023년 47.9%, 2024년 25%, 2025년 20%로 급증하게 된다고 발표하였다.

2023년 1월 1일 부터 전년 대비 대폭 인상했다. 병장 100만원(22년 대비 48% 인상), 상병 800000원(22년 대비 31% 인상), 일병 680000원(22년 23% 인상), 이병 600000원(22년 대비 18% 인상)으로 대폭으로 올랐다(e-나라지표 '계급별 사병

봉급 추이', 2023). 또한 군인들을 위한 고금리 저축 상품들을 마련해서 제대와 함께 한 학기 정도의 등록금을 마련할 수 있도록 목표를 잡고 있다. 그러나 병영생활에서 간식비, 생필품비, 담뱃값, 잡비 등 개인적으로 지출하는 비용을 고려하면 턱없이 부족한 수준이다 그러므로 노동계에서 임금을 산정하는 기준에 따라 최저임금을 반영하여, 앞으로 현실적인 월급수준으로 인상되어야 할 것이다.

(3) 병영 문화

군대의 문화는 최근 들어 다소 변화하고는 있으나, 군의 특수성으로 인해 사회의 변화보다는 매우 느린 속도로 변화하고 있다. 자유롭고 풍요로운 사회에서 생활하던 신세대 장병들이 비민주적, 지시적, 강압적, 획일적, 폐쇄적인 군대문화에 적응하는 것은 쉽지 않은 일이다. 낙후된 병영시설과 여전히 과거를 답습하고 있는 군대의 지휘방식도 문제이다. 그러므로 국민이 사랑하고 신뢰할 수 있도록 병영문화의 선진화는 매우 절실한 과제이다. 따라서 병영문화를 폐쇄에서 개방으로, 통제보다는 자율로, 강압에서 존중으로, 단절에서 소통으로 전환해 나가야 할 것이다.

(4) 군사회복지제도의 미흡

국방 관련 법령은 법률 44건, 명령 321건으로 구성되어 있는데, 국방 관련 법령 중에서 군사회복지제도에 대한 내용이 포괄적으로 포함되어 있지 않다. 현재의 관계 법령들은 주로 간부만을 대상으로 하여 군인보수법, 군인연금법, 군인공제회법, 군인보험법 및 제대군인지원에 관한 법률 등이 마련되어 있다. 따라서 징집된 장병에 대한 정신건강 상담, 스트레스 관리, 인권침해 예방 및 장기복무 군인과 그 가족이 겪는 어려움 해소하고 생활의 안정을 기할 수 있는 법적 근거가 미흡한 실정이다.

(5) 군사회복지 예산 부족

국방부 연도별 예산서에 의하면 2023년 국방예산은 57조143억 원으로 2022년도보다 4.4% 증가했다. 경상운영비 예산 중에서 장병들의 복지 향상과 관련된 항목은 전체 국방예산규모에서 극히 낮은 수준이었으나 2023년도에 확충되었다. 그 중 병력운영 인건비, 급식 및 피복에 대한 예산은 23조2752억 원으로 2022년도보다 6.8% 증가했다. 전력유지비는 병 봉급 인상과 장병 복무여건 개선, 현존전력 능력발휘 보장을 위한 국정과제 소요를 반영하여 전년 대비 4.3% 증가한 16조8222억 원으로 늘었다. 인상된 전력운영비의 주요 내용은 ① 병 봉급 인상 및 기본급식비 민간조리원 확충 등 장병의 처우 개선에 예산을 배치하였다. ② 자기 개발 비용 지원, 외상센터 시범진료 실시 및 군 어린이집 지원 확대 등 장병 복무여건을 개선하였다.

표 9-9 2022년도 · 2023년도 국방예산 비교

부문	프로그램	22년 예산	23년 예산	증감	
		(A)	(B)	(B–A)	%
국방예산		546,112	570,143	24,031	4.4
	계	379,195	400,974	21,779	5.7
	병력운영	217,843	232,752	14,909	6.8
	인건비(법정부담금 포함	192,681	205,648	12,967	6.7
	급식 및 피복	25,161	27,104	1,943	7.7
	전력유지	161,352	168,222	6,870	4.3
	국방정보화	7,329	7,347	18	0.2
	징병보건 및 복지향상	7,981	12,186	4,205	52.7

출처: 기획재정부(2023). 국방부 연도별 예산서.

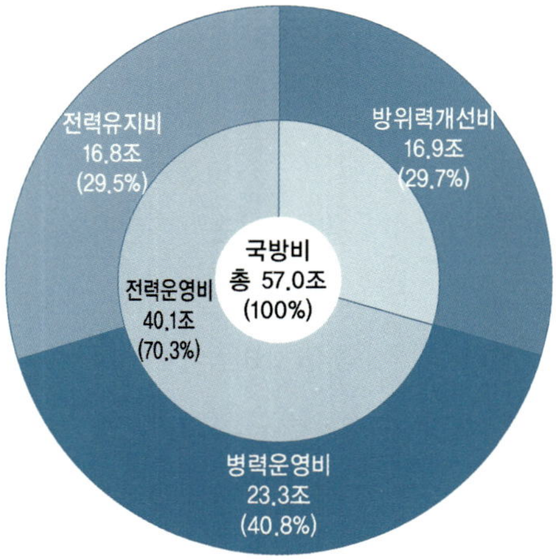

그림 9-3 2023년도 국방예산의 구성

출처: 기획재정부(2023). 국방부 연도별 예산서

(6) 인력 및 조직운용의 비전문성

사병문제에 관련 요원은 목사, 법사, 헌병대 담당관 등인데, 이들의 전문지식과 기술, 실무경험은 매우 미흡한 실정이다. 그러나 현재 운용 중인 병영생활 고충 상담관은 체계적인 상담교육을 받지 못하여 전문성이 부족하며, 또한 연대급 이상 부대에 보직되어 있는 군종장교의 경우에는 중대 및 대대급의 장병들과는 접촉할 기회가 부족하여 상담활동이 제한되어 있다. 지휘관의 특별참모인 감찰에서 운용 중인 내부 공익신고센터도 그 역할과 활동을 더욱 활성화할 필요가 있다. 앞으로 군장병들의 소원 및 고충을 해결하기 위하여 인력 및 조직운용의 전문화를 위한 제도적 마련이 필요하다.

이러한 원인으로 인하여 군조직은 갈등적인 요소가 항상 존재한다. 그러므로 군조직에 대한 문제발생의 가능성을 예방하고 조화로운 조직기능을 유지함으로써 보다 나은 병영생활의 질적 향상을 도모하기 위해서 군사회복지의 필요성이 부각되고 있다. 군사회복지의 대상은 우리나라 군 조직의 특수성과 현실적 한계, 그리고 사회복지 전문직의 특성을 고려하여 다음과 같이 제시할 수 있다.

표 9-10 군사회복지의 대상

직업군인		의무복무군인	군인가족	장기복무 제대군인
장기군인	단기군인			
장교, 부사관 (군무원 포함)	장교, 부사관	사병*	배우자, 자녀	장교, 부사관, 사병 출신

출처: 서혜석 외(2016).

3) 우리나라 군사회복지의 역사

우리나라 군사회복지는 1953년 제3육군병원에 적십자 휴게실 설치를 효시로 하여 야전병원, 통합병원 및 각급 군의료시설에 적십자 봉사실을 설치하여 단편적인 업무를 실시하였다. 1968년 1월 육군에서 다목적 경력관리제도를 도입하여 군병원에서 정신과적 내지 의료사회복지 기능을 담당할 의정장교 직능에 사회사업 부특기를 부여하였고, 1973년 9월 수도통합병원에서 개최된 대한 군진 의학학술대회에서 '현대사회에 있어서 사회사업가의 역할'이라는 연구논문 발표와 우리 군에 사회사업 도입을 검토하였다. 이후 1977년까지 6명의 사회사업 장교를 배출하여 각 통합병원에서 사회사업업무를 수행하였고, 1977년부터는 학군 및 학사장교 중 사회사업학과 출신 의정장교를 선발하기 시작하였다.

1980년에는 국군의무학교에서 최초로 '군의료사회사업'에 대한 교육을 실시하여 그 필요성을 인정받아 1981년 고등 군사반과 간호관리반에 정규과정으로 채택되었고, 1982년부터는 장교양성과정과 보수교육과정에까지 확대, 실시되었다. 현재 우리 군에는 사회복지사가 직업군인으로 각자의 병과에서 임무를 수행하고 있으며, 군의료사회복지사가 의정장교로서 활동 중이다. 그리고 2005년에는 장병의 인권상담을 전문으로 하는 상담심리 부특기를 신설하였다. 그러나 최근 몇 년 전부터 병영 내의 인권 관련 악성사고 및 사건들이 증가하여 사회문제로서 그 심각성이 부각되어 군사회복지제도 도입을 위한 법제화가 진행되는 한편, 2006년 9월 1일 한국군사회복지학회가 창립되었다.

창군 이후 체계적인 계획 없이 각 군별로 기초적이고 단편적인 수준에서 군인복지를 추진 해오다가 2007, 12월 '군인의 지위 및 복무에 관한 기본법' 제정하고 2008년부터 시행되면서 군인복지를 체계적으로 추구할 수 있는 발판을 마련하게 되었다. 군인에 대한 사회복지 차원의 노력이 필요함을 인식하고 현재까지 군사회복지실천을 위해 군인가족지원센터 운영, 병영생활전문상담관 제도의 도입, 비전캠프 및 그린캠프 운영, 군인복지기본계획 등을 시행하고 있으며, 군 외부 사회복지서비스실천을 위해 일부 지역에서 지역의 사회복지기관과 연계한 군사회복지 지원서비스를 실시하는 등 많은 발전을 이루었다.

4) 군사회복지사의 역할과 업무

(1) 군사회복지사의 역할

군사회복지의 활동영역은 직업 및 의무복무군인과 그 가족의 기본적 생활안정(보수, 주거, 자녀양육 및 교육, 의료자원 등)과 문화생활(취미, 오락, 자기계발 등) 및 사병을 중심으로 한 병영문화의 세 가지 측면이라 할 수 있다(서혜석 외, 2016). 우리나라에서 군사회복지를 수행하는 전문 인력은 복지 및 인사담당 현역군인, 군종장교, 의료사회복지 전문특기(764), 심리상담 부특기(789)를 보유한 장교, 군 기본권 상담관, 민간 복지전문가, 향군종위원회 소속 종교지도자 등이다. 군사회복지사의 역할은 각 나라의 사회문화적 배경과 군의 특수성에 따라 다양하게 규정될 수 있으나, 일반적으로 군사회복지사들은 병사들의 정신건강상담 및 스트레스 관리를 통해 군생활의 적응과 대처능력을 향상시키고, 직업군인 및 그 가족들이 겪는 다양한 문제와 갈등을 처리하여 안정된 생활을 유지시키는 역할을 한다.

군사회복지사의 역할은 크게 직접적 서비스를 제공하는 역할과 간접적인 서비스를 제공하는 역할로 나누어볼 수 있다. 직접적 서비스로는 가정폭력과 약물남용, 정신질환, 군생활 적응, 전투 스트레스 관리, 신체질환 및 건강증진에 관한 문제와 이슈들에 초점을 맞추어 다양한 서비스를 제공한다. 간접서비스로는 군복지 관련 정책개발, 구직원조, 군인과 가족을 위한 사회서비스의 필요성을 옹호하고 개발하는 이슈들에 초점을 맞추어 다양한 서비스를 제공한다(윤철수 외, 2018).

현재 국가와 국방부에서 선임하사관 이상을 대상으로 제공하는 여러 가지 복지대책은 주로 보수와 주거, 자녀교육비 지원, 의료 및 생활안정과 관련된 물질적 원조에 국한되고 있으며, 군조직의 특성을 감안한 가족원들의 심리적·정신적 문제에 대한 전문적 원조방안은 전무한 실정이다. 따라서 앞으로는 군조직 안에 사회복지사를 배치하여 직업군인 및 가족구성원들의 적응을 돕고, 지역사회와의 연계를 통한 전문적인 복지증진 방안을 적극 모색해야 할 것이다(윤철수 외, 2018). 특히, 군조직에서 정신전력이 더욱 요구되고 군의 사기진작이 필요한 만큼 군사회복지를 통하여 강화시켜야 할 것이다.

(2) 군사회복지사의 업무

군사회복지사는 전문적 임상사회복지사의 업무, 의료 및 정신의료사회복지, 군인을 포함한 가족에 대한 상담 및 개입, 가족에 대한 교육, 군-가정-지역사회자원의 연계, 군조직 개입, 군복지정책 제안, 자원개발, 병영문화 개선 등의 다양한 업무에 역점을 두어야 한다. 박미은(2018)은 개입대상별로 군사회복지사의 업무를 다음과 같이 제시하였다.

표 9-11 개입대상별 군사회복지사의 업무

개입대상	주요업무	활동/프로그램
사병에 대한 개입	• 위기개입 • 개인상담 • 사례관리 • 집단상담	• 성격검사 • 정신건강상담 및 치료 • 전투 스트레스 관리 및 상담 • 의료문제상담 및 퇴원계획 • 알코올 및 약물상담 • 군생활 부적응 상담 • 가족문제 및 대인관계갈등 상담
직업군인 및 가족에 대한 개입	• 위기개입 • 개인상담 • 사례관리	• 군생활문제상담 • 진로상담 • 정신건강상담 및 치료

	• 집단상담 • 부부상담 • 가족상담 • 가정방문	• 전투 스트레스 관리 및 상담 • 알코올 및 약물상담 • 의료문제상담 및 퇴원계획 • 가족갈등 및 가정폭력문제 상담 • 가족강화 및 가족지원서비스 제공 • 자녀발달상담 및 특수아동상담 • 자녀교육 및 부모교육 • 지역사회 자원 연결
군조직 및 군복지정책에 대한 개입	• 군복지정책제안 • 군구성원 옹호 • 자원 개발	• 군복지정책 자문 및 건의 • 군인 및 가족의 권리 옹호 • 복지기금 마련 및 자원 발굴

* 참고로 미국의 경우 군사회복지사(장교 혹은 민간인)는 군대 내 정신건강센터, 가족옹호기관(Family Advocacy), 알코올 및 약물치료기관, 의료기관(병원) 내 행동건강센터, 교정기관 그리고 전투 시 야전에서 대부분 팀(정신과의사, 심리사, 간호사, 군목, 기타 의료진 등)의 일원으로 활동하고 있다.

출처: 박미은(2018).

참고문헌

강종수 (2022). 산업복지론. 경기: 양서원.

강흥구 (2019). 의료사회복지실천론. 경기: 정민사.

교육인적자원부 (2008). 교육복지 증진 및 학교폭력 예방을 위한 사회복지사 활용 연구. 학교운영지침.

구승신 (2015). 군사회복지의 나아갈 길. 한국군사회복지협의회.

국방부 (2006). 군복지발전계획서.

기획재정부 (2023). 국방부 연도별 예산서.

김기태 외 (2016). 정신보건복지론. 경기: 양서원.

김수정 (2017). 사회복지법제론. 서울:학지사

남진열 (2000). 교정복지의 평가와 과제. 한국사회과학연구소 사회복지연구실(편). 한국사회복지의 현황과 쟁점. 서울: 인간과 복지.

노혜련, 김미원, 조소연 (2021). 아동복지론. 서울: 학지사.

박미은 (2018). 군사회복지실천론(강점관점의 적용). 경기: 공동체.

박석돈, 박순미, 이기원, 이용환, 이재모, 최병태 (2022). 노인복지론. 경기: 양성원.

박선영 (2009). 한국에서의 실천적 시민교육 재구성을 위한 영국 시민교육과 자원봉사활동 고찰. 청소년학연구, 17(2), 87-108.

박선환 박숙희 이주희 정미경 김혜숙 (2017). 정신건강론. 경기: 양서원.

방은상 (2011). 한국 군사회복지실천의 방향 - 군 복지정책 방향에서 군사회복지제도의 도입을 중심으로. 한국군사회복지학, 4(1).

배임호 (2021). 교정복지론. 경기: 공동체.

법무부 (2023). 2023 교정통계연보.

보건복지부 (2021). 통계로 보는 사회보장 2021.

보건복지부 (2022). 2021 정신건강실태조사 통계정보보고서.

보건복지부 (2022). 2021년 정신건강실태조사 결과 자료.

보건복지부 (2022). 2022년 전국정신건강관련기관 현황집.

보건복지부 (2022). 국가 정신건강현황보고서 2021.

보건복지부 (2022). 국민건강보험심사평가원 인력 신고현황.

보건복지부 (2022). 전국 종합병원의 사회복지사 배치 현황.

보건복지부 (2023). 2023 정신건강사업 안내.

서울시교육청 (2002). 생활지도시범사업보고회 자료집.

서혜석 외 (2016). 군사회복지 이론과 실천. 경기: 양서원.
성민선 외 (2009). 학교사회복지의 이론과 실제. 서울: 학지사.
오영근 (2013). 교정복지론. 서울: 학지사.
오정화, 조완신 (2022). 장애인복지론. 경기: 양서원.
유수현 외 (2017). 정신보건사회복지 총론. 서울: 신정.
윤철수 외 (2018). 사회복지개론. 서울: 학지사.
장인협, 최성재 (2017). 고령화사회의 노인복지학. 서울: 서울대학교 출판문화원.
조학래 (2023), 사회복지실천론. 서울: 신정.
조홍식 외 (2017). 가족복지학(3판). 서울: 학지사.
조홍식, 김상균, 최일섭, 최성재 (2015). 사회복지개론. 경기: 나남출판.
조홍식, 김진수, 홍경준 (2017). 산업복지론. 경기: 나남.
조홍식, 이형섭 (2014). 교정복지론. 서울: 학지사.
주석진 외 (2020). 학교사회복지론. 경기: 양서원.
중앙정신보건사업지원단 (2008). 2007년 중앙정신보건사업지원단 사업보고서.
최옥채 (2010). 교정복지론(6판). 서울: 학지사.
최일섭 외 (2015). 사회복지개론. 경기: 나남출판.
한국학교사회복지사협회 (2023). 2023 전국 학교사회복지사업 운영현황 자료.
한인영 외 (2013). 의료현장과 사회복지실천. 서울: 학지사.
홍봉선 (2019). 교정복지론. 경기: 공동체.
e-나라지표 (2023). 계급별 사병봉급 추이.
WHO (1994). ICD-10 국제질병 분류-제10판 정신 및 행태장애 임상기술과 진단지침. 이부영 외 역. 서울: 일조각.
Adkins, E. A. (1994). Use of PIE in a Medical Social Work Setting, In Karls, J. M. & Wandrei, K. E.(Eds.), *Person-in-Environment sysrem: The PIE Classifiction System for Social Functioning Problems.* NASW Press.
Allen Mears, P. (2000). Predicting the Future of School Social Work Practice in the Middle Millennium. School Social Work in Education, 22.
Allen Mears, P. (2004). *Social Work Services in Schools* (4th Ed.), M.A.: Pearson Education, Inc.
Allen Mears, P., Washington, R., & Welsh, B. (1986). *Social Work Services in Schools.* New Jersey: Prentice-Hall.
Cowles, L. A. F. (2000). *Social Work in the Health Field: A Care Perspective.* The Haworth Press.

Daley, J. G. (1999). *Social Work Practice In the Military.* New York: The Haworth Press.

Friedlander, W. A. (1967). *Introduction to Social Welfare*(2nd Ed.). New Jersey: Prentice Hall Inc.

Friedlander, W., & Apte R. Z. (1980). *Introduction to Social Welfare.* New Jersey: Prentice Hall Inc.

Gould, & Smith (1988). *Social Work in the Workplace.* New York: Springer Publishing Company.

Kurzman, P. A. (1987). *Industrial Social Work, Encyclopedia of Social Work*(18th ed.) New York: NASW Press.

NASW (2002). Standards for school social work services.

Nieto, M. (1996). Changing Role of Probation in California's Criminal Justice System. Sacramento, California: California Research Bureau.

Root, L. S. (1997). Social Work and the Workplace. In Reisch, M., & Gambrill, E.. (Eds), *Social Work in the 21st Centry* (pp. 134-242.), C.A.: Pine Forge Press.

Skidmore, R., Thackeray, M., & Farley, T. (1988). *Introduction to Social Work* (4th Ed.). Englewood Clifes.

Twaddle, A. (1979). *The Concept of Health Status In Physicians, Patients, and Illness.* E. J. Jaco(Ed.). The Free Press.

Zastrow, C. (2018). *Introduction to Social Work and Social Welfare,* 12th Edition, Brooks/Cole-Thomson Learning, Inc, Belmont. CA.

https://www.kassw.or.kr

http://kncsw.bokji.net

http://www.1365.go.kr

http://www.bokjitimes.com

http://www.index.go.kr

http://www.kamsw.or.kr

http://www.kassw.or.kr

http://www.longtermcare.or.kr

http://www.mnd.go.kr

http://www.moleg.go.kr

http://www.mosf.go.kr

http://www.mw.go.kr

http://www.ssc.go.kr

PART

04

현대사회복지의 전망과 과제

CHAPTER

10 사회복지 환경변화와 전망

1 사회복지 환경변화의 추세

1) 저출산과 인구 고령화

우리 사회는 저출산 및 고령화가 급속하게 진행되고 있어 생산 가능 인구 및 유소년 인구는 감소하여 생산성은 낮아지고 사회적 부양부담은 가중될 것으로 전망된다. 한국은 전 세계에서 출산율이 가장 낮고 고령화가 가장 급속히 진행되는 국가로 알려져 있다. 통계청 장래인구 추계(2021)에 의하면, 0~14세의 유소년 인구는 2020년 12월 현재 총인구 중 12.2%를 차지하고 있으며, 지속적인 출산율 감소로 인하여 2040년 8.8%, 2070년 7.5% 수준으로 낮아질 것으로 추정된다.

또한 15~64세 생산 가능 인구는 2020년 12월 현재 총인구 중 72.1%에서 점차 감소하여 2040년 56.8%, 2070년 46.1% 수준으로 계속 낮아질 것이다. 65세 이상 고령인구는 기대수명 연장 및 출산율 감소로 이미 2020년 12월에 15.7%, 2040년 34.4%, 2070년 46.4%로 인구 절반이 65세 이상 고령인구가 될 것으로 전망된다.

표 10-1 연령계층별 구성비 추이

(단위: %)

구분	2020	2030	2040	2050	2060	2070
0~14세	12.2	8.5	8.8	8.8	7.7	7.5
15~64세	72.1	66.0	56.8	51.1	48.5	46.1
65세+	15.7	25.5	34.4	40.1	43.8	46.4

출처: 통계청(2021). 장래인구추계.

인구의 고령화는 결과적으로 노인부양비의 증가를 초래하게 된다. 출산율의 저하와 핵가족화의 가속화로 인한 소가족화 현상, 노인 단독가구의 증가와 같은 가족 환경의 변화로 가족 내 부양체계의 불안정성이 증가되고 있다. 이와 같은 상황은 〈표 10-2〉에서 보듯이 노년부양비는 2020년에는 21.8%였는데, 2040년에는 60.5%로 증가할 것으로 예상되며, 노령화 지수는 2020년에는 129.3%였는데, 2040년에는 389.5% 증가할 것으로 예상된다. 이러한 통계 결과에서 보듯이 각 가정의 부양 능력이 빠르게 저하되고 있다는 것을 알 수 있다.

표 10-2 노년부양비 및 노령화지수 추이

구 분	65세 이상(천명)	노년부양비(%)	노령화지수(%)
2020년	8,151	21.8	129.3
2030년	13,056	38.6	301.6
2040년	17,244	60.5	389.5
2050년	19,003	78.6	456.2
2060년	18,682	90.4	570.6
2070년	17,472	100.6	620.6

※ 노령화지수=(65세 이상 인구/0~14세 인구)×100

출처: 통계청(2021). 장래인구추계.

2) 여성의 사회참여와 가족 기능 약화

최근 우리나라는 경제위기와 함께 가족 개념과 가족부양 가치관의 변화, 정보화, 여성의 취업, 가족해체 현상 등이 가속화되고 있다. 여성의 고학력화, 사회참여 증대 등으로 여성의 사회적 지위가 갈수록 높아지고 있다. 사회에 진출하는 여성의 수가 늘어남에 따라 전문직·관리직에 종사하는 여성의 수도 증가하고 있다. 2021년 여성가족부가 발표한 '2021 통계로 보는 여성의 삶'과 2023년 통계청 '경제활동인구조사'에 따르면 사회 각 분야 전반에 걸쳐 여성의 지위가 꾸준히 상승하고 있음을 알 수 있다.

전문직·관리직에 진출하는 여성의 수가 늘어난 것은 일하는 여성의 증가와 무관하지 않다. 2022년 기준 여성 고용률은 53.8%로 2000년 대비 8.1% 상승하였다(통계청, 2023). 연령대별 여성 고용률은 자녀가 모두 성장한 50대가 69.3%로 가장 높게 나타났고, 30대가 67.8%, 40대가 66.7%, 20대가 63.8% 순으로 나타났으며, 60세 이상 일하는 여성의 비율도 38.7%로 높게 나타났다(통계청, 2023). 여성 취업자 중 78.3%는 임금근로자로 2000년 대비 16.8% 상승하였으며, 임금근로자 중 정규직은 55.0%로 나타났다(여성가족부, 2021).

이와 같이 여성의 취업 증가와 소가족화로 가족의 기능이 약화됨에 따라 가족은 만성적인 기능적 과부하에 직면할 것으로 보인다. 특히 가족기능의 약화로 재생산 기능의 약화와 돌봄 기능 공백이 새로운 사회적 위험으로 대두되어, 아동 및 노인 돌봄 기능을 대신할 사회 보육(양육)과 돌봄의 필요성 및 중요성이 증가되어 양육의 공공성과 돌봄의 사회화가 더욱 강조될 것이다(김향선 외, 2020).

3) 지방분권화

지방분권화는 전체 국가체계를 구성하는 부분 체계로서의 지역사회가 정치적 의사결정과 집행, 경제적 자원의 관리, 문화의 관리 및 전수 등의 중요한 활동에서 자율성을 증대시켜 나가는 과정 및 결과라 할 수 있다(김동규, 2005). 사회복지분야에서 진행되고 있는 지방분권화는 첫째, 국고보조사업의 지방이양과 분권교부세의 도입, 둘째, 사회복지사업법 개정을 통한 사회복지서비스의 중심축의 지방 이동으로 요약된다.

먼저 참여정부는 중앙의 권한을 지방에 이양하는 지방분권화 정책을 추진하면서 특히 사회복지업무를 지방으로 대폭 이양하였다. 이와 함께 중앙에서 개별적으로 지원하던 지방정부에 대한 사회복지업무 보조금을 대상의 구분 없이 모두 합산하여 포괄적인 보조금의 형태로 지원하는 방식으로 전환하였다(김용익, 2004). 사회복지서비스 예산 중 절반 이상이 지방이양사업 대상이 되었으며, 나머지 예산도 포괄 보조 사업으로 전환하여 지방정부의 자율성과 책임성을 강화하는 제도적 기반을 마련하였다.

한편 2004년 개정된 「사회복지사업법」은 지역사회복지체계를 구축하는 것을 주요 목적으로 하고 있다. 시·군·구 및 시·도 차원 지역사회복지계획 수립을 의무화하고 이를 지역보건계획과 연계하여 수립하도록 하였으며, 또한 사회복지사업에 관한 중요사항과 지역사회복지계획을 심의 건의하는 기능을 수행하는 지역사회복지협의체를 구성하도록 하였다. 2015년 7월부터는 법적 근거가 「사회보장급여법」 제41조에 의거 '지역사회복지협의체'가 '지역사회보장협의체'로 명칭이 변경되어 기존 사회복지에서 탈피하여 사회보장으로 범주가 확대되었다.

즉, 지방분권화의 일환으로 중앙정부의 사회복지재정 지원기능의 상당 부분이 지방정부로 이양하게 되었고, 지역사회보장협의체의 결성, 지역사회보장계획의 수립 등 사회복지서비스 전달체계에 상당한 변화가 일어나게 되었다. 지방분권화는 사회복지서비스 전달체계상에 효율성의 증대, 복지 집행체계의 구축 용이성 등 긍정적인 영향을 야기하게 될 것이다(류진석, 2003). 그러나 지방분권화는 지역 간 불평등을 심화하는 요인이 되고 있다. 지역 간 불균등한 경제성장으로 인해 지방세 수입에 의한 지방자치단체의 재정 불균형은 매우 심각한 상황이다. 재정자립도가 낮은 지역과 안정된 지역의 사회복지 질은 천차만별일 수밖에 없으며, 지역 간 사회복지서비스의 양극화 및 서비스의 질 저하가 심화될 것으로 예상된다.

4) 사회적 양극화의 심화

최근에 '갑을관계'에서 비롯된 '갑질'이란 신조어가 유행이다. '갑질'이 가진 자의 비상식을 폭로하는 단어라면, 가진 자와 그렇지 못한 자로 고착화된 사회 구조를 꼬집는 단어도 있다. 부모의 직업과 경제력이 '금수저', '흙수저' 등 자녀의 지위를 결정한다는 '수저 계급론'이 바로 그것이다. 이들 단어는 '아무리 노력해도 좋은 집안에서 태어난 사람들을 따라갈 순 없다'는 자조 끝에 만들어진 단어다. 실제로 통계청의 2015년 사회조사에선 60%가 '평생 노력해도 사회경제적 지위가 높아질 가능성이 낮다'고 답했다. 수저 계급론은 가난의 대물림과 심화되고 있는 사회적 양극화가 낳은 뼈아픈 단어인 셈이다(신문과 방송, 2017).

양극화는 중산층이 지속적으로 축소되는 현상을 설명하기 위해 1980년대 중반 미국에서 등장한 개념이다. 양극화는 빈곤의 심화나 불평등의 증가와 밀접하게 관련된 것이지만, 그것과는 약간 다른 개념으로 한 사회의 구성원이 여러 가지 면에서 상호 이질적 집단으로(대표적으로 소득이나 재산, 노동시장 등에서) 구획되어 갈 때 우리가 흔히 말하는 전통적 중산층은 축소될 수밖에 없다. 양극화의 피해는 그것이 다른 대책으로 완충되지 않으면 대부분 서민층에게 전담되는 경향이 있다(남찬섭, 2009).

1997년 외환위기 이후 부각된 우리 사회의 양극화 문제는 더욱 심화되고 있다. 경제적 양극화는 주거지 분화 및 자녀교육기회의 격차로 이어져 심각성을 증폭시키고 있으며 공간적 격차는 소비생활의 분화를 통해 문화적 양극화를 초래하고 있다(김문조, 2009).

가구 소비실태조사와 가계조사 자료를 이용한 분석에 따르면, 중위소득 50~150%에 해당하는 중산층은 매년 줄어들었으며, 빈곤층은 매년 증가하였다. 반면에 상류층은 매년 늘어나는 것으로 나타났다. 양극화는 사회통합을 저해하며 사회의 갈등을 심화함은 물론 대부분의 서민층의 안전망을 위협하는 요인이 되고 있다.

5) 사회복지의 세계화

세계화는 국가 간 경제적 상호의존과 통합이 고도로 진전되어 경제활동의 지리 적 경계가 전 지구로 확대되고 경제활동과 관련된 제도, 의식이 세계 공통의 것으로 변화되는 현상이며(박명규, 1994), 지리적 경계의 중요성의 약화, 정치·경제· 문화 등 각 영역 상호 간의 기능적 연계 및 통합, 지구적·국가적·국지적 수준의 상황과 삶의 질적 변화를 포함하는 다차원적 현상이라 하겠다(감정기 외, 2015).

사회복지 영역에서 세계화는 국가 복지지출의 약화를 초래할 것이라고 평가된다. 국제시장의 개방화로 복지지출에 대한 개별 국가의 재량의 범위를 축소시키고 노동과 자본의 이동은 국제적 경쟁의 원리에 의해 제약을 받게 된다. 또한 다국적 기업의 출현으로 개별 국가의 자율적 영향력의 범위는 축소되고 경제정책의 결정은 국가의 경쟁력 향상이라는 기준을 중심으로 이루어지기 때문에 국민의 복지를 위한 국가의 과세와 재분배 기능은 크게 위축될 가능성이 있다(류진석, 2001).

그러나 세계화의 사회복지에 대한 영향을 다르게 보는 시각도 존재한다. Vic George와 Paul Wilding은 세계화가 개별 복지국가에 미치는 영향은 복지 약화와 복지 강화의 측면을 동시에 드러낸다고 보았다. 즉 세계화는 국가의 사회보장제도에 대한 압력 요인으로 작용하지만, 이러한 변화는 급격한 약화가 아닌 미세한 영향이라는 것이다. 또한 세계화가 국가의 사회복지적 개입에 대한 압력을 강화하지만, 사회보장에 대한 요구는 증가시키기 때문에, 결과적으로 유럽 국가의 대부분에서 증가된 수요 때문에 사회복지 지출은 대부분 증가한 것으로 평가된다(Vic George & Paul Wilding, 2002; 김영화 외 역, 2004).

그러므로 복지국가에 대한 세계화의 영향은 경제적 측면에서 자본 이동성이나 국제적 협약을 통해 복지국가를 제약하고 약화시키는 힘으로 작용하며, 세계화를 통한 불안정과 경쟁으로 인하여 사회적 보호의 요구와 혁신 압력이 거세어져서 복지국가의 역할을 강화하게 하는 양면적 영향을 미치게 되는 것으로 평가된다(Weiss, 2003).

6) 다문화사회로의 진입

세계화 및 정보산업의 발달, 결혼연령 인구의 성비 불균형, 만혼 및 비혼으로 국제결혼이 증가됨에 따라 다문화가족이 급격히 증가하고 있다. 2012년부터는 혼인귀화자 외에 기타 사유 국적 취득자(인지, 귀화)도 다문화가족에 포함되게 되어, 다문화가족지원법 제2조에 따른 다문화가족은 결혼이민자와 혼인귀화자를 포함한 대한민국 국적 취득자로 이루어진 가족을 의미한다.

2020년 말 현재 우리나라 다문화가족은 전체 372,884명으로 결혼이민자의 수는 173,756명, 혼인귀화자 및 기타사유 국적취득자 199,128명으로 나타났다. 18세 이하의 다문화가족 자녀의 규모는 약 27만 명으로 국제결혼 비중이 높을 때('05~'08) 입국한 여성의 자녀들이 성장함에 따라 영·유아(5세 이하) 비중은 낮아지고 초등기(6~11세) 비중이 높게 나타났으며, 향후 중고생 비중이 급속히 높아질 것으로 예상되며, 전체 학생 대비 다문화 학생 비중도 지속 증가 추세('13년 0.9% → '21년 3.0%)에 있다(여성가족부, 2022).

다문화가족의 정착 주기 장기화로 인한 한부모 가족 등 새로운 유형의 가족형태 증가하고 있다. 15년 이상 거주 결혼이민자와 귀화자 비율이 2018년에는 27.6%에서 2021년에는 39.9%로 증가하였으며, 50대 이상 결혼이민자와 귀화자 비율도 2018년에는 21.5%에서 2021년에는 25.2%로 점점 증가하고 있다(여성가족부, 2023).

이처럼 다문화가족의 정책이 장기화됨에 따라 만 7~18세 다문화가족 자녀가 빠르게 증가하는 추세에 있고, 최근 5년간 전체 학생 수는 감소한 반면 다문화 학생 수는 크게 증가하고 있다. 2021년 기준 만 19세 이상 자녀는 전체자녀 중 약 11%로 추정되며, 5년 후에는 17%에 이를 것으로 예상하고 있다. 그러나 다문화가족 자녀의 학교적응도는 점차 낮아지는 추세이며, 학교부적응도 심화되고 있다. 학교부적응 이유는 학교공부(56.2%)와 교우관계(55.4%) 순으로 나타났다. 또한 다문화가족 자녀의 학교폭력 경험 비율은 2.3%로 전체 학생 1.1%에 비해 2배 높게 나타났으며, 피해 유형은 집단따돌림(49.1%), 협박·욕설(43.7%) 순으로 나타났으며, 다문화가족 자녀의 고등교육기관 취학률 격차가 심화되고 있으며, 이러한 경향이 지속될 경우 사회계층 격차로 이어질 것으로 전망하고 있다(여성가족부, 2023).

결혼이민자·귀화자의 85% 가량이 한국생활에서의 어려움을 호소한 가운데, 언어문제(34%), 외로움(33.6%), 경제적 어려움(33.3%), 자녀양육·교육문제(23.2%)가 주된 어려움으로 나타났다. 다문화가정의 가구소득은 200~300만 원 미만이 30.4%로 가장 많고, 100~200만 원 미만 23.8%로 나타났다.

또한 사회적 차별을 경험한 비율은 40.7%로 주로 직장·일터(2.69점, 4점 기준)에서 가장 심각한 수준의 차별을 경험한 것으로 나타났다. 이혼·별거 중인 응답자는 6.9%로 나타났으며, 사유는 성격차이(45.3%)가 가장 많고, 경제적 무능력(17.7%), 외도 등 애정문제(10.0%) 순으로 나타났다(전국다문화가족실태조사, 2015)

이처럼 다문화사회로의 진입에 따른 새로운 사회문제가 발생하고 있어 이에 따른 사회복지적 전략과 정책적 지원이 확대될 필요가 있다.

2 사회복지 발전 방향

1) 사회안전망 구축을 통한 사각지대 해소

먼저, 사회보험의 사각지대를 축소하기 위하여 총력을 기울여야 한다. 어느 나라나 사회복지제도 중에서는 사회보험제도의 비중이 가장 크며, 우리나라도 예외는 아니다. 따라서 소득보장이 제 기능을 발휘하려면 사회보험제도의 사각지대를 축소시켜야 한다(남찬섭, 2009).

둘째, 기초생활보장제도의 경우, 기초생활보장 대상자 수를 축소시켜서 예산을 편성하려는 태도를 버리고 실제적인 기초보장제도로 확립될 필요가 있다(남찬섭, 2009). 2022년 기준 소득 인정액이 최저 생계비 이하임에도 기초보장을 받지 못하는 사람이 많은 것으로 추정된다. 이들 중 일부는 실제로 부양 의무자로부터 부양을 받지 못함에도 불구하고 기초 보장수급자로 선정되지 못하는 기초보장의 사각지대(nocare-zone)이다(최정은 외, 2022). 기초보장의 사각지대에 있는 사람들과 관련하여 현행 비합리적인 부양의무자 기준과 높은 재산의 소득 환산율 등을 현실화할 필요가 있다.

셋째 빈곤층 중 근로능력자에 대한 탈빈곤 정책이 강화되어야 한다. 제도적인 측면에서는 자활사업의 강화와 함께 빈곤을 벗어난 계층이 다시 빈곤층으로 전락하지 않도록 당분간 적절한 정책적 지원 , 자활급여, 의료급여, 교육급여 등이 제공되어야 한다. 또한 현행의 체계는 열심히 일하면 급여가 감소하는 체계이기 때문에 근로 저하를 유발하고 이는 탈빈곤을 저하시키는 구조이기 때문이다. 이러한 점을 극복하기 위해서는 근로장려세제(EITC)와 기초보장제도 간의 효과적인 연계가 필요하다(김미곤, 2009).

2) 사회복지 전달체계의 개선

최근 빠르게 변화하는 사회 속에서 사회복지 욕구는 더욱 다양화, 복잡화하고 있다. 이러한 변화하는 욕구에 효과적으로 부응하기 위하여 사회복지 전달체계의 역할이 중요하다. 사회복지 전달체계는 공공과 민간의 통합적인 노력을 통하여 달성될 수 있다. 우선은 공공 영역에서 정책결정과 집행기관의 이원체계의 문제점이 개선되어야 한다. 정책결정과 관련하여 보건복지부, 집행에서 행정안전부, 그밖에 지도, 감독, 운영에 있어서는 보건복지부, 행정안전부, 고용노동부, 교육부 등으로 산발적으로 흩어져 있는 실정이다. 이로 인하여 중복 행정이 우려되며 효율적이고 전문적인 사회복지서비스의 전달을 어렵게 하고 있다.

또한 공공과 민간의 파트너십이 강화되어야 할 것이다. 공공 민간의 협력체계 미흡으로 인하여 서비스가 중복되거나 누락되는 현상이 발생하고 있기 때문이다. 정부와 민간의 파트너십은 잠재되어 있는 민간자원을 개발하여 취약계층에게 필요한 자원을 연계하여 사회 운영을 원활하게 하며 시민이 필요로 하는 서비스 공급을 다각화한다는 점에서, 공공 부분의 제한되고 유연하지 못한 서비스 공급의 기능을 보완하고 보충한다는 점에서 장점을 갖는다고 볼 수 있다.

공공·민간의 파트너십을 강화하고 전달체계를 효율화하여 원스톱 서비스를 제공하기 위하여 1980년대부터 사회복지전달체계의 개편에 대한 논의가 있어 왔다. 1980년대에는 사회복지사무소가 제안되었으며, 1987년에는 사회복지전문요원 제도가 실시되었다. 1995년부터 5년간 전국 5개 지역에서 보건복지사무소의 시범사업이 실시되었으나 여건이 조성되지 못하여 실패하였고, 2006년 이후 다시 시범사업이 추진되었으나 시범사업 결과도 충분히 검토되지 않고 종료된 바 있다.

2016년부터는 찾아가는 복지상담과 맞춤형 통합 복지서비스 제공 등을 통해 주민의 복지체감도를 제고하기 위해 33개 읍면동 주민센터가 행정복지센터(약칭 행복센터)로 전환하는 시범사업을 시행하였으며, 2017년에는 700개, 2018년에는 3,500개 읍면동이 모두 행정복지센터로 전환되었다. 2022년 9월 보건복지부 산하 한국사회보장정보원에서는 사회복지 전달체계의 개선을 위해 기존 복지 시스템을 신규 시스템인 차세대 사회보장정보시스템 행복e음으로 교체하였다.

이를 통해 복지사각지대에 놓인 대상자를 추가 발굴하고, 가정방문상담과 개인별 맞춤형 복지서비스 제공 등의 기능을 하게 된다. 향후 공공·민간 영역의 파트너십 구축을 통한 원스톱 서비스 체계 마련을 통하여 빠르게 변화하는 사회복지 욕구에 효율적으로 대처해야 할 것이다.

3) 지방분권화의 문제점 개선

지방분권화는 1991년 지방의회 구성과 1995년 자치단체장 선거 도입을 내용으로 한 정치적 분권화로 시작되었다. 중앙정부로부터 지방정부로의 권한 이양을 통한 행정적 분권화는 참여정부에 의해 추진되었다. 참여정부는 지방분권을 국정운영의 핵심과제로 선정하여 2003년부터 추진하였고 국고보조사업으로 추진되던 67개 지역 간 복지재정 격차의 확대가 우려되고 있다. 중앙정부 지원의 비중이 감소하면서 지방 이양된 사회복지사업 예산확보율의 지방간 격차가 확대되었다. 이로 인하여 신규시설의 공급계획, 관리운영비, 종사자의 인건비의 지역 간 격차 문제가 심화되고 있는 실정이다(구인회 외, 2008).

지방분권화의 문제점을 개 선해 가기 위한 전략은 다음과 같이 정리할 수 있다(구인회 외, 2009). 첫째, 생활시설의 운영은 전국적인 범위에서 국고보조 사업으로 환원하는 것이 적절할 것이다. 서비스 인프라가 전국적으로 충분히 구축되어 있지 않고 체계적으로 관리되고 있지도 못한 현재 상황에서 이 사업들을 지방 이양할 경우 서비스 인프라가 지역 간에 균형적으로 발전하기를 기대하기 어렵다.

둘째, 생활시설 운영과 시설 설치 및 기능보강을 제외한 이용시설 운영과 서비스 제공은 일반적으로 그 혜택과 영향이 지방적 범위로 제한되고 사업 설계에서 지역적 특성의 반영이 중요하여 지방으로 이양하는 것이 장기적으로 타당하다. 그러나 현재와 같이 복지수요가 급증하는 상황에서 이러한 사업을 당장 지방으로 이양하는 것은 지방정부의 재정 부담 급증과 서비스 공급 부족을 초래할 수 있다. 따라서 지방 수요의 증가가 일정 수준으로 안정화될 때까지는 적절한 재정 이전 장치를 통해 중앙정부의 재정적 지원이 이루어질 필요가 있다.

셋째, 소득보장이나 기초생활보호 서비스와 같이 취약계층의 보호를 목적으로 하는 국가 사무의 성격이 강한 사업은 국고보조사업으로 배치하고 중앙정부의 재정적 책임을 더욱 강화해야 한다.

4) 대상별 사회복지서비스의 개선방향

보육서비스 분야에서는 양육비용 지원 확대와 아동유형별 보육서비스의 다양성 강화, 질적 수준 제고가 요구된다. 양육비용 지원 확대와 관련해서 자녀양육에 대한 경제적 부담은 중산층을 포함한 대다수 가정의 어려움으로 출산중단의 주요 요인으로 작용하고 있어 더욱 포괄적인 양육비 지원정책이 요구된다고 하겠다. 저소득층 아동의 건전한 성장·발달을 위해서는 보육서비스뿐 아니라 아동의 심리적 문제나 가족문제, 부모교육 등 포괄적 보육서비스가 필요하지만 필요한 서비스가 제대로 공급되지 못하고 있는 실정이다. 또한 양질의 보육서비스를 제공하기 위한 종사자 배치와 종사자 처우개선 등의 노력이 필요하다.

아동청소년정책은 출생에서 자립까지 체계적이고 일관되게 추진함으로써 전 연령 단계에서 다음 연령 단계까지 정책효과가 지속될 수 있도록 해야 할 것이다. 이와 함께 상황 및 특성에 따라 정책 수요자의 특성을 범주화하여 그에 부합하는 맞춤형 서비스를 제공할 필요가 있다. 취약계층 아동·청소년들에게는 경제·교육·문화·복지적으로 기본생활을 보장 지원하고, 위기아동·청소년들에게는 진로 및 자립·치료·자활지원을 강화해야 하며, 일반 아동청소년에게는 잠재역량을 개발하여 글로벌 시대에 맞는 시민으로 성장이 가능하도록 해야 한다.

장애인 분야에서는 우선적으로 장애인 소득보장이 강화되어야 한다. 특히 중증 장애인은 사회 경제적 자립이 쉽지 않은 것이 현실이므로 강력한 대책이 절실하다. 또한 2007년 4월 제정된 「장애인차별금지 및 권리구제 등에 관한 법률」은 장애인 당사자들에 의해 주도되어 법제화 되었다는 측면에서 의의가 크다. 장애인의 인권 수준을 향상하기 위하여 법의 제정도 중요하지만, 실효성 있는 법집행이 되도록 노력해야 할 것이다. 또한 전달체계의 최전선에 위치한 장애인복지시설에 대한 개편도 필요하다. 시설서비스를 표준화하고 서비스 질 관리시스템을 구축하여 서비스의 질이 담보되도록 해야 할 것이다.

노인복지 분야의 경우, 먼저 경제적 위기에 대처하기 위한 안전망의 강화가 필수적으로 요청된다. 이를 사회보험의 사각지대를 최소화하며, 기초보장제도 등에 있어서의 부양의무자 기준의 완화를 통한 기초보장제도의 사각지대 해소가 필요하다. 또한 노인기에 경험하게 되는 다양한 위기예방 및 관리를 위한 지원이 요청된다. 노인기에 경험할 수 있는 대표적인 위기로 노인학대 문제에 대한 개입과 함께 증가하는 노인자살을 예방하고, 자살징후를 보이는 노인을 위한 위기관리가 시급히 요청된다.

한편으로, 기초연금제도의 성공적인 안착을 위한 정책적 노력도 필요하다. 70%의 노인에게 지급됨으로써 기초연금의 적용 범위는 확대되었지만 지급액의 규모가 조금씩 늘어나기는 하지만 노인층에게 충분한 액수는 아니라는 점에서 노인 빈곤문제를 해결하기 위한 보완적인 조치가 요구된다. 노인장기요양보험의 경우 제도권 밖에서 등급을 받지 못한 등급 외 노인, 본인부담금 지불 능력이 부족한 노인 등의 문제가 발생하고 있어 장기요양 인프라의 지속적 확충과 장기요양보험 서비스 질 제고를 위한 방안 모색이 요구된다.

5) 다문화 시대의 사회복지

국제결혼의 증가와 외국인의 국내 취업 증가로 인하여 우리 사회는 다문화 사회로 진입하고 있다. 이러한 사회적 변화에 따라 다문화복지는 사회복지 영역에서 중요한 영역으로 자리하게 될 것이다.

여성가족부 제4차 다문화가족정책 기본계획에 기초한 다문화 시대의 사회복지 정책 방향은 첫째, 다문화가족의 인구구조 변화에 따른 정책이 개발되어야 한다. 다양한 형태의 가족이 등장함에 따른 한부모 가구, 귀화자 가구 등 새로운 가구에 대한 지원이 확대되어야 한다. 다문화가족 자녀의 경우 청소년기 비율이 높아짐에 따라 영·유아, 취약계층 자녀 중심 정책에서 청소년기 자녀의 성장 및 글로벌 인재로 육성하기 위한 정책이 강화되어야 한다.

둘째, 다문화가족의 장기 정착화에 따른 정책으로 재편하여야 한다. 정착 주기 장기화로 다양한 가족 유형(한부모 등)이 발생함에 따라 안정된 가족생활을 도모할 수 있는 지원을 강화하는 차원에서 가족관계 증진을 위한 프로그램을 다양화하고, 한부모 가족과 관련된 제도(근로장려금 자격)를 개선하고 지원하여야 한다. 또한, 다문화 가정폭력에 대응하여 결혼이민자의 인권보호를 위한 방안이 마련되어야 한다. 결혼이주여성의 인권보호를 위해 가정폭력 관련 긴급상담, 전문상담 및 주거시설을 확대 운영하는 등 가정폭력 피해 대응체계가 강화되어야 한다.

셋째, 중·장기적 관점에서 다문화 수용성 제고 방안이 마련되어야 한다. 다문화 수용성 제고를 위해 일반국민 대상 찾아가는 다문화 이해교육 강화, 교육·홍보 등을 통해 개별 구성원의 인식과 태도 변화에 주력하였으나, 향후 법·제도 등 사회문화적 차원에서 중장기적으로 접근하는 것이 필요하다.

이외에 다문화가정의 낮은 소득 수준 개선, 사회적 소외와 차별 문제 해소를 위한 정책 우선순위 설정, 차별 문제에 대한 적극적 대응, 결혼이민자·귀화자 등의 모국어 사용 가족환경 개선을 위한 정책 강화, 결혼이주여성의 초기적응 지원 지속, 취업지원 서비스 내실화, 부부간 문화적 갈등관리를 위한 상담서비스 강화, 한국생활 적응을 지원하기 위한 남편의 역량강화, 이혼·별거·사별 가구에 대한 정책적 지원, 문화적 차이에 대한 사회적 인정과 가치평가를 위한 노력 등 다양한 방안이 모색되어야 한다.

6) 사회복지사의 전문성 강화 및 처우개선

사회복지사의 보수교육은 2007년 12월 14일 개정된 사회복지사업법 제3조에 명문화되었다. 즉, 사회복지법인과 사회복지시설은 사회복지사를 그 종사자로 채용하여야 하고 사회복지법인 또는 사회복지시설에 종사하는 사회복지사는 정기적으로 보수교육을 받아야 한다. 사회복지사 보수교육은 우선 전문성의 사회적 인증을 위해 필수적 조건이라 할 수 있다. 보수교육이 사회복지사의 전문성 증진을 위해 매우 필요한 과제임에는 분명 하나, 목적이 아닌 전문성 증진의 과정임을 인식하고 체계적인 보수교육이 진행되도록 최선의 노력을 다해야 할 것이다(이용교, 2009).

사회복지 영역의 전문성 강화를 위하여 우수인력의 확보가 전제되어야 한다. 우수 인력의 확보와 이직률 감소를 위하여 사회복지사의 처우개선이 선행되어야 할 것이다. 최근 사회복지사들이 자신들의 문제를 적극적으로 표현하여 스스로 의 권익을 찾으려는 움직임이 이루어지고 있다.

2012년 1월에 '사회복지사 등의 처우 및 지위향상을 위한 법률'이 제정되어 사회복지사들의 처우가 조금은 좋아졌지만 아직까지 보건복지부가 제시하는 인건비 가이드라인도 준수하지 못하는 기관·시설이 많고, 시설별 직급과 호봉 책정 등의 차이로 인해 실제 지급 수준에서 많은 차이를 보이고 있어 사회복지사들의 처우개선과 복리후생제도 개선을 위한 노력이 이루어져야 할 것이다.

최근에는 서울특별시, 경기도 등 일부 시·도에서 사회복지종사자 표준단일임금제 도입을 위해 노력하고 있다. 현재 사회복지 종사자의 급여 기준은 보건복지부 인건비 가이드라인이 있지만 지자체별 지침이 상이하고 사업 유형별로 다르게 지급되고 있어 문제가 되고 있다. 따라서 기관·시설별 상이한 임금체계를 법과 조례 재·개정을 통한 동일노동, 동일임금 원칙을 준수하고 경력인정 관련 제도 및 후생 복지제도(유급병가제도, 복지포인트, 각종 수당, 장기근속 휴가, 대체 인력 지원 등) 등을 지속 발굴해서 추진해야 할 것이다.

참고문헌

감정기, 백종만, 김찬우 (2015). **지역사회복지론**. 경기: 나눔출판.

구인회, 이원진, 양난주 (2008). 사회복지 지방분권화와 중앙·지방정부의 역할-사무배분과 재정분담 차원을 중심으로. 한국사회복지학회 2008년도 추계공동학술대회

구인회, 이원진, 양난주 (2009). 참여정부 복지분권화에 대한 비판적 고찰. **한국사회복지학**, 61(2), 61-84.

김동규 (2005). 지방자치와 지역사회복지의 상관성에 관한 연구. **한국사회복지학**, 27.

김문조 (2009). 한국 사회통합의 과제와 전망. **보건복지포럼**, 150, 2-4.

김미곤 (2009). 2009년 기초보장제도의 변화와 전망. **보건복지포럼**, 147, 51-57.

김용익 (2004). 참여정부의 분권화 정책과 사회복지서비스 정책의 미래. 한국사회복지학회 2004 추계학술대회, 3-16.

김향선, 주정 (2020). **현대여성복지론**. 경기: 양서원.

남찬섭 (2009). 경제위기에 대응한 사회복지의 방향. **실천문학**, 93, 304-316.

류진석 (2001). 세계화와 한국의 사회복지-영향과 함의. **한국사회복지학**, 44, 117-145.

류진석 (2003). 사회복지의 지역 간 형평성: 정부 간 사회복지 재정분배체계의 재구조화. 사회복지행정 학회 자료집.

보건복지부, 한국보건사회연구원 (2017). 2017 통계로 보는 사회보장.

신문과 방송 (2017). 뉴스 빅데이터로 보는 신조어: 불공평·양극화 사회 '갑질' '헬조선' 만들어. 신문과 방송 10월호(통권 562호).

여성가족부 (2022). 2022년 다문화가족 관련 통계 현황.

여성가족부 (2023). 제4차 다문화가족정책 기본계획(2023-2027).

여성가족부 (2021). 2021 통계로 보는 여성의 삶.

이용교 (2009). 사회복지사의 보수교육, 어떻게 할 것인가?. **복지동향**, 125, 29-32.

최정은, 김윤영 (2022). 복지사각지대 발굴관리시스템과 기초자치단체 지원체계. **한국케어매니지먼트연구**, 45, 157-185.

통계청 (2023). 장래인구추계.

통계청 (2023). 경제활동인구조사.

George, V., & Wilding, P. (2004). **세계화와 인간복지**. 김영화 외 역. 서울: 삼우사

Weiss, L. (2003). Globalization and the Myth of the Powerless State. *New Reft Review, 225,* 3-27.

CHAPTER 11

사회복지의 과제

사회변화와 함께 사회복지의 영역과 과제도 다양하게 분화되고 있다. 이와 관련하여 사회복지의 과제를 크게 3가지로 제시할 수 있다. 첫째는 나눔문화의 활성화이다. 복지사회를 이루기 위해서는 공공부문 사회복지의 확장과 함께 민간의 자발적인 나눔문화가 동시에 확대될 필요가 있다. 둘째는 문화의 시대를 맞아 문화와 복지의 융합 프로그램이 활성화되어야 한다. 정부도 문화여가지원 사업을 꾸준히 확대하고 있는 만큼 사회복지계에서도 문화를 복지와 접목할 수 있는 방안을 모색해야 한다. 셋째는 일자리와 사회복지의 연계이다. 고실업이 심화되고 있는 상황에서 사회복지를 통한 일자리 창출 방안도 중요한 과제이다.

1 나눔문화 활성화

1) 나눔의 정의

「나눔활성화 및 지원에 관한 법률안」에 의하면 “나눔”이란 인간의 복지향상과 공공복리의 증진을 위하여 자발적으로 물적·인적 요소의 이전 및 기타 공공의 복리에 도움이 되는 행위를 말한다. 나눔에는 물적 나눔, 인적 나눔, 생명 나눔, 교육 나눔 등의 네 종류가 있다.

"물적 나눔"이란 금전 또는 물품 등 환가성 있는 일정한 유형의 이전 및 기타 공공의 복리에 도움이 되는 행위를 말한다. "인적 나눔"이란 나눔 주체의 전문적 또는 비전문적인 지식과 기술 등의 사용 및 기타 공공의 복리에 도움이 되는 행위를 말하며, 자원봉사활동 등이 포함한다. "생명 나눔"이란 타인의 건강 증진 및 생명 연장을 위하여 신체의 전부 또는 일부의 제공 및 기타 공공의 복리에 도움이 되는 행위를 말하며, 헌혈이나 장기와 인체조직의 기증 등을 포함한다. "교육 나눔"이란 기업, 대학, 지역사회, 단체, 개인 등이 보유한 물적·인적 자원, 재능을 유치원 및 초·중·고 학생과 교사들을 위해 제공하는 행위를 말한다.

나눔은 세금처럼 의무적으로 내는 것이 아니라 자발적으로 남을 위해서 기꺼이 내는 것이기 때문에 그만큼 시민의식이 높음을 보여주는 단적인 증거이다. 우리나라의 경제적 지위가 높아지면서 시민들의 의식도 함께 높아질 필요가 있는데 최근 다양한 나눔문화가 일어나고 있는 것은 우리도 선진사회로 진입하고 있음을 보여 주는 긍정적인 현상이라고 할 수 있다.

2) 나눔 현황

물적 나눔의 대표적인 유형인 기부는 꾸준히 확대되고 있다. 기부는 친 사회적 행동(prosocial behavior)으로 자선·공공사업을 돕기 위하여 돈이나 물건 따위를 대가 없이 내놓는 행위로, 수혜자와 기부자 양쪽에 모두 유익하다(김자영 외, 2013). 2020년 국내 기부금 총액은 약 14.4조 원으로 2010년 약 10.1조 원 대비 40% 이상 성장하였다. 또한 2020년 개인 기부금 총액은 약 9.2조 원으로 전체 기부액의 63.8%가 개인으로부터 나오고 있다(씨에천짜오 외, 2023).

기부 문화는 새로운 디지털 기술 발전 및 뉴미디어의 등장에 따라 기부의 패러다임(paradigm)이 다양하게 변화하고 있다. 특히 인터넷 및 스마트폰이 보편화되면서 소셜 미디어를 활용한 기부가 빠르게 확대되고 있다. 소셜미디어 기부 참여 경험률은 2019년 32.7%에서 2020년에는 39.3%로 성장하는 모습을 보였다(트렌드모니터, 2020).

최근에는 기업의 사회공헌 활동도 크게 증가하고 있다. 2021년 100대 기업(87개 기업 조사결과) 사회공헌 지출규모는 1조 5,684억 원으로, 지출규모 평균값은 1개 기업당 180억 원(14개 기업), 지출규모 중간값은 51억 원으로 매년 증가하고 있으며, 사회공헌 프로그램 사업 주제는 취약계층지원이 70개로 가장 높게 나타났으며, 교육학교학술 66개, 기타 34개, 의료보건 29개, 문화예술체육 26개, 환경보전 23개 순으로 나타났다(사회공헌백서, 2022). 그러나 기업의 사회공헌은 주로 대기업에 한정되고, 중소기업의 사회환원은 낮은 편이며 통계조차도 없는 실정이다.

물적 나눔의 또 다른 형태 중의 하나가 식품나눔 푸드뱅크이다. 푸드뱅크는 제조·유통·판매·이용과정에서 발생한 여유식품과 생활용품을 우리 주위의 어려운 이웃에게 무상으로 제공함으로써 저소득 취약계층의 결식문제를 완화하고 식품자원을 효율적으로 활용하는데 목적이 있다. 2021년 말 기부식품액은 생활용품 포함하여 약 2,400억 원에 달했으며, 기부자 수도 1만 3천 명이 넘는다. 연간 이용자도 2020년 31만 명, 2021년 34만 명이 기부식품을 이용하는 것으로 나타났다. 2021년 기준 전국 푸드뱅크 1개, 광역 푸드뱅크 17개, 기초 푸드뱅크 297개, 기초 푸드마켓 131개가 운영되고 있다.

표 11-1 연도별 기부식품 모금액

(단위: 백만 원)

누계	2017	2018	2019	2020	2021
1,111,096	202,803	219,849	236,548	211,849	240,047

출처: 전국푸드뱅크(2021). 2021 전국푸드뱅크 연간 백서.

표 11-2 연도별 기부식품 모집실적

(단위: 억 원)

구분	2017	2018	2019	2020	2021
식품	1,648	1,851	1,974	1,743	1,897
생활용품	380	348	391	375	503
합계	2,028	2,198	2,365	2,118	2,400

출처: 전국푸드뱅크(2021). 2021 전국푸드뱅크 연간 백서.

표 11-3 연도별 기부 현황

(단위: 개소/명, 백만 원)

구분	2018		2019		2020		2021	
	기부자수	기부금액	기부자수	기부금액	기부자수	기부금액	기부자수	기부금액
계	13,434	212,508	14,036	230,868	21,474	206,477	13,333	233,843

출처: 전국푸드뱅크(2021). 2021 전국푸드뱅크 연간 백서.

인적 나눔의 경우도 꾸준히 늘어나고 있다. 최근 음악가, 대학교수, 연예인, 문화예술인 등이 자신의 지식과 탤런트를 활용하여 나눔을 실천하는 재능기부 사례가 증가하고 있는 것도 주목할 만하다. 특히 사회복지분야의 자원봉사 현황을 보면 2018년에는 등록 봉사자가 816만 명이였는데, 2019년에 854만 명, 2020년에 867만 명, 2021년에 893만 명으로 점점 증가 추세에 있다. 한편 장기기증, 헌혈, 인체조직 기증 등 생명 나눔 실천자도 증가 추세에 있다.

2009년 故 김수환 추기경의 각막기증의 영향으로 사후에 장기기증을 하겠다고 등록하는 사람이 점점 증가 추세에 있다. 국가도 합법적인 장기이식을 보호하고 활성화 하기 위해 1999년에 장기이식법을 제정하였다. 우리나라 뇌사 기증자는 2019년 기준 인구 만 명당 4.5명, 뇌사 기증은 1,185건, 살아 있는 자의 기증은 2,687건으로 살아 있는 자의 장기기증 규모가 약 2.3배 높게 나타났다(국립장기조직혈액관리원, 2020).

표 11-4 **사회복지분야 자원봉사 현황**

구분	등록봉사자 (명)	활동봉사자 (명)	봉사단체수 (개)	관리센터 (개소)	관리요원 (명)
2018	8,168,638	1,272,588	16,296	14,051	23,535
2019	8,542,983	1,256,421	15,521	13,590	24,479
2020	8,675,733	590,538	7,173	14,254	27,797
2021	8,937,226	477,699	6,911	14,716	29,722

* 등록봉사자는 사회복지분야 자원봉사에 참여한 누적자원봉사자 수이며, 활동봉사자는 한 해 동안 1회 이상 자원봉사에 참여한 봉사자 수를 의미함.

출처: 보건복지부(2022). 2022 보건복지통계연보.

3) 우리나라 기부의 문제점과 과제

우리나라는 세계 기부지수(World Giving Index)에서 81위('09), 57위('10), 60위('18), 88위('22)로 기부지수가 지속적으로 상승을 하지 못하고 있으며, 개인 기부 비중이 아직 60% 대의 참여율을 나타내고 있다. 미국의 경우는 개인 기부 비율이 75%를 차지하고 있으며, 여타의 선진국에 비해서 아직 활성화되지 않은 실정으로 많은 사람들의 기부에 참여하도록 방안 모색이 필요하다.

이를 위해서는 자선적 기부의 정기성이 확대되어야 한다. 정기성 기부를 하는 사람들은 전체 시민 중 13.3% 정도여서 나눔문화를 확대하기 위해서는 정기적으로 기부하는 사람들이 많아져야 한다. 또한 부유층의 기부노력이 다른 소득계층에 비해 상대적으로 가장 낮은 것도 문제이다. 미국의 경우, 전체 기부 규모 중 개인 75%, 재단 13%의 규모로, 실제적으로 개인의 비중이 거의 대다수를 차지하고 있다. 이러한 개인 기부 중 상위 1%에서 상위 5%에 속하는 부유층 나눔의 몫은 35%에서 50% 이상의 수준을 나타내고 있어 부유층에 의한 기여가 절대 적인 상황이다. 그리고 우리나라 기부는 종교계 기부의 편중현상이 심각한 것도 문제이다. 개인 기부금의 80%가 넘는 금액이 종교단체에 기부되고 있다(한국조세연구원, 2010).

우리나라는 점차 나눔문화에 대한 사회적 분위기는 조성되고 있으나, 나눔문화를 정착시키기 위한 노력이 더욱 체계적으로 전개될 필요가 있다. 이를 위하여 국민 누구나 일상생활 속에서 쉽게 나눔을 실천할 수 있도록 사회봉사와 나눔에 대한 교육과 학습이 학령기 아동부터 체계적으로 실시되어야 한다. 또 지방정부와 공공기관, 기업, 임직원 등 사회지도층 인사가 참여하는 지속적인 사회공헌 활동을 통한 나눔문화 모델 제시와 분위기 확산도 필요하다. 나눔문화 확산을 위해서는 우리 주변의 숨겨져 있는 생활 속의 나눔 실천 사례를 발굴·홍보하여 많은 사람들이 동참할 수 있는 분위기 조성하고 나눔에 대한 사회적 인정 강화를 추진해야 한다.

노블레스 오블리주의 확산도 나눔문화 활성화에 필요한 과제이다. 빌 게이츠, 웨런 버핏 등 외국의 사례에서 보듯이 나눔문화 확산을 위해서는 사회지도층의 선도적 나눔 실천은 매우 중요하나 아직까지 우리나라에서는 노블레스 오블리주 문화가 이제 막 시작되는 단계로 외국에 비해 미흡한 상황이다. 최근 사회복지공동모금회를 통한 고액 개인기부자 모임인 '아너소사이어티'의 회원들이 확대되고 있는 것은 바람직한 현상이다.

모금기관의 신뢰성 제고도 나눔문화 활성화를 위한 중요한 과제이다. 기부를 중단하는 사람들에게 이유를 물으면 모금단체를 신뢰할 수 없다는 것이 가장 크다. 실제로 특정 모금단체에서 도덕성과 관련된 사건이 발생하면 사회 전반적으로 기부가 줄어드는 현상을 보여주고 있다. 따라서 모금기관들은 모금액과 사용처의 투명한 보고를 통해 신뢰성을 높여가야 한다.

나아가서 나눔을 위한 제도적 기반 강화와 국민운동을 거국적으로 전개할 필요가 있다. 민간주도의 나눔문화 활성화를 위하여 170여 개 기관·단체가 참여한 나눔 국민운동본부가 2011년 6월 설립되었고, 나눔 대축제 등 다양한 행사를 개최함으로써 국민 참여를 유도하는 방안이 지속적으로 모색되고 있는 것은 나눔문화 활성화에 긍정적으로 영향을 미치고 있다. 또한 기존의 캠페인 중심에서 '나눔 활성화 및 지원에 관한 법률'의 제정과 함께 계획기부 등 다양한 나눔을 실천할 수 있도록 제도화하는 것도 중요하다. 특히, 기부연금 제도의 도입은 기부자가 현금, 부동산 등을 공익법인 등에 기부하면서 동시에 본인 또는 지정자에게 기부 가액의 일정액을 연금 형태로 지급하는 방식으로 우리나라 계획기부(planned giving)의 활성화에 크게 기여할 것으로 여겨진다.

2 문화와 복지의 융합: 문화복지

1) 사회복지실천에서 문화와 문화복지

사회복지실천에서 문화는 인간의 삶에 물질적으로나 정신적으로 발전적인 영향을 주어 그의 삶이 더욱 풍요롭게 하는 활동거리를 둘러싸거나 촉진하는 정신적 가치로 정의할 수 있다. 왜냐하면 사회복지에서는 이미 문화가 인간 집단을 포함하여 제도, 언어, 종교 이념, 사고의 습관, 예술적 표현, 사회적 개인 간 관계 안에서 세대를 거치며 이어받은 생활 형태의 총체(Morales & Sheafor, 2001: 449 재인용)로 간주해 왔기 때문이다.

사회복지실천에서의 문화에 관한 개념은 자아의 자유로운 향상 발전을 강조하는 문화주의 측면에서 이해된다. 일반적으로 문화복지는 문화접근성 보장 및 참여를 통하여 문화생활을 누릴 권리를 누리는 상태 또는 이를 보장하는 정책 활동을 의미하며, 이는 문화적인 감수성과 창의성을 배양하고 궁극적으로 삶의 질이 향상된 상태나 그러한 향상을 위한 노력으로 정의하고 있다(문화체육관광부, 2020). 문화복지는 궁극적으로 조화로운 복지사회와 지역주민의 삶의 질 향상의 실현을 지향한다. 그러나 사회복지실천의 전문성을 생각하면 사회복지실천에서 문화복지는 사회복지의 전문 지식과 기술을 바탕으로 문화적 향유를 촉진하여 개인의 풍요로운 삶을 꾀하는 사회복지의 한 실천 영역(최옥채, 2006)이라고 정의할 수 있다. 최근 문화복지는 우리나라의 사회복지가 선별주의에서 보편주의로 옮겨가고 있다는 점에서 더욱 강조되어야 한다(정무성, 2012).

2) 문화복지의 내용

국민들에게 문화 활동을 지원하는 내용은 정부 각 부처별로 다양하게 지원되고 있다. 먼저 보건복지부에서는 사회복지관들을 중심으로 교육문화 사업을 진행해 왔으며 사회복지관은 공적 부분에서의 교육문화 사업을 잘 운영해왔다. 그러나 1998년 이후, 지방자치단체들의 행정안전부의 권고에 따른 문화복지 시범사업으로 시행된 주민자치센터(community center)에 그 역할을 일정 부분 넘겨주었다. 주민차지센터는 2016년부터 행정복지센터로 변경되어 행정적으로 읍·면·동 행정기능의 대체와 문화복지 서비스의 공급, 정치적으로 자치능력과 공동체의식 형성 등 다양한 실천목표를 갖고 많은 여가프로그램을 운영하고 있다. 또한 민간의 영역에서도 유명 백화점 등에서 운영되는 문화센터 외에서도 다양한 문화활동을 지원하고 있으며, 최근에는 종교단체들이 자신의 시설 내에 다양한 문화교육활동을 지원하고 있다.

문화복지의 핵심부처라고 할 수 있는 문화체육관광부에서는 사회적 취약계층의 '삶의 질' 문제를 단순히 사회보장 및 고용창출의 문제로만 인식하던 시각에서 벗어나 폭넓은 문화복지 차원에서 다룸으로써 물질적 관점뿐만 아니라 문화적 관점에서 접근하고 있다. 문화복지정책의 주된 내용은 문화예술교육정책과 문화누리카드(통합문화이용권) 정책이다. 2004년 정책화된 문화예술교육은 2003년 총리실 산하 인적자원 개발회의에서 교육부와 공동으로 〈문화예술교육 활성화 공동사업 추진계획〉을 상정하면서 본격적인 시동을 걸었다. 이후 〈2004년도 문화예술교육 활성화 사업 추진 계획〉, 〈문화예술교육 활성화 종합계획(2005)〉이 수립·추진되었고, 이를 토대로 한국문화예술교육진흥원과 「문화예술교육지원법」이 만들어져 정책적 추진 체제를 갖추게 되었다(문화관광부, 2007).

이와 달리 통합문화이용권 정책은 문화예술교육과 비슷한 시기에 시작되었음에도 비교적 주목을 덜 받았다. 2005년 문화바우처 시범사업 추진, 2006년 문화바우처(이용권) 전국 확대, 2011년 문화이용권 카드제 도입, 2014년에 문화누리카드(통합문화이용권) 사업으로 변경하여 추진하고 있다. 통합문화이용권은 기초·차상위 계층을 대상으로 한 문화예술·여행·체육 분야 향유 지원으로 삶의 질 향상 및 계층 간 문화격차 해소를 위하여 발급되는 카드이다. 사업의 추진주체는 문화체육관광부, 한국문화예술위원회, 전국 광역·기초 지자체 및 17개 시·도 지역 주관처에서 추진하고 있다. 추진 근거는 문화예술진흥법 제15조의 3, 제15조의 4에 근거하고 있다. 통합문화이용권 사업은 실질적으로 최종 대상자에게 다가가는 정책을 실천함으로써 문화예술 현장에 큰 변화를 가져왔으며, 사업예산은 지속적으로 확대되고 있다.

문화체육관광부의 사회적 취약 계층을 위한 문화복지 프로그램은 각 부서 및 산하기관에서 실시하고 있으며, 부서의 성격에 따라 나뉘어 실시되고 있다. 그 내용을 보면 소득과 관계없이 누구나 즐기는 문화환경 구축하기 위하여 첫째, 기초생활수급자 및 법정 차상위계층 등 저소득층의 문화예술, 관광 및 스포츠 향유와 체험 기회를 확대하기 위해 통합문화이용권, 스포츠강좌이용권 확대 및 내실화, 소외지역 등 찾아가는 공연 등을 실시하고 있다.

맞춤형 프로그램 지원으로 문화로 소외받는 지역·사회적 제약 해소하기 위하여 둘째, 장애인, 농어촌 및 벽·오지, 다문화가정 및 복지시설 등 신체적 장애와 지리적·사회적 제약 등으로 인해 문화적 접근성이 낮고 문화 인프라가 부족한 취약계층에 대한 대상별, 지역별 맞춤형 프로그램을 지원한다. 셋째, 문화로 소외받는 지역·사회적 제약 해소를 위해 여가시간과 문화 수요가 많은 노인과 청소년에 대해, 다양한 문화예술 및 체육활동 지원을 통해 건전한 여가활동과 문화적 감수성과 창의성을 증진할 수 있는 기회를 제공한다.

넷째, 유해 환경과 학교폭력에 노출된 청소년들의 건전한 여가문화 활동 환경을 조성하고, 청소년들이 미래 문화 창조자로서의 역량을 갖출 수 있도록 지원한다. 다섯째, 문화복지 지원 사업들을 정부의 일방적 지원이 아닌 예술가 및 스포츠 선수 등의 재능기부, '나눔 티켓'과 같은 국공립 예술단체의 후원, 복합상영관(멀티플렉스) 등의 후원, 문화자원봉사 활동 등과 연계하여 추진한다. 이러한 민간의 참여와 나눔을 통한 사업 추진은 지원을 받은 사람이 그 혜택을 소외계층과 나누는 '능동적·생산적 문화복지 생태계'를 조성하게 된다.

사회복지과 함께 정부 복지정책의 한 축인 문화복지는 기부와 나눔을 통해 정부의 재정 부담을 완화하고 수혜자의 긍정적 삶의 태도 변화에 기여한다는 점에서 의미를 지닌다. 특히 창의성과 상상력 등 감성의 원천인 문화예술 및 스포츠의 향유 경험은 미래의 세대를 결정하는 중요한 요인이 될 것이다.

3 일자리와 복지: 사회적 기업

1) 고실업 사회의 일자리와 복지

외환위기 이후 신자유주의 세계경제 질서 하에서 성장의 시대를 맞았지만 고용 없는 성장의 구조화와 사회적 양극화로 인한 빈부격차 심화, 사회서비스 수요 증가라는 복지국가의 위기를 수반하였다. 짧은 기간 동안 공공근로, 자활, 사회적 일자리 사업 등의 정부지원에 의한 일자리 확대와 사회서비스 확충을 시도하였지만 단기적이고 저임금 일자리라는 비판으로 근본적인 개선의 필요성이 대두되었다. 이에 2000년대에 들어 유럽의 사회적 기업 제도 도입과 관련한 논의가 본격화되어 비영리법인과 민간단체 등 제 3 섹터에 의한 사회서비스 제공 모델로서 구체화되기 시작하였다.

우리나라는 사회적 일자리 창출 방안의 하나로서 자활공동체의 연장 혹은 자활 공동체가 발전된 형태로서 사회적 기업에 대한 관심이 집중된 가운데 지난 2006년 '사회적 기업 육성법'이 제정되었다(김혜원, 2009). 외환위기 이후 민간에서부터 주목을 하기 시작했으나 정부차원의 실업에 대한 일자리 창출과 사회적 서비스 해소에 대한 관심으로부터 적극적으로 개입하여 정부 주도하에 급속히 법적 틀을 갖추게 되었다. 정부에서 사회적 기업에 대한 법적 틀을 갖추는 과정에서 어느 정도 사회적 기업의 발전 사례를 갖고 있고 법적 프레임워크를 갖추고 있는 유럽식 모델을 따르고 있었다. 2006년 통과되고 2007년부터 시행에 들어간 「사회적 기업 육성법」에 잘 나타나 있다. 이 법에서는 사회적 기업에 대한 정의를 "취약계층에게 사회서비스 또는 일자리를 제공하여 지역주민의 삶의 질을 높이는 등의 사회적 목적을 추구하면서 재화 및 서비스의 생산·판매 등 영업활동을 수행하는 기업"이라고 밝혔다.

구조적인 고실업을 경험한 대다수의 선진국에서 새롭게 창출되는 일자리의 90%는 서비스 부문에서 나타나고 있다. 우리나라는 현재 공공서비스 및 교육·보건의료·복지부문의 일자리 비중이 낮아 이 영역에서 일자리를 창출할 여지가 매우 높다. 더욱이 사회서비스 부문의 일자리는 저기술·저학력 및 중고령의 취약 취업계층 노동자에게 좋은 일자리를 제공할 수 있게 됨으로써 일자리의 양극화 경향을 억제하는 데에도 중요한 역할을 수행할 수 있을 것으로 기대된다. 따라서 사회적 기업 창출 정책은 특히 빈곤계층으로 하여금 사회적으로 유용한 서비스를 공급하게 함으로써 국가적으로는 저비용으로 사회복지서비스를 확충하고, 빈곤 근로계층에게는 적합한 일자리를 제공함으로써 실업과 삶의 질 저하의 문제를 동시에 해결할 수 있다.

사회서비스를 제공하여 국민들의 삶의 질을 향상하면서 동시에 양질의 고용을 창출하는 사회적 기업 방식은 이미 선진복지국가의 일반적 추세가 되었다. 특히, 일을 통한 복지(workfare)라는 차원에서 관심이 증가하고 있다. 국가의 전통과 이념에 따라 시장 지향적인 기업의 성격이 강한 방식이 있고, 정부 보조금에 대한 의존도가 높은 방식이 있지만, 어느 경우든 국가의 복지재정이 절감되고 사회서비스는 확대되는 효과가 있다.

이제 우리나라도 선진국형 사회로 발전하면서 사회서비스 고용비중을 확대해야 한다. 사회적 기업에 있어 상당한 노하우를 축적하고 있는 유럽 복지국가에서는 사 회서비스를 기업방식을 통해 제공하는 공익성에 중점을 두는 반면에, 미국에서는 사회적 기업에 참여하는 저소득층에게 일자리 창출을 통해 자립할 수 있게 한다는 점을 강조하고 있다. 한국의 사회적 기업은 사회서비스 제공, 친환경 사업 등 공익적 성격을 띤 사업의 필요성도 증가하고 있고, 일자리를 갖지 못한 취약계층의 일자리 제공으로서의 의미도 동시에 강조될 필요가 있다.

세계적으로 유례없는 한국의 급격한 출산율 저하와 고령화의 진행으로 인해 이 제 더 이상 사회복지의 책임을 개인과 가정에만 떠맡길 수 없게 되었다. 공공 사회서비스의 확충이야말로 더 이상 미룰 수 없는 과제라고 할 수 있다. 따라서 정부는 사회적 기업을 통해 다양한 사회서비스를 제공할 수 있는 생태계를 만들어 주어야 한다.

사회적 기업을 통한 사회서비스의 확충은 고실업 사회로 진입한 한국사회에서 고용창출의 돌파구가 될 수 있다. 그러나 사회서비스 분야의 고용창출이 기존의 저 임금 구조로만 이루어진다면 빈곤 해결이나 고용확대의 효과를 충분히 기대할 수 없다. 양질의 서비스가 제공되어 가사노동의 사회화와 시장화를 이루면서 동시에 적절한 임금이 제공되는 방식으로 고용창출을 통한 빈곤율 감소의 효과를 동시에 달성할 수 있도록 되어야 한다.

2) 사회적 기업의 특징과 과제

일반적으로 사회적 기업은 미션 지향적이며 사회적 가치를 창출하는 전통적인 비영리 조직과 시장 지향적이며 경제적 가치를 창출하는 비즈니스 조직 사이의 교차점에 있는 하이브리드 조직으로서의 성격을 가지고 있다. 하이브리드 조직은 사회적 가치와 경제적 가치를 생산하며 조직의 목적과 책임성, 수익의 사용과 관련되는 활동 정도에 의해서 조직된다.

표 11-5 사회적 기업의 특징

구 분	순수한 자선	하이브리드	순수한 기업
동 기	온정, 선의에 호소	혼합된 동기	자신의 이익에 호소
방 법	사명 지향적	사명과 시장과의 조화	시장 지향적
목 표	사회적 가치 창출	사회적, 경제적 가치 창출	경제적 가치 창출
수입/이윤의 용도	비영리 조직의 사명활 동들을 지향(법과 조직 의 방침에 요구됨)	미션활동들과 운영비에 재투자되거나 기업의 성장과 발전을 위해 유보됨	주주와 소유주에게 분배

출처: J. Gregory Dee 외(2001). A Toolkit for Social Entrepreneurs.

사회적 목표들은 매우 다양하고 폭넓은 조직 사명과 분야에서 사명의 성취에 초점을 맞추고 있다. 예를 들면, 가난한 사람들을 위한 경제적 기회, 장애인들을 위한 고용, 환경보호, 교육, 인간권리의 보호, 시민사회의 역량강화 등이 있다(사회적 가치의 창출).

재정적 목표들은 다양한 투자의 요구와 기업의 모델들에 따른 재정상의 지속가능성에 초점을 맞추고 있다. 재무적 평가는 기업부문과 비영리 부문 모두로부터 요구되어졌다. 예를 들어 사회서비스의 비용 회수, 자기금융 프로그램 또는 조직의 운영비를 보조하기 위한 이익을 창출하는 것 등이 있다.

사람들이 전통적으로 생각해오던 것과는 달리 비영리와 영리 조직들은 경제적, 사회적, 환경적인 구성요소를 포함하는 가치를 모두 생산하고 있었다. 이러한 혼합된 가치 개념에서 시작된 하이브리드 조직으로서의 특징을 사회적 기업이 가지고 있는 것이다.

하이브리드 범주에 있는 실천가들은 4가지 유형으로 나누어 볼 수 있는데 수익 창출 활동을 하는 비영리조직과 사회적 기업, 사회적 책임기업, 사회적 책임활동을 하는 기업 등이다. 그중에서 사회적 기업은 사회문제와 시장실패를 해결하기 위한 사회적 목적과 기업적 접근, 그리고 법적 구조에서 요구하지 않을지라도 사회적 소유권에 기초한 특징을 가지고 있다. 이에 따라 사회적 기업의 목적은 조직의 사회 프로그램과 운영비를 위한 추가적인 자금구조와 조직의 사명을 지원하기 위한 지속 가능한 프로그램 구조를 갖는 것이다.

우리나라에서 사회적 기업이 갖는 역할과 의미에 비해 그들이 자생력 있는 기업으로서 성장하기에는 현실적인 문제가 많다. 특히 재원 마련에 있어 우리나라의 비영리 부문은 전통적으로 정부와 공공재원에 많이 의존해 왔으나 사회적 기업으로 의 전환 과정에서 공공재원만으로는 경쟁력을 확보하는 데 한계가 있다. 사회적 기업의 창업과 고용 유지를 위해 공공재원 이외의 재원을 확보하는 것이 큰 과제이다. 따라서 소규모 사회적 일자리 사업 중에서 전망이 있는 사업을 선택하여 집중 적으로 지원하여 기업으로 발전시키는 사회적 투자가 이루어져야 한다. 이를 통해 고실업 사회의 위기를 잘 극복하고 사회통합을 이루는 선진 복지국가로 나아갈 수 있을 것이다.

참고문헌

국립장기조직혈액관리원 (2020). 2019년도 장기 등 이식 및 인체조직 기증 통계연보.

김자영, 김두섭 (2013). 주관적 계층의식과 사회자본이 기부행위에 미치는 영향. 보건사회연구, 33(2), 401-430.

김혜원 (2009). 한국사회적 기업 정책의 형성과 전망. 동향과 전망, 75.

문화관광부 (2007). 2007 사업안내.

문화체육관광부 (2020). 문화복지정책 중장기 발전방향 연구: 통합문화이용권 사업을 중심으로.

보건복지부 (2022). 2022 보건복지통계연보.

보건복지부, 한국사회복지협의회 (2022). 2022 사회공헌백서.

씨에천짜오, 최우진 (2023). 기부자 권력거리신념이 크라우드펀딩 기부의도에 미치는 영향: 수혜자 필요형태의 조절효과를 중심으로. 마케팅연구. 한국마케팅학회, 38(2), 25-42.

전국푸드뱅크 (2021). 2021 전국푸드뱅크 연간 백서.

정무성 (2012). 문화복지 수요조사. 한국문화예술위원회.

최옥채 (2007). 사회복지실천에서 문화복지의 개념화: 문화의 용례에 따른 해석학적 접근. 한국사회복지학회 창립 50주년기념 2007년 세계학술대회자료집, 303-307.

트렌드모니터 (2020). 기부 경험 및 기부 문화 관련 인식 조사. 리서치보고서, 12, 1-36.

한국조세연구원 (2010). 나눔문화 확산을 위한 정책과제.

World Giving Index (2009, 2010, 2018. 2022).

문화누리카드 https://www.mnuri.kr.

저자약력

정무성

숭실대학교 영어영문학과 졸업(문학사)

서울대학교 대학원 사회복지학과 졸업(문학 석사)

University of Minnesota 행정대학원 졸업(행정학 석사)

University of Chicago 복지행정대학원 졸업(복지행정학 박사)

전, 숭실사이버대학교 총장

현, 숭실대학교 사회복지학부 교수

나임순

이화여자대학교 영어영문학과 졸업(문학사)

가톨릭대학교 사회복지대학원(사회복지학 석사)

숭실대학교 대학원 사회복지학과 졸업(사회복지학박사)

전, 배재대학교 사회복지학과 교수

현, 백석대학교 사회복지학과 교수

유용식

숭실대학교 대학원 사회복지학과 졸업(사회복지학석사)

숭실대학교 대학원 사회복지학과 졸업(사회복지학박사)

California State University, Hayward. Completed the Training of Social Welfare.

전, 충청북도사회복지협의회 복지부장

현, 세명대학교 사회복지학과 교수

현대사회복지개론(3판)

1판발행 2013년 3월 10일 **1판 1쇄** | 2017년 3월 10일 **1판 5쇄**
2판발행 2019년 3월 10일 **2판 1쇄** | 2020년 3월 10일 **2판 2쇄**
2021년 3월 10일 **2판 3쇄** | 2023년 3월 10일 **2판 4쇄**
3판발행 2024년 1월 20일 **3판 1쇄** | 2025년 3월 10일 **3판 2쇄**
2026년 3월 10일 **3판 3쇄**

지은이 정무성 나임순 유용식
펴낸이 최용구 | **펴낸곳** 도서출판 **신정**
주소 (04316) 서울시 용산구 원효로 89길 19 (원효로1가)
전화 02)3211-4782, 0266(영업부), 3211-4783(편집부), 3211-4784(팩스)
이메일 shinjeong72@naver.com | **홈페이지** www.sjbook.co.kr
등록 2001년 5월 11일 제13-702호
기획마케팅 최용구 장만동 최충구 송대용 | **책임편집** 석기은 황가연

ISBN 978-89-5912-888-4 93330
정가 25,000원